Farbatlas
Ökosysteme der Erde

Georg Grabherr

Farbatlas Ökosysteme der Erde

Natürliche, naturnahe
und künstliche Land-Ökosysteme
aus geobotanischer Sicht

430 Farbfotos
11 farbige Verbreitungskarten

VERLAG
EUGEN
ULMER

Umschlagfoto: Landschaft am Tioga Pass, Sierra Nevada (Kalifornien).
Foto auf Seite 2: Die Stadt Baltit im Hunzatal, Pakistan.
Foto auf Seite 9: Spinifex-Grasland aus den Trockengebieten Australiens.
Foto auf Seite 11: Gebirgs-Nadelwald aus dem Westhimalaya.

Die Deutsche Bibliothek – CIP-Einheitsaufnahme

Grabherr, Georg:
Farbatlas Ökosysteme der Erde : natürliche, naturnahe und künstliche
Land-Ökosysteme aus geobotanischer Sicht / Georg Grabherr. –
Stuttgart : Ulmer, 1997
　ISBN 3-8001-3489-6

© 1997 Eugen Ulmer GmbH & Co.
Wollgrasweg 41, 70 599 Stuttgart (Hohenheim)
Printed in Germany
Lektorat: Dr. Steffen Volk, Dieter Kothe
Herstellung: Jürgen Sprenzel
Einbandgestaltung: Alfred Krugmann, Freiberg/Neckar
Satz: Typomedia Satztechnik GmbH, Ostfildern (Scharnhausen)
Druck und Bindung: Georg Appl, Wemding

Vorwort

Der Ökosystembegriff hat seit seiner Prägung vor gut 60 Jahren vielfache Wandlungen erfahren. So populär der Begriff geworden ist, so unterschiedlich wird er verwendet. Im wissenschaftlichen Bereich dominiert der stofflich-funktionale Aspekt, die Betrachtung als Lebensgemeinschaft aus Pflanzen und Tieren ist in den Hintergrund geraten. Vielfältiger, ja geradezu abenteuerlich sind die Verwendungen von „Ökosystem" in der Alltagssprache. Modernen Waschmaschinen wird ein „Ökosystem" eingebaut – so jedenfalls der Werbetext. Der „Ökotop", populärer „das Biotop", das heißt der konkrete Lebensort einer Lebensgemeinschaft, ist zum Gartenteich verkommen.

Ebenso oberflächlich ist es, die Natur, im Speziellen die belebte, grundsätzlich als schön zu erwarten. Sie kann es sein, aber sie ist es nicht zwangsläufig. Interessant ist sie allemal, Kenntnis über sie langfristig überlebenswichtig. Ihre Vielfalt, ins Moderne übersetzt, ihre Diversität sprengt allerdings das menschliche Vorstellungsvermögen. Es ist unmöglich, zumindest im Überblick die Vielzahl an Arten im Einzelnen zu beachten. Das „Ökosystem" ist daher jene handliche Einheit, die die Beschreibung der Lebewelt vereinfacht ermöglicht. Ein simples Beispiel: mit der Bezeichnung „Buchenwald" wird vorausgesagt, daß Buche, vielleicht auch Hainbuche und Eiche oder Tanne, jedenfalls aber kein Ölbaum hier vorkommen kann. Spechte leben mit Sicherheit in diesem Wald. Die Ansprache von Ökosystemen trägt neben Aussagen über ihr Funktionieren auch eine Prognose über die „Schauspieler", die sie bilden, nämlich die Pflanzenarten und Tiere in sich. Die Ökosysteme zusammengefaßt als Ökosystemkomplexe, Landschaftskomplexe bis hin zu Groß-

lebensräumen, erlauben in synoptischer Form die Lebewelt in ihrer raum-zeitlichen Struktur und hierarchisch gegliedert zu fassen. Ihre Darstellung erschließt gewissermaßen die Natur in strukturierter Form.

Die heutige Zeit macht es möglich, rasch und weit zu reisen. Ferne Länder locken. Dieser Farbatlas richtet sich daher nicht nur an Studenten der Ökologie oder Geographie, sondern auch an all jene, die einen Zugang zur Natur fremder Länder suchen. Die zahlreichen gedruckten Reiseführer erwähnen zwar jeden antiken Schnörkel, die Präsentation von Landesnaturen ist aber nach wie vor nur als jämmerlich zu bezeichnen. Dabei wäre deren Kenntnis so wichtig: um sich richtig zu verhalten, Bewußtsein zu fördern, aber auch intellektuellen und ästhetischen Genuß zu erfahren. Statt dessen werden überall auf der Welt Kunstwelten geschaffen, die dem Fetisch der schönen, reinen Welt huldigen. Wer die klimatisierten Hotels, den geschniegelten Golfplatz, den säuberlich gewalzten Strand, die kunsthistorischen Wallfahrtsorte nie verlassen hat, wird die Tropen nie begreifen können. Wer nie unter offenem Himmel in der Wüste geschlafen hat, wird ihre Gegensätzlichkeit nicht verstehen, wer den arktischen Winter nicht kennengelernt hat, nicht wissen, was Kälte ist. Einmal die Welt aus der Sicht der Pflanze, des Tieres zu erleben, sich in diese zu versetzen, würde jedem gut tun, nicht nur den Ökologen. Respekt und Demut vor der Natur kämen spontan auf.

Mit dem Farbatlas verbindet der Autor daher nicht nur die Hoffnung, für den ökologischen Basisunterricht an Hochschulen eine Begleitung geliefert zu haben, sondern auch darüber hinaus, Naturkenntnis zu mehren und in breitere Kreise hinein zu tragen. Jahrelange Praxis als ökologischer Berater und Naturschutzkonsulent konfrontierten immer wieder mit der lähmenden Erkenntnis, wie katastrophal gering Naturkenntnis und Naturverständnis weiter Bevölkerungskreise sind. Wie gebannt blickt die Welt heute auf die revolutionierenden Fortschritte der Gentechnologie und erschrickt in Anbetracht der gewaltigen ethischen Herausforderungen. Dabei würde die uns umgebende Vielfalt des Lebendigen, geschickt eingesetzt, ohne weiteres genügen, die Bedürfnisse der Menschheit zu befriedigen. Der beflissenen Diskussion um Nachhaltigkeit und ökologische Regulative steht die brutale Realität der Produktions- und Gewinnmaximierung entgegen.

Die Vielfalt des Lebendigen kennen und verstehen gelernt zu haben, schätzt sich der Autor glücklich. Allein wäre ihm das sicher nicht möglich gewesen. Von besonderem Wert waren zweifellos die großartigen, von der Internationalen Vereinigung für Vegetationskunde bzw. dem Geobotanischen Institut Rübel an der ETH-Zürich organisierten Exkursionen durch Argentinien unter der Leitung von U. Eskuche, durch den Südwesten der USA unter Leitung von J. Vankat und durch Südwestaustralien unter der Leitung von J. Beard. J. Loidi führte den Autor und seine Studenten durch das für das Verständnis der europäischen Vegetation so bedeutende Nordostspanien. Unvergeßlich sind auch der Besuch von Hawaii unter persönlicher Führung von D. Müller-Dombois, der Besuch Südkoreas mit meinem Doktoranden Jon Won Kim, die Exkursion zum Fujisan organisiert von A. Miyawaki, die Ermöglichung eines Aufenthalts auf Fidschi durch D. Goodall, die Expedition durch Kohistan mit R. Rafiq, ermöglicht durch die Pionierleistungen G. Dukes, die Expedition nach Kirgistan geleitet von M. Succow, die Kaukasusreise ermöglicht durch G. Nachucrisvili, die erste Schnupperexkursion in die Tropen beraten von J. Portecop, die eindrucksvolle Nordsee-Exkursion unter Leitung von R. Pott und J. Hüppe, die „Wüstenreisen" (Ägypten, Tunesien) mit H. Ehrendorfer bzw. D. Fürnkranz, die Reisen zum Ruwenzori mit den Wiener Kollegen C. Puff und F. Schiemer und last but not least die vielen Exkursionen mit meinen Mitarbeitern in Wien G. Grünweis, K. Reiter, G.M. Steiner, T. Wrbka und den Innsbrucker Lehrern und Kollegen H. Gams, H. Pitschmann, H. Reisigl, W. Larcher und S. Bortenschlager. Viele Reisen wurden natürlich auch auf „eigene Faust" geplant und durchgeführt. Einige davon waren schlicht und einfach Familienurlaube, zur Ergänzung des Gesamtbildes aber nicht unwesentlich.

Der Autor hat das Glück, mit seiner Frau Gertraud, selbst Fachfrau auf dem Gebiet der ökologischen Botanik, heißen Ländern allerdings abhold, eine die Reisen tolerierende Gefährtin zur Seite zu haben. Sie hat die Texte durchgesehen und kritisch kommentiert. Ihr Beitrag zum Zustandekommen des Buches war schlichtweg essentiell.

Besonderer Dank gilt K. Fussenegger für die Erstellung der Abbildungen und C. Jakomini für Literaturarbeit. Herrn R. Ulmer, Lektorat und Herstellung sei für die gute Zusammenarbeit herzlich gedankt.

Königstetten,
Sommer 1997   Georg Grabherr

Inhaltsverzeichnis

Einleitung

Der Mensch ist Teil der belebten Welt, der Ökosphäre. Sein unmittelbarer Lebensraum sind bestimmte Ökosysteme, sein Wahrnehmungsbereich ist die Landschaft. Für die Ökologie, die Lehre von den Lebewesen und ihrer Umwelt, sind Ökosysteme Lebensgemeinschaften von Pflanzen- und Tierarten, inklusive jener, in denen der Mensch eine bestimmende Rolle spielt. Die einzelnen Arten beeinflussen sich in unterschiedlicher Weise gegenseitig und sind von den abiotischen Umweltfaktoren (Klima, Boden) abhängig. Unter bestimmten Bedingungen bilden sich ganz spezifische Ökosysteme aus, die durch den Artenbestand der Lebensgemeinschaft charakterisiert sind. Die Arten bestimmen auch die Dimension eines Ökosystems. Ein Wald ist jedenfalls größer als eine kleine Pfütze, beide entsprechen aber funktional durchaus einem eigenversorgten (= authochthonen) Ökosystem mit Primärproduzenten (Pflanzen), Konsumenten (Tiere, inkl. Mensch) und Zersetzern (Bakterien, Pilze, Tiere).

Oft wird das Vorhandensein geschlossener Kreisläufe als Kennzeichen eines Ökosystems genannt. Dies bringt Probleme mit sich. In der Natur findet man funktionierende, aber fremdversorgte (= allochthone) Lebensgemeinschaften, denen Primärproduzenten fehlen, wie jene von dunklen Höhlen, oder solche, bei denen der Nährstoffkreislauf unterbrochen ist wie die Moore. In mehr oder weniger hohem Maße fremdversorgt sind auch die menschlich bestimmten Lebensräume, im speziellen die Städte (= urbane Ökosysteme). Die „Kreislaufbedingung" führt nun dazu, daß der Ökosystembegriff ausgeweitet wird, bis sich der Kreislauf schließt. Die räumliche Dimension des eigentlichen konkreten Objekts wird so verlassen, das Ökosystem zum abstrakten, im Kern technischen, Konzept.

Ein zweites Problem ist noch anzusprechen: wo setzt man die Grenze eines konkreten Ökosystems fest? Ab wann ist etwa ein Buchenwald vollständig? Ist er es bei einem Hektar oder erst bei einem Quadratkilometer? Die Frage nach dem Minimalareal eines Ökosystems stellt sich. Eine Frage, die in der ökologischen Alltagspraxis eine enorme Relevanz besitzt. In diesem Buch wird ein Ökosystem dann als vollständig und gegeben angesehen, wenn es für Schlüsselarten, die die Zusammensetzung der Lebensgemeinschaft wesentlich beeinflussen, groß genug ist. Trotzdem, die Aufforderung „Fotografieren Sie mir ein Ökosystem" wird vielfach Ratlosigkeit auslösen. Umgekehrt betrachtet ist es leichter: abgesehen von Detailaufnahmen sind die Fotos in diesem Buch zweifellos Bilder von Ökosystemen oder von Ökosystemkomplexen, sprich, von Landschaften. Es sind Beispiele von Land-Ökosystemen und zeigen das, was man von ihnen sieht. „Wer viel reist, sollte Botaniker sein, denn die Pflanzen sind der besondere Reiz einer jeden Landschaft" soll Alexander von Humboldt gesagt haben. In natürlichen und naturnahen Land-Ökosystemen sieht man tatsächlich vor allem die Pflanzen. Sie stellen meist weit über 90 % der Biomasse, bestimmen die räumliche Struktur und prägen den zeitlichen Ablauf. Zwangsläufig konzentrierten sich daher frühe Übersichten der Erde auf die Vegetation und sind auch die aktuellen Darstellungen der globalen Struktur der Ökosphäre letztlich Vegetationskunden.

Das klassische, vierbändige Werk von H. WALTER „Ökologie der Erde" (gemeinsam mit S.-W. BRECKLE), dem auch dieser Farbatlas im

Wesentlichen folgt, entstand aus einer „Vegetation der Erde". H. WALTER prägte auch den Begriff „Zonobiom" für die Großlebensräume der Erde (z.b. der tropische Lebensraum). Sie setzen sich zusammen aus Biomen, großen Landschaftsräumen einheitlicher Prägung. Diese selbst bestehen aus einem Mosaik autochthoner und allochthoner, kleiner und großer, natürlicher, naturbetonter, oft auch künstlicher Ökosysteme. Agrarlandschaften, besonders traditionelle, und ihre typischen Ökosysteme und Strukturen werden in diesem Buch als „rural", städtische Ökosysteme als „urban" bezeichnet. Die entsprechenden lebensraumbezogenen „natürlichen" Ökosysteme werden in „zonale", das heißt für den Lebensraum typische, und „azonale" Ökosysteme, das heißt durch spezifische Bodenbedingungen oder lokale Klimabedingungen bestimmte, geschieden.

Mit Bildern repräsentativer Landschaften wird zuerst für jedes der 9 Zonobiome, vom Regenwald bis zur Tundra, ein Einstieg vermittelt, dem Übersichten der natürlichen, zonalen Ökosysteme folgen. Dies ist vielfach nicht mehr ganz leicht, da viele seit prähistorischen Zeiten Lebensraum auch von Menschen waren und daher weitgehend verändert sind. Die Raubnutzung der jüngsten Geschichte – praktisch in allen Teilen der Welt – hat diesen Zustand verschärft. Die Beschränkung auf bestimmte Anlaufstellen wie Städte und Touristenzentren tut ein Übriges, daß der moderne Reisende von der Natur des Landes, das er bereist, aber auch von den Lebensbedingungen der Menschen, welche dort leben, eine vollkommen falsche Vorstellung gewinnt. Mit diesem Buch sollen die Dinge quasi ins rechte Licht gerückt werden. Es ist auch der Versuch, kausale Beziehungen zwischen Pflanze und Umwelt, zwischen den einzelnen Komparti-

menten der Ökosysteme darzustellen. Und schließlich soll mit diesem Buch versucht werden, das heute enorme Wissen der ökologischen Wissenschaft in synoptischer Form, gerafft und verständlich wiederzugeben. Für die Abfassung des Textes wurde ein großes Spektrum an Literatur benutzt. Diese ist im wesentlichen im Literaturverzeichnis angeführt. Dort findet der Interessierte auch weiterführende Bücher zitiert. Basis ist zweifelsfrei die „Ökologie der Erde" von H. WALTER und S.-W. BRECKLE, sehr hilfreich waren „Die Ökozonen der Erde" von J. SCHULTZ und natürlich das große, vielbändige Standardwerk „Ecosystems of the World" editiert von D. GOODALL. W. LARCHERS „Ökophysiologie der Pflanzen" und F.I. WOODWARDS „Climate and Plant Distribution" lieferten die unentbehrlichen Informationen zum kausalen Verständnis der Pflanze-Umweltbeziehung. Vieles an Information entstammt eigenen Notizen, die vor Ort bei Studienreisen, Expeditionen, Exkursionen oder Tagungsgesprächen gemacht wurden.

Die Lehre von der Ökosphäre der Erde ist aber kein abgeschlossenes Lehrgebäude. Konzepte, Schwerpunktsetzungen und Wissen eines Forschers sind Produkt seiner konkreten Umwelt, seines Forschungsobjekts, seiner Erfahrungen und der wissenschaftlichen Tradition, in der er aufgewachsen ist. Nirgends gilt dies mehr als in der Ökologie. Dazu kommt, daß „Ökologie" den ursprünglich rein biologischen Rahmen längst verlassen hat und sich die verschiedensten Disziplinen mit „Ökologie" beschäftigen. Der Farbatlas hat den Vorteil, Bilder direkt und ungefiltert sprechen zu lassen. Deren Botschaft ist oft klarer begreifen und die Komplexität ökologischen Geschehens besser erfühlen als dies wortreiche Texte je können.

Das ökologische Ordnungssystem

Zonale Großlebensräume oder Zonobiome

Der Blick über die Süduferlandschaft des Issykkul bis zu den Bergen des Tienschan mag eine Vorstellung liefern, was man sich unter einem zonalen Großlebensraum oder Zonobiom vorzustellen hat. Eine gewisse Sonderstellung besitzen die hoch aufragenden Berge des Tienschan als Gebirgslebensraum (= Orobiom) und die zerfurchte Gipslandschaft (Vordergrund rechts), wo extreme Bodenbedingungen die rein klimatischen Effekte über-

decken (= Pedobiom = bodenbedingter Großlebensraum).

Zwischen den genannten Teillebensräumen bestehen enge Wechselwirkungen. Der Fluß aus den Bergen bringt das Wasser für die grünen, bewässerten Ackerflächen, aus dem Gipsgebiet werden Stäube eingeweht, die die Bodenfruchtbarkeit beeinflussen können. Verdunstung über dem Kulturland des Talbodens bestimmt das Ausmaß der Wolken an den Bergen. Alle diese Prozesse laufen großräumig ab, die Raumdimension der „landschaftsökologischen" Betrachtungsweise bewegt sich in Hunderten, ja Tausenden von Kilometern. Veränderungen auf diesem Maßstab werden

Foto 2: „Gipslandschaft" am Issykkul, Kirgistan (vgl. Foto 1).

daher auch nicht in Sekunden oder Minuten wahrgenommen. Aus dieser Perspektive hätte auch ein Dschingis Chan diese Landschaft nicht wesentlich anders gesehen. Zeiträume, in denen sich Großlebensräume verändern, sind Tausende von Jahren und mehr.

Das Muster dieser Landschaft besteht aus linienartigen und flächigen Elementen. Generell zeigen Landschaften auf der ganzen Erde folgendes Bild: in eine Matrix, der Grundfarbe einer Tapete vergleichbar, sind flächige, punkt- und linienförmige Elemente eingebettet. Ihr Verhältnis zueinander erlaubt die Charakterisierung von Landschaften.

Großlebensräume oder Biome

Die von Rinnen zerfurchte Oberfläche der Gipslandschaft am Issykkul entspricht einem Großlebensraum oder Biom. Auf diesem Maßstab erscheint dieses Pedobiom (= bodenbestimmter Lebensraum) noch recht kahl, obwohl mit den Gebüschen auf den Schwemmkegeln unter der Gipslandschaft zum ersten Mal der organismische Aufbau der Lebensräume sichtbar wird. Es werden die „Schauspieler" sichtbar, die die Umsätze und Stoffverlagerungen in der Landschaft mitbestimmen und teils vermitteln. Diese Gebüsche mögen 100 Jahre alt werden, Veränderungen sind in diesem Zeitraum wahrnehmbar. Der räumliche Maßstab im Bereich der Biome bewegt sich von Kilometern bis zu Zehnern von Kilometern.

◁ Foto 1: Süduferlandschaft des Issykkul, Kirgistan.

Betrachtet man das Bild genauer, fügen sich Rinnen, Rippen, Schluchten, Schwemmkegel und Steilabsätze zum komplexen Gefüge des Bioms. Es setzt sich aus fünf Einheiten zusammen, von denen jede für sich wiederum ein Teilsystem darstellt. Der Schwemmkegel beispielsweise ist im Gegensatz zu den anderen Teilsystemen besser mit Wasser versorgt. Das erwähnte Buschwerk besitzt daher mehr Laubmasse, die Primärproduktion ist höher als jene der Gipsflächen. Davon profitiert die Tierwelt.

Den Schwemmkegeln vorgelagert ist eine Zwergstrauch-Halbwüste, ebenfalls ein Teillebensraum für sich, welcher landschaftsgenetisch aber nicht zum Gipsgebiet zählt und sich auf Flußablagerungen entwickelt hat. Diese Halbwüste stellt eine mehr oder weniger homogene Pflanzengesellschaft (= Phytozönose) dar. Diese bewirkt die Primärproduktion durch die Kohlendioxidassimilation der Pflanzen. Die Konsumentengemeinschaft (= Zoozönose) und die Zersetzer in diesem Ökosystem sieht man aus dieser Perspektive nicht.

Foto 3: Zwergstrauch-Halbwüste an den Ufern des Issykkul, Kirgistan.

Ökosysteme

Bei diesem Bild verengt sich der räumliche Maßstab auf Zehner von Metern. In wenigen Jahren werden die kleinen Büsche hochgewachsen, die großen abgestorben sein. Meter bis mehrere Zehner von Metern, Jahre bis Jahrzehnte – das sind nun die Dimensionen des klassischen Ökosystemmodells. Die organismische Struktur drängt eindeutig in den Vordergrund. Sträucher, Gräser und Kräuter bilden mit Käfern, Heuschrecken, Schmetterlingen, Mäusen eine Lebensgemeinschaft, eine Zönose. Sie ist abhängig von Ressourcen (Wasser, Nährstoffe, Licht) und ist bedingt durch Konditionen (Temperaturverhältnisse, Wind).

Die einzelnen Organismen stehen in unterschiedlich enger Beziehung zueinander. Direkte Abhängigkeiten finden wir in Nahrungsketten: Spinnen fressen Fliegen, Vögel fressen Spinnen usw.. Schwieriger zu fassen sind Wechselbeziehungen auf den gleichen trophischen Niveaus, etwa zwischen Pflanze und Pflanze. Alle grünen Pflanzen auf dem Bild schöpfen die gleichen Nahrungsressourcen

aus, wie etwa das Kohlendioxid der Luft und das Wasser des Bodens.

Zwei wesentliche Aspekte sind festzuhalten:

1. Die belebte Welt ist entweder als stofflich-funktionales System zu begreifen, in dem sogenannte „trophische Kompartimente" (= nach Art der Stoffproduktion) die Einheiten darstellen und über den Energiefluß durch das Ökosystem und Stoffkreisläufe verknüpft sind, oder als organismisches System, in dem Populationen oder Lebensgemeinschaften als Bausteine aufgefaßt werden können.

2. Je nach raum-zeitlichem Maßstab tritt einmal der erste, das andere mal der zweite Aspekt in den Vordergrund. Grundsätzlich sind beide Betrachtungsweisen auf jedem Maßstab möglich.

Die raum-zeitlichen Dimensionen sind auf Foto 4 verengt auf den Meterbereich und darunter bzw. auf den Wochen- und Tageszeitraum. Im Jahreslauf wird sich dieses Bild dramatisch verändern. Die roten, fleischigen Samenzapfen verschwinden, schließlich wird Schnee den kahlen Rutenstrauch des Meerträubels bedecken. Im Frühjahr beherrscht das Grün der Gräser die Szene. Das ist die Dimension der kleinsten ökologisch relevanten Betrachtungseinheit, der Synusie bzw. der Gilde.

Foto 4: Meerträubel (*Ephedra przewalskii*) aus dem Halbwüstenökosystem am Issykkul, Kirgistan.

Konkret zeigt das Bild zwei solcher Synusien, jene der Zwergsträucher einerseits und jene der Gräser andererseits. Die Sträucher sind dabei wesentlich lockerer verteilt als die Gräser, was aber nicht heißt, daß zwischen den Sträuchern keine Wechselwirkung bestünde. Nach dem Prinzip der „kontrahierten Vegetation" ist nach der Verfügbarkeit einer Ressource (z.B. Wasser) jeweils die maximal mögliche Dichte an Individuen einer Art vorhanden. Zwischen diesen Individuen einer Art bzw. von Arten gleichsinniger Ressourcenausschöpfung herrscht Konkurrenz. Die Konkurrenz verknüpft diese Arten quasi zu einer „Schicksalsgemeinschaft", eben zu einer Synusie oder Gilde.

Synusie ist der alte, klassische Begriff der ökologischen Botanik, kommt aber aus der „Mode". Gilde ist international heute üblich und stammt aus der ökologischen Zoologie. Zwischen den Synusien oder Gilden eines Ökosystems sind die Wechselwirkungen weit weniger eng und können recht einseitig sein (vgl. Foto 5 und 7).

Die organismische Struktur von Ökosystemen

Auf Foto 5 sind zwei Ökosysteme zu sehen: vorne Halbwüste mit *Acacia*-Büschen, in Australien nach dem Aborigin-Name „Mulga" für Akazien als „Mulgaland" bezeichnet, im Hintergrund mehrstämmige Eukalypten, der „Mallee" der Australier.

Zirka 40 Blütenpflanzen bauen das Mulga-Ökosystem auf. Und wo bleiben die Tiere? Die sieht man nicht, es sei denn, man hat das Glück, daß ein Känguruh oder ein Wallaby (=Kleinkänguruh) vorbeikommt. Trotzdem übersteigt die Zahl der Tierarten jene der Pflanzen bei weitem, als Faustregel gilt um mindestens das Zehnfache. Es sind vorwiegend Insekten, die in und von den Büschen und Gräsern bzw. voneinander leben. Nicht zu vergessen ist die Bodentierwelt, der im Ökosystem neben Pilzen und Bakterien die wichtige Rolle der Zersetzer zukommt.

Dieser Sachverhalt macht Folgendes klar: 1. Die Pflanzen als Primärproduzenten stellen – wie in der Einleitung schon erwähnt – weit über 90 % der gesamten Biomasse. 2. Die einzelnen Glieder des Ökosystems besitzen einen unterschiedlichen Raumanspruch. Man könnte auch die Frage stellen, welches Schlüsselarten sind und ob im Bild schon alle vorhanden sind, d.h. das Ökosystem als „vollständig" angesprochen werden kann. Das Känguruh dürfte keine Schlüsselart sein, wohl aber die vielen samenfressenden Insekten, allen voran die Ameisen. Samen sind im australischen Busch im Schnitt nach drei Tagen vertilgt. Die wichtigsten Konsumenten sind hier die Insekten, und das Ökosystem könnte möglicherweise auch ohne Känguruhs existieren, ohne sich wesentlich zu verändern.

Im Frühjahr sind manche Trockengebiete Australiens von einem atemberaubenden Blumenflor überzogen (Foto 6). So rasch die Blü-

tenpracht kommt, so rasch vergeht sie wieder. Die abgebildeten fünf Arten dieser Synusie raschwüchsiger, aber kurzlebiger Kräuter zählen zu verschiedenen Verwandtschaftskreisen. Sie schöpfen mit ihrem oberflächennahen Wurzelwerk die Ressource Wasser gleichsinnig aus und konkurrieren so miteinander. Trockenzeiten werden als Same überdauert. Das von ihnen verbrauchte Wasser fehlt den tiefwurzelnden Sträuchern, die eine eigene Synusie bilden. In diesem Fall stehen die Synusien in Wechselbeziehung zueinander, wobei die Beziehung recht einseitig ist.

Der Bambus *Chusquea culeou* (Foto 7) bildet in den Wäldern Chiles und Patagoniens einen schwer durchdringlichen und bis zu 6 m hohen Dschungel im Unterwuchs. Wie viele andere Bambusarten auch baut *Chusquea* sogenannte klonale Populationen auf, das sind rein vegetativ wachsende Herden, die im Fall der Bambusarten in bestimmten Zyklen blühen und dann absterben. Bei *Chusquea* kommt dies ca. alle 50 Jahre vor. Nur in einem solchen Jahr und in den Folgejahren ist der Waldboden offen genug, um die Samenkeimung der Südbuchen bzw. das Aufwachsen der Keimlinge zu erlauben. Der Bambus zwingt so den Bäumen seinen Rhythmus auf, der Bestandesaufbau der Wälder ist deutlich in Generationen gestaffelt. In diesem Fall ist die Wechselbeziehung oder Interferenz zwischen zwei Synusien besonders eng.

Foto 5 (oben): Blühende Halbwüste in Südwestaustralien.

Foto 6 (links unten): „Strohblumen" im Mulgaökosystem, Südwestaustralien.

Foto 7 (rechts unten): Immergrüner Südbuchenwald (*Nothofagus dombeyi*) in Chile mit abgestorbenem Bambus (*Chusquea culeou*).

Die abiotische Umwelt

Ressourcen

Wasser

Für die Ökosystemdifferenzierung auf der Erde ist Wasser die mit Abstand wichtigste Ressource. Andere Ressourcen wie Licht sind meist in genügender Menge (Ausnahme: Schattenstandorte) vorhanden, Mineralstoffe spielen mit Ausnahme landwirtschaftlicher Kulturen nur bei „Hungerökosystemen" eine entscheidende Rolle.

Zwischen Niederschlag und Blattmasse stellt sich ein Gleichgewicht ein, das im Maximum selten etwas mehr als 10 Blattschichten übereinander, d.h. einen Blattflächenindex von 10, zuläßt. Solche Verhältnisse sind im tropischen Regenwald verwirklicht.

Große Laubmassen erhöhen die sogenannte Interzeption, d.h. Wasser wird im Kronenraum zurückgehalten. Niederschlagsmenge und Interzeption entscheiden über den Wasservorrat im Boden, der den Pflanzen zur Verfügung steht. Ist dieser durch Evapotranspiration (= Verdunstung von Vegetation und Boden) verbraucht, wächst weniger nach, die Blattmasse und damit die Interzeption nimmt ab, bis wieder mehr Wasser zum Boden vordringen kann und das Wachstum gefördert wird. Nach diesem hier sehr vereinfacht dargestellten Mechanismus stellt sich unter bestimmten Niederschlagsverhältnissen das „passende" Ökosystem ein. Für geschlossene Wälder ist

Foto 8: Tropischer Regenwald auf Guadeloupe, Kleine Antillen.
Foto 9: Saisongrüner, subtropischer Wald in Nordargentinien

die Grenze bei ca. 600 mm Jahresniederschlag erreicht. Der abgebildete Wald mit der laubwerfenden *Tabebuia alba* (hier in Blüte; gelb) besitzt in der Trockenzeit einen geringeren Blattflächenindex.

Der Blattflächenindex beträgt im Saguaro-Buschland der Sonora noch etwa 1 bis 2. Baumwuchs ist nicht mehr möglich. Geringe Niederschläge, vor allem lange Trockenperioden, lassen keinen dichten Kronenschluß, geschweige denn einen vielschichtigen Aufbau des Ökosystems zu.

Trotzdem ist die synusiale Differenzierung durch unterschiedliche Wasserhaushaltsstrategien unter den Primärproduzenten komplex und läßt noch eine beachtliche Artenvielfalt zu. Den wasserspeichernden (= sukkulenten) Kakteen mit flach streichendem Wurzelwerk zur effizienten Aufnahme der seltenen Niederschläge stehen tief wurzelnde Sträucher gegenüber, die in Trockenzeiten ihr Laub abwerfen. Regengrüne Ephemere treffen auf Arten mit Speicherorganen im Boden.

In der Wüste geht der Blattflächenindex bereits gegen Null. Es regnet unregelmäßig und nur sehr kurz. Trotzdem sind die heißen Vollwüsten keineswegs frei von Leben. Nach dem Prinzip der kontrahierten Vegetation drängen sich Ruten- und Zwergsträucher, Zwiebel- und Knollenpflanzen in kleinen Senken, Felsmulden und Nischen, in denen sich Wasser sammeln kann. Die einzelnen Individuen stehen maximal dicht, auch wenn dies oberflächlich nicht so scheinen mag.

Auch die geringe Produktion eines Strauches genügt, um ein vollständiges Ökosystem darzustellen. Von ihm können herbivore (= pflanzenfressende) Kleintiere leben, an die Carnivoren-(= Fleischfresser)-Nahrungsketten anknüpfen. Wüsten sind wie der Regenwald Ökosysteme und nur in extremsten Fällen ausschließlich auf eingewehtes Material als Zufuhr organischer Substanz angewiesen.

Foto 10: Buschland mit dem Riesenkaktus *Carnegia gigantea* (Saguaro), Sonora-Wüste (USA).
Foto 11: Vollwüste in der nördlichen Sahara.

Foto 12: Zweig einer *Miconia* spec., Iguazu (Brasilien).

Foto 13: Zweig von *Cassia aphylla*, Cordoba (Argentinien).

Eine Lösung, mit Wassermangel fertig zu werden, ist die Verkleinerung der Blattfläche, somit die Verringerung der transpirierenden Fläche. Die tropische *Miconia* des Regenwaldes bei Iguazu besitzt daher im Gegensatz zur blattlosen *Cassia* des trockenen Gran Chaco (Bild 13) ein voll entwickeltes Blatt, wobei der helle Besatz mit Flechten auf das feuchte Milieu des Regenwaldes zurückzuführen ist. Allerdings kann auch im Regenwald an sonnigen Stunden Trockenstress auftreten, da sich bei direkter Besonnung die Blätter über die Lufttemperatur erhitzen können (bis 10 °C und mehr). Auch bei 100 % Luftfeuchte verdunsten in einer solchen Situation tropische Pflanzen viel Wasser, da die Wasserdampfsättigung bei Blatttemperatur höher ist als bei Umgebungstemperatur. Wir Menschen mit konstant 36° hören bei einer Umgebungstemperatur von 36° und wasserdampfgesättigter Luft auf zu schwitzen und empfinden die Situation dann als unerträglich schwül. Nicht so die besonnten und daher wärmeren Pflanzen.

Längere Trockenperioden, ausgelöst etwa durch den El Niño-Effekt auf der Südhalbkugel, bei dem kalte Meeresströmungen (normalerweise ca. alle 10 Jahre) gegen die Tropenmeere vorstoßen, können dem Regenwald stark zusetzen. Aber erst lang andauernde und jährlich wiederkehrende Trockenperioden verlangen das Auftreten von sogenannten Xerophyten (= „Trockenpflanzen"). Zu ihnen zählen wasserspeichernde Pflanzen wie etwa Kakteen, aber auch Rutensträucher wie die abgebildete *Cassia aphylla*. Die fehlende Blattmasse reduziert die Verdunstung der Gesamtpflanze auf einen Bruchteil. Zusätzlich besitzen die Rinden viel weniger Spaltöffnungen, durch die verdunstet wird. „Erkauft" wird diese Strategie durch geringeres Wachstum, denn geringere Verdunstung bedeutet weniger CO_2-Aufnahme. Im Tropenwald wäre *Cassia* den großblättrigen und raschwüchsigen Sträuchern und Bäumen hoffnungslos unterlegen. Das Leben in Trockengebieten ist ein Kompromiß zwischen Verhungern und Verdursten.

Foto 14: Der Baum *Brachychiton gregorii* im südwestaustralischen Mulgaland (vgl. Foto 5).

Der etwas deplaziert wirkende Baum *Brachychiton gregorii* im wüstenhaften Mulgaland
Südwestaustraliens besitzt noch voll ausgebildete Blätter, die zwar schmaler und zerteil-
ter sind als etwa jene eines Ahorn, aber bei
weitem nicht die Trockenheitsanpassung der
ihn umgebenden Rutensträucher aufweisen.
Dieses Beispiel illustriert die Tatsache, daß die
genetische Ausstattung die mögliche Anpassung begrenzt.
Brachychiton gregorii (Bombacaceae) entstammt einem Verwandtschaftskreis mit
Schwerpunkt in subtropischen Regenzeitenwäldern (z.B. Nordostaustralien). Im Vergleich
zu diesen Verwandten sind seine Blätter kleiner und derber, also xeromorpher, mehr ist
genetisch aber „nicht drin".

Foto 15: Zweig von *Brachychiton gregorii* neben
einem Zweig von *Acacia aneura* (australisch:
Mulga).

Die Frage ist nun, wie kommt *Brachychiton*
in die Trockengebiete Südwestaustraliens?
Die Antwort: vermutlich war er schon vor
Millionen Jahren dort, nur hat sich das Klima
verändert. Im Tertiär bedeckten weite subtropische und warmtemperate Wälder den australischen Kontinent. Noch vor der Eiszeit
begannen große Teile auszutrocknen, der
Wald verschwand und machte immer mehr
halbwüstenartigem Buschland Platz. Von der
ehemaligen Vielfalt an Bäumen blieben vermutlich nur einige Reste wie *Brachychiton*,
der offensichtlich widerstandsfähig genug ist.
Er ist ein Paradebeispiel für sogenannte Prä-
adaptation, sprich „Voranpassung". Fälle, daß
präadaptierte Arten einen Klimawandel überstehen konnten und heute wichtige Komponenten der Vegetation darstellen sind gar
nicht so selten. Die Frage, wie die heutigen
Eigenschaften einer Pflanze (oder eines
Tieres) ihren Standort erklären, kann ohne
Berücksichtigung der Entwicklungsgeschichte
nicht beantwortet werden.

Foto 16: Hochgrassavanne mit dem Gras *Temeda triandra*, Uganda.

Kohlendioxid

Für die grünen Pflanzen ist das Kohlendioxid der Luft eine lebensnotwendige Ressource. Mit Hilfe von Licht sind sie in der Lage, Kohlendioxid in komplexe organische Verbindungen, die Assimilate, zu verwandeln. Dieser Prozeß der Photosynthese ist die Basis fast allen Lebens.

Interessant ist, daß sich im Laborversuch die Menge an Kohlendioxid, das in die Pflanze aufgenommen wird, noch steigern läßt, wenn mehr Kohlendioxid angeboten wird als derzeit in der Luft vorhanden ist (ca. 0,032 Volumenprozent). Etwa ab dem Doppelten des derzeitigen Gehalts nimmt die Photosynthese dann aber nicht weiter zu. Im gärtnerischen Pflanzenbau hat man sich diesen Effekt als Kohlendioxid-Düngung bereits zu Nutze gemacht.

Für alle Pflanzen im Freiland heißt dies im Klartext, daß die Ressource Kohlendioxid begrenzt ist. Im Gegensatz zum Wasserangebot und von Ausnahmen wie den Hochgebirgspflanzen abgesehen, welche in der „dünnen" Luft noch weniger zur Verfügung haben, ist dieser knappe Kohlendioxidgehalt auf der ganzen Welt für alle Pflanzen gleich gering. Arten, die diese Mangelressource am effizientesten nutzen können, sind also im Vorteil. Kein Wunder also, daß es verschiedene Photosynthesewege gibt.

Das Gras *Temeda triandra* ist, wie die Pflanzenphysiologen sagen, eine typische C_4-Pflanze. Durch einen anatomischen „Trick" fängt sie das durch Atmung frei werdende Kohlendioxid noch in der Pflanze ab und kann es für die Assimilation wieder verfügbar machen. Sie produziert dabei organische Säuren mit 4 Kohlenstoffatomen – daher C_4-Pflanze.

Foto 17: *Miconia* spec., ein tropisches Kleinstbäumchen im karibischen Regenwald, Guadeloupe.

Foto 18: Parasitisches Enziangewächs *Leiphaimos
aphylla* im karibischen Regenwald, Guadeloupe.

Wie das Gros der Pflanzenarten baut die tropische *Miconia* im Gegensatz zu *Temeda* auf
den „klassischen" Photosyntheseweg, bei dem
Zuckerderivate mit drei Kohlenstoffatomen
als Erstprodukte der Assimilation auftreten.
Zwar basiert auch die Kohlendioxidaufnahme
bei *Temeda* grundsätzlich auf diesem Prozeß,
durch Zusatzeinrichtungen ist *Temeda* aber in
der Lage, Starklicht besser zu nutzen, wogegen der „reine C_3-er" ab einer gewissen Licht-
stärke, die am Morgen schon bald erreicht ist,
Sättigung zeigt.

Trotzdem überwachsen auch C_4-Pflanzen
nicht alles und jedes. Über den ökologischen
Vorteil des C_4-Weges ist daher viel gerätselt
worden. Gerade dort, wo die Luft am dünnsten ist, im Hochgebirge, fehlen sie. In der
Savanne sind sie dagegen häufig. Offenbar
hilft der C_4-Weg, das in der Regenzeit verfügbare Wasser für rasches Wachstum zu
nutzen.

Dieses Kraut (Foto 18) wächst sicher nicht in
den Himmel. Es parasitiert auf einer Wirtspflanze und bezieht die notwendigen Kohlen-
hydrate und Nährstoffe vom Wirt. In diesem
Fall ist wie bei manchen Orchideen der Wirt
ein Pilz, der von der Zersetzung toten Laubes
lebt. Irgendwo am Beginn dieser Kette steht
somit auch hier ein zur Photosynthese be-
fähigtes grünes Blatt.

Im Falle von Orchideen und eben unserem
kleinen „Tropenenzian" führt der Parasitismus
nicht zu einer nachhaltigen Schädigung des
Wirtes, wie dies bei anderen Arten der Fall
sein kann. Er hat sich aus dem Zusammen-
leben Pilz-grüne Pflanze in Form von Pilzwurzeln, sogenannten Mykorrhizen, entwickelt.

Licht

Die Energie zur Bindung von Kohlendioxid liefert das Licht, genauer: die photosynthetisch aktive Strahlung, das ist der Blau- und Rotlichtanteil des Sonnenlichtes, der vom Chlorophyll, dem Blattgrün der Pflanzen, absorbiert wird. Licht ist somit eine weitere wichtige Ressource für Pflanzen und damit für das Ökosystem als Ganzes.

Durch Wolken und Nebel kann es unter Umständen zum Mangelfaktor werden. Ganz sicher ist es ein solcher für Pflanzen, die von anderen beschattet werden, wie der Unterwuchs im dunklen Nebelwald der Taveuni-Berge (Foto 19). Nur mehr einige Prozent des Sonnenlichtes, teils noch weniger, dringen in Wäldern wie diesen bis zum Boden vor.

Die filigranen Gebilde auf Foto 20 wurzeln im Moderboden des dunklen Waldes oder umhüllen als dichte Manschetten wassertriefende Stämme und Äste. Hautfarne sind Spezialisten für Lichtmangel. Sie leisten sich sozusagen wenig nicht photosynthetisch aktives Material, sind dünn und durchscheinend, so daß das Licht von der Ober- zur Unterseite vordringt. Der Blauglanz besonders der kleinen Wedel rechts im Bild ist auffällig und gilt als Besonderheit tropischer Waldbodenarten.

Die Hautfarne sind extreme Beispiele für Schattenpflanzen. Ihre Anpassung liegt aber nicht in effizienteren Photosynthesewegen, sondern in der Art, wie und in welche Gewebe und Strukturen investiert wird. Hier wurde die Lösung darin gefunden, daß atmende, d.h. Assimilate verbrauchende Gewebe (z.B. Speicher-, Stützgewebe) reduziert sind. Dies setzt allerdings der Größe der Pflanze eine enge Grenze.

In saisongrünen Wäldern, wie im farbenfrohen Eschenwald des Wienerwaldes, weichen manche Arten dem schattigen Sommer aus und entwickeln sich im zeitigen Frühjahr. Auf

Foto 19: Tropischer Nebelwald auf Taveuni, Fidschi.

Foto 20: Tropische Hautfarne aus dem Innenraum des Nebelwaldes von Taveuni, Fidschi.

Foto 21: Frühjahrsbunter Eschenwald im Wienerwald, Österreich.

Foto 22: Frühjahrspflanzen mitteleuropäischer
Laubwälder.

diesen ersten Schub an sogenannten Frühjahrsephemeren folgen die Frühsommerarten,
die zum Zeitpunkt des Laubaustriebs blühen,
und schließlich die Spätsommerarten, welche
sich im dunklen Waldschatten langsam entwickeln und relativ spät zu blühen beginnen.
Dazu kommen immergrüne Arten, deren neue
Blätter und Blüten sich zu unterschiedlichen

Zeiten entfalten können. Gut und gern drei
das Licht unterschiedlich nutzende Synusien
erscheinen somit in zeitlicher Folge am Waldboden, wogegen die Immergrünen als eigene
Synusie ständig präsent sind. Das Beispiel
zeigt, daß Ressourcennutzung nicht nur räumlich, sondern auch zeitlich differenziert sein
kann.

Die sogenannten Frühjahrsephemeren (ephemer = alle kurzfristig erscheinenden Arten), wie sie in allen sommergrünen Wäldern der gemäßigten Zonen auftreten, zeigen hohe Photosyntheseraten und entwickeln sich rasch. Die Assimilate werden in unterirdischen Speicherorganen wie Knollen (Lerchensporn, Scharbockskraut; oben), Zwiebeln oder Wurzelsprossen, sogenannten Rhizomen (Schlüsselblume, Moschuskraut, Buschwindröschen; unten), gespeichert. Schon beim Laubaustrieb haben viele dieser Arten eingezogen und ihre Vegetationszeit im Licht beendet. Die gespeicherten Assimilate genügen aber, um im nächsten Jahr wieder austreiben und die Atmungsverluste unter der Erde ausgleichen zu können.

In komplexen Ökosystemen wie Wäldern ist die Art der räumlichen und zeitlichen Ressourcenverteilung und -nutzung der Schlüssel zum Verständnis ihrer organismischen Struktur.

Nährstoffe

Nährstoffe wie Stickstoff, Phosphor, Magnesium, Kalium, Calcium, Kupfer u.a. sind für das Pflanzenwachstum und damit für Aufbau und Erhalt eines Ökosystems essentiell. In der Regel sind die natürlichen Ökosysteme für ihren Bedarf gut, wenn auch nicht maximal versorgt. Fast in jedem natürlichen oder halbnatürlichen Ökosystem läßt sich mit Stickstoff und anderen Nährstoffen die Produktion steigern, was aber meist auf Kosten von Stabilität und Vielfalt geht.

„Mangel" ist eine menschliche Wertung. Könnten die Ökosysteme reden, würden die meisten uns wohl mitteilen, daß sie mit ihrer Nährstoffsituation durchaus zufrieden sind und gar keine Produktionssteigerung brauchen. So primitiv dies klingt, so oft wird dies auch in hochwissenschaftlichen Schriften übersehen. In seltenen Fällen allerdings ist der Gehalt an Mineralstoffen tatsächlich so gering, daß die Arten im Wachstum bis zur Krüppelform eingeschränkt sind oder „Man-

gelspezialisten" auftreten wie die Kannenpflanzen in den Bergwäldern des Kinabalu. Kannenpflanzen – die abgebildete ist eine der spektakulärsten – zählen zu den wenigen auch einem breiteren Publikum bekannten Berühmtheiten in der Pflanzenwelt. Es sind insektivore Arten, die mit ausgeschiedenen Verdauungsenzymen in den Kannensäften Insekten und andere Kleintiere, die in die Kannen fallen, zersetzen und damit ihren Stickstoffbedarf decken. Nur bei eklatant geringem Stickstoffgehalt des Bodens ist *Nepenthes* anderen Arten des Bergwaldes überlegen und konkurrenzfähig. Düngung zur Förderung der Krüppelbäume brächte ihr den Tod. Die Frage „Gut für wen?" kann nie oft genug gestellt werden. Für *Nepenthes* gibt es hier keinen Mangel. Die neben ihr wachsende Binse (siehe Foto 23) kommt sogar ohne Insektenfang aus. Trotzdem ist das Wort „Nährstoffmangel", „Lichtmangel", quasi jeder erdenkliche Mangel, in ökologischen Texten unausrottbar präsent. Wertungen, Ideologien und menschliches Wunschdenken durchsetzen Konzepte und Lehrsätze der Ökologie noch in hohem Maße.

Raum

Selten wird einem so deutlich vor Augen geführt, daß „Raum" für alle Lebewesen eine bedeutende Ressource ist, wie in den abweisenden Granitplatten des Kinabalugipfels. Hier könnte Wald wachsen – Klima und Steilheit des Geländes würden es zulassen. Der abfließende Regen schwemmt aber fast alles wie über ein Betongerinne hinweg. Manches bleibt in den wenigen Spalten und Nischen hängen und füllt sie aus. So hat auch der kleine Baum *Leptospermum recurvum* seinen „Blumentopf" gefunden. Allerdings ist er ihm

Foto 23: Tropischer Bergregenwald auf extrem nährstoffarmen Gesteinen am Kinabalu, Sabah (Malaysia).

Foto 24 (oben): Die Kannenpflanze *Nepenthes villosa* aus den Bergwäldern des Kinabalu, Sabah (Malaysia).

Foto 25: Der Baum *Leptospermum recurvum* im Granit des Kinabalugipfels, Sabah (Malaysia).

viel zu klein. Für einen großen Baum – und *Leptospermum* könnte bis 20 m hoch werden – reicht der Wurzelraum nicht. Die Sträucher, die verstreut um den Baum herum wachsen, sind ebenfalls Leptospermen, die noch weniger Raum zur Verfügung haben.

„Platz haben" ist für Pflanzen – und entsprechendes gilt für Tiere, man denke nur an die heftigen Revierkämpfe – etwas Kostbares. Im Pflanzen- und Tierreich sind deshalb zahlreiche Strategien entstanden, einmal eroberten Raum auch zu behalten. Felsökosysteme sind ein gutes Beispiel. Langlebigkeit, das heißt Fernhalten von Konkurrenz, spezielle Samenverbreitung, indem die Samenkapseln vom Licht weg in Mauerfugen hineinwachsen, schaffen Vorteile. Agaven halten mit ihrer fleischigen Rosette andere fern. Sterben sie ab, fallen die Früchte auf freigehaltenen Grund, wo zusätzlich die in der Mutterpflanze enthaltenen Nährstoffe freigesetzt werden.

Unter Individuen der gleichen Art führt der Kampf um den Raum oft zu regulären Mustern. Zusätzlich schafft Selbstverdünnung (Absterben überzähliger Exemplare) eine für jede Art typische Besetzungsdichte. Gesetzmäßige Beziehungen bestehen zwischen Größe des Individuums und Individuenzahl pro Flächeneinheit. Solche und andere Phänomene entscheiden über die innere Struktur von Ökosystemen.

Foto 26: Kaltluftaustritt in einem „Os" (= eiszeitlich entstandener Schotterrücken) in Mittelfinnland.

Konditionen

Temperatur

Die abiotischen Umweltfaktoren lassen eine Zweigliederung zu: in die schon besprochenen Ressourcen und in Konditionen, die im Folgenden behandelt werden. Angemerkt sei allerdings, daß der Begriff „Ressource" aus der Sicht einzelner Arten oder Artgruppen, d. h. aus autökologischer Sicht, auch über den abiotischen Bereich hinaus verstanden werden kann. Die Rentiere Alaskas sind für die sie begleitenden Wölfe die Ressource schlechthin. Beide mögen aber unter Kälte und scharfem Wind, also Konditionen, leiden.

Die Temperaturverhältnisse sind unter den Konditionen das, was das Wasser im Bereich der Ressourcen ist. Beide tragen zur Vielfalt an Ökosystemen auf der Erde am meisten bei. Der Kaltluftaustritt an einem Schotterrücken in Finnland, Os genannt, zeigt dies überdeutlich.

Im Winter sammelt sich im Schotterkörper die kalte Luft, die über den Sommer nur an einigen Stellen austreten kann. Ohne lange zu messen, läßt sich die Wirkung der kalten Luft an den konzentrischen Vegetationsmustern ablesen. Im Zentrum tritt polare Kältewüste auf, in der allenfalls einige Moose überleben. Nach außen schließt Gras-, dann Zwergstrauchtundra an, Birkengebüsche folgen, welche zuerst schlecht, dann besser wachsen, bis sie schließlich in den typischen Kiefern-Fichten-Hochwald Mittelfinnlands übergehen. Auf weniger als hundert Metern sind hier die einzelnen Zonen von Süden nach Norden, welche sich sonst über tausend Kilometer erstrecken, von der Taiga Mittelfinnlands bis zur Kältewüste im Norden Grönlands, zusammengedrängt.

Warum wachsen in Finnland keine Palmen, warum nur Nadelbäume und hin und wieder

Birken? Jeder weiß es, Palmen würden erfrieren. Sicher spielt das allgemeine Temperaturklima, charakterisierbar durch Durchschnittswerte, für Wachstum und Vegetationsdifferenzierung eine gewisse Rolle, wesentlich entscheidender als Durchschnittstemperaturen sind aber die Grenztemperaturen des Lebens. Regelmäßige Temperaturextreme, mehr noch episodische Temperaturexzesse, entscheiden über Leben und Tod. Temperaturen um null Grad Celsius sind für manche tropische Palmen bereits tödlich, subtropische Arten überstehen vereinzelt noch −14 °C.

Die Pflanzenphysiologie unterscheidet zwischen erkältungsempfindlichen Pflanzen, welche bereits über dem Gefrierpunkt ernstlich geschädigt werden können, gefrierempfindlichen Pflanzen mit einer unteren Letalgrenze zwischen −10 bis −15 °C und schließlich gefrierbeständigen Pflanzen, die im Zustand voller Winterhärte sehr tiefe Temperaturen ertragen.

Tiefe Temperaturen sind im Zustand der Winterhärte für den Gegenblättrigen Steinbrech kein Problem. Man kann ihn sogar in flüssige Luft (−194,4 °C) tauchen, ohne daß er Schaden nimmt, er ist absolut frosthart. Diese Frosthärte teilt er mit einigen anderen Hochgebirgs- und Tundrenpflanzen und dringt noch weit gegen den Nordpol vor (> 80° nördlicher Breite).

Die Resistenz ist allerdings nicht „alles". Die Temperatur beeinflußt wichtige physiologische Prozesse wie Photosynthese und Atmung, das Streckungswachstum, Zellteilungsprozesse, Stoffverlagerungen, Blühen und Fruchten. Ungünstige Bodentemperaturen wirken sich auf Stoffwechselprozesse in den Wurzeln genauso aus wie auf die Aktivität der Bodenfauna und -flora. Ebenso kann Hitze über Sein oder Nichtsein entscheiden. Zeigen Wasserpflanzen bereits bei +40 °C Schädigungen, überstehen die bereits erwähnten C_4-Gräser auch Hitzestress von +60 °C.

Foto 27: Kokospalme am Strand von Embudu, Malediven.
Foto 28: Gegenblättriger Steinbrech (*Saxifraga oppositifolia*) in den Ötztaler Alpen, Österreich.

Foto 29: Piz Linard in der Silvretta, Schweiz.

Folgen des globalen Klimawandels

Seit allgemein bekannt wurde, daß durch die Zunahme des Kohlendioxids und anderer sogenannter „Treibhausgase", welche die Infrarot- und Wärmestrahlung absorbieren, ein allgemeiner Klimawandel mit einer Durchschnittserwärmung um 3 °C in den nächsten Jahrzehnten zu erwarten ist, versuchen Forschungsteams auf der ganzen Welt, die Folgewirkungen vorauszusagen. Das Kernproblem dabei ist, daß präzise Langzeitbeobachtungen über das Reagieren natürlicher und naturnaher Ökosysteme fehlen. Zwar sind Änderungen der Temperatur in der ferneren und näheren Erdgeschichte, ja bis in die jüngste Zeit, nichts Unbekanntes – man denke an die Eiszeiten – für die Abschätzung eines so raschen Klimawechsels, wie er derzeit erwartet wird, sind die historischen Befunde aber nur

begrenzt brauchbar. Was fehlt, sind genau dokumentierte Dauerbeobachtungsflächen, die älter als 10 bzw. 20 Jahre sind.

Eine der wenigen Ausnahmen, vielleicht sogar die einzige, bei der zugleich ein direkter menschlicher Einfluß ausgeschlossen werden kann, sind die Floren einiger Hochalpengipfel in der Schweiz und Österreich. Bereits im Jahre 1834 wurde der Gipfel des Piz Linard (Foto 29), mit 3411 m der höchste Gipfel der Silvretta, vom Schweizer Botaniker O. HEER bestiegen. HEER fand eine einzige Blütenpflanze, den Gletscherhahnenfuß (*Ranunculus glacialis*). Der Gipfel wurde in der Folge immer wieder besucht. Bis 1947 stieg die Artenzahl auf 11. Andere Gipfel wurden um die Jahrhundertwende, weitere in den 40er Jahren untersucht. Generell ist der Aufstiegstrend der Flora an der alpinen Kältegrenze höheren Pflanzenlebens gesichert.

Wie sich diese Erwärmung im Detail auswirkt, ob die Blütenzahl gesteigert wird, ob

Foto 30: Eisglöckchen (*Soldanella pusilla*) in einem Schneeboden der Ötztaler Alpen, Österreich.

die Samenreifung häufiger möglich ist, die Überlebensrate der Keimlinge durch eine längere Vegetationsperiode steigt, der Boden durch seltenere Fröste ruhiger wird und damit ein Wurzeln ermöglicht, oder mehr Schnee in milderen Wintern fällt und dadurch den Boden vor Frösten schützt – viele Varianten sind möglich. Tatsache ist: dieses Höherwandern der Alpinvegetation ist in Relation zur Temperaturzunahme in den Ostalpen um 1,2°C seit der Jahrhundertwende zu sehen, auch wenn Effekte des höheren Kohlendioxidgehalts, oder Stickstoffeintrag durch Stäube und Niederschlag nicht ganz ausgeschlossen werden können.

Die Untersuchungen auf den Alpengipfeln zeigten aber auch eines: die Wandergeschwindigkeit bleibt weit hinter dem grundsätzlich Möglichen zurück. Auch die „schnellsten“ Alpenpflanzen schafften kaum mehr als 1 m Höhengewinn in 10 Jahren. Die registrierte Temperaturzunahme seit der Jahrhundertwende hätte aber rein theoretisch das 8- bis 10fache zugelassen. Auch bei Berücksichtigung der extremen Situation auf den Alpengipfeln – die Pflanzen müssen aufwärts wandern – dürfte die Vegetation und die an sie gebundene Tierwelt auf den prognostizierten Klimawandel deutlich verzögert reagieren.

Neben der Temperatur können sich auch die Niederschlagsverhältnisse ändern, im Hochgebirge eng daran gekoppelt sind Schneemenge und -verteilung. Schneeschützlinge wie das kleine Eisglöckchen erfrieren, wenn sie keinen Schneeschutz genießen. Weniger Schnee könnte sehr rasch zu ihrem Verschwinden führen. Hier wird ein wichtiges ökologisches Prinzip sichtbar: die Bedeutung von Unter- oder Überschreitung von Schwellenwerten. Sie dürften die kommenden Veränderungen mehr bestimmen als alles andere.

Disturbationen (= Störungen)

Das Konzept der „Störung" (= Disturbation) wurde vergleichsweise spät in die Ökologie eingeführt. In jenen Zonen der Erde, wo Feuer einen entscheidenden ökologischen Faktor darstellt, so in Australien, Kalifornien, den Savannen Afrikas, in kontinentalen Waldgebieten Sibiriens und Alaskas, wurde offensichtlich, daß die organismische Struktur der Ökosysteme, aber auch ihr stofflich-funktionaler Charakter, ohne Berücksichtigung der periodisch bis episodisch wiederkehrenden Feuer nicht erklärt werden kann. Dies geht sogar soweit, daß diese Ökosysteme das Feuer regelrecht brauchen. Andere Störungsregime sind heftige Stürme, Lawinen, vulkanische Erscheinungen wie Ascheregen, Schlämme und ähnliches. Auch menschliche Nutzung wie wiederkehrende Mahd, Bodenbearbeitung ist

Foto 31: Elliotts-Kiefernwald mit der Palme *Serenoa repens*, Florida.
Foto 32: Elliotts-Kiefernwald nach einem Brand.

Foto 33: Der Kleinling (*Centunculus minimus*) aus einer Lehmpfütze im Vorarlberger Rheintal.

als Störung in ökologischem Sinne zu betrachten.

Die „Feuerwälder" Floridas sind eine Anpassung an natürliche Feuer, ausgelöst durch Blitzschlag. Feuer treten in diesen Gebieten so regelmäßig auf, daß viele Eigenschaften der Pflanzen und Tiere dieser Ökosysteme nur im Sinne von „Feuer-Überleben" gedeutet werden können. So schützen dichte Blattscheiden den Vegetationskegel der Palme *Serenoa repens*, aus dem nach dem Brand rasch wieder grüne Blätter hervorschießen (siehe Foto 32) und die dicke Borke der Kiefern schirmt die Hitze der Flammen ab.

Mit diesen Einrichtungen lassen sich sogenannte Grundfeuer gut überstehen. Durch das ausufernde Siedlungswesen im Süden Floridas werden solche Feuer zunehmend bekämpft. Buschwerk kommt auf, und wenn es dann doch einmal brennt, findet das Feuer mehr Nahrung – es entstehen die gefährlichen Kronenfeuer. „Defending fire is making fire", das wissen amerikanische Ökologen schon lange.

Störungen lassen sich vor Ort überleben, wie dies die Palme *Serenoa* und Elliotskiefer zeigen, oder man weicht ihnen aus und nimmt wie der Kleinling rasch das konkurrenzfreie Feld ein, das sie zurücklassen, oder man besiedelt grundsätzlich nur störungsfreie Standorte wie die ältesten Bäume der Welt (Foto 34).

Zurück zum Kleinling. Er ist sicher nicht nur eine der kleinsten, sondern auch eine der kurzlebigsten Pflanzenarten der Welt, dabei aber weit verbreitet. Füllen sich Pfützen nach einem Regen mit Wasser, keimt der Kleinling sofort. Der Same war vielleicht schon da, oder kam am lehmbehafteten Fuß eines Vogels. Der Kleinling blüht bereits nach wenigen Tagen und setzt Früchte an. Schon nach zwei Wochen kann die Pfütze ausgetrocknet sein und der ganze „Zauber" ist vorbei.

Dieser Baum keimte, als vor 4000 Jahren in Ägypten die Pyramiden gebaut wurden. Er und die anderen ältesten Bäume der Welt wachsen hoch in den Bergen einer Parallelkette der Sierra Nevada in Kalifornien auf steinigem Boden, der keinen Störungen ausgesetzt ist.

Zwei extreme Lebensstrategien nebeneinander: der Kleinling als typische „Ruderalart" ist extrem kurzlebig und spezialisiert auf gestörte bzw. unsichere Standorte, die „streßtolerante" Panzerkiefer besetzt ihr „Revier" und behält dieses quasi auf alle Ewigkeit, auch wenn es ihr dabei nicht übermäßig gut geht. Manche Pflanzenökologen unterscheiden noch eine dritte Lebensstrategie, das „Weg-Konkurrenzieren". Die Brennessel wäre ein Beispiel für diese Strategie. Sie bildet expandierende Herden und überwuchert andere Arten.

Foto 34: Die Kiefer *Pinus longaeva* in den White Mountains, Kalifornien.

Die Großlebensräume (= Zonobiome) der Erde

Zahlreich sind mittlerweile die Versuche, die offenkundig unterschiedlichen Großlebensräume der Erde ökologisch zu definieren und die wesentlichen Faktoren, die diese Gliederung bestimmen, herauszuarbeiten. Der klassische Ansatz bedient sich der direkten Beobachtung von Vegetation und Klima. Man definiert anhand von konkreten Beobachtungsstationen etwa „das Nadelwaldklima" oder „das Regenwaldklima".

In Wäldern dominiert die Wuchsform „Baum", andere Wuchsformen (z.B. Strauch, Zwergstrauch, Kraut) sind aber ebenfalls vorhanden. Erweiterte Konzepte versuchen daher, die verschiedenen Klimaparameter mit bestimmten Wuchsformengarnituren in Verbindung zu setzen, wobei die Art der Überdauerung ungünstiger Perioden (z.B. ruhende Knospen über der Erde oder Ruhestadien im Boden) mit eingebunden wird. Man spricht dann von Lebensformen. Der Amerikaner E.O. Box hat in seiner Schrift „Macroclimate and plant forms: an introduction to predictive modeling in phytogeography" insgesamt 77 solcher Lebensformen definiert, weiters bestimmten vor Ort aufgenommenen Kombinationen von Lebensformen ein entsprechendes Set von Klimawerten zugewiesen und schließlich mit Hilfe eines Computermodells anhand des internationalen Netzes von Klimameßstationen versucht, die Vegetation der Erde zu prognostizieren. Wie das Ergebnis zeigte, mit beachtlichem Erfolg.

Diese Vorgangsweise ist aber der Kritik ausgesetzt. Es handle sich um einen Zirkelschluß und die eigentlichen Mechanismen, welche der Verbreitung bestimmter Lebensformen – oder allgemeiner - bestimmter „ökologischer Funktionstypen" zugrunde liegen, würden nicht aufgedeckt. Als Alternative wird angeboten, jene physiologischen Prozesse zu bestimmen, die Grenzen setzen bzw. eine Art anderen Arten unterlegen bzw. überlegen machen. Ein Entwurf dazu stammt vom Engländer F.I. WOODWARD, der in seinem Buch „Climate and plant distribution" wesentliche zelluläre Prozesse wie die Temperaturabhängigkeit der Konsistenz von Plasmamembranen, die Verhinderung von Eisbildung in der Zellflüssigkeit durch Unterkühlung und Gefrierpunktsdepression bzw. die Verhinderung von Trockniseffekten durch extrazelluläre Eisbildung(= Eis wirkt auf die Umgebung austrocknend) in den Geweben an die Basis seiner Überlegungen stellt. Ursache und Wirkung werden damit sauber auseinandergehalten.

Nach der Wirkung dieser Prozesse lassen sich z.B. kardinale Temperaturbereiche definieren, die bestimmte ökofunktionale Typen noch zu bzw. nicht mehr zulassen. Kälteempfindliche Pflanzen ertragen bereits die Veränderungen in den Plasmamembranen nicht, welche unter +10°C einsetzen. So etwa das Usambara-Veilchen, das schon bei +7°C Blattschädigungen zeigen kann. Immergrüne Blätter, welche gefrierbeständig sind, sind in manchen Fällen bis -15°C unterkühlbar. Fallen die Winterfröste regelmäßig unter diesen Wert, können nur noch laubwerfende Arten überleben, deren verholzte Gewebe und Knospen noch bis -40°C ertragen. Tiefere Temperaturen werden nur noch durch Gefrierbeständigkeit des Protoplasmas überlebt, welche durch intrazellulären Umbau, induziert durch die kürzeren Tage im Herbst, zustande kommt. Viele Nadelhölzer und einige Laubhölzer wie manche Pappeln, Weiden und Birken zählen zu dieser ökofunktionalen Gruppe.

Diese kardinalen Temperaturlimits setzen allemal Grenzen gegen Norden. Modifiziert nach WOOWARD zeigt Abb. 1b wie die Vegetationsgliederung der Welt aussähe, wenn nur die Kälte- bzw. Frosttoleranz eine Rolle spielen würde (vgl. dazu die reale Situation in Abb. 1a). Grundsätzlich könnte mit Ausnahme der Tundra die gesamte Landfläche der Erde waldbedeckt sein. In der Tundra reicht die Kürze der Vegetationszeit nicht mehr, um größere Pflanzen als Sträucher und Zwergsträucher zuzulassen. Aber auch dort wäre aufgrund der Temperaturlimits Baumwuchs in vielen Gebieten grundsätzlich noch möglich. Schwieriger sind die Grenzen gegen Süden zu bestimmen. So ist gleichermaßen „nicht einzusehen", warum zumindest immergrüne und gefrierbeständige Breitlaubarten nicht auch in den tropischen Zonen auftreten können bzw.

die frostresistenten Nadelhölzer der Taiga nicht in Mitteleuropa dominieren. Die Zauberformel heißt „Ausschluß durch Konkurrenz", die südlichen seien den nördlichen Arten im Wachstum überlegen. Nur, wirklich geprüft hat dies noch niemand, und wird es wohl nie möglich sein. Man müßte dazu ganze Wälder in andere Großlebensräume versetzen und über Generationen die Entwicklung verfolgen. Man hilft sich heute, in dem man sie in riesige Glashäuser mit artefiziellen Klimaten verpackt. Die große Sorge, wie sich die wichtigsten zonalen Ökosysteme bei globaler Klimaerwärmung verhalten, hat die enormen Geldmittel für diese „ökologischen Zyklotrone" freigesetzt. Mehr als die Anfangsreaktion ist allerdings auch dort nicht zu beobachten, abgesehen davon, daß langfristig ein Waldstück nicht von seiner Umgebung isoliert betrachtet werden kann.

Verglichen mit Abb. 1b zeigt Abb. 2b (s. Seite 45) ein wesentlich realistischeres Bild der Vegetationszonen der Erde, welche bei diesem groben Maßstab mit den Großlebensräumen der Erde identisch sind. Es kam zustande durch Beachtung der Wasserverfügbarkeit, ausgedrückt als Differenz zwischen Niederschlag und Verdunstung. Durch den bereits beschriebenen Mechanismus, daß sich je nach Niederschlag und der temperaturabhängigen Verdunstung eine bestimmte Laubmasse einstellt, läßt sich aus den Temperaturwerten und dem Niederschlag der mögliche Vegetationstyp (z.B. große Laubmasse = Wald; geringe Laubmasse = Steppe, Savanne) sogar formelmäßig berechnen. Auch hier lassen sich Schwellenwerte angeben. So gilt allgemein, daß unter einem Jahresniederschlag von ca. 600 mm dichte Wälder nicht mehr möglich sind und unter einem Jahresniederschlag von 400 mm Baumwuchs an seine Grenzen gelangt. Trockenzeiten bedingen Laubfall, der bei tropischen und subtropischen Gehölzen meist nur fakultativ ist, d.h. das Laub wird tatsächlich nur abgeworfen, wenn es wirklich trocken wird. Bewässert man diese Bäume, bleiben viele immergrün.

Das Ergebnis dieser Überlegungen macht klar, daß eine Serie zonaler Großlebensräume bzw.

Zonobiome unterschieden werden kann: 1. die tropischen Regenwaldgebiete, 2. die tropisch/subtropischen Regenzeitenwälder und Savannen, 3. die heißen Wüsten und Halbwüsten; die frostbeeinflußten Gebiete mit immergrünen Wäldern unterteilt in 4. mediterrane Hartlaubwaldgebiete, 5. warmtemperate Lorbeerwaldgebiete, 6. die winterkalten Gebiete mit sommergrünen Wäldern, 7. die kalten Steppen und Wüsten, 8. die sehr kalten Nadelwaldgebiete des Nordens, 9. die polaren Tundren und Kältewüsten.

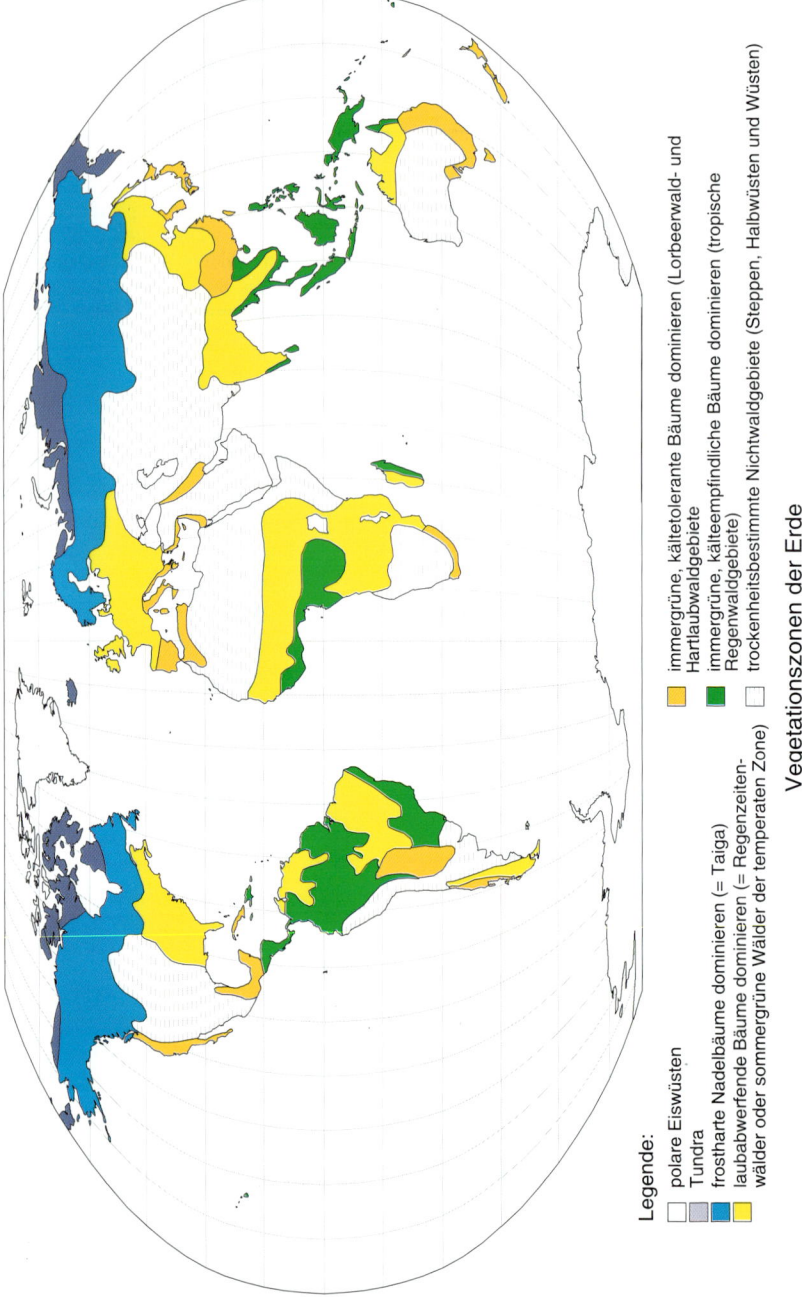

Legende:

polare Eiswüsten

Tundra

frostharte Nadelbäume dominieren (= Taiga)

laubabwerfende Bäume dominieren (= Regenzeitenwälder oder sommergrüne Wälder der temperaten Zone)

immergrüne, kältetolerante Bäume dominieren (Lorbeerwald- und
Hartlaubwaldgebiete)

immergrüne, kälteempfindliche Bäume dominieren (tropische
Regenwaldgebiete)

trockenheitsbestimmte Nichtwaldgebiete (Steppen, Halbwüsten und Wüsten)

Vegetationszonen der Erde

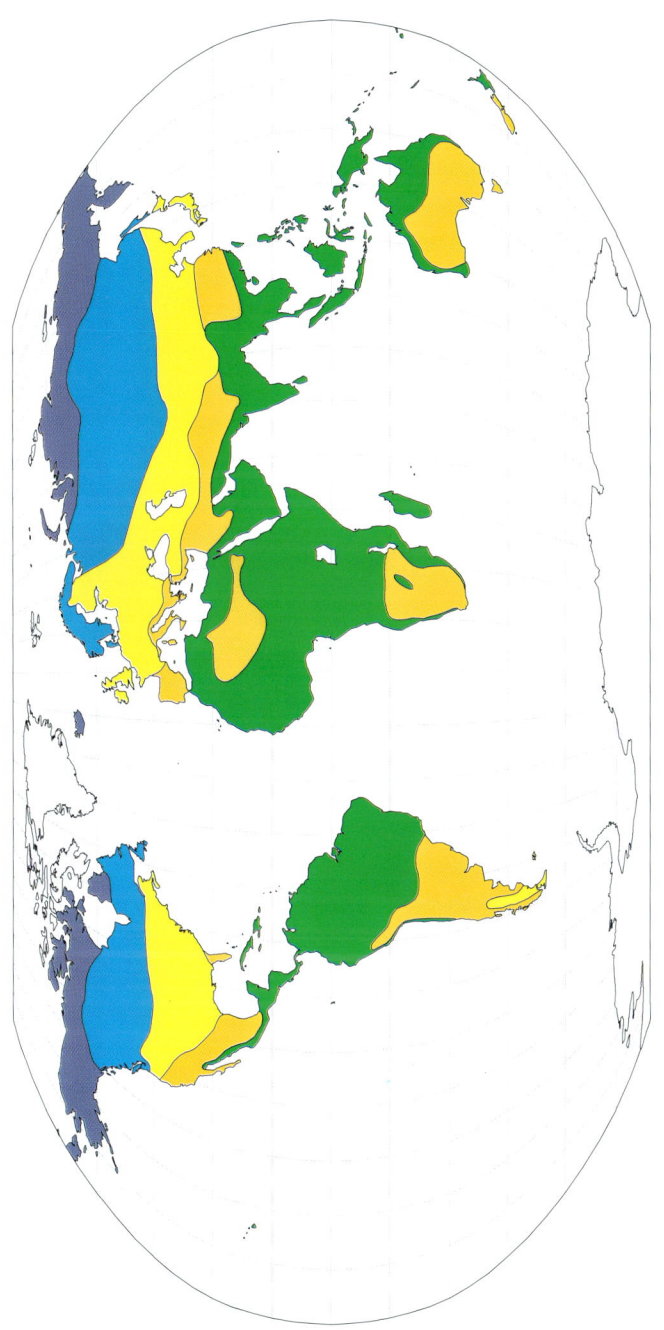

Prognosemodell der Vegetationszonen der Erde auf Basis von Klimawerten und ökophysiologischen Konstitutionstypen Szenario 1: Wasser wäre keine limitierende Ressource.

Abb. 1: Vergleich der ökozonalen Gliederung der Erde nach der vorherrschenden Vegetation: 1a. Reale Verteilung der Zonen, 1b. Verteilung der Zonen unter alleiniger Berücksichtigung des Kälteklimas (ausführliche Erläuterung im Text). Verändert nach WOODWARD (1987).

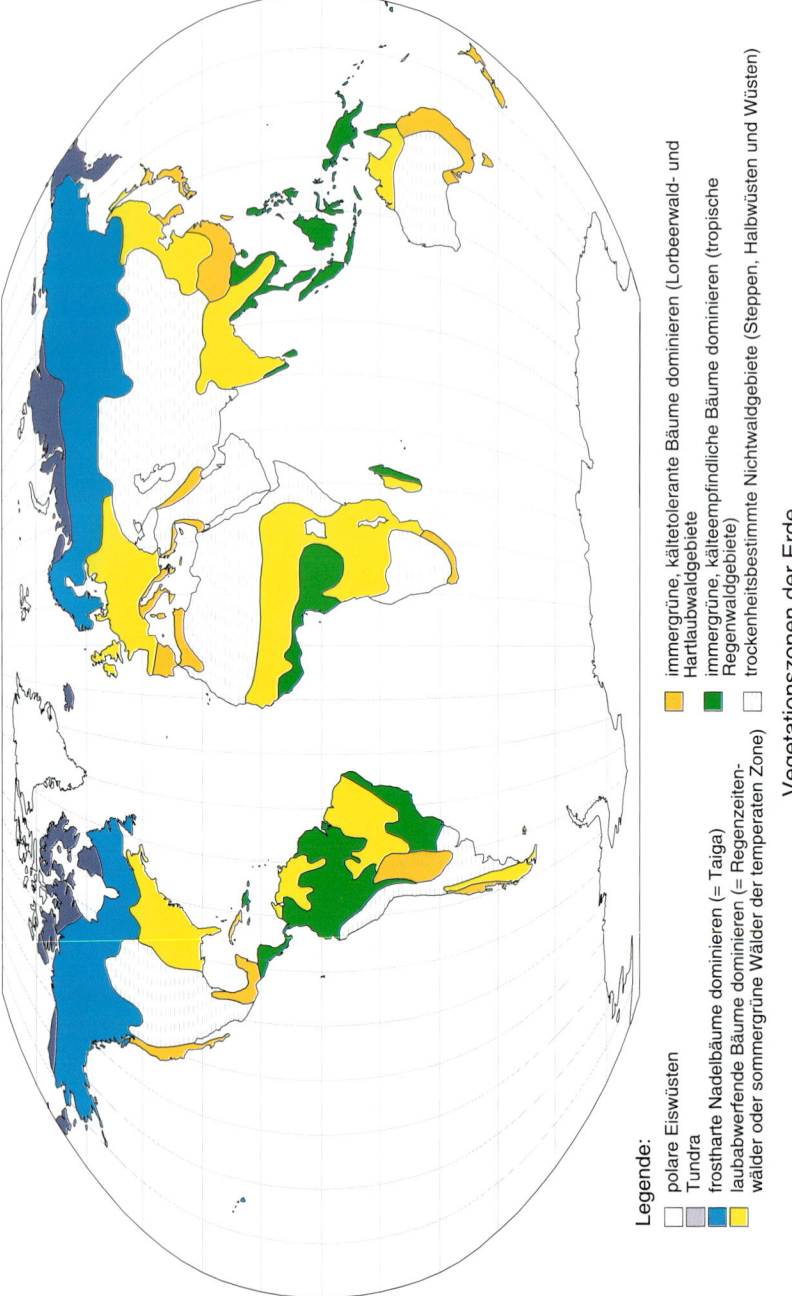

Legende:

polare Eiswüsten

Tundra

frostharte Nadelbäume dominieren (= Taiga)

laubabwerfende Bäume dominieren (= Regenzeitenwälder oder sommergrüne Wälder der temperaten Zone)

immergrüne, kältetolerante Bäume dominieren (Lorbeerwald- und
Hartlaubwaldgebiete

immergrüne, kälteempfindliche Bäume dominieren (tropische
Regenwaldgebiete)

trockenheitsbestimmte Nichtwaldgebiete (Steppen, Halbwüsten und Wüsten)

Vegetationszonen der Erde

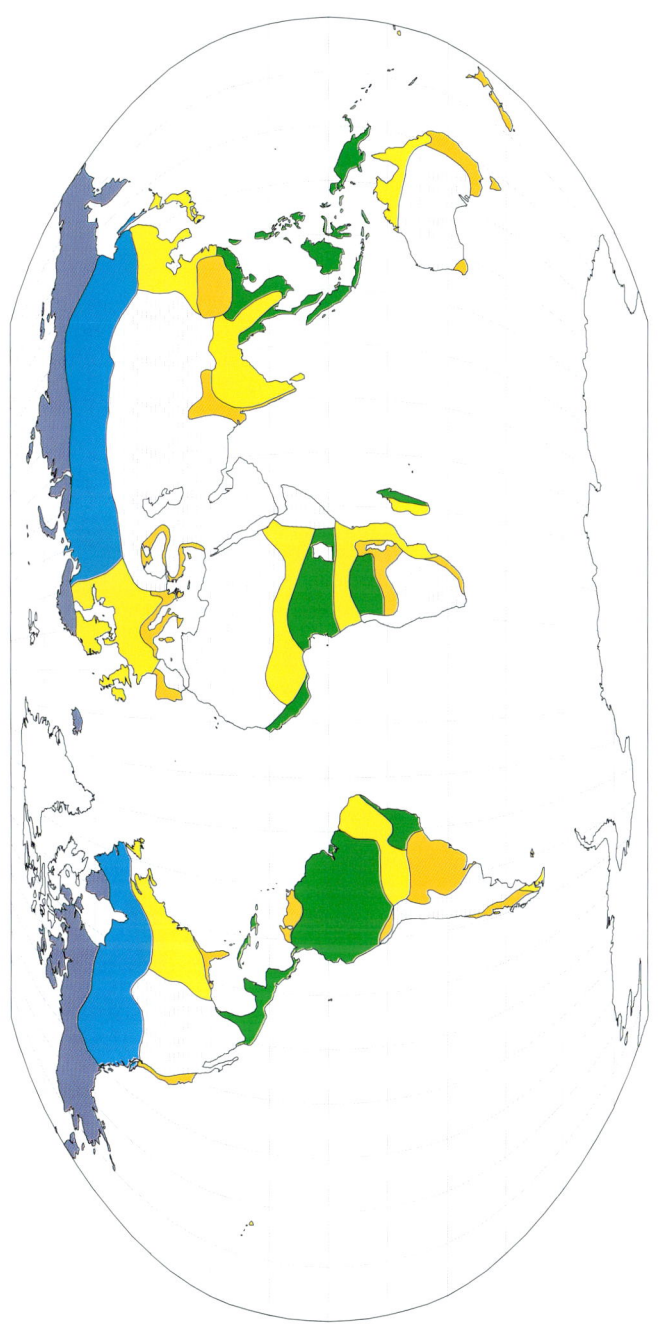

Prognosemodell der Vegetationszonen der Erde auf Basis von Klimawerten und ökophysiologischen Konstitutionstypen Szenario 2: Wasser ist eine limitierende Ressource.

Abb. 2: Vergleich der ökozonalen Gliederung der Erde nach der vorherrschenden Vegetation: 2a. Reale Verteilung der Zonen, 2b. Verteilung der Zonen unter Berücksichtigung des Kälteklimas und des Wasserhaushaltes (ausführliche Erläuterung im Text). Verändert nach WOODWARD (1987).

Zonobiom I – Zone tropischer Regenwaldgebiete

Klima

Tropische Regenwälder sind das „Markenzeichen" der immerfeuchten Äquatorialgebiete. Jahresniederschläge von 2000 bis 3000 mm, Niederschläge wie sie in Mitteleuropa nur an den feuchten Alpenrandlagen erreicht werden, dabei jährliche Temperaturmittel zwischen 25 bis 27 °C in den tropischen Tiefländern, mögen fürs erste die klimatischen Rahmenbedingungen kennzeichnen.

Das immerfeuchte Tropenklima ist kein Jahreszeitenklima sondern ein Tageszeitenklima. Die durchschnittlichen täglichen Temperaturschwankungen von 6 bis 12 °C überschreiten die jährlichen Änderungen der Temperaturmonatsmittel meist deutlich. Eine typische Situation wäre etwa eine Lufttemperatur von 23 °C am frühen Morgen bei Sonnenaufgang und 32 °C zu Mittag, egal ob im Jänner oder Juli. An trüben Tagen kann die Tagesamplitude der Temperatur auf 2 °C sinken.

Die genannten Werte variieren mit Höhenlage, Lage zum Meer und Einfluß von Passatwinden. Der entscheidende Faktor in den feuchten Tropen ist aber auf jeden Fall, daß weder die Temperatur- noch die Niederschlagsverhältnisse die jährlich mögliche Vegetationszeit von 12 Monaten begrenzen. Ebenso treten mit Ausnahme der tropischen Hochgebirgsregionen keine Temperaturextreme auf, die der Verbreitung von erkältungsempfindlichen Pflanzen eine Grenze setzen würden.

In gleichem Maße limitiert auch die Strahlung das Wachstum dominanter Bäume nicht. Die unbegrenzte Vegetationsperiode erlaubt auch extremen Schattenpflanzen ein Gedeihen am Waldboden und macht den tropischen Regenwald so zum produktivsten natürlichen Ökosystem, indem die photosynthetisch aktive Strahlung mit einem Wirkungsgrad von ca. 2 % genutzt wird.

Verbreitung

Tropische Regenwälder bedeckten potentiell zirka eine Fläche von 17 Millionen Quadratkilometern, somit ungefähr 11,5 % der gesamten Landoberfläche. Die Zentren sind das Amazonasbecken, das Kongobecken und der indomalaiische Archipel (Abb. 3). Zur gesamten Vielfalt der tropischen Regenwaldzone tragen aber auch die Regenwälder der unzähligen größeren und kleineren Inseln in der Äquatorialzone der großen Ozeane bei, sowie jene von Rand- und Übergangsgebieten wie die Wolken- und Nebelwälder tropischer Gebirge und Hochgebirge, viele Gebiete Mittelamerikas, die Feuchtwälder Ostafrikas, die Wälder an der Atlantikküste Brasiliens, der Westküste Indiens und der Nordostküste Australiens.

Bei Verallgemeinerungen wie diesen sind allerdings zwei wesentliche Dinge zu beachten: 1. Die in den globalen Übersichten ausgewiesenen Regenwaldgebiete sind in Wirklichkeit Landschaftsmosaike aus zonalen, azonalen und oft auch menschengeprägten tropischen Ökosystemen. Als zonal, d.h. primär klimabedingt und dominierend, sind die Regenwälder aufzufassen, azonal, d.h. durch spezielle Bodenbedingungen, Störungsregime, Ressourcenmangel oder -überschuß bestimmt, sind beispielsweise Mangroven, Sümpfe, Besiedlungsstadien vulkanischer Substrate etc.. Ebenso war und ist nicht jeder menschliche Eingriff in den Tropen „zerstörerisch". Gar nicht so wenige alte Siedlungsgebiete können

Foto 35: Tropischer Regenwald auf den Kleinen Antillen, Guadeloupe.

als „tropische Kulturlandschaften" angesprochen werden.

2. Durch die großflächigen Rodungen der letzten Jahrzehnte zur Holzgewinnung und Gewinnung von Siedlungsland schmolzen in manchen Gebieten die primären Regenwälder allerdings stark zusammen. Im Gegensatz zu den potentiellen 17 Millionen Quadratkilometern schätzte die FAO die gesamte Regenwaldfläche mit Stichjahr 1980 auf ca. 12 Millionen Quadratkilometer bei einer jährlichen Verlustrate von 0,6 %, eine Rate, die sich laut FAO auf 0,9 % im Jahr 1990 erhöhte.

Zonale Ökosysteme

Tropische Regenwälder sind sowohl aus stofflich-funktionaler als auch organismischer Sicht hoch komplexe Systeme. Dabei ist diese Komplexität auf den ersten Blick nicht erkennbar. Denn aus der Vogelperspektive (Foto

35) ist der Regenwald zwar ein strukturiertes, aber doch weitgehend grünes Universum. Im Kronenraum (Foto 36) verdeckt die Fülle der Epiphyten (z.B. Rosetten von Farnen, Orchideen) und das Gewirr der Lianen den Blick, der Boden verbirgt sich unter Klein- und Kleinstbäumchen, Farnwedeln und Moosen. Grünes Blattwerk überall.

Der optische Eindruck trügt allerdings, wenn die wahren Massenverhältnisse angesprochen werden. Nur 2 % der Gesamtmasse im Regenwald entfallen auf die photosynthetisch aktiven, somit grünen Teile, 80 bis 90 % sind hingegen in stützenden Strukturen (Stämme, Zweige), 10 bis 20 % in Wurzeln gebunden. Ein Segment von 1 ha Regenwald (ohne Boden) hat im Schnitt ein Gewicht von 400 bis 800 t Trockenmasse, 10 bis 35 t kommen in etwa jährlich dazu, ein ungefähr ähnlicher Betrag geht als Blattverlust und Totholz verloren. Der Regenwald ist im stabilen Zustand ein System, dessen Masse sich alle 20 Jahre

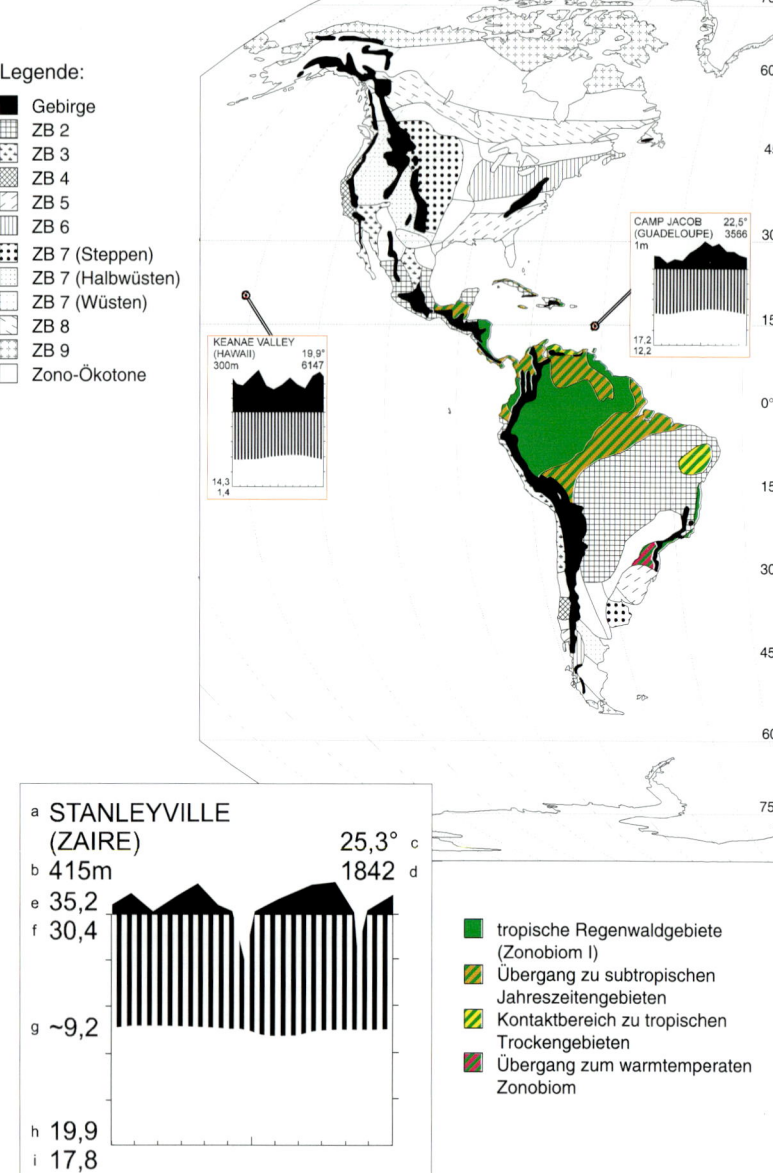

Legende:

- ■ Gebirge
- ⊞ ZB 2
- ⊡ ZB 3
- ▨ ZB 4
- ◪ ZB 5
- ▥ ZB 6
- ⁙ ZB 7 (Steppen)
- ⬚ ZB 7 (Halbwüsten)
- ☐ ZB 7 (Wüsten)
- ⊡ ZB 8
- ⊞ ZB 9
- ☐ Zono-Ökotone

KEANAE VALLEY
(HAWAII)   19,9°
300m   6147
14,3
1,4

CAMP JACOB   22,5°
(GUADELOUPE)   3566
1m
17,2
12,2

a STANLEYVILLE
   (ZAIRE)   25,3° c
b 415m   1842 d
e 35,2
f 30,4

g ~9,2

h 19,9
i 17,8

■ tropische Regenwaldgebiete
  (Zonobiom I)
▨ Übergang zu subtropischen
  Jahreszeitengebieten
▨ Kontaktbereich zu tropischen
  Trockengebieten
▨ Übergang zum warmtemperaten
  Zonobiom

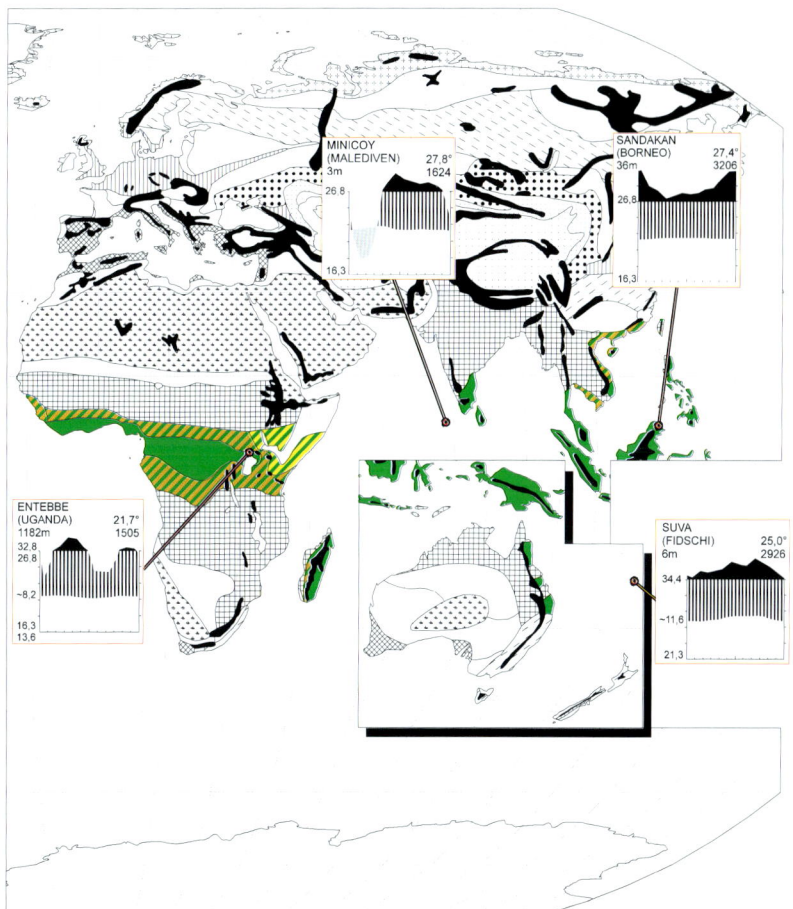

Abb. 3: Verbreitung der tropischen Regenwaldgebiete (= Zonobiom I). Die Klimate von Regionen, aus denen das Fotomaterial stammt, sind als Klimadiagramme angegeben. Ein prototypisches Diagramm ist auf S. 48 links unten wiedergegeben. Es bedeuten: a) Ort, b) Höhe über dem Meer, c) Jahresmittel der Lufttemperatur, d) mittlere Jahresniederschlagssumme, e) absolutes Maximum der Lufttemperatur, f) mittleres tägliches Maximum des wärmsten Monats, g) mittlere tägliche Temperaturschwankung, h) mittleres tägliches Minimum des kältesten Monats, i) absolutes Minimum des kältesten Monats; Abszisse: Monate des Jahres; linke Ordinate: Monatsmittel der Lufttemperatur (1 Skalenteil entspricht 10 °C), rechte Ordinate: mittlere Monatssumme des Niederschlags (1 Skalenteil entspricht 10 mm). Schraffur: wenn Niederschlagskurve über Temperaturkurve liegt (schwarz – Niederschlag 100 mm im Monat). „ZB"- Zonobiom. In Anlehnung an WALTER & BRECKLE (1991); Klimadiagramme aus WALTER & LIETH (1967).

erneuert. Unter Biomasse ist hier die Pflanzenmasse verstanden. Die so reiche Tierwelt des Regenwaldes liegt massenmäßig im Promillebereich.

Ungefähr 50 % der Pflanzenmasse (= Phytomasse) ist reiner Kohlenstoff. Weltweit sind in den tropischen Regenwäldern ca. 380 Milliarden Tonnen Kohlenstoff gebunden, der bei Rodung und Verbrennung (jährlich ca. 4,8 Mil-

liarden Tonnen) als Kohlendioxid freigesetzt wird, ein Prozeß, der den Treibhauseffekt im wahrsten Sinn des Wortes anheizt. Mit der Vernichtung des Regenwaldes wird ein gewaltiges Kohlenstoffdepot freigesetzt und in die Atmosphäre verlagert.

Seit immer mehr Forschergruppen sich dem Regenwald zuwenden, purzeln die Rekorde: 200, 300, ja sogar bis 600 verschiedene Baum-

falt. Schätzungsweise 70 % aller landgebundenen Arten dieser Erde finden wir in der tropischen Regenwaldzone.

Besonders reich ist die Pflanzen- und Tierwelt in Südamerika und in Südostasien. Afrika fällt etwas ab, so auch der pazifische Raum. Vergleichsweise artenarm, aber sehr eigenständig können Wälder abgelegener Inseln sein wie jene auf Hawaii, wo Schätzungen ergaben, daß sich nur alle 30 000 Jahre eine Blütenpflanzenart erfolgreich etablieren konnte. Das Alter eines Lebensraumes ist jedenfalls von großer Bedeutung: Auf der Insel Krakatau (Malaysia), die nur 40 km vom Festland entfernt liegt (Hawaii: 2000 km) und die in einem der spektakulärsten Vulkanausbrüche in historischer Zeit auseinanderbrach, haben sich seit 1883 lediglich 60 Baumarten und nur 5 Schmetterlingsarten angesiedelt.

Die historische Entwicklung spielt in der organismischen Betrachtungsweise eine große Rolle. Die relative Artenarmut Afrikas läßt sich dadurch erklären, daß während der pleistozänen Trockenzeiten in den Tropen (in Mitteleuropa Eiszeit) viele Regenwaldarten ausstarben. Aber auch qualitative Unterschiede sind zu beachten. Afrika und Asien fehlen etwa die als Epiphyten so bedeutenden Bromelien. Neukaledonien, Neu Guinea, Fidschi sind Heimat uralter Gondwanapflanzen. Die verfügbare Flora und Fauna entscheidet nicht unwesentlich über Vielfalt und Struktur.

Foto 36: Blick aus dem Kronenraum eines Regenwaldes auf Fidschi.

arten mit Stammdurchmesser > 10 cm in einem Hektar, ca. 1000 Blütenpflanzen pro Hektar insgesamt, mehr als 43 Ameisenarten nur an einem Baum eines peruanischen Regenwaldes, somit mehr als die gesamte britische Ameisenfauna, in nur 5 Baumkronen mehr als 3000 Käferarten usw.. Ob Rekord oder nicht, die tropischen Regenwälder beherbergen eine beeindruckende biologische Viel-

Struktur und Lebensformen des Regenwaldes

Regenwaldbäume

Der typische Tropenwaldbaum ist ca. 30 m hoch, besitzt eine schirmartige Krone, einen Stamm ohne Jahresringe, eine graue Rinde und Brettwurzeln. Einzelne „Überhälter" (= Emergenten) ragen bis 20 m über diese „Grundschicht" hinaus. Im Waldesinneren herrscht ein Durcheinander von Klein- und Kleinstbäumchen, zwischen die sich krautige Rosetten drängen. Von den Kronen hängen Lianen und biegen sich um Stämme. Das Thema Baum ist im Regenwald vielfältig abgewandelt.

Brettwurzeln haben aber fast alle Regenwaldbäume. Lange wurde über ihren ökologischen Sinn gerätselt. V. VARESCHI, ein Altmeister der Tropenbotanik, sah in ihnen oberflächenvergrößernde „Atmungsorgane", die, durchsetzt von feinen Rindenöffnungen (Lentizellen), den Luftdurchtritt fördern und somit die im nassen Erdreich steckenden Wurzeln mit Sauerstoff für die Atmung versorgen.

Foto 37 (links): Primärregenwald auf Sabah, Malaysia. Bäume aus der für ostasiatische Wälder typischen Familie der Dipterocarpaceae.
Foto 38 (rechts): *Euadenia alimensis*, ein Kleinbaum aus der Familie der Kaperngewächse im Kibale-Wald, Uganda.

Kleinbäume

Kleinere Gehölze sind im Regenwald sehr häufig: auf dünnen Stämmen und Stämmchen sitzen noch dünnere Zweige mit verschiedenen, meist aber einfachen Blattformen. *Euadenia* ist ein typischer Repräsentant dieser so wichtigen Lebensformengruppe.

Üblicherweise wird die hohe Diversität an Gehölzen im Regenwald anhand der Zahl von Baumarten mit einem Brusthöhendurchmesser über 10 cm dokumentiert. Hundert, zweihundert und mehr Arten pro Hektar kommen so zusammen – zweifellos eindrucksvolle Zahlen. Inklusive Klein- und Kleinstbäume sind sie um einiges höher. So nachgewiesen für den typischen Regenwald der Karibik (Foto 35).

Foto 39: Das Kleinstbäumchen *Phyllanthus mimosoides* im karibischen Regenwald, Guadeloupe.

Foto 40: Die prächtige *Amaryllis*-Verwandte *Scadoxus cyrtanthiflorus* der Bergwälder des Ruwenzori, Uganda.

Kleinstbäume

Wer die Kaperngewächse nur als Gewürz oder allenfalls als Strauch von antikem Gemäuer am Mittelmeer her kennt, mag überrascht sein, mit *Euadenia* ein Kaperngewächs des Regenwaldes kennenzulernen. An solchen Überraschungen hat der Regenwald noch mehr zu bieten. Man denke nur an die enorme Bedeutung der Rubiaceae, der „coffee-family" der angloamerikanischen Literatur, zu denen in den Tropen mächtige Emergenten, Kleinbäume und Sträucher zählen. In Europa sind sie nur unscheinbare Kräuter (Labkraut, Waldmeister, Ackerröte etc.). Oder man geht durch ein Wäldchen von Rinoreen oder anderen holzigen „Veilchen". Auch *Phyllanthus mimosoides* merkt man nicht an, daß er mit unseren zarten Wolfsmilcharten verwandt ist. Neben dem kleinen *Phyllanthus* zählen auch mächtige Regenwaldbäume zu den Wolfsmilchgewächsen. Bekanntestes Beispiel ist der Kautschukbaum (*Hevea brasiliensis*).

Arten des Waldbodens

Ähnlich geringe Beachtung wie die Kleinbäume finden in der Regel die Waldbodenarten. In sehr dichten Wäldern kann der Boden fast kahl sein, in anderen ist er dagegen übersät mit den Stengeln von Keimlingen, von „Oskars", das sind im Wachstum steckengebliebene Jungpflanzen (benannt von britischen Forschern nach dem Held aus Günter Grass' „Blechtrommel"). Häufig sind auch junge Kleinst- und Kleinbäume. Vereinzelt dazwischen, nicht selten aber dicht schließend, wachsen die eigentlichen Waldbodenarten: es sind Farnrosetten, zungenförmig oder fein gefiedert, kleine Wedel oder Überzüge von Moosfarnen (Selaginellen), kräftige Blattrosetten (z.B. der abgebildete *Scadoxus*) oder ästige Blattpflanzen wie die bei uns beliebten Glashauspflanzen *Dieffenbachia* und *Marantha*.

Foto 41: Lianen und Überlianen bilden ein harfenartiges Gewirr im karibischen Regenwald, Guadeloupe (Kleine Antillen).

Foto 42: Eine Liane aus den ostafrikanischen Bergwaldgebieten, Ruwenzori (Uganda).

Lianen

Zu den auffälligsten Erscheinungen im tropischen Regenwald zählen die Lianen, deren Üppigkeit und Vitalität am besten an Waldrändern, Waldgalerien und gestörten Stellen zum Ausdruck kommt. Sie können den Wirtsbaum mit mächtigen Kronen umhüllen, ihn durchdringen oder als dichte Vorhänge herabhängen. Neben diesen großen „Klettersträuchern" gibt es noch eine zweite Gruppe, die schattenbedürftigen „Stammkletterer", die den Stamm umschlingen und mit ihm hochwachsen, ohne aber bis in die Außenkrone vorzudringen. Auf dem Bild klettern solche Stammlianen sogar an großen Kronenlianen hinauf (vgl. die scheinbare Beblätterung der Lianen auf dem Foto).

Viele Lianen besitzen spektakuläre Blüten und bilden auffällige Farbtupfen im Regenwald. Voll aufgeblühte Kronenlianen überziehen ihren Trägerbaum nicht selten in einer Weise, als ob dieser selbst blühen würde. Man denke nur an die in den Tropengärten und Parks allgegenwärtige *Bougainvillea.*

Lianen sparen sich sozusagen den Aufwand von Stützgeweben und hängen sich im wahrsten Sinn des Wortes an den Trägerbaum. Exzellent ausgebildet ist hingegen ihr Wasserleitungssystem. Wassergefüllte Lianen sind mitunter die einzigen sicheren, d.h. parasitenfreien Trinkwasserquellen im Regenwald.

Foto 43: Blick in das Blätterdach eines karibischen Regenwaldes mit Epiphyten und Stammkletterern, Guadeloupe.

Foto 44: Die Nationalblume Sabahs, *Phalaenopsis amabilis*, eine epiphytische Orchidee aus den tropischen Regenwäldern Ostasiens.

Epiphyten

Neben Bäumen und Lianen sind die sogenannten Epiphyten die dritte auffällige Lebensform des tropischen Regenwaldes. Sie besetzen jede mögliche Licht- oder Astlücke und klammern sich mit Wurzeln, Haftorganen oder vergleichbaren Einrichtungen fest. Der Blick in das Kronendach eines Regenwaldes offenbart die Bedeutung der Epiphyten. Einer dichten, krautigen Wiese ähnlich läßt das Bild vergessen, daß darunter 30 m freier Fall lauern.

Neben den sonnenexponierten Epiphyten in den Kronen mit ausgeprägten Einrichtungen zur Herabsetzung der Verdunstung wie dichten „Wachshäuten" (= Kutikula), geringer Spaltendichte und physiologischen Anpassungen, mit Einrichtungen zum Wasser- und Humussammeln, besetzen Epiphyten auch die Stammbasen im dunklen Waldesinneren (z.B. die Hautfarne, siehe Foto 20). Bis zu 400 verschiedene Epiphytenarten wurden in Regenwäldern schon gezählt.

In weiten bogigen Zweigen hängen die Blütenkaskaden dieser Orchidee von den Ästen der Bäume. Orchideen zählen neben den Bromelien, Aronstabgewächsen und Farnen zu den wichtigsten Verwandtschaftsgruppen unter den Epiphyten. Allerdings sind die Bromelien praktisch ausschließlich auf die neue Welt beschränkt, wodurch der Artenreichtum der süd- und mittelamerikanischen Regenwälder bedeutend höher ist als jener der afrikanischen. Die ostasiatischen und pazifischen Regenwälder kennen dafür einen immensen Reichtum an Farnen und Orchideen, der vor allem in Bergwäldern beeindruckt. Neben den dicken Blättern besitzen viele Orchideen sogenannte Bulbillen (= knollenartige Verdickungen an der Stammbasis), mit denen sie Wasser speichern. Der schönen *Phalaenopsis* fehlen sie allerdings.

Foto 45: Moose und Flechten besetzen das Blatt eines Regenwaldbaumes.

Foto 46: Die Ameisenpflanze *Myrmecodia* spec. aus den Regenwäldern von Taveuni, Fidschi.

Epiphyllie

Spezielle Epiphyten sind die Moose und Flechten, die vor allem im feuchten Innenraum des Waldes die älteren Blätter besetzen, ein Phänomen, das allgemein als Epiphyllie bekannt wurde und als besonderes Merkmal tropischer Regenwälder gilt. Die Moose und Flechten überwuchern die Blätter mitunter derart, daß das Absterben des Blattes beschleunigt wird. Man hat die Ausbildung von Träufelspitzen (Foto 51), welche die Blattoberfläche gewissermaßen drainagieren, schon als Abwehr der Epiphyllie gedeutet. Eigene Verwandtschaftskreise, unter den Moosen die Lebermoosfamilie der Meteoraceae, haben sich auf diese Nische im Regenwald spezialisiert.

Symbiose

Zu den faszinierendsten Themen im Regenwald zählen zweifellos die zahlreichen Symbiosen zwischen Pflanzen und Tieren. Besonders spektakulär sind die Ameisenpflanzen, wie die altweltliche Rubiaceengattung *Myrmecodia*. Der verdickte Stamm ist von Kavernen und Gängen, in denen Ameisen leben, durchsetzt. Jeder Berührung oder gar Verletzung des Stammes folgt eine wütende Attacke der Ameisen. Vom Humus, den sie eintragen und von den Exkrementen der Ameisen deckt die Pflanze ihren Nährstoffbedarf. Durch Zusammentragen von Samen von Epiphyten und Exkrementen auch anderer Tiere schaffen sich manche Ameisenarten ihre eigenen Gärten. Andere Ameisen fressen ihrem Wirt Epiphyten und Kletterpflanzen vom Leib. Das sind nur einige wenige Beispiele für die Vielfalt an Wechselbeziehungen, die der Prozeß der Koevolution hervorgebracht hat.

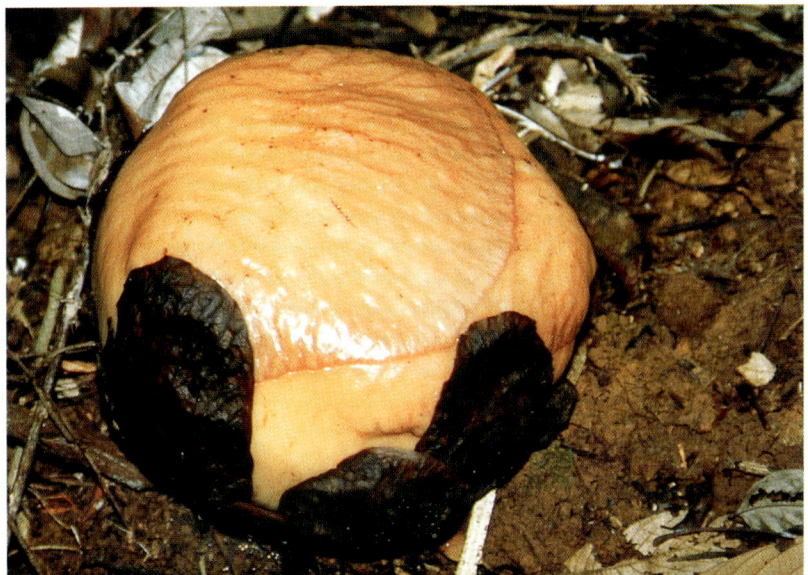

Foto 47: Blütenknospe von *Rafflesia pricei* aus den Regenwäldern Sabahs, Malaysia.

Parasitismus

Die Blüten der *Rafflesia*-Arten sind die größten des Pflanzenreiches (nicht zu verwechseln mit den Blütenständen mancher Araceen!). Mit einem Durchmesser von über einem halben Meter und bestialischem Aasgeruch sitzen sie direkt am Boden. *Rafflesia* ist ein Parasit und lebt an Arten der Lianengattung *Tetrastigma,* zeigt somit eine hohe Wirtsspezifität. Vom Pflanzenkörper ist außer der Blüte nichts zu sehen, er wuchert im Gewebe seines Wirtes.

Weitere Beachtung verdienen die Halbparasiten, die durch grüne Blätter oder Zweige kohlenstoffautotroph, also selbstversorgend, sind, den Bedarf an anderen Ressourcen wie Wasser und Nährstoffen aber dadurch decken, daß sie den Wirt regelrecht anzapfen. Zu ihnen zählt die große Zahl tropischer Misteln. Von einfachen Formen, die den Misteln nördlicher Breiten nicht unähnlich sehen, bis zu Bäumen im Baum reicht die Palette. Auffällig sind ihre oft prächtigen Blüten. Rote oder leuchtend gelbe Blüten setzen farbige Flecken ins grüne Blattwerk, und erst bei näherem Hinsehen entpuppt sich der blühende Baum als tropische Mistel. Für die Verbreitung sind sie auf Tiere angewiesen, welche die fleischigen Früchte fressen. Man hat beobachtet, daß die glitschigen und zugleich stromlinienförmigen Samen den Verdauungstrakt von Vögeln in wenigen Minuten passieren. Das heißt, daß in der Zeit, in der sich der Vogel an den Früchten noch gütlich tut, schon die ersten Samen am Ort der Mutterpflanze, am „safe site" wie die Ökologen sagen, abgesetzt werden. Der Rest wird vertragen.

Um beim Thema Mistel zu bleiben. Neben einfachen Halbparasiten gibt es sogar sogenannte Überparasiten, Mistel auf Mistel. Die Komplexität, das heißt das zönotische Beziehungsgefüge des Regenwaldes, schafft jene Vielfalt an Nischen, die in Teilen nicht entstünde.

Tiere des Regenwaldes

Tiere im Regenwald nutzen die Vielfalt an Nischen. Der Orang Utan bewohnt den Kronenraum und ist ein tagaktives Tier. Seine Schlafnester hoch in den Kronen haben den Nebeneffekt, daß sich seine Häufigkeit und Besiedlungsdichte aus der Luft recht leicht nachweisen lassen. So konnte man feststellen, daß er auch alte Sekundärwälder zu nutzen vermag.

Raumnutzung und zeitlich unterschiedliche Aktivitäten lassen in Verknüpfung mit den drei Teillebensräumen des Waldes, dem Waldboden, dem Stammraum inklusive Boden und dem Kronenraum nicht weniger als neun Nischen unterscheiden, die von Säugern genutzt werden. Der Orang Utan teilt sich z.B. mit Gibbons, Hörnchen und anderen Tagaktiven den Kronenraum. Halbaffen und Spitzhörnchen nutzen das Dunkel der Nacht in der selben räumlichen Nische.

„Sieht man vom lauten Auf und Ab der Zikadengesänge und sehr bald auch von den zahlreichen Zuwendungen durch stechende Insekten oder blutsaugende Egel ab, dürfte dagegen das scheinbare Fehlen von Tieren eher enttäuschend wirken". Mit diesen Sätzen leitet T.C. WHITMORE in seinem Buch „Tropische Regenwälder" das Kapitel „Tiere des Regenwaldes" ein und trifft damit genau auf den Punkt. Bei genauerem Hinsehen lassen sich allerdings durchaus spektakuläre Arten wie die rote Wanze auf dem Foto oder gar Spuren größerer Tiere in ganz beachtlicher Zahl finden. Die eigentlichen Herren des Regenwaldes, die vielen Insekten im Millimeterbereich, wird man ohne „Hilfsmittel" aber auch dann noch nicht angemessen wahrnehmen. Die Vielfalt des Kleinen ist die Spezialität des Regenwaldes und seiner vielen Nischen und Nischchen.

Was für Insekten gilt, gilt auch für Spinnen, auch wenn die hier abgebildete *Nephila* mit ihrer Größe von etlichen Zentimetern schon auffällt und ihre grelle Warnfärbung Respekt einflößt. Das viele „Kleingetier" des Regenwaldes läßt nach wie vor jede Schätzung der Gesamtvielfalt des Regenwaldes illusorisch erscheinen. Noch sind Zahlen von 2 bis 3 Millionen Arten ähnlich wahrscheinlich wie Schätzungen, die von 30 Millionen sprechen. Aber auch die wenigen gut bekannten Beispiele sind eindrucksvoll genug. Im berühmten Forschungswald La Selva auf Costa Rica wurden auf einem Areal von ca. 15 Quadratkilometern 100 Säugetierarten, davon 3 Primaten, nachgewiesen, sowie mehr als 400 Vögel und 50 Reptilien, 41 Amphibien sowie zirka 4000 Schmetterlinge. Der Regenwald ist also besonders reich an Vögeln, Reptilien und Amphibien. Es gibt aber auch auffällige Lükken. Verglichen etwa mit den Wildparadiesen der ostafrikanischen Savannen erscheint der Regenwald ausgesprochen wildarm. Große Pflanzenfresser spielen eine untergeordnete Rolle. Arten wie Tapir, Okapi oder Riesenwaldschwein sind zwar eindrucksvolle Erscheinungen, aber Ausnahmen.

Die Vielfalt des Regenwaldes hängt, wie schon betont, eben an den vielen kleinen Nischchen. Besonders eindrucksvolle Beispiele sind etwa die Kannenpflanzen des indomalaiischen Archipels (vgl. Foto 24), auf denen 55 kannenbewohnende Insektenarten leben. Spinnen haben sich darauf spezialisiert, ihre Netze in den Kannen zu bauen und Insekten, die mit den Kannen nicht so gut umgehen können, zu fangen. Berühmt sind die vielen „Kleinaquarien" der Epiphyten, insbesondere der Bromelien, bei denen sich in der Blattrosette Wasser ansammelt. Diese Wasserreservoirs wimmeln von Moskitolarven, und Frösche laichen dort ab.

Foto 48: Orang Utan im Regenwald von Sabah, Malaysia.
Foto 49: Wanze mit auffälligen Warnfarben im Regenwald von Borneo.
Foto 50: Die Spinne *Nephila* spec. auf ihrem Netz aus den Regenwäldern Sabahs, Malaysia.

Spezielle Eigenschaften von Regenwaldpflanzen

Blätter

Jedes der Blätter auf dem Foto gehört zu einer anderen Baumart. Sie sind in Größe, Form und Farbe typische „Normalblätter". Allen gemeinsam ist die Träufelspitze. Unterseite und Nervaturen sind vielfältiger und oft differenziert genug, um einzelne Arten ansprechen zu können. Trotzdem bleibt die Ähnlichkeit der Baumblätter im Regenwald für jeden Botaniker eine Herausforderung.

Zusammengesetzte und große Blätter sind im Waldesinnern häufiger, Fiederblätter kennzeichnen besonders Überhälter in Gebieten, wo vereinzelt kurze Trockenperioden auftreten können, so etwa in den meisten afrikanischen Tropenwäldern. Mit zunehmender Seehöhe werden die Blätter kleiner, in tropischen Heidewäldern auch sehr klein. Auf der anderen Seite lehren die Blätter von Musaceen wie Bananen oder verwandter Formen, wie die auch als exotische Schnittpflanzen angebotenen Heliconien (Foto 67) oder die in keiner tropischen Parkanlage fehlenden Strelitzien, daß auch „Megaphyllie", das heißt Riesenblättrigkeit auftreten kann.

Das Normalblatt besitzt eine dicke Kutikula als Transpirationsschutz, wenn sich an Sonnentagen die Blätter stark erhitzen und die Wasserverluste durch die Verdunstung beträchtlich sein könnten. Andererseits kann Wasser, das die Blätter nach einem Regen benetzt bzw. Tau die Ansiedlung von pathogenen Pilzen oder Sporen von Epiphyllen, die dem Blatt schaden, fördern. Dies zu verhindern, haben sich – wie schon erwähnt – die Träufelspitzen ausgebildet, über die das Wasser rascher abfließt (siehe auch Foto 45).

Zu den Besonderheiten der Pflanzenwelt des Regenwaldes, die zu erwähnen kein Lehrbuch ausläßt, zählt neben Brettwurzeln, Träufelspitzen, Epiphyllie, Blauglanz und Kauliflorie (siehe Foto 58) die Laubschütte. An den Zweigen des typischen Regenwaldbaumes entwickelt sich nicht Blatt für Blatt hintereinander, sondern ganze Zweige werden wie der Name sagt, regelrecht ausgeschüttet, um dann rasch zu erstarken und die endgültige Reife zu erlangen. Die oft rötlich überlaufenen Blätter bringen mehr Buntheit in den Regenwald als Blüten.

Dieses tatsächlich häufige und auffällige Phänomen wird mit der großen Zahl potentieller Konsumenten, im Speziellen Raupen, in Zusammenhang gebracht. Würde sich Blatt für Blatt langsam entwickeln, wäre vermutlich das zarte Jungblatt schon längst gefressen, bevor es sich voll entwickelt hätte.

Die Blätter der Regenwaldbäume leben recht lange und können nicht selten älter als ein Jahr werden. Durch die Vielzahl im Kronendach fällt aber genug ab, um den Waldboden mit einer Schicht aus welken, teils vermoderten Blättern zu überziehen, wobei manche Bäume einen synchronen Laubfall zeigen, andere nicht. Legionen an Bodentieren, Pilze und Bakterien zersetzen die Laubstreu sehr rasch. Die freigesetzten Nährstoffe werden ebenso schnell, oft mit Hilfe von Pilzwurzeln (Mykorrhizen), wieder aufgenommen, so daß der Nährstoffvorrat des Regenwaldes primär in der lebenden Pflanzenmasse vorrätig ist. Das stimmt allerdings nicht immer, da manche Regenwaldböden durchaus nährstoffreich sein können (z.B. auf vulkanischen Aschen). Wie so oft, ist auch hier die Ökologie auch eine „Lehre von den Ausnahmen".

Blütenbiologie

Der Regenwald ist reich an verschiedensten Fortpflanzungssystemen, von Blüten und Fruchtentwicklung ohne Bestäubung (= Apomixis) angefangen, bis hin zur Diözie (= Zweihäusigkeit), wo weibliche und männliche Blüten an verschiedenen Individuen sitzen. Vielfältig sind auch die Beziehungen von Pflanzen und Bestäubern, die entweder vom Nektar oder von den Pollen leben. Viele tropische Arten werden von Käfern bestäubt. Käfer fressen Pollen, der ihnen in tellerförmigen Blüten angeboten wird. Besonders häufig ist diese Bestäubung daher bei primitiven Blütenpflanzenarten wie der Magnolienverwandtschaft, kommt aber auch bei abgeleiteten Formen wie den Palmen vor.

△
Foto 51: Kollektion von Blättern aus dem karibischen Regenwald von Guadeloupe.

Foto 52: Laubschütte an einem Zweig aus dem karibischen Regenwald von Guadeloupe.
▽

Foto 53: Blick auf den Boden im Regenwald Borneos mit Ameisennestern, Sabah (Malaysia). ▷

△

Foto 54: Die Fledermausblume *Marcgraphia* aus den Regenwäldern der Kleinen Antillen, Guadeloupe.

◁ Foto 55: Die Schwärmerblume *Oxyanthus* nach der Bestäubung.

Neben den Käferblüten sind von Bienen und Hummeln bestäubte Blüten wie sie in gemäßigten Breiten vorherrschen, keinesfalls selten. Einseitig symmetrische Blüten (= zygomorphe) mit Saftmalen und ähnlichen Lockeinrichtungen zeichnen diese Bienenblüten aus, wobei auch Nektarraub vorkommt, indem Insekten (vor allem Hummeln) die Blüten einfach von der Seite her aufbeißen.

Vogel- und Fledermausblumen (Foto 54) sind weitere Bestäubungswege. Sie hängen oft aus dem Kronenraum heraus bzw. in den Stammraum hinein, damit sie angeflogen werden können. Als Lockmittel sind Vogelblumen meist bunt und groß, Fledermausblumen cremig weiß mit modrigem Geruch. Windbestäubung, wie sie bei Gräsern, Nadelbäumen, Weiden und anderen Formen nördlicher Breiten typisch ist, fehlt (mangels beständiger mäßiger Winde) im Regenwald fast völlig.

Zu den sonderbarsten Blütentypen zählen zweifellos die Nachtfalterblüten mit ihren langen Blütenröhren (Foto 55), wie die fast 20 cm langen des abgebildeten *Oxyanthus*. Als der dazu gehörige Bestäuber, ein Schwärmer mit ebenso langem Rüssel, entdeckt wurde, erhielt er den Artnamen „*praedicta*" (der bzw. die Vorhergesagte).

Oxyanthus blüht nur eine Nacht, das Bild stammt vom darauf folgenden Morgen. Wie viele Arten des Regenwaldes ist *Oxyanthus* keineswegs häufig und nur vereinzelt im Wald anzutreffen. Durch starken Duft wird der Bestäuber angelockt. Wie das Beispiel zeigt, hängen einzelne Bestäuber oder ganze Bestäubergilden von einer oder einigen wenigen Arten ab. Für sie besteht der Wald aus einem Dschungel, in dem hin und wieder eine geeignete Pflanze steht, die aber auch nur dann geeignet ist, wenn sie blüht. Die Blüte erfolgt bei den Regenwaldbäumen nicht selten in Schüben und kann nach relativen Trockenperioden besonders intensiv ausfallen. Schon lange bekannt ist das Ansprechen von Regenwaldarten auf geringe Temperaturabsenkungen, die etwa im Zuge eines Tropensturmes auftreten können. Wenige Grade Abkühlung genügen, und das Aufblühen wird induziert. In heimischen Glashäusern machen sich Gärtner diese Eigenschaft künstlich beim Zierpflanzenbau zunutze.

So lange ihre bevorzugten Futterpflanzen blühen, finden Bestäuber reichlich Nahrung. Problematisch wird es in der Zeit dazwischen. Oft weichen sie dann auf andere, weniger geeignete, aber verfügbare Arten aus. Insekten, Vögel oder Fledermäuse, die an Nektar oder Pollen als Nahrung gebunden sind, hängen so an einem Netz von Nahrungspflanzen. Manche davon können eine Schlüsselposition einnehmen, deren Ausfall das Aussterben der gesamten Gilde bewirken kann.

Durch den spezifischen Aufbau des Regenwaldes nach dem Prinzip „viele Arten, die aber vereinzelt", verteilen sich die Nahrungs-

quellen auf relativ große Flächen. Durch die enge Beziehung von Bestäuber und Bestäubtem können durch Flächenreduzierung Regenwälder in ihrem Gefüge zusammenbrechen, lang bevor dies allgemein sichtbar wird. In den windbestäubten, relativ tierarmen Wäldern der nördlichen Taiga sind diese sogenannten zönotischen Beziehungen weit weniger eng.

Fruchtbiologie

Wie im Bereich der Nektar- und Pollenfresser, bestehen auch unter den Konsumenten von Früchten und Samen komplexe und weiträumige Futternetze. Wie bei den Blüten ist der Grad der Spezialisierung hoch. In Anbetracht der Vielfalt solcher Beziehungen kann das Foto aus dem karibischen Regenwald allenfalls nur eine erste Andeutung liefern. Trotzdem sind Formen und Farben eindrücklich. Neben fleischigen Früchten mit auffälligen, blauen Farben (rechts oben), die häufig an Rosettenkräutern und Kleinbäumchen des Waldinneren auftreten, fallen vor allem die roten Flugfrüchte auf. Daneben liegen hartschalige Früchte und Samen.

Von besonderer Bedeutung sind die vielen tropischen Feigen. Sie tragen fast das ganze Jahr Früchte und sind damit für viele Vögel und Säuger, insbesondere Affen, die beständigste Futterquelle. Vor allem in Wäldern, in denen die anderen Fruchtbäume eine gewisse Rhythmik aufweisen, sind Feigen oft die einzigen „Retter in der Not".

Eine häufige und besonders auffällige Erscheinung ist der sogenannte Arillus, ein meist knallig orangeroter, fleischiger Samenmantel, der erst sichtbar wird, wenn die Frucht aufspringt. Die europäischen Pfaffenhütchen besitzen ebenfalls einen solchen. Ihr Verwandtschaftskreis, die Celastraceae, sind artenreich in den Tropen vertreten. Die Pfaffenhütchen haben die Eigenschaft des bunten Samens quasi mitgebracht. Im Dunkel des Waldesinnern sind solche optischen Hinweise für mögliche Samenverbreiter zweifellos von Bedeutung. Es fällt auf, daß die Buntheit der Samen und Früchte jene der Blüten deutlich übertrifft.

Foto 56: Kollektion von Früchten aus dem karibischen Regenwald von Guadeloupe.

Foto 57: Frucht von *Turrea vegeloides* mit den orangeroten Arilli der Samen, Kibale (Uganda).

Die Bedeutung von Tierbestäubung bzw. Fruchtverbreitung durch Tiere kommt auch im Phänomen der sogenannten Kauliflorie oder Kaulikarpie zum Ausdruck. Blütenbüschel wie bei *Charianthus* brechen unmittelbar aus Ästen und Stämmen. Meist sind es Vogel- oder Fledermausblumen, die sich auf diese Art und Weise dem Bestäuber präsentieren, der im Fliegen den Nektar konsumiert und sich dabei mit Pollen belädt, den er beim nächsten Blütenbesuch wieder abstreift. Typisch dafür sind, wie auch bei *Charianthus*, weit aus der Blüte ragende Staubblätter mit auffällig gefärbten Staubbeuteln. Ein Tier, das zum Nektar in die Blüte will, muß zwangsläufig daran vorbei. Zu den wichtigsten Bestäubern in den Tropen der Neuen Welt zählen Kolibris, die im Stamm- bzw. Kronenraum „herumsurren" und im Schwirrflug an den Blüten saugen.

Foto 58: Die Blüten von *Charianthus nodosus* im Bergwald von Guadeloupe, Kleine Antillen.

Foto 59: Ein Überhälter ist abgestorben und bildet eine Lichtlücke im dichten Walddach, Guadeloupe.

Regeneration und innere Dynamik

Der ungestörte Regenwald ist in sich ein extrem dynamisches Ökosystem. Könnte man im Zeitraffer und aus der Vogelperspektive den Regenwald beobachten, er würde regelrecht brodeln. Bäume sterben, neue schießen wie Pilze nach, dort reißt nach dem Absterben eines Überhälters ein Sturm eine größere Lücke, auf glattem, felsigen Untergrund wurde der Wald zu schwer und rutscht ab, oder ein Sturzregen hat den Hang weggespült. Zuerst Kleinfarne, dann Baumfarne überdecken den roten Boden in Windeseile, in der Sturmlücke wuchert der Dschungel. Die Vielfalt des Regenwaldes wäre ohne diese interne zeitliche Dynamik, ausgelöst durch Alterung und Tod oder Störungen, nicht denkbar.

Ein Baum stirbt im Stehen – ein tägliches Ereignis im Regenwald. Der Überhälter auf dem Bild hat mit 200 bis 300 Jahren sein physiologisches Alter erreicht und ist abgestorben. Noch widerstehen Stamm und Äste den zersetzenden Pilzen und holzfressenden Insekten und sind stabil genug, um den Epiphytengarten zu erhalten, was eindrucksvoll zeigt, daß die Epiphyten den Baum tatsächlich nur als Unterlage brauchen. Später wird der morsche Stamm niederbrechen und auf den Waldboden stürzen (siehe nächstes Bild). In der dumpfen Schwüle des Waldinneren wird die Zersetzung dann noch rascher erfolgen. Bunte große oder kleine unscheinbare Pilzfruchtkörper werden erscheinen und vergehen, bis schließlich alles zersetzt und im Stoffkreislauf wieder aufgegangen sein wird.

Wie alt genau Regenwaldbäume werden, ist nach wie vor das große Rätsel schlechthin. Durch die jahraus-jahrein gleich bleibenden Bedingungen fehlen Jahresringe. Ebenso zeigt die Verzweigung keine regelmäßigen Schübe. Die sich auflichtende Krone regt erste Wachstumsschübe der Arten im Waldesinneren an.

Foto 60: Lichtlücke durch einen umgestürzten Baum im Regenwald von Guadeloupe.

Volles Licht läßt einen wuchernden Dschungel entstehen. Ist die Lichtlücke klein, verdichten sich vor allem Kräuter und Kleingehölze bzw. schießen Jungpflanzen der hohen Baumarten hoch. Sie können im Jungpflanzenstadium nach der Keimung mitunter sehr lange im Dunkel des Waldesinneren verharren, ohne nennenswert zu wachsen. Die Öffnung einer Lichtlücke befreit sie von ihrem Kümmerdasein. Daneben verdichtet sich der Lianenbewuchs zur undurchdringlichen, grünen Mauer am Rand der Lücke, wie das Bild eindrucksvoll beweist.

Sind die Lücken sehr groß, wie sie z.B. durch ein Sturmereignis aufgerissen werden, stellen sich im Zentrum Pionierarten ein. Zu ihnen zählen Gehölze wie die neuweltlichen Cecropien mit ihren handförmigen Fiederblättern, welche an die Blätter von Roßkastanien erinnern. Daß mit der Gattung *Macaranga* ein in Blattform, Wachstumsverhalten, ja bis in Details einer Ameisensymbiose ähnliches Pendant in den Tropen der alten Welt vorkommt, zählt zu den eindruckvollsten Beispielen von Konvergenz, das ist die Ausbildung ähnlicher Eigenschaften bei an sich nicht verwandten Arten. Diese Pioniere wachsen sehr rasch, werden aber nicht alt und geben schließlich den sogenannten Klimaxarten wieder Raum.

Vom Pool der Pioniere lebt der sogenannte Sekundärwald, der durch Wanderfeldbau oder selektive Ausholzung entsteht. Pioniere spielen auch eine Rolle oder sind überhaupt die Dominanten in Gebieten, die regelmäßig von tropischen Wirbelstürmen heimgesucht werden. Nur Pioniere mit auf Ferntransport eingerichteten Samen oder Früchten können auch abgelegene Inseln erreichen. Ihre Wälder verharren daher auf Dauer in einer Art Pionierphase.

Sukzession

Das Werden von Ökosystemen läßt sich nirgends besser beobachten als auf vulkanischen Ablagerungen (z.B. Hawaii). Es sind jungfräuliche Substrate, auf denen sich nur zäh erstes Leben ansiedeln kann. Die Stricklava auf dem Bild stammt von einem ca. 30 Jahre zurückliegenden Ausbruch. Nur in einer kleinen Nische, in die aus der Umgebung feines organisches Material, seien es Humusteilchen oder kleine Blattreste, eingeweht wurden, konnte sich ein kleiner Strauch ansiedeln. In seinem „Schlepptau" beginnt eine erste Bodenbildung, die anderen Arten ein Aufkommen ermöglicht. Auf den Busch wird ein kleiner Baum folgen, der ein noch größeres „ökologisches Feld" um sich aufbaut. Schließlich kommt es mit benachbarten Initialen zum Kronenschluß, ein Wald ist entstanden. Die Regenwälder von Hawaii sind großteils unterschiedlich alte Sukzessionsstadien.

Durch die Bindung an vulkanische Aktivitäten startet die Sukzession auf Hawaii zu einem bestimmten Zeitpunkt. Die Gehölze, die schließlich aufwachsen, mit dem Baum *Metrosideros polymorpha* als dominante Art, sind daher ziemlich gleich alt. Gegen 200 Jahre erreicht *Metrosideros* seine natürliche physiologische Altersgrenze. Da die Bäume alle mehr oder weniger gleich alt sind, stirbt der gesamte Bestand ab. Er verjüngt sich wieder, und der Zyklus beginnt von neuem. Alte Wälder, die von vulkanischen Aktivitäten schon lange nicht mehr erfaßt wurden, wie am Haleakala auf Maui, stocken daher wie auf Reisighaufen toter Generationen. Dieses Phänomen war schon lange bekannt, wurde im Rahmen der Waldsterbensdebatte in den 80er Jahren aber zum vielbeachteten Beispiel, daß auch aus demographischen – also populationsbiologischen – Gründen Waldsterben auftreten kann.

Foto 61: Erstbesiedlung auf Stricklava am Mauna Loa, Hawaii.
Foto 62: Regenwald auf Hawaii mit dem dominanten Baum *Metrosideros polymorpha*.

Foto 63: Junger *Metrosideros polymorpha*-Bestand auf Hawaii.

Foto 64: *Metrosideros polymorpha*-Jungbestand auf einer gedüngten Fläche.

Prof. D. MÜLLER-DOMBOIS, der die genannten zyklischen Sukzessionen in den Wäldern von Hawaii aufgedeckt hat, steht hier in einem jungen Sukzessionsstadium mit *Metrosideros polymorpha*. Der Untergrund ist eine Stricklava wie auf Foto 61, inzwischen aber von Farnen, Moosen und Kräutern überwuchert. Das Begehen solcher Bestände ist nicht ohne Gefahr. Die sich entwickelnde Humusschicht ist feucht und rutscht über dem harten Gestein leicht ab. Irgendwann wird der Bestand zum dichten Regenwald herangewachsen sein und in den „ewigen" Zyklus von Werden und Vergehen, wie er auf Hawaii so augenscheinlich ist, eintreten. Allerdings gibt es auch Fälle, bei denen der Zyklus regelrecht stekkenbleibt, sich Arten wie Baumfarne ansiedeln und *Metrosideros* wegkonkurrenzieren. Das Problem jeder primären Sukzession besteht zu Beginn darin, daß wesentliche Makro-Nährstoffe, besonders Stickstoff, fehlen.

Die hier abgebildete Fläche ist gleich alt wie jene auf Foto 63 und liegt gleich daneben. Sie wurde mit einer Volldüngung einmal aufgedüngt. Besser als alle Zahlen beschreibt das Bild die Wirkung.

Unter natürlichen Bedingungen sind die wesentlichen Stickstoffquellen eingewehtes oder eingeschwemmtes organisches Material und Stickstoff, den manche Mikroorganismen wie Cyanobakterien aus der Luft binden. Mitunter gehen luftstickstoffbindende Bakterien Symbiosen mit bestimmten Pflanzen ein, so die Wurzelknöllchen der Hülsenfrüchtler, welche dann als „Selbstversorger" auch in frühen Sukzessionsstadien auftreten können.

Regenmengen von bis zu 10 000 mm jährlich sind im tropischen Bergland, besonders auf Inseln, an denen der Passat angestaut wird, keine Seltenheit. Dauernässe und ziehender Nebel sind wohl die Ursachen, daß beispielsweise auf den Gratrücken der Basse Terre auf

Foto 65: Erdrutsch in der Gipfelregion der Basse Terre auf Guadeloupe.

Guadeloupe nur dichte Gebüsche stocken. Wälder fehlen, obwohl hier auf einer Höhe von ca. 1300 m noch keine Fröste oder nennenswert tiefe Temperaturen auftreten. Zwar bläst ständig Wind, der auch sehr heftig sein kann, er wirkt aber nicht austrocknend. Der Mechanismus, der hier Wald ausschließt, ist bis dato nicht bekannt.

Die vulkanischen Aschen, Schlacken und felsige, aber leicht verwitternde Materialien, die auf diesen Bergen das Muttersubstrat stellen, neigen zusätzlich zum Rutschen. Immer wieder brechen ganze Schollen ab, wühlen den Boden auf und lassen ein Gemisch aus Lehm und Steinen zurück. Dieser Zustand ist nur von kurzer Dauer. Besonders Sporen von Farnarten aus der Familie Gleicheniaceae fliegen rasch an, wachsen aus und bilden eine erste Bedeckung. Ein Gewirr aus gabelig verzweigten Farnwedeln überzieht als dichte Matte den Erdrutsch und befestigt ihn.

Durch die Nähe der Klimaxvegetation, in diesem Fall Gebüsche mit *Clusia mangle*, einer großen Alpenrose (allerdings ohne spektakuläre Blüten) vergleichbar, ist der sogenannte Diasporendruck auf die Sukzessionsfläche sehr hoch. Nicht lange, und der Gebüschgürtel schließt sich enger und enger, einem Verheilungsprozeß vergleichbar. Man hat Stadien wie diesen Farnanflug oder frühe Gebüschstadien schon als „Verheilungsökosysteme" bezeichnet. Die Fleckigkeit des Hanges läßt erkennen, daß es sich in Wirklichkeit um ein Mosaik verschieden alter Verheilungsstadien handelt.

In tieferen Lagen, zwischen dem wuchernden Grün des Regenwaldes, folgen Baumfarne dem Erstaufwuchs der Gleichenien. Sie bilden eine auffallende Verheilungsgesellschaft. Ihr Auftreten wie im Foto läßt mit großer Sicherheit darauf schließen, daß es hier vor einiger Zeit zu einer Störung, z.B. einem Erdrutsch, gekommen sein muß.

Baumfarne können beachtliche Größen erreichen, 10 m oder mehr. Man fragt sich, wie der schlanke, dünne Stamm den riesigen Wedel zu stützen vermag. Farne haben wie die Palmen kein sekundäres Dickenwachstum, d.h. sie entwickeln sich nicht wie die meisten Bäume, bei denen ein Ring aus teilungsfähigem Gewebe (= Kambium) Jahr für Jahr – in den Tropen ständig –, neues Holz und Rindengewebe produziert. Baumfarne werden mit zunehmendem Alter daher nicht dicker.

Nicht nur Farne sind wesentliche Komponenten der Verheilungsökosysteme. Prächtige Pflanzengestalten wie die neuweltlichen Heliconien oder die altweltlichen *Musa*- oder *Ensete*-Arten (Wildbananen) drängeln sich in Lücken und Rutschfelder. Da sich das offene Gelände leicht befliegen läßt, sind Vogelblumen unter diesen Pionieren recht häufig. So präsentiert auch *Heliconia* in ihren schiffchenartigen Hüllblättern wässrigen Nektar.

Verheilungsökosysteme sind noch nicht stabilisiert. In ihnen findet Nettoakkumulation von Biomasse statt. Der Nährstoffkreislauf baut sich erst langsam auf, Depots müssen angelegt werden.

Foto 66: Baumfarne der Familie Cyatheaceae im Regenwald der Karibik, Guadeloupe.
Foto 67: Die Bananenverwandte *Heliconia* spec. aus den Bergwäldern der Kleinen Antillen, Martinique.

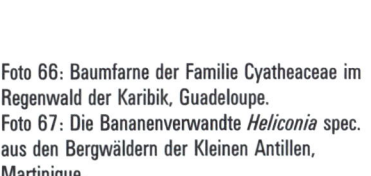

Foto 68: Nebelwald auf Taveuni, Fidschi.

Foto 69: Baumerika-Wald (mit *Erica trimera*) am Ruwenzori, Ostafrika.

Tropische Bergregenwälder

Viele Gebiete mit Regenwald sind tropische Bergländer. In manchen ragen die höchsten Gipfel über eine Seehöhe von 5000 m hinaus, so in den äquatorialen Anden, in Ostafrika und Neuguinea. Eine auffällige, oft scharfe Höhenzonierung tritt auf. Besonders ausgeprägt ist der rasche Wechsel im Bereich der Untergrenze der Wolkenkappen, die die Berge meist umgeben. Je nach Detail der Beschreibung werden den Tieflandregenwäldern montane (= Berg-)Regenwälder bzw. Wolkenwälder, Bergregenwälder und Nebelwälder gegenübergestellt.

Ohne Zweifel von montan darf man in Fällen wie den Nebelwäldern der großen Inseln des Fidschi-Archipels sprechen, die bei ca. 1000 m ansetzen. Die Bäume werden kaum höher als 20 m, Brettwurzeln fehlen, die Blätter sind kleiner. Schwellende Moospolster und dünne

Lianen, von denen Moosvorhänge herunterziehen, erzeugen im Nebel eine diffuse, grüne „Suppe", in der man nicht mehr weiß, wo oben und unten ist.

Auf Tropenbergen, die hoch genug sind, löst ab ca. 3500 m eine subalpine Ericaceen-Zone den Bergregenwald ab. Dazwischen kann ein Bambusgürtel eingeschaltet sein. Neben den dominanten *Erica*- oder anderen Arten, z.B. Rhododendren, die 10 bis 12 m Höhe und einen Stammdurchmesser von 20 bis 30 cm erreichen, vervollständigen baumförmige Johanniskrautarten (Foto 70), Schopfbäume mit langen Blütenkerzen, dicke Moosmanschetten und Bartflechten diese Märchenwelt. Die Moose sind zweifellos im Optimum. Im subalpinen Bergregenwald des Kinabalu (Borneo) wurden auf einem bemoosten Ast auf einer Fläche von 30×30 cm mehr als 30 verschiedene Arten nachgewiesen. Die Phytomasse erreichte Werte bis zu 2500 g/m², die

Foto 70: Baumförmiges Johanniskraut (*Hypericum lanceolatum*) am Ruwenzori, Ostafrika.

Foto 71: *Rhododendron buxifolium*, eine der 25 *Rhododendron*-Arten am Kinabalu, Sabah (Malaysia).

Moose eines Hektars Nebelwald speichern dort – das Haftwasser nicht hinzugerechnet – 2,8 Tonnen Wasser. Die Moose besitzen in diesen Wäldern eine enorme Bedeutung für den Landschaftshaushalt.

Der „Riesenwuchs" mancher Formen wie Erika, Johanniskraut und Kreuzkraut auf den ostafrikanischen Inselbergen gab mehrfach Anlaß zu Spekulationen. Unter anderem wurde die Ursache der erhöhten UV-Strahlung in den tropischen Hochgebirgen zugeschrieben, wodurch Mutationen ausgelöst würden. In Wirklichkeit ist aber davon auszugehen, daß viele Arten von holzigen, oft auch tropischen Verwandtschaftskreisen abgeleitet werden können. Man denke nur an die bereits erwähnten Röten-(Kaffee-) und Veilchengewächse. Auch die heute im Mittelmeerraum verbreitete Baumerika (*Erica arborea*) kommt neben endemischen Formen wie *Erica trimera* auf den ostafrikanischen Bergen vor

und besiedelte im Tertiär ein von den ostafrikanischen Tropenbergen ausgehendes Areal über das Gebiet der heutigen Sahara hinweg bis in den Mittelmeerraum. Nicht die Veilchen- und Johanniskrautbäume sind das Besondere, sondern deren „Verkleinerung" gegen die gemäßigten Breiten hin.

Ein anderer tropischer Inselberg ist der 4101 m hohe Kinabalu in Nordostborneo. Im Umkreis von 2000 km erreicht kein Gipfel mehr diese Höhe. Der Kinabalu ist einer der jüngsten Berge der Welt, sein Granitdom ist immer noch in Hebung begriffen. Sein Artenreichtum ist legendär, der Anteil an endemischen Arten ist hoch. Unter anderem sind mehr als 800 Orchideenarten, 450 Farnarten, 78 Feigen, 25 Rhododendren (5 davon endemisch am Kinabalu) und 16 Kannenpflanzen (*Nepenthes*-Arten) bekannt geworden, die meisten davon Arten des Bergregenwaldes.

Tropische Hochgebirge

Denkt der Ökologe an tropische Hochgebirge, so wohl zuerst an die auffälligste Lebensform, die Riesenrosettenstauden oder Schopfbäume. Sie bilden oberhalb der Waldgrenze bis hinauf zur Gletscherregion einmalige Formationen, die nach einer öden spanischen Landschaft als Paramo bezeichnet werden. Wer die echte spanische Paramo gesehen hat, weiß aber, welche Fehlbenennung für diese Zauberwelt der tropischen Hochländer Südamerikas und Ostafrikas gewählt wurde.

Wie riesige Krautköpfe auf Stielen, teils auch verzweigt, stehen in Ostafrika die Dendrosenecionen und Lobelien, in den tropischen Anden Espeletien und Lupinen, dicht an dicht. Dies, obwohl die Lebensbedingungen extrem sind. Nächtlicher Frost, am Tag kaum Erwärmung, Bodentemperaturen wenige Grad über Null. Jahraus, jahrein, tagtäglich dasselbe.

Die Riesenrosettenstauden sind zweifellos die spektakulärste Wuchsform, die man über der tropischen Waldgrenze antrifft. Trotzdem darf man andere, wie die großen Horstgräser (Tussockgräser), die Zwergsträucher (z.B. die silberweißen Frauenmäntel Ostafrikas), kleine Rosettenkräuter, kleine Binsen, Quellkräuter, Moose und Flechten nicht vergessen. In unterschiedlicher Zusammensetzung bewachsen sie die typischen Hochgebirgshabitate wie Schutthalden, stabilisierte Moränenhänge, Abflußrinnen, Felsen. Die Riesenrosettenstauden bevorzugen eher wasserzügige, aber nicht nasse Standorte. Der Schwerpunkt ihres Vorkommens liegt bei ca. 4200 bis 4500 m. Äußerste Vorposten dringen bis an den Gletscherrand vor.

Auf einigen südamerikanischen Vulkanen finden sich schließlich auf über 6000 m die letzten Außenposten komplexerer Systeme. Moosdecken auf „hot spots" (= Austritt von vulkanischer Wärme) erlauben mit ihrer bescheidenen Primärproduktion in der dünnen Luft noch zwei Vogelarten und einen kleinen Nager ein einfaches Leben.

Regelrecht provokant wirken die halbmetergroßen Rosetten der Lobelien in der kaltnassen Umgebung. Nicht selten bedeckt am frühen Morgen Schnee die Blätter und Blüten. Im Zentrum der Rosette steht auch unter Tag kaltes Wasser, in dem polymere Zucker als eine Art Frostschutzmittel gelöst sind. Bei manchen Rosettenstauden schließt sich in der Nacht die Rosette als schützende Knospe über die empfindlichen Teilungsgewebe des Vegetationsscheitels. Die Blätter selbst sind dick und fleischig. Episodische Dürreperioden und die dann auch nicht seltenen Feuer mögen so besser zu überstehen sein. Diese und noch andere Eigenschaften der Riesenrosettenstauden gelten als Anpassung an die extremen Lebensbedingungen. Warum aber diese tropische Üppigkeit in Südamerika, in Ostafrika, bis an die Grenzen des Lebens? Die Riesenrosetten sind eines der spektakulärsten Beispiele für Konvergenz.

In den Hochgebirgszonen der Tropen tritt das allgegenwärtige Grün aus dem Tiefland und den Bergwäldern zurück. Überzüge aus feinen oder wolligen Haaren auf Blättern, Zweigen und Infloreszenzen zaubern viele Silbertöne zwischen die gelben oder braunen Moosdecken.

Die Haare reflektieren einen Teil der an Sonnentagen allzu reichlich angebotenen Sonnenstrahlung, die gelben und braunen Farbstoffe, welche bei den Moosen so auffällig sind, aber auch in den Epidermen der Blätter auftreten, absorbieren die Ultraviolettstrahlung und schützen so den Zellkern. Nur 10 % und weniger der besonders gefährlichen UV-B-Strahlung dringen durch.

Foto 72 (oben): Afroalpine Vegetation am Ruwenzori (Ostafrika) mit Riesen-Kreuzkräutern (*Senecio adnivalis*).

Foto 73 (links unten): Blattrosette der Riesenrosettenstaude *Lobelia bequaertii* am Ruwenzori (Ostafrika).

Foto 74 (rechts unten): Dichtes Moospolster überdeckt einen Felsblock in der Paramo des Ruwenzori.

Azonale Ökosysteme

Tropenkarst

Wie die tropischen Hochgebirgsbiome und die verschiedenen Sukzessionstypen bereichern Sonderstandorte das Gesamtbild des tropischen Lebensraumes wesentlich. Zu diesen zählt der Tropenkarst, der überall ausgebildet ist, wo karbonatische Gesteine anstehen (Kalke, Dolomite). Deren Wasserlöslichkeit steigt mit der Temperatur. Die Verkarstung erfolgt daher in den Tropen durch die Kombination von ständiger Wärme mit hohen Niederschlägen besonders rasch und effektiv. Die bis zu 10 m langen Stalaktiten, die hier von den Felsen hängen, zeigen dies eindrucksvoll. Typisch für tropische Karstgebiete sind allgemein zuckerhutartige Felsformationen, die, wenn sie gehäuft auftreten, in manchen Regionen als „Orgelberge" bezeichnet werden.

Tropische Karstformationen sind durchsetzt von Schluchten, Spalten und Höhlungen. In ihnen ist es feucht und schwül, üppiger Regenwald füllt sie aus. Auf den sonnenausgesetzten Graten, Kanten, Gipfeln, Gipfelchen, Felsen und Hügeln kann es hingegen außerordentlich trocken sein, da die Karbonatgesteine sehr gut drainagieren. Auf wenigen Metern begegnen sich Welten. In Krabi sitzen stammsukkulente Wolfsmilcharten und hartblättrige Palmfarne im Fels, am Fuß des Felsens und in Schluchten wachsen üppige Palmen und saftgrünes Kronenlaub. Diese Nischenvielfalt im echten Wortsinn macht die tropischen Karstgebiete zu Zentren der Artenvielfalt, nicht selten gekoppelt mit einem hohen Grad an Endemismus. Da sie schwer begehbar und nicht kulturfähig sind, bilden sie Inseln an Ursprünglichkeit.

Als Kuriosität am Rande vermerkt: der kleinste Staat der Welt (ca. 3000 Einwohner auf 259 km², die Insel Niue im Pazifik, ist eine tropische Karstinsel.

Foto 76: Karstschlucht in den Orgelbergen von Krabi, Thailand.

Auenökosysteme

Auen, definiert als jener Bereich um ein fließendes Gewässer, der von episodischen Hochwässern noch erfaßt wird, begleiten alle tropischen Flüsse und Ströme. Oft erstrecken sie sich über gewaltige Flächen. Gut ein Drittel der Wälder des Kongobeckens sind Au- und Sumpfwälder.

Hochwasser lädt Sedimente ab, Laub wird eingewaschen oder fällt an Ort und Stelle ab. So entstehen im Laufe der Zeit eigene, teils mit Sanden und Schluffen durchmischte Aubodentypen. Es sind fruchtbare Böden, die besonders in Ostasien in Reiskulturen umgewandelt wurden. Die Sedimentfrachten vieler Tropenflüsse sind allerdings heute durch die großflächigen Abholzungen des Regenwaldes wesentlich größer als früher. Heute wälzt sich der Kinabatangan als braunrot lehmige Brühe dem Meer zu.

Foto 75: Stalaktiten hängen von den Kalkfelsen im Küstenbereich von Krabi, Thailand.

Foto 77: Auwald am Kinabatangan, Sabah (Malaysia).

Die berühmtesten Auwälder sind zweifellos jene des Amazonas und seiner Nebenflüsse, wobei solche an Weißwasserflüssen (igapos) von jenen der Schwarzwasserflüsse (varzeas) unterschieden werden. Die zönologischen Strukturen in den Auwäldern am Amazonas werden dadurch kompliziert und angereichert, daß während der Überschwemmungsphase Fische und andere Wassertiere die Wälder bevölkern. Samentransport durch Fische zählt in diesen Wäldern zu den wichtigsten Verbreitungsmechanismen. Der enorme Reichtum an Fischarten (ca. 2000 Arten) des Amazonassystems wäre ohne die Wechselbeziehung Auwald – Strom nicht denkbar. Während der Niederwasserzeit leben viele von ihnen in Restwässern. Ausgedehnte Schlickbänke überziehen sich dann mit Kriechrasen, Totarme und Seitengewässer sind Lebensraum üppiger Schwimmblattdecken. Der natürliche Rhythmus des Wassers bietet eine Fülle ökologischer Nischen.

Tropische Inseln

Das Foto entspricht dem Klischee paradiesischer tropischer Inseln. In Wirklichkeit sind Koralleninseln wie die Insel Embudu auf den Malediven nur eine von drei Grundtypen: Koralleninseln, vulkanische Inseln und Felsinseln.
Vulkanische Inseln tauchten im wahrsten Sinne des Wortes aus dem Meer auf und häufen sich entlang der großen Nahtstellen der Kontinentalschollen. Sie sind oft bergig, und wenn jung, noch voll in ökologischer Entwicklung begriffen.
Felsinseln hingegen entsprechen nicht selten Resten von Landoberflächen wie die Kalkplatten mancher Antilleninseln (Antigua, Grande Terre auf Guadeloupe) oder die bergigen Inselwelten im Westpazifik (Neu Kaledonien, Neuguinea) und anderen Landresten im Bereich der indo-australischen Platte.
Das Markenzeichen der tropischen Inselwel-

Foto 78: Die Koralleninsel Embudu auf den Malediven.

Foto 79: Die Strandmalve (*Hibiscus tiliaceus*) im Ufergebüsch einer Malediveninsel.

ten sind aber zweifellos die Korallenriffe mit ihren kleinen Koralleninselchen. Junge Bildungen entlang von Küsten werden als Saumriffe bezeichnet, alte Riffe auf abgesunkenen Meeresböden als Barriereriffe. Atolle entstanden und entstehen aus Saumriffen, die Vulkaninseln umgeben. Das „fertige" Atoll besitzt schließlich eine Lagune, nachdem die Insel in der Mitte völlig abgesunken ist. Die großen, oft mehrere hundert Meter hohen, steilen Außenriffe umschließen das ganze System. Außenriffhang mit Terrassen, Höhlen und Schluchten, das von Wellen bespülte Riffdach im Tidenbereich, Korallenhorste in der Lagune, sandverfüllte klare Außenlagunen, trübe Innenlagunen und durchströmte Riffkanäle differenzieren das Atoll in eine Vielzahl von Teillebensräumen mit jeweils eigenen Lebensgemeinschaften.

So vielfältig und prächtig die Unterwasserwelt der Korallenriffe sein kann, so einfach, ja geradezu eintönig sind die Ufer- und Land-

Foto 81: Ausgeholzter Regenwald in Sabah, ▷
Malaysia.

Mangroven

Den Schlick tropischer Flachküsten bedecken
dichte Mangrovenwälder. Oft nur eingenischt
in eine kleine Bucht, ziehen sie sich anderswo
kilometerweit die Küste entlang. Der Außenrand deckt sich mit der Linie der Nipptiden
und ist scharf ausgebildet. Landeinwärts verläuft der Übergang zu Brack- und schließlich
Süßwassersümpfen fließend. Dem entspricht
eine deutlich Zonierung von Ökosystemen mit
jeweils anderen Arten. Die abgebildete *Rhizophora mangle*, ein Kleinbaum mit intensiver
Luftwurzelbildung, beherrscht beispielsweise
die Außenzone der karibischen Mangroven.
Die viviparen Früchte (d.h. die Samen keimen
schon am Baum) sind nur eine der vielen
auffälligen Anpassungen der Mangroven-
bäume an ihren extremen Lebensraum. Die
langen Setzlinge fallen wie kleine Anker ins
Wasser, bleiben so besser als die Samen im
Gewirr des Wurzelwerkes hängen und werden
nicht abgetrieben, d.h. sie erneuern auf diese
Weise den Bestand vor Ort.

Foto 80: Der Baum *Rhizophora mangle,* eine typische Art der karibischen Mangroven.

ökosysteme auf den kleinen Inselchen der
Atolle oder im Bereich der Sandstrände. Die
Strandmalve oder andere Strandgebüsche bilden einen ersten Dschungel an der Grenzlinie
zwischen Meer- und Süßwasser. Feigen, Palmen, Pionierarten des Regenwaldes folgen.
Unter den überhängenden Ästen tummeln
sich Strandkrabben, Reiher stehen am Spülsaum und warten auf Beute. Die meisten der
typischen Strandgebüsche sind durch schwimmende Früchte oder Samen pantropisch verbreitet. Eine berühmte Ausnahme ist die Kokospalme, deren heutige pantropische Verbreitung durch den Menschen erfolgte. Erst
vor kurzem wurden in Australien und auf den
Philippinen natürliche Wildpopulationen entdeckt.

Rurale und urbane Ökosysteme

Der menschliche Einfluß auf den Regenwald läßt sich bis in die Frühzeit zurückverfolgen. Neben Volksgruppen, für die der Wald Grundlage ihrer Jäger- und Sammlerkultur war, wie die Pygmäen Afrikas, die Onge und Jarawa auf den südlichen Andamanen oder die Penan in Sarawak, haben andere wie die Bantu in Afrika und viele Indianerstämme Amazoniens gelernt, den Wald im Stil des Wanderfeldbaus zu nutzen, oder sind in Gunstlagen mit fruchtbareren Böden überhaupt seßhafte tropische Bauernkulturen entstanden (z.B. Reisanbau in den großen Augebieten Südostasiens). Gewürze, Heilpflanzen, Dufthölzer, Rohr der Rattanpalmen, Harze und viele andere „sekundäre Waldprodukte" waren und sind klassische Handelsgüter aus den Tropen. Noch 1938 stellten sie fast die Hälfte des indonesischen Handels mit Regenwaldprodukten. Heute sind es nur mehr 5%, 95% sind Holzprodukte. Waren es früher vorwiegend Edelhölzer, die dem Wald entnommen wurden, geht der dramatische Anstieg auf Bau-, Feuer- und „Wegwerfholz" (z.B. für Eßstäbchen) zurück. In den letzten Jahrzehnten setzten massive Rodungen für Weidegebiete und großflächige Kulturen ein. Der technische Fortschritt und der Landhunger der wachsenden Bevölkerungen in Kombination mit Erschließung und intensiver Transmigrationspolitik trieb die Waldzerstörung bis zum aktuellen Höhepunkt.

Im Gegensatz zur totalen Brandrodung im Zuge der Gewinnung von Weide- und Kulturland bzw. der Raubnutzung, die im Regenwald nur ein Abbaugebiet für Holz sieht, waren die klassischen selektiven Holznutzungstechniken vergleichweise schonend. Es entstanden naturbetonte Sekundärwälder oder sind im Entstehen. Die klassische tropische Forstwirtschaft baute zusätzlich Primärwaldreservatssysteme auf, die sich vielfach als letzte Bollwerke gegen die totale Zerstörung erwiesen haben.

Foto 82: Brandrodungsfläche in Sabah, Malaysia.

Foto 83: Bettelnder Mbuti-Pygmäe am Wegrand auf der Straße zwischen Ford Portal und Bundibugyo, nahe dem Ituri-Wald (Uganda).

Steht in Amazonien die Gewinnung von Weideland im Vordergrund, so ist in Südostasien die Anlage von Großplantagen (Ölpalmen, Kautschuk, Kakao) das primäre Ziel von Totalrodungen. Nach Rodung und Brand sät man mit Leguminosen an und setzt in die so vorbereiteten Flächen die Kulturpflanzen. Die Betreuung der Kulturen erfolgt intensiv durch Anwendung von Bioziden und Düngern. Verlieren die Ölpalmen mit dem Alter an Produktivität, werden sie aus Kostengründen mit Arboriziden abgetötet, und zwischen die Leichen pflanzt man neue Palmen. Einmal in diese Form umgewandelte Plantagen besitzen allenfalls nur mehr sehr langfristig das Potential zur Regeneration des Regenwaldes. Die Kultur selbst bietet kaum Lebensraum für die authochthone Lebewelt. Auf Brachen verhindern tropische Unkräuter eine rasche Regeneration.

Mit dem Wald verlieren auch die indigenen Völker ihren Lebensraum. Im Amazonasbekken leben nur mehr 4% der Ureinwohner. Sogar selektive Holznutzung kann bereits prekär werden, wenn die Edelhölzer gleichzeitig wichtige Fruchtbäume für Mensch und Tier sind, wie beispielsweise der Meranti (Dipterocarpaceae) für die Penan in Sarawak (Borneo, Malaysia).

Sünden der Vergangenheit wirken nach und werden neu begangen. Am 22. 8. 1995 unterzeichneten 13 Penan-Dorfschaften folgenden Brief: „Auf Geheiß der Regierung sind wir seßhaft geworden, doch heute werden wir mißachtet. Selbst unsere Felder werden von Bulldozern umgewälzt. Wir bitten all unsere „Verwandten" um Hilfe, wo auch immer ihr seid. Sprecht stark mit unserer Regierung, damit sie die Companies stoppen und unsere Gemeindegebiete im Ulu Baram unter Schutz stellt."

Foto 84: Frisch angelegtes Feld im Zuge einer Wanderfeldbaunutzung im Randbereich des Ituri-Waldes, Grenzgebiet Uganda-Zaire.

Der Wanderfeldbau gilt allgemein als nachhaltige Nutzungsform in den nährstoffarmen Regenwaldgebieten. Folgendermaßen wird dabei vorgegangen: Ein Gebiet im Regenwald, sei es ein Primärwald oder ein fortgeschrittenes Sekundärwaldstadium, wird für den Anbau auserkoren. Nicht selten erkennt der Bauer die Eignung anhand bestimmter Pflanzen. Das Waldstück wird dann auf eßbare Früchte und andere nutzbare Naturprodukte durchsucht. Erste Bäume fallen für Häuser und Kanus, dann wird der Unterwuchs niedergehackt. Das angetrocknete Material am Boden wird schließlich abgebrannt. Mit der Asche werden die Nährstoffvorräte aus der Phytomasse des Waldes freigesetzt und für den Anbau der Kulturpflanzen verfügbar. Einige Bäume läßt man stehen, weil heilig, andere werden nur hoch abgeschnitten, damit sie nach dem Feuer wieder austreiben. Die Stämme bleiben auf der Brandfläche liegen als Hindernis für Tiere, die die angebauten Pflanzen (Maniok, Bananen, Süßkartoffeln etc.) fressen könnten. In Neuguinea werden die Felder gegen die Wildschweine sogar eingezäunt. Bodenbearbeitung ist im lockeren Regenwaldboden nicht notwendig.

Der Anbau erfolgt so lange bis die Fruchtbarkeit zurückgeht, oder die Unkräuter und jungen Pionierbäume den Bauern regelrecht über den Kopf wachsen. Vor allem der Verunkrautungsdruck zwingt nach ein bis drei Jahren zur Aufgabe des Feldes, das in seiner „naturbelassenen Unordnung" nichts mit der Geometrie einer modernen Monokultur zu tun hat. Nach acht bis zwanzig Jahren Brachliegen wird die Fläche erneut in Nutzung genommen. Der Wanderfeldbau benötigt große Waldgebiete und erlaubt eine Besiedlungsdichte von ca. 10 bis 20 Einwohner pro Quadratkilometer.

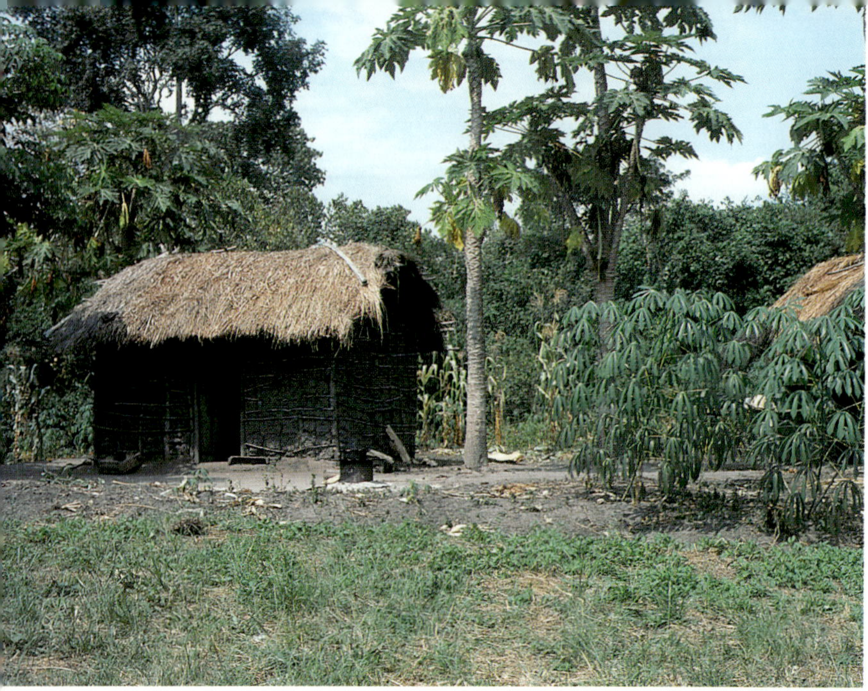

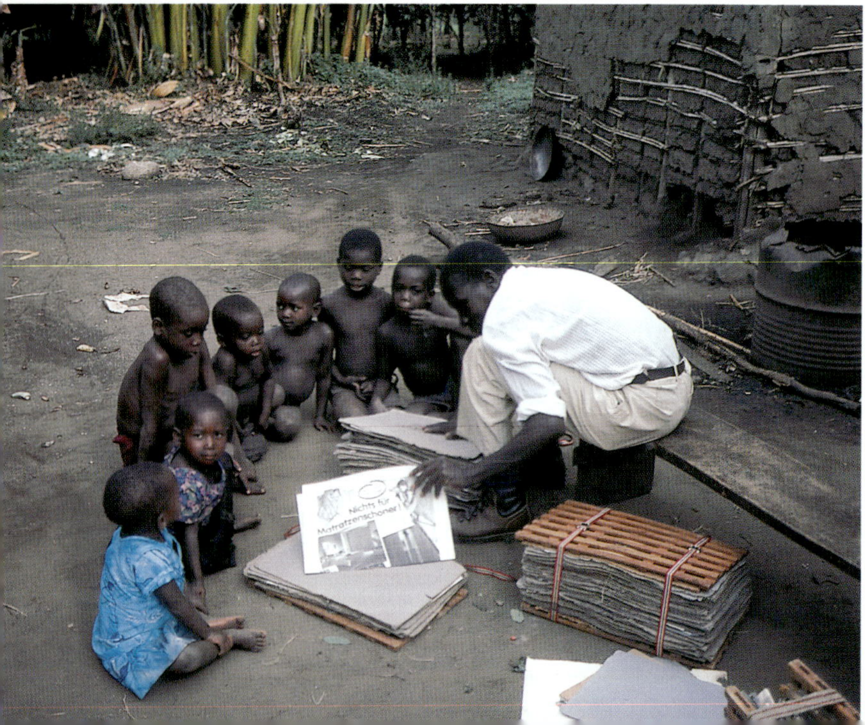
Nichts für
Matratzenschoner!

In Gebieten mit nährstoffreicheren Böden wie Aulandschaften, Böden auf vulkanischen Ausgangssubstraten, Kolluvien sind schon früh Dauerkulturen einschließlich Viehzucht entstanden. Besonders in Ostasien blicken die großen Reisanbaugebiete wie das 2500 Quadratkilometer große Tonkingdelta auf eine Nutzung seit 100 v. Chr. zurück. Im Westen Ugandas konnten die verschiedenen Königreiche nur durch eine ortsgebundene Bauernkultur entstehen.

Mit der europäischen Expansion gelangten ursprünglich eng verbreitete Kulturpflanzen in andere Teile der Tropen und sind heute pantropisch verbreitet. Sogar Naturvölker übernahmen sehr rasch geeignete Nutzpflanzen wie im Hochland von Neuguinea, wo es nach der Einführung der Süßkartoffel (*Ipomoea batatas*) durch die Spanier nach Asien zu einer regelrechten Bevölkerungsexplosion kam. Neben der Süßkartoffel haben besonders Bananen (div. *Musa*-Arten) aus Asien, Maniok, Mais aus Südamerika weite Verbreitung erfahren. Die Kokospalme, „das größte Geschenk der Natur an die Menschheit" ist ein weiteres Beispiel für eine Nutzpflanze mit heute pantropischer Verbreitung.

Das afrikanische Gehöft auf dem Bild hat alles, was man zum Leben braucht. Stellvertretend zeigt es die Kernstruktur tropischer Subsistenzwirtschaften. Der Maniok (*Manihot esculenta*), neben Kochbanane hier die wichtigste Stärkepflanze, wurde in kleiner Gruppe durch Stecklinge angepflanzt, die üppigen Papaya-Stauden versorgen die Bewohner mit köstlichem Obst, im Hintergrund eine kleine Kaffeeplantage, aus deren Erlös man Werkzeug, Zigaretten oder Waragi (Bananenschnaps) kaufen kann.

In Afrika wird sich die Bevölkerung in 25 Jahren verdoppelt haben. In den Tropen und Subtropen findet im wesentlichen der Bevölkerungszuwachs statt. Überbevölkerung ist der Hauptmotor für die Übernutzung vorhandenen Kulturlandes bzw. für die Rodung der Regenwälder.

Dennoch sind auch positive Ansätze vorhanden. Das Foto wurde 1984 in Ibanda, dem Ausgangspunkt für Expeditionen ins Ruwenzorigebiet, aufgenommen. Die Kinder hatten damals eine ungewisse Zukunft vor sich. Die politischen Wirren waren noch nicht vorüber. Rauchwolken an den Hängen über den Dörfern zeigten an, daß unkontrolliert die Bergwälder immer höher gedrängt wurden. Einige Jahre später jedoch hat sich das Land nach politischen Wirren und Bürgerkrieg stabilisiert, die späten Achtzigerjahre zeigten einen Aufschwung. Der Touristenstrom nahm zu, neue Unterkünfte im Dorf entstanden, einige Hütten am Berg wurden erneuert bzw. neu gebaut. Über den gefürchteten Mobuku-Fluß führt eine Brücke. Ein Trägersystem beliefert die Selbstversorgerhütten mit Holzkohle, um Schäden in den Bergwäldern und der Paramo zu vermeiden. Der Lohn als Träger ist attraktiv. Junge Bauern vernachlässigen dafür allerdings ihre Felder, Schüler schwänzen den Unterricht und versuchen bei einer Expedition anzuheuern. Die Nationalparkverwaltung steht im Konflikt mit den Bergführern, die neue Pfade anlegen wollen. Trotzdem, der Eindruck ist vorsichtig optimistisch. Der Tourismus bringt einen gewissen, wenn auch minimalen Wohlstand ins Gebiet, die Verantwortlichen wissen um ihr Kapital: die einmalige aber fragile Bergwelt des Ruwenzori.

Illegale philippinische Einwanderer suchen in Sabah auf den großen Plantagen, im Holzgeschäft, aber auch im Tourismus Arbeitsmöglichkeiten. Unbeliebt und landlos haben sie keine andere Chance als ins Meer hinaus zu bauen. Unkontrollierte Migration schafft so jene Probleme, die mit dem Begriff Slum verknüpft werden: Armut, schlechte Gesundheit, Verschmutzung, Kriminalität. Aber auch gezielte Ansiedlungsprogramme, die von Regierungen unterstützt und freiwillig erfolgen, wie die Transmigration von Familien (ca.

Foto 85: Bauerngehöft im Gebiet des Maramagambo-Waldes, südwestliches Uganda.
Foto 86: Kinder von Ibanda (Ruwenzorigebiet) schauen neugierig dem Botaniker T. KATENDE beim Herbarisieren zu (Sommer 1984).

60 000 jedes Jahr in den Achtzigerjahren) aus den übervölkerten Inseln Java und Bali in die freien Räume von Sumatra, Kalimantan, Irian Jaya oder den Molukken laufen aus dem Ruder. Viele Menschen enden in Slums neuer Ballungszentren. Unkontrollierter Wanderfeldbau mit viel zu kurzen Zyklen frißt sich entlang von Überland- und Forststraßen in die Wälder und devastiert das Land. Nach Schätzungen der FAO war in den Achtzigerjahren unkontrollierter Wanderfeldbau zu 35 % in der neuen Welt, zu 70 % in Afrika und zu 49 % in Asien für die Waldzerstörung verantwortlich.

In Brasilien, das mit der Transamazonica oder der Erschließung Rondonias eine ähnliche Politik nach dem Motto „Ein Stück Land ohne Menschen für Menschen ohne Land" verfolgt und dabei von den Industriestaaten unterstützt wurde und wird, sind ähnliche Entwicklungen bekannt geworden. Zum Unterschied von Südostasien spielt in Amazonien die Gewinnung von Weideland eine große Rolle. Der Siedler rodet den Wald, baut häufig mit ungeeigneten Methoden an und verkauft nach dem Fehlschlag an große Fazendeiros, die in Weideland umwandeln, dieses überbestoßen und rücksichtslos verwüsten. Da die Holzreserven in Südostasien dem Ende zugehen, wächst zusätzlich der Druck auf die Wälder Brasiliens.

Kenner und Kritiker der Entwicklung in den Tropen bestätigen die allgemeine Skepsis, daß wohl kaum große Teile des Regenwaldes erhalten bleiben und eine nachhaltige Entwicklung zu sozial ausgewogenen Verhältnissen in naher Zukunft erreicht werden kann. Derzeit verlieren die tropischen Regenwälder nach Schätzungen der FAO (Stand 1990) jährlich etwa 0,9 % an Fläche. Die Verhältnisse ändern sich rasch. Einem Rückgang der Rodungsfeuer in Amazonien, wohl in Verbindung mit der großen UNO-Konferenz für Umwelt und Entwicklung (UNCED 1992) anfangs der Neunzigerjahre, folgte deren massive Reaktivierung 1995. Waren im Juli 1994 auf Satellitenbildern „nur" 8500 Brandherde auszumachen, waren es im Juli 1995 schon 39 889 und Mitte August 1995 mehr als 72 000!

Die Verhältnisse wechseln allerdings von Land zu Land. Länder wie Surinam, Französisch-Guayana oder Belize mit vergleichsweise geringen Bevölkerungsdichten, wobei der Großteil der Bewohner die küstennahen Gebiete besiedeln, sind noch durchgehend Waldländer ohne allzu starken Druck auf den Wald. Von den ursprünglich 1,2 Millionen Hektar Regenwald in Queensland existiert noch eine Million, ganz zu schweigen von Inseln mit großen Schutzgebieten wie Hawaii.

Auch im Einzelnen fehlen Lichtblicke nicht. Wie das Beispiel aus Uganda zeigte, so ist auch im Falle der Familie des Waldbauern im Hinterland von Sabah (Foto 88) ein zwar bescheidenes, aber doch einigermaßen gesichertes Fortkommen gegeben. Der Obst- und Fruchtgarten liefert die notwendigen Grundnahrungsmittel. Bootsfahrten auf dem nahen Fluß mit Touristen, die auch im Haus übernachten, bringen zusätzlich etwas Geld.

Abenteuer- und Naturtourismus hat in den Tropen sicher ein beachtliches Potential. Geschickt angelegt, kann er der lokalen Bevölkerung zugute kommen und schafft Naturverständnis, das bei den ortsansässigen Bevölkerungen nicht unbedingt hoch sein muß. Die Fahrten zu den Nasenaffen am Kinabatangan oder zur Orang Utang-Station von Sepilok (Sabah) ziehen in jüngerer Zeit neben Touristen immer mehr Einheimische an.

Ein anderes Beispiel: auf den Malediven (siehe Foto 78) gelten strenge Regeln für das Verhalten in Lagune und am Riff, Initiativen zum Schutz der Schildkröten wurden gesetzt. Naturschutz beginnt zu greifen, wenn auch mit vielen Rückschlägen.

Foto 87: Slums am Rand von Sandakan, Sabah (Malaysia).
Foto 88: Malaiischer Waldbauer mit seiner Familie.

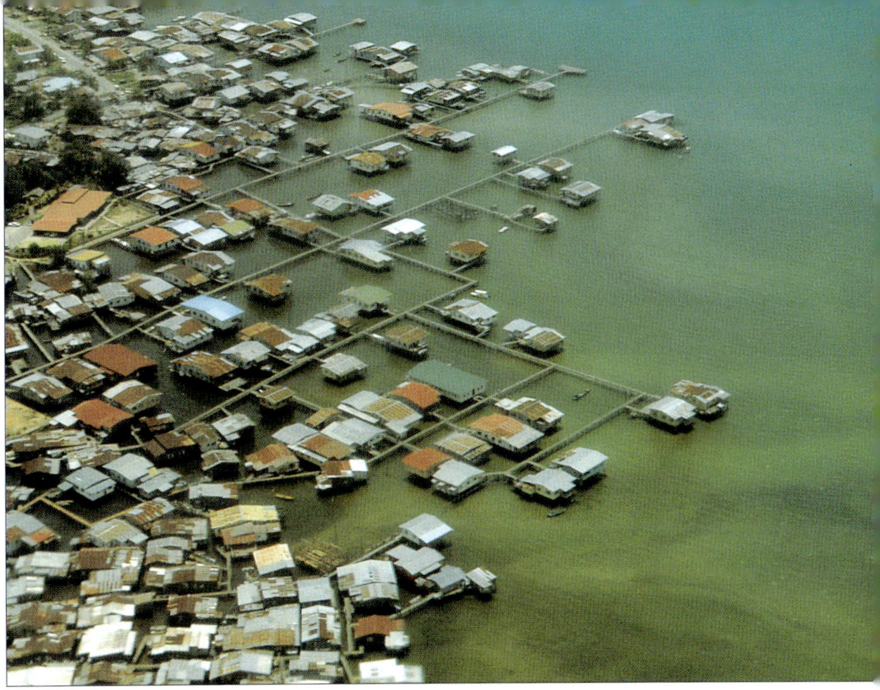

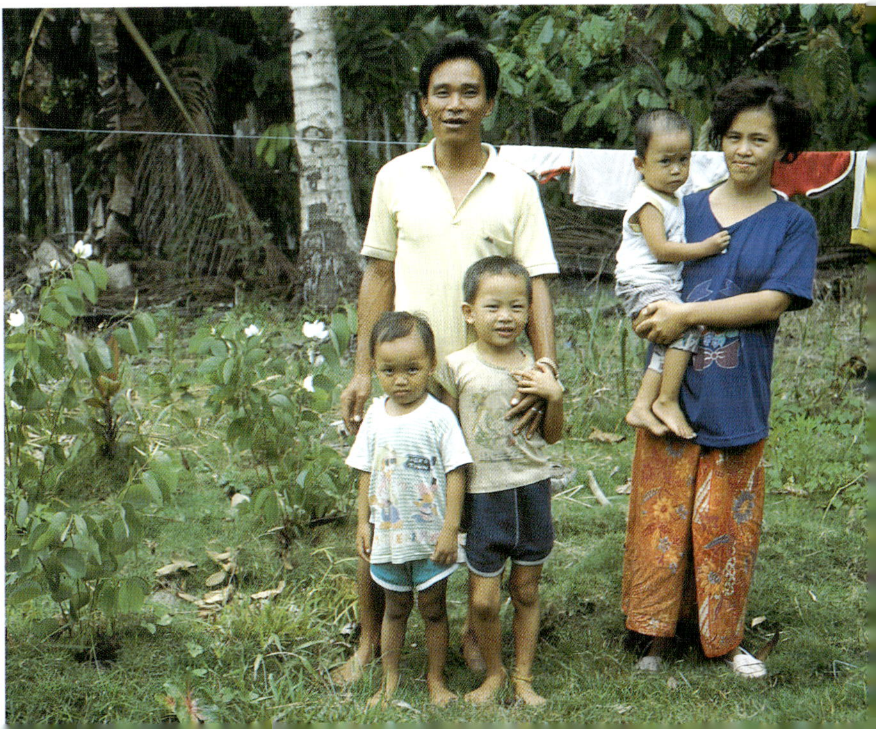

Nicht immer bildet sich eine einigermaßen befriedigende Symbiose zwischen Tourismus und Bevölkerung aus wie auf den Malediven. Resorts wie hier auf den Kleinen Antillen haben häufig regelrechten Ghettocharakter, und nur wenig Geld bleibt im Land. Der Tourist zeigt sich kaum interessiert an Land und Leuten, implantiert unangepaßte Wunschvorstellungen und Verhaltensformen. Holländische Glashaustrauben neben Mango im Supermarkt auf Martinique (Kleine Antillen), in Plastik gehüllte Birnen aus Korea, verkauft in Singapur, leuchtend bunt gefärbte Chrysanthemen (möglicherweise aus Israel) am Tropenmarkt von Guadeloupe sind typische Indikatoren, daß auch der Einheimische in den Tropen am Lebensstandard der Industriestaaten mitnaschen will und deren Produkte für gut hält. Der Weg zum „Weltdorf" führt an den Tropen nicht vorbei. Vielleicht ist aber gerade dies die Chance, Einfluß zu nehmen und die Erhaltung eines ausgewogenen Systems von Naturland, Kulturland und Stadt zu gewährleisten.

Foto 89: Fahrt auf dem Kinabatangan, Sabah (Malaysia).
Foto 90: Französische Urlauber am Strand von Martinique.

Zonobiom II – Zone der tropisch-subtropischen Regenzeitenwälder und Savannen

Klima

Im Gegensatz zum dauerfeuchten Regenwaldklima zeichnen sich die Klimate dieses Zonobioms durch eine ausgeprägte Saisonalität im Sinne eines Wechsels zwischen einer Trockenzeit und einer Regenzeit aus. Mit zunehmender Äquatorferne werden auch Temperaturwechsel immer deutlicher, wobei allgemein gilt, daß die Regenzeit mit der wärmeren Jahreszeit zusammenfällt. Manche Autoren sprechen daher vom „Tropischen Zonobiom mit Sommerregen". Sommer suggeriert aber auch Winter, was insofern irreleitet, als von einem Winter aus Sicht der mittleren Breiten mit Frösten und Schnee natürlich keine Rede sein kann. Episodische Fröste oder frostnahe Temperaturen wirken allerdings in diesem Zonobiom bereits deutlich selektiv auf die Vegetation ein, besonders in den Randzonen gegen Süden und Norden. Die „Winter" in diesem Teil der Welt sind extrem trocken, die mittleren Minima des kältesten Monats liegen in den meisten Fällen noch über 10°C. Im warmen „Sommer" regnet es heftig und viel, wobei die Temperaturmaxima deutlich über jenen der dauerfeuchten Regenwaldzone liegen. In Gebieten mit relativ kurzer Regenzeit kann das Ende der Trockenzeit bereits in den Sommer fallen. Extreme Hitze ist dann möglich. Inklusive Übergangszonen (Abb. 4) sind die ökologischen Verhältnisse sehr unterschiedlich. Ausgehend von noch immergrünen Saisonregenwäldern, die in Gebieten auftreten, in denen der „trockene Winter" nur eine etwas regenärmere Zeit ist, welche aber eine gewisse gleichsinnige Rhythmik im phänologischen Zustand (Blühen, Fruchten, Blattwechsel) bedingt, bis hin zu gehölzfreien Grassavannen im Übergang zur Halbwüste verändert

sich das Bild der natürlichen bzw. anthropogenen Vegetation und Landschaft kontinuierlich. Entscheidend wirkt sich die Dauer der Regenzeit aus, wobei eine kürzere Regenzeit allerdings durch höhere Niederschlagsmengen kompensiert werden kann. So trifft man in Indien in Gebieten mit einer Regenzeit von 8 Monaten und jährlichen Niederschlagssummen von 1500 mm auf halbimmergrüne Wälder. Diese sind aber auch typisch für Gebiete mit 6-monatiger Regenzeit, aber Niederschlagssummen von 2500 mm. Eine kürzere Regenzeit und Niederschläge unter 1500 mm kennzeichnen schließlich Gebiete mit regengrünen Wäldern, die in der Trockenzeit weitgehend oder völlig kahl sind. Unterhalb 600 mm Jahresniederschlag wird es für den Wald „kritisch". Offene Waldländer, Baumsavannen, Gras- und Buschsavannen kennzeichnen schließlich den trockenen Flügel dieses Zonobioms.

Verbreitung

Flächenmäßig zählen die trockenheitsbeeinflußten bis trockenbetonten Tropen- und Subtropengebiete zu den bedeutendsten Großlebensräumen der Erde mit Schwerpunkten um den 10. nördlichen bzw. 10. südlichen Breitengrad. Die nördliche und südliche Grenze erreichen sie gegen den 30. Breitengrad (besonders ausgeprägt in den südostasiatischen Monsungebieten). Die Übergangszonen zwischen dauerfeuchten Tropen zum Kernbereich der saisongrünen Wälder und schließlich den Savannen zeigen eine fast gleiche Flächenerstreckung wie diese selbst (Abb. 4). Können immergrüne Saisonregenwälder noch zu den tropischen Regenwäldern gerechnet werden,

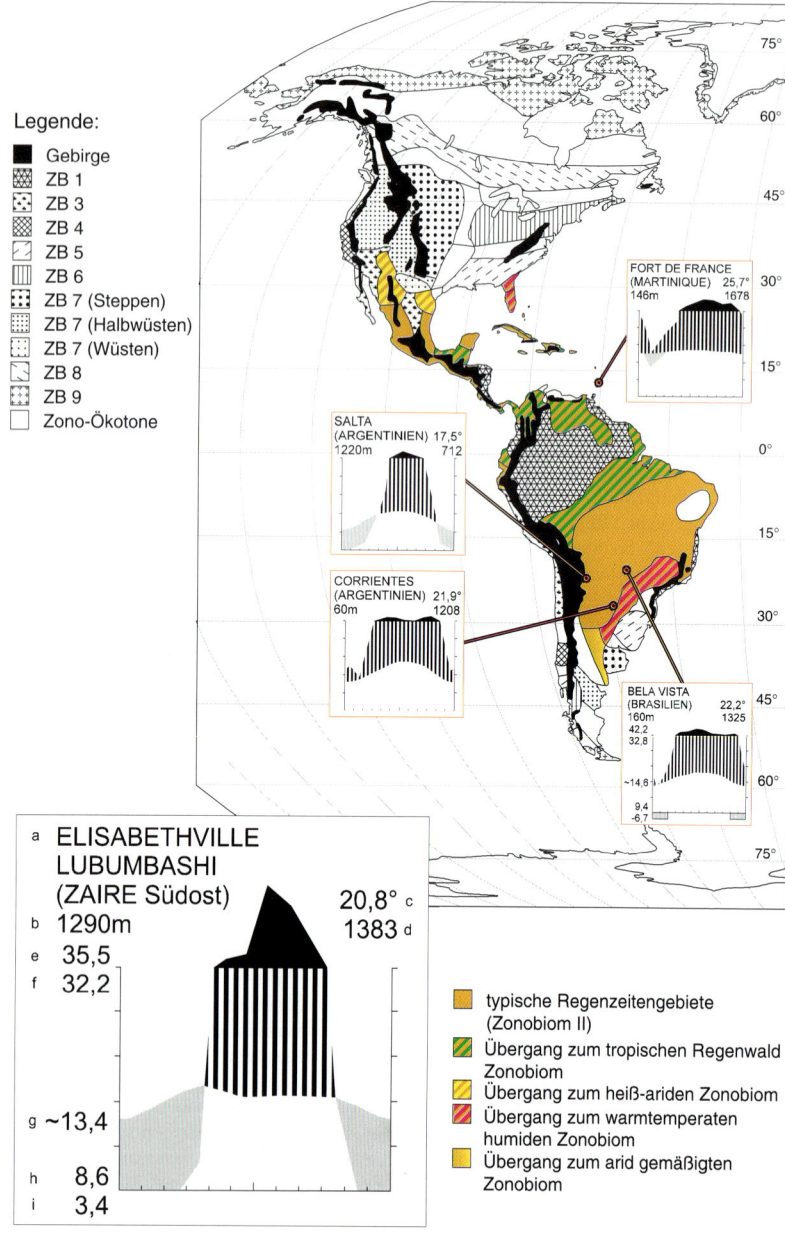

Legende:

- ⬛ Gebirge
- ▨ ZB 1
- ▢ ZB 3
- ▨ ZB 4
- ▧ ZB 5
- ▥ ZB 6
- ⬚ ZB 7 (Steppen)
- ⬚ ZB 7 (Halbwüsten)
- ⬚ ZB 7 (Wüsten)
- ◨ ZB 8
- ⬚ ZB 9
- ☐ Zono-Ökotone

FORT DE FRANCE (MARTINIQUE) 25,7°
146m 1678

SALTA (ARGENTINIEN) 17,5°
1220m 712

CORRIENTES (ARGENTINIEN) 21,9°
60m 1208

BELA VISTA (BRASILIEN) 22,2°
160m 1325
42,2
32,8
~14,6
9,4
-6,7

a **ELISABETHVILLE LUBUMBASHI** (ZAIRE Südost) 20,8° c
b 1290m 1383 d
e 35,5
f 32,2
g ~13,4
h 8,6
i 3,4

- ▨ typische Regenzeitengebiete (Zonobiom II)
- ▨ Übergang zum tropischen Regenwald Zonobiom
- ▨ Übergang zum heiß-ariden Zonobiom
- ▨ Übergang zum warmtemperaten humiden Zonobiom
- ▨ Übergang zum arid gemäßigten Zonobiom

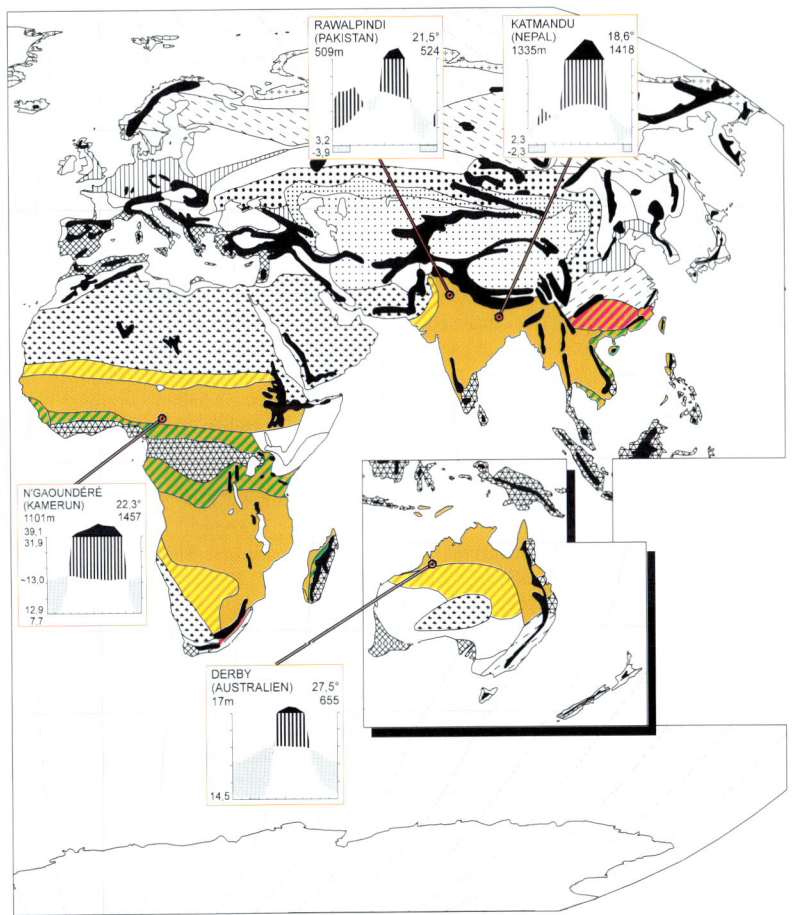

Abb. 4: Verbreitung der Gebiete mit tropisch-subtropischen Regenzeitenwäldern und Savannen (Zonobiom II). Die Klimate von Regionen, aus denen das Fotomaterial stammt, sind als Klimadiagramme angegeben. Ein prototypisches Diagramm ist links unten wiedergegeben. Es bedeuten: a) Ort, b) Höhe über dem Meer, c) Jahresmittel der Lufttemperatur, d) mittlere Jahresniederschlagssumme, e) absolutes Maximum der Lufttemperatur, f) mittleres tägliches Maximum des wärmsten Monats, g) mittlere tägliche Temperaturschwankung, h) mittleres tägliches Minimum des kältesten Monats, i) absolutes

Minimum des kältesten Monats; Abszisse: Monate des Jahres; linke Ordinate: Monatsmittel der Lufttemperatur (1 Skalenteil entspricht 10 °C), rechte Ordinate: mittlere Monatssumme des Niederschlags (1 Skalenteil entspricht 10 mm). Schraffur: wenn Niederschlagskurve über Temperaturkurve liegt (schwarz – Niederschlag 100 mm im Monat). Gerasterte Fläche: die Niederschlagskurve liegt unter der Temperaturkurve, was echte Dürre (=Verdunstung übertrifft Niederschlag) indiziert. „ZB"-Zonobiom. In Anlehnung an WALTER & BRECKLE (1991); WALTER & LIETH (1967).

zählen halbimmergrüne Wälder zum typischen Erscheinungsbild dieser Übergangszone.

Neben dem zonalen „sommergrünen, regengrünen, trockenkahlen" Tropenwald oder Monsunwald (Südostasien), der als zonales Ökosystem einigermaßen klar umgrenzt und definiert ist und an die halbimmergrünen Wälder anschließt, hat der Begriff „Savanne" zahlreiche Diskussionen ausgelöst. Allgemein mag das Bild eines baumbestandenen Graslandes mit ziehenden Wildtierherden als typisch gelten, die tropischen Trockengebiete auf den verschiedenen Kontinenten sind aber mit diesem „afrikanischen Prototyp" nicht zwangsläufig identisch.

Das Bild wird deshalb so komplex und schwierig, da klimazonale Zustände häufig durch natürliche und anthropogene Feuereinwirkungen, durch Großtierherden, durch die Wirkung von Termiten und Ameisen, und schließlich durch bestimmte Bodenverhältnisse überdeckt sind. Verhärtete Schichten im Untergrund, die in den trockenen Tropen besonders häufig auftreten oder oft fossile Reste subtropischer Waldböden sind, bewirken Staunässe oder reduzieren, wenn sie oberflächennah anstehen, das Wasserspeichervermögen (Wasserkapazität) der Böden so stark, daß der Standort für Bäume und Gebüsche zu trocken wird. Oft sind die uralten Böden ausgelaugt und sehr nährstoffarm, die Savannen sind dann keine klimabedingten Ökosysteme, sondern regelrechte Hungerökosysteme (z.B. die Campos cerrados in Brasilien).

Als klimazonale Savannen werden im Folgenden grasbetonte Ökosysteme mit Gehölzen angesprochen, wobei sich beide Lebensformengruppen gegenseitig stark beeinflussen. In diesem Sinne unterscheiden sich die Savannen klar von den Steppen der kaltgemäßigten Breiten, wo Gehölze allenfalls als Galeriewälder von Flüssen auftreten.

Zonale Waldökosysteme

Halbimmergrüne Wälder

Oberflächlich betrachtet mag der ausgedehnte Küstenwald auf der Karibikinsel Guadeloupe noch den Eindruck eines dichten Regenwaldes erwecken. Die homogene Kronenoberfläche, aus der keine Überhälter ragen, deutet aber bereits im Überblicksbild den Unterschied an, der sich im Detail dann wesentlich deutlicher zeigt. Bäume, die in der regenärmsten Zeit von Dezember bis März kahl sind und blühen, stocken hier neben immergrünen, die aber deutliche Blattxeromorphien zeigen (Hartlaubblätter). Es ist ein halbimmergrüner Wald, wie er für die großen Übergangszonen zwischen Regenwald und Regenzeitenwald typisch ist. Die Jahressumme des Niederschlages ist hier mit ca. 2300 mm durchaus mit dauerfeuchten Tropengebieten noch vergleichbar, die monatlichen Mengen folgen aber einem deutlichen Jahresgang. Gut zwei Fünftel des Niederschlags fallen in der relativ kurzen Zeit von Juli bis September. Andererseits ist der trockenste Monat noch nicht regenfrei.

Daß dieser Wald unter den genannten Klimabedingungen bereits deutlichen Übergangscharakter zeigt, hängt hier nicht unwesentlich mit dem Untergrund, einem verkarsteten Kalkplateau, und der Küstennähe zusammen. Wie schon früher betont (Foto 75) drainiert der Tropenkarst ausgezeichnet, die Standorte sind vom Boden her trocken. Der ständig wehende Passat, mitunter auch Tropenstürme, scheren an der Küste den Wald regelrecht ab. Extrem in Windfahnen geformte Baumkronen am Strand beweisen dies deutlich genug. Die Ökosystemgliederung von Tropeninseln besitzt durch meist ausgeprägte Reliefierung und – damit zusammenhängend – deutliche Luv/Lee-Effekte, durch geologische, floristi-

Foto 91: Halbimmergrüner Wald auf Grande Terre, [
Guadeloupe.
Foto 92: Blick in das Kronendach des halbimmergrünen Waldes im Nationalpark von Iguazu, Argentinien.

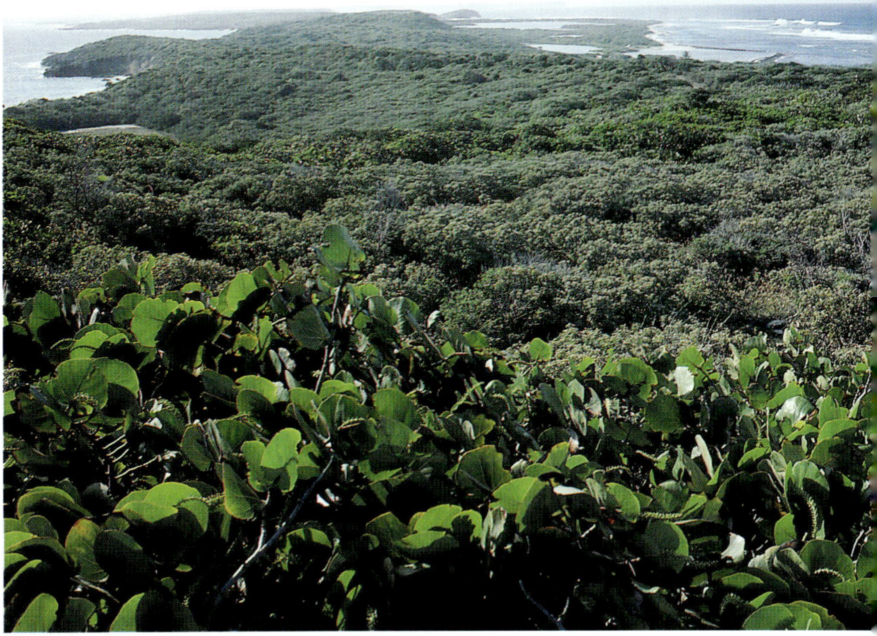

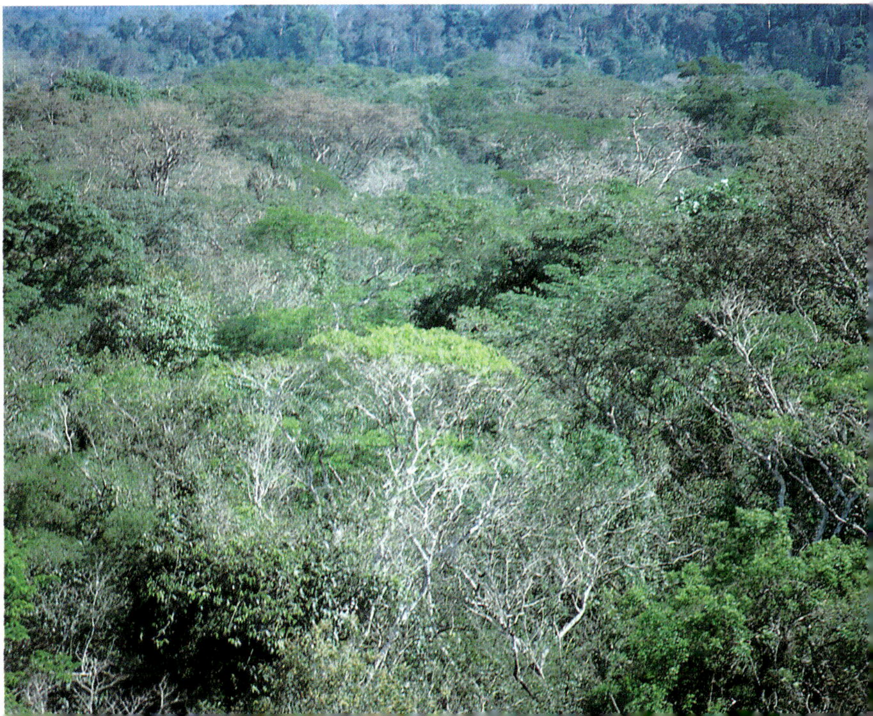

Foto 93: Typischer Monsunwald im Sommer bei Islamabad, Pakistan.

sche und faunistische Besonderheiten allgemein eine hohe Eigenständigkeit. Trockenwälder und Savannen gehören zur Naturausstattung vieler Tropeninseln.

Besonders eindrucksvoll und für Festlandverhältnisse repräsentativ sind die Übergangsgebiete, die südlich an den Amazonasregenwald anschließen. Ein erstes, bereits deutlich vom immergrünen Regenwald abweichendes Bild (Foto 92) zeigen die Wälder im Norden der argentinischen Provinz Misiones, die an den südöstlichen Teil Brasiliens angrenzt. In diesen halbimmergrünen Feuchtwäldern wechselt ungefähr die Hälfte der Bäume aus der oberen Kronenschicht im „Winter bzw. Frühjahr" ihr Laub. Bei einigen läuft dies sehr rasch in wenigen Tagen ab, bei anderen kann es mehrere Wochen dauern. Die Bäume der unteren Baumschicht und des Waldinneren sind rein immergrün.

Die Wälder von Iguazu sind vereinzelten Kaltlufteinbrüchen ausgesetzt, wodurch für eine Reihe erkältungsempfindlicher Arten das Gebiet nicht mehr verfügbar ist. Trotzdem sind diese Wälder noch sehr artenreich. Man fand in einer Fläche von 3075 m² folgende Artenzahlen: 30 hohe und 15 niedere Bäume, 23 Kleinbäume und Sträucher, 30 Kräuter und Farne, 23 Lianen und 26 Epiphyten. Diese Zahlen sind durchaus noch vergleichbar mit der Artenstruktur mancher Regenwälder. Wie bereits betont, spielt hier das Auftreten von Frösten als „klimatisches Sieb" für die Artenzahl noch die größere Rolle als die kurzen regenarmen Perioden.

Wälder dieses Typs beherrschten früher weite Landschaften. Sie wurden seit prähistorischer Zeit durch Wanderfeldbau, Savannisierung infolge von Brand und Weide, simple Holznutzung vielfach verändert und zurückgedrängt. In neuerer Zeit holzt man sie zur Gewinnung von landwirtschaftlichem Nutzland ab.

Foto 94: Trockener „Bergchacowald" bei Salta, Nordargentinien.

Trockenkahle Wälder

Die mäßig hohen Bergketten um Islamabad
(Margalla-Berge) liegen zwar schon am Rande
des ausgedehnten Monsungebietes Südostasiens und im Übergang zu den Winterregengebieten des Nahen Ostens, tragen aber noch
typische Regenzeitenwälder, die im „Winterhalbjahr" kahl sind (Foto 93). Die jährlichen
Niederschlagssummen von Islamabad (bzw.
der Nachbarstadt Rawalpindi) liegen bei 924
mm, an den Bergflanken wohl noch um einiges höher. Die Monatsmittel der Temperatur
überschreiten im Sommer 30°C, im Winter
unterschreiten sie 10°C nicht. Fröste treten
vereinzelt auf. Die Regenzeit dauert ca. 4 bis 5
Monate, der Winter ist aber nicht ganz nieder-
schlagsfrei, und Dürre tritt nur in den Übergangszeiten auf.

Die Struktur des Monsunwaldes in den Margalla-Bergen muß wie fast überall in den
tropisch/subtropischen Trockenzeitengebieten
auch hier als menschlich beeinflußt gelten,
trotzdem dürfte sie von natürlichen Beständen nicht wesentlich verschieden sein. An die
15 bis 20, fast durchwegs laubwerfende
Baumarten (vgl. Foto 105) bilden eine einfache, ca. 15 bis 20 m hohe Baumschicht mit
Buschwerk darunter.

Die südostasiatischen Monsungebiete umfassen riesige Flächen. Fast der gesamte indische
Subkontinent und Hinterindien zählen dazu.
Wälder und Waldlandschaften, vom halbimmergrünen Übergangswald zum regengrünen
Monsunwald wie auf dem Bild bis hin zu
Baum-, dann Strauchsavannen ist alles vertreten, was als typisch für trockenheitsbeeinflußte bis -betonte tropisch/subtropische Lebensräume zu gelten hat. In Berglagen und
Gebieten mit Brandeinfluß ersetzen nicht selten tropische Kiefernwälder die Laubwälder,
ein Phänomen, das auch in Mittelamerika und
der Karibik zu beobachten ist.

Während der Trockenzeit vermittelt der tropi-

sche Regenzeitenwald ein trostloses Bild. Die Bäume sind kahl, der Unterwuchs ist verdorrt. Der abgebildete Bestand im Bergland der Ostabdachung der Anden im Norden Argentiniens ist ein letzter Ausläufer des riesigen Chacogebietes, einer Ebene im zentralen Teil Südamerikas, die sich über 1500 km in Nord-Süd- und 750 km in Ost-Westrichtung erstreckt. Man extrapoliere den Eindruck, den das Foto 94 vermittelt, auf diese Fläche (von in etwa der Größe Mitteleuropas). Beschreiber des Gebietes sprechen daher auch von „erschreckender Eintönigkeit".

Neben dem Gran Chaco, der letztendlich so eintönig auch wieder nicht ist und interessante Übergänge entlang des Niederschlagsgradienten von West nach Ost bzw. vom Tiefins Bergland zeigt (vgl. Foto 95 bis 98), zählen noch vom Passat beeinflußte Gebiete Venezuelas zum südamerikanischen Regenzeitenwaldgebiet. Die bekannten Campos cerrados Brasiliens sind immergrün und nicht als klimazonales Ökosystem, sondern als durch die Nährstoffarmut der Böden bedingtes Pedobiom anzusprechen.

In Afrika dehnten sich Regenzeitenwälder inklusive aller Übergänge zum immergrünen Regenwald nördlich und südlich der äquatorialen Regenwaldzone über große Gebiete aus. Großflächig sind aber nur die „Miombowälder" des südlichen Kongo und der angrenzenden Gebiete erhalten geblieben. Im Norden Australiens gibt es zwar das entsprechende Klima, aber nicht den entsprechenden laubwerfenden Wald. Die Wälder sind immergrün. Grund dafür ist das Vorherrschen der meist immergrünen Eucalypten, die auch bei Niederschlägen um 200 mm noch gedeihen.

Waldstruktur und Lebensformen

Bäume der Regenzeitenwälder

Die Änderungen der Waldstruktur in den halbimmergrünen Wäldern Nordargentiniens sind entlang des Feuchtegradienten vorerst kaum zu bemerken. Der Wald von Iguazu (Foto 95) hat noch viel Ähnlichkeit mit dem immergrünen Regenwald (Foto 8). In den Wäldern (Foto 96) südlich davon sorgen zwar Lianen und Würgefeigen für „Regenwaldstimmung", die lichte Krone der noch nicht voll belaubten Bäume läßt aber schon so viel Sonne durch, daß der Unterwuchs von xerophytischen Bromelien beherrscht wird (z.B. Foto 108). Die hohen Bäume sind laubwerfend, niedere Bäume und Sträucher immergrün. Sie ziehen sich regelrecht ins luftfeuchte Waldinnere zurück. Die Artenvielfalt ist hier noch enorm. Gegen 20 hohe Baumarten und 30 niedere Bäume und Sträucher sind am Aufbau des Waldes beteiligt. Im „Quebracho"-Wald des zentralen Gran Chaco (Foto 97) fehlt dann eine ausgeprägte zweite Baumschicht, die Quebracho-Bäume (siehe Foto 97) dominieren, die Baumartenzahl übersteigt kaum 10 Arten. Ca. 10 Arten bilden eine Strauchschicht, xerophytische Bromelien beherrschen den Unterwuchs, in den Bäumen hängen ebenso xerophytische Tillandsien (Foto 107). Bestände mit *Parkinsonia* (Foto 98) im westlichen Teil des Gran Chaco besitzen bereits Savannencharakter und stocken auf leicht verbrackten Böden.

Auf der folgenden Doppelseite ist die Beblätterung der Leitbaumarten dieser Wälder im Detail wiedergegeben. In Iguazu besitzt noch eine Reihe von Bäumen das tropische „Nor-

---

Foto 95 bis 98 (von links nach rechts und von oben nach unten): Veränderung der Waldstruktur entlang des Niederschlagsgradienten von Ost nach West durch den mittleren Teil Südamerikas (Misiones – Chaco – Anden-Ostabdachung).
Foto 95: Halbimmergrüner Regenzeitenwald bei Iguazu (Leitbaumarten: *Parapiptadenia rigida, Nectandra saligna*).

Foto 96: Sommergrüner Regenzeitenwald mit immergrünem Unterholz bei Corrientes (Leitbaumarten: *Schinopsis balansae, Astronium balansae*).
Foto 97: Typischer Trockenwald des zentralen Chaco-Gebietes (Leitbaumarten: *Aspidosperma quebracho-blanco, Schinopsis lorentzii*).
Foto 98: Extremer Trockenwald des westlichen Chaco-Gebietes mit *Parkinsonia aculeata*.

△
Foto 99: Blätter der dominanten Baumarten im halbimmergrünen Regenzeitenwald bei Iguazu (vgl. Foto 95).

Foto 100: Blätter von Baumarten der Oberschicht des sommergrünen Regenzeitenwaldes von Corrientes (vgl. Foto 96).
▽

△
Foto 101: Blätter von Baumarten aus der Unter-
schicht des sommergrünen Regenzeitenwaldes von
Corrientes (vgl. Foto 96).

Foto 102: Blätter von Baumarten aus dem
Trockenwald des zentralen Chaco-Gebietes
(vgl. Foto 97).
▽

Foto 103: Der trockenbetonte Übergangswald von Guadeloupe mit dem für den karibischen Raum typischen Baum *Bursera simarouba* (vgl. Foto 91).

malblatt" mit Träufelspitze (Foto 99), epiphylle Moose und Flechten besetzen die Oberseite. Häufiger als im tropischen Regenwald treten Fiederblätter auf. Diese herrschen im laubwerfenden Wald südlich davon bereits vor (Foto 100). Die Fiederblätter erlauben zwar noch eine relativ große Laubmasse, die kleinen Teilblätter passen sich aber nach dem „Kühlrippenprinzip" der Umgebungstemperatur besser an und überhitzen sich nicht. Im Gegensatz dazu sind die Blätter der immergrünen zweiten Baumschicht groß und ungegliedert (Foto 101), Träufelspitzen aufgrund der geringeren Niederschläge offenbar nicht mehr notwendig. Die Belaubung des Chaco-Waldes (Foto 102) macht schließlich deutlich, was Wassermangel heißt und welche Lösungen sich im Laufe der Evolution durchgesetzt haben. Die Blätter werden kleiner, grundsätzlich um der Überhitzung zu entgehen. Bei

Parkinsonia (Foto 98) sind die Teilblättchen schon so klein, daß sie dem Typus der Aphyllie (Blattlosigkeit) nahekommen. Der Weiße Quebracho (Foto 102, links oben) besitzt wie viele Bäume des Mittelmeerraumes hartlaubige, immergrüne Blätter mit dicker Kutikula als Transpirationsschutz, der Rote Quebracho (Foto 102, rechts oben) wirft die Blätter in der Trockenzeit ab.

Kaum ein anderer Großlebensraum ist in sich so heterogen wie der trockenheitsbeeinflußte tropisch/subtropische. Bei der Beschreibung des halbimmergrünen Küstenwaldes von Guadeloupe (Foto 91) wurde darauf hingewiesen, daß die Bodenverhältnisse die Wirkung regenärmerer Perioden verstärken. Der Blick ins Innere dieser Wälder läßt die geringe Bodenauflage erkennen. Durch den Küstenwind wächst der für den karibischen Raum so typische laubwerfende Baum *Bursera simarouba*, den man an seiner papierenen, rötlichen Rinde sofort erkennt, krüppelig. Unter Normalbedingungen entwickelt er sich zu einem großen Baum. Fazit: lokale und regionale Besonderheiten können den Wald vom klimazonalen Typus stark abweichen lassen.

Ökologen haben es schwer. Nicht nur, wenn sie Politik und Wirtschaft von Nachhaltigkeit und Rücksicht auf die Natur überzeugen wollen, die Natur selbst läßt keine einfachen Antworten und Verallgemeinerungen zu. Man kann es nicht oft genug wiederholen: die Ökologie ist gleichsam die „Lehre von den Ausnahmen". Die *Eucalyptus*-Wälder der australischen Trockengebiete sind nicht, wie es sich für einen „normalen" Regenzeitenwald gehörte, laubwerfend sondern immergrün. Einer der Gründe ist schlicht darin zu suchen, daß geeignete laubwerfende Arten die australische Sommerregengebiet nie erreicht haben. *Eucalyptus*-Wälder sind schattenlose Wälder, d.h. die schmalen, hängenden Blätter lassen viel Licht, damit aber auch viel Niederschlag durch. Dies mag erklären, daß *Eucalyptus*-Wälder noch unter Niederschlagsmengen gedeihen, die sonst Wald ausschließen.

Die Belaubung des Monsunwaldes am Rande des südostasiatischen Regenzeitengebietes bei Islamabad zeigt wiederum ein anderes Bild.

Foto 104: Trockenheitsgeprägter *Eucalyptus*-Wald ▷
im australischen Outback (mit *Eucalyptus ovula-
ris*), Südwestaustralien.

Die Blätter sind größer als etwa im Gran
Chaco und fast durchwegs sommergrün. Sie
machen einen „saftigeren" Eindruck. Auffällig
ist wiederum das Auftreten von Fiederblättern. Wie soll man aber den ökologischen
Sinn eines Blattyps wie jenen von *Bauhinia*
(im Foto untere Reihe, zweite von links) deu-
ten, der einem Ziegenfuß – für manche einem
Kamelfuß – ähnelt?

Die Wuchsform der Pflanzen als Ganzes oder
nur von Teilen, die ökophysiologische Kon-
stitution, das heißt die funktionalen Eigenschaften, mit denen die Pflanze der Umwelt
begegnet, lassen sich aus ihrem derzeitigen
Verhalten nicht zwangsläufig und schon gar
nicht im Detail erklären. Vielleicht wurde das
Bauhinia-Blatt unter Umweltverhältnissen se-
lektioniert, die es heute gar nicht mehr gibt.
Manche Faktorenkombinationen, unter denen
die Pflanzen (oder Tiere) gedeihen könnten,
gibt es nicht (oder hat es vielleicht gar nie
gegeben). Das ökologische Potential einer Art
kann streng genommen nur durch das Experi-

Foto 105: Blattkollektion der wichtigsten Baumarten des Regenzeitenwaldes in den Margalla-
Bergen bei Islamabad, Pakistan.
▽

Foto 106: Trockenwald im Westteil des Gran Chaco mit dem Flaschenbaum *Chorisia insignis*, Nordargentinien.

wie die Adansonien zur Familie der Bombacaceae, die einen auffälligen Verbreitungsschwerpunkt in den tropischen Trockengebieten besitzt. Ihr Markenzeichen sind neben Stammsukkulenz große, fleischige, oft auch knallig bunte Blüten.

Epiphyten

Neben der Zahl an Baumarten, Sträuchern, Farnarten und Lianen nimmt auch die Artenzahl der Epiphyten stark ab, wenngleich die verbliebenen Arten durchaus individuenreich in Erscheinung treten können. Sie zeigen dann aber Trockenheitsanpassungen wie die wasserspeichernde Kakteengattung *Rhipsalis*, oder die vielen Arten der neuweltlichen Gattung *Tillandsia* mit schmalen, harten Blättern. Unter den ca. 10 Epiphyten der Trockenwälder im zentralen Gran Chaco zählt der Großteil zu dieser Gruppe. Die eindrucksvollste ist zwei-

ment bestimmt werden. Manche Ökologen meinen, daß man daher aus dem Freilandverhalten einer Pflanze, aber auch eines Tieres, keine Aussage für die Zukunft ableiten darf. Das mag im Detail stimmen. Generelle Aussagen sind aber wohl möglich. Etwa daß sich in den tropischen Regenzeitengebieten immer jene Laubmasse ausbildet, die eine maximale Produktion erlaubt (vgl. Texte zu Abb. 1 und 2). Die hier gebotenen Beispiele sprechen für sich.

In Wäldern, die durch lange Trockenzeiten geprägt sind, treten neben allgemeinen Trockenheitsanpassungen wie Verkleinerung der Blattfläche, Hartlaubigkeit oder Laubfall, spezielle Xeromorphien auf. Zu den eindrucksvollsten zählen zweifellos die Flaschenbäume, wie die Arten der Gattung *Adansonia* mit dem berühmten Baobab Ostafrikas, in dessen ausgehöhltem Stamm man ehedem Stammeshäuptlinge bestattete. Sind die Adansonien in Afrika, Madagaskar und Australien beheimatet, so ist das Verbreitungsgebiet der Chorisien auf Südamerika beschränkt. Sie zählen aber

Foto 107: Mit ihren Blättern krallt sich *Tillandsia recurvata*, ein Epiphyt, in den Wäldern des Gran Chaco in den Ästen des Gastbaumes fest, Nordargentinien.
▽

Foto 108: Die spektakuläre *Bromelia serra* bildet den Unterwuchs in den Wäldern des Feuchtchaco in Nordargentinien.

fellos die große *Tillandsia recurvata* mit schuppigen Blättern, welche wie ein Löschblatt die Feuchte des hier nicht seltenen Nebels aufnehmen können. Wurzeln werden daher nicht mehr ausgebildet, sondern die Pflanze hält sich mit ihren Blättern im Gezweig fest.

Arten im Waldunterwuchs

Wie sehr die Verfügbarkeit eines bestimmten Verwandtschaftskreises mit bestimmten Eigenschaften nicht nur die floristische und faunistische, sondern auch die Lebensformenstruktur und die ökosystemaren Prozesse mitbestimmt (vgl. die Eucalypten Australiens), wird mit diesem Bild wieder einmal besonders deutlich vor Augen geführt. *Bromelia serra*, die dominante Art im Unterwuchs vieler Chaco-Wälder zählt zur Familie der Bromeliaceae, die ausschließlich neuweltlich verbreitet ist und in Afrika und Asien fehlt. Dicht an dicht sitzen die sperrigen Rosetten, teils assoziiert mit anderen Bromelienarten. In be-

weideten Wäldern wird *Bromelia serra* zum regelrechten „Weideunkraut".

Durch eine dicke Kutikula schützt sich die Art vor zu starken Wasserverlusten. Zusätzlich besitzen die Bromelien die Fähigkeit, untertags die Spaltöffnungen der Blätter geschlossen zu halten und durch einen biochemischen Mechanismus, der anders funktioniert als die „normale" Photosynthese und als CAM-Stoffwechsel bekannt geworden ist („C" nach der Familie der Dickblattgewächse = Crassulaceae; „A" nach engl. acid = Säure; „M" nach engl. metabolism = Stoffwechsel), das Tageslicht zu nutzen, ohne dabei Wasser durch Transpiration zu verlieren. Organische Säuren werden am Tag aufgebaut und in der Nacht zu Zuckern umgewandelt. Nach dem Entdecker dieses Vorgangs, der im vergangenen Jahrhundert im südlichen Afrika Dickblattgewächse probiert und dabei den Unterschied im Geschmack am Morgen und Abend festgestellt hatte, spricht man vom DE SAUSSURE-Effekt.

Foto 109: Halbimmergrüner Regenzeitenwald bei Corrientes (Nordargentinien) mit *Tabebuia alba*.

Foto 110: Blühender Zweig von *Tabebuia alba* aus der Nähe.

Blütenbiologie

Wie schon für die Bombacaceae erwähnt (Foto 106) häufen sich unter den Bäumen der trockenheitsbetonten Tropenwälder auffällig prächtig blühende Bäume wie die *Tabebuia*- und *Jacaranda*-Arten Südamerikas, der spektakuläre Tulpenbaum *Spathodea campanulata* aus Ostafrika, oder die ebenfalls altweltlichen *Bombax*- und *Bauhinia*-Arten, der madagassische Flamboyant *Delonix regia*, oder die pantropischen Erythrinen und Caesalpinien. Viele dieser Arten sind beliebte tropische Zierbäume geworden und aus den Straßenbildern tropischer Großstädte, den Gärten und Parks nicht mehr wegzudenken. Der Tourist verbindet mit ihnen gerne seine Vision der bunten Tropen, ein Bild, das nur für den Typ des halbimmergrünen bzw. laubwerfenden Regenzeitenwaldes gilt.

Der Blührhythmus der verschiedenen Baumarten folgt sehr individuellen Mustern. *Tabe-buia alba* setzt noch vor der vollen Laubentfaltung zur Blüte an, die ersten Blätter erscheinen, bevor die Blüte zu Ende geht. Die Blüten verbrauchen relativ wenig Wasser, was erklären mag, daß manche Bäume noch vor der eigentlichen Regenzeit zu blühen beginnen bzw. die bereits feuchtere Luft vor Beginn der Regenzeit nützen. Sie können von den Reserven in Stamm und Zweigen zehren. Einige Arten blühen mit der Blattentfaltung, bei anderen setzt die Blüte unmittelbar danach ein. In halbimmergrünen Wäldern wie jenen von Iguazu (Foto 92) können aber noch mitten im Sommer Bäume in voller Blüte stehen. Die laubfreie Zeit nützen viele Arten im Unterwuchs, im Speziellen epiphytische Orchideen, zur Blüte.

Die Blüten der Bäume in den trockenen Tropen werden vorwiegend von Insekten bestäubt, doch ist die Bestäubung durch Vögel oder Fledermäuse – im Gegensatz zur Wind-

Foto 111: Die schöne *Erythrina crista-galli* aus den Trockengebieten Brasiliens.

bestäubung – keineswegs selten. So wird der bekannte Leberwurstbaum des tropischen Afrika (*Kigelia africana*) von Fledermäusen bestäubt. Spezielle Einrichtungen wie etwa bei der schon erwähnten *Delonix regia*, neben dem Afrikanischen Tulpenbaum wohl der schönste Tropenbaum, zeigen wie im Regenwald vielfältige und enge Tier-Pflanze-Beziehungen an. Die Pollen in den Staubbeuteln von *Delonix* sind durch ein fadenartiges Gewebe miteinander verbunden. Vögel, die am Nektar naschen, ziehen die Pollen mit dem Schnabel wie eine Art Rosenkranz heraus und tragen ihn zur nächsten Blüte. Auch bei *Erythrina* braucht es nicht viel Phantasie, um zu erkennen, daß das große rote Blütenblatt eine ideale Anflugplattform darstellt. Ein Tier, das zum Nektar will, streift mit Kopf und Rücken zwangsläufig den Blütenstaub von den Staubbeuteln herunter.

Das frühe Blühen vieler Bäume noch vor Be-laubung wird mit der leichteren Anfliegbarkeit der Blüten im unbelaubten Zustand in Zusammenhang gebracht. Nur, wie soll man diese Hypothese experimentell beweisen? Man müßte die Bäume so behandeln können, daß sie zu unterschiedlichen Laubaustriebsphasen blühen. Bis heute ist nicht bekannt, welche Faktoren die Blütenbildung induzieren. Manche Beobachtungen sprechen dafür, daß die Wasserversorgung eine entscheidende Rolle spielt und die Blütenbildung fakultativ ist, d.h. der Baum blüht, wenn die Verhältnisse danach sind. Andere Autoren sehen in der Hitzephase, die gegen Ende der Trockenzeit auftreten kann, den entscheidenden Auslöser.

Foto 112: Fruchtender Roter Quebracho (*Schinopsis lorentzii*) am Ende der Trockenzeit im Gran Chaco, Nordargentinien.

Fruchtbiologie

Die halbimmergrünen Wälder, wie jene von Misiones in Nordargentinien (Foto 92), oder anderen Übergangsgebieten vom tropischen Regen- zum tropischen Trockenwald zeigen zweifellos noch viele Merkmale des Regenwaldes. Ihre Artenvielfalt läßt vermuten, daß Nahrungspflanzennetze, an die spezifische Herbivorengilden (Pflanzenfressergemeinschaften) gebunden sind, in mannigfacher Form entwickelt sind. Im Gegensatz zum Regenwald sind Regenzeitenwälder aber kaum untersucht worden. Tierverbreitung, im Speziellen durch Vögel und Affen, ist aber auf jeden Fall vor allem im Waldinneren der wichtigste Verbreitungstyp. Windverbreitung durch geflügelte Früchte oder Samen, wie sie im Regenwald nur selten vorkommt (berühmte Ausnahme: die Dipterocarpaceae des tropischen Südostasiens) wird entlang des Gradienten zunehmender Trockenheit – zu-

mindest unter den Bäumen der oberen Baumschicht – aber immer häufiger.

Im *Astronium balansae-Schinopsis*-Wald von Corrientes (Foto 96) ist etwa die Hälfte der hohen Bäume anemochor, d. h. windverbreitet. Im Chaco-Wald (Foto 97) trifft dies auf die dominanten Arten ebenfalls zu. Der Rote Quebracho (*Schinopsis lorentzii*) auf Foto 112 reckt seine mit Früchten beladenen Zweige, die an Ahorn oder Esche erinnern, in den Himmel. Zu Beginn der Regenzeit fallen die Früchte ab und keimen nach Benetzung nach ca. 10 bis 11 Tagen aus. Blühen und Fruchten folgen bei diesem Baum einem strengen Rhythmus.

Beim ebenfalls anemochoren Weißen Quebracho des Chaco-Waldes ist die Verbreitungseinheit keine Frucht, sondern ein geflügelter Same, der in einer hartschaligen Kapsel eingeschlossen ist. Im Gegensatz zum laubwerfenden Roten Quebracho zeigt der immergrüne

Foto 113: Frucht und Same des Weißen Quebracho (*Aspidosperma quebracho blanco*) aus dem zentralen Waldgebiet des Gran Chaco.

Foto 114: Der Kaktus *Opuntia pediophila* aus den Trockengebieten im Norden von Cordoba, Argentinien.

Weiße keinen ausgeprägten Blührhythmus. Einzelne Blüten findet man schon vor Beginn und noch bis zum Ende der Regenzeit. Die Samen des Weißen Quebracho keimen im Gegensatz zum Roten auch unter einem weiten Temperaturspektrum, wogegen letzterer zur Keimung auf Temperaturen zwischen 20 bis 30 °C angewiesen ist. Auch dieses Beispiel macht deutlich, daß es schwer ist, eine bestimmte Eigenschaft einem ganz bestimmten Umweltregime zuzuordnen und diese als „Anpassung" zu qualifizieren.

Die Früchte der Sträucher, Zwergsträucher, Stauden und Krautigen im Unterwuchs der trockenheitsbetonten Tropenwälder werden weitgehend – wie im Regenwald – durch Tiere verbreitet, wobei die sogenannte Endozoochorie die größte Rolle spielt: Früchte mit den Samen oder fleischige Samen werden gefressen und teils wieder unverdaut ausgeschieden. Die großen, oft auch auffällig farbigen

„Kakteenfeigen" sind ein Beispiel für diesen Verbreitungsmodus. In den verschiedenen Regenzeitenwäldern der neuen Welt sind Kakteen keine Besonderheit, von Epiphyten, insbesonders den bekannten „Phyllokakteen" (z.B. Weihnachtskaktus), über respektable Kakteenbäumchen im Unterholz halbimmergrüner Wälder bis hin zu den kleinen Säulen- und Kugelkakteen der Trockenwälder.

Feuer als ökologischer Faktor

Schwarze Stämme über saftig grünem Gras sind die untrüglichen Zeichen für Feuereinfluß. Feuer ist ein wichtiger ökologischer Faktor besonders in den nördlichen und südlichen Randgebieten der trockenheitsbetonten Tropen. Inwiefern natürliche Feuer auftreten bzw. Feuereinwirkung durch den Menschen seit prähistorischen Zeiten mitwirkt, ist eine alte Streitfrage. Vom Gran Chaco ist beispielsweise bekannt, daß die eingeborenen Indianerstämme mittels Feuerlegen das Wild in jagdbare Distanz trieben. Ebenso wird das Auftreten von Kiefernwäldern wie im Falle der *Pinus roxbourghii*-Wälder in den Vorbergen des Himalaya mit alten Brandnutzungsformen in Verbindung gebracht.

Die Wirkung von Feuer wird besonders dann auffällig, wenn es nicht mehr auftritt. Die Wälder mit der Kiefer *Pinus elliotii* auf alten Küstendünen Floridas, die als typische feuergeprägte Ökosysteme gelten (vgl. Foto 31 und 32), verändern sich sehr rasch, sobald Feuer bekämpft wird. Der Unterwuchs wächst durch, angezeigt im Bild vor allem durch *Tetrazygia bicolor* (rechts unten), eine feuerempfindliche Art des Feuchtwaldes. Als Melastomataceae zählt sie zu einem typischen Verwandtschaftskreis der dauerfeuchten Tropen, somit einem Großlebensraum, der nur ausnahmsweise von Feuer beeinflußt wird. In vielen Fällen beherrscht heute ein dichtes Gestrüpp den Unterwuchs dieser Wälder, und es ist anzunehmen -vorausgesetzt es brennt nicht mehr-, daß die in Gang gekommene Sukzession zu halbimmergrünen Saisonwäldern führen wird, wie sie auf den Hammocks der Everglades stocken.

Daß Feuer nicht nur vom Menschen verursacht werden, sondern auch natürlich durch Blitze, Funkenbildung während Steinschlag oder gar durch Meteoriten entstehen und so die Evolution von Feuer-Ökosystemen ermöglichten, zeigen am besten die Feuerpflanzen oder Pyrophyten. Die Känguruhpfoten Australiens sind ein Beispiel. Nur nach einem Feuer kommen sie zur Massenblüte. Fällt das Feuer längere Zeit aus, gehen sie stark zurück, d.h.

typische Pyrophyten widerstehen nicht nur dem Feuer, sie brauchen es regelrecht. Das Feuer hinterläßt nämlich einen konkurrenzfreien Raum, zudem sind in der Asche Nährstoffe reichlich verfügbar, was etwa bei den extrem nährstoffarmen Böden Australiens besonders zählt. In diesem Sinne schafft das Feuer eine ökologische Nische, die von Organismen, welche es vor Ort überleben oder sich über Früchte und Samen rasch ansiedeln können, zum eigenen Vorteil genutzt werden kann. Zahlreich sind die Eigenschaften, die als Feueranpassung gedeutet werden: isolierende Borken (z.B. bei Kiefern, Mammutbäumen) oder Blattbüschel (z.B. bei den „Black boys" Australiens, Gattung *Xanthorrhoea*), unterirdische Speicher- und Regenerationsorgane wie Lignotuber (= Holzknolle im Boden bei einer Gruppe von Eucalypten) oder wie bei vielen Zwiebel- und Knollenpflanzen, oder echte Hitzeresistenz bei vielen Savannengräsern. Das Extrem sind Formen, die ihre Früchte erst nach Hitzewirkung durch ein Feuer öffnen. Mögen die Kiefern mit ihren Borken nur als feuertolerant gelten, so sind letztere im echten Wortsinn pyrophytisch.

Foto 115 (oben): Tropischer Kiefernwald mit *Pinus roxbourghii* in den monsunbeeinflußten Margalla-Bergen bei Islamabad.

Foto 116 (links unten): Artenkollektion aus einem feuergeschützten Kiefernwald mit *Pinus elliottii* aus Florida.

Foto 117 (rechts unten): Die „Känguruhpfote" *Anigozanthos manglesii*, eine Feuerpflanze aus Südwestaustralien.

Foto 118: Ostafrikanische Savanne im Gebiet der Maramagambo-Wälder, Uganda.

Savannen und Grasländer

Struktur und Lebensformen

Dieses Ökosystem ist eine Savanne wie sie der vegetationsökologischen Fachdefinition, wohl aber auch dem allgemeinen Sprachgebrauch entspricht, obwohl der vermutlich kreolische Ursprung des Wortes nichts anderes bedeutete als „weites, waldloses Land". Erst die Übertragung des Begriffs auf die afrikanischen Savannengebiete machte diese zu einer Art „Prototyp": In ein mehr oder weniger hochwüchsiges Grasland sind Bäume eingestreut. Das Klima wird vom Wechsel zwischen einer Regenzeit (mitunter zwei; z.B. Ostafrika) und einer Trockenzeit geprägt, mehr oder weniger regelmäßig auftretende Brände spielen eine große Rolle. Zwischen Gräsern und Bäumen besteht ein enger ökologischer Zusammenhang. Die Gräser besitzen ein dichtes, aber nicht sehr tief greifendes Wurzelnetz, mit dem in der Regenzeit möglichst viel des angebotenen Wassers aufgenommen und für die Biomasseproduktion verfügbar gemacht werden kann. Savannengräser wachsen ungemein rasch, viele von ihnen haben den besonders effizienten C_4-Gaswechsel (siehe Foto 16). Mit zunehmender Trockenheit nach Ende der Regenzeit stirbt ihre Blatt- und Wurzelmasse bis auf wenige Reste ab. Die Bäume hingegen bleiben grün oder werfen das Laub ab, verlieren aber auch im entlaubten Zustand noch vergleichsweise viel Wasser. Während der Regenzeit und danach steht den Bäumen jenes Wasser zur Verfügung, das von den Gräsern nicht verbraucht wurde. Dichte und Zusammensetzung des Baumbestandes wird also durch die Synusie der Gräser bestimmt.

In Zusammenhang mit diesem Gräser/Gehölz-Antagonismus steht das Phänomen der Savannenverbuschung bei Überweidung durch Rinder oder Schafe. Zu viele Weidetiere

Foto 119: Spinifex-Grasland aus den subtropischen Trockengebieten Australiens.

zerstören die Grasnarbe, mehr Wasser dringt in den Boden und fördert die Gehölze.

Im Übergang zu den eigentlichen Halbwüsten und Wüsten treten auch in den Tropen klimabedingt baumfreie, zumindest gehölzarme Gebiete auf, die vegetationsökologisch als „Grasländer" und nicht mehr als Savannen bezeichnet werden sollten. Man findet sie auf allen Kontinenten, aber auch auf Inseln, wie jenen des Pazifik. Die Spinifex- oder „Stachelschweingräser" beherrschen die Grasländer Australiens und bedecken weite Landstriche. Offener Boden zwischen den Horsten ist ein Effekt intraspezifischer Konkurrenz um Wasser und Nährstoffe, da die Wurzeln der einzelnen Individuen auch den Raum zwischen den Horsten zumindest teilweise erfassen. Jeder Horst baut um sich ein sogenanntes „ökologisches Feld" auf, das den Individualabstand bestimmt.

Spinifex- oder Stachelschweingras ist eine Sammelbezeichnung für die stachelig-starren Grastypen, wie sie nur in den australischen Trockengebieten vorkommen. Weit weniger bekannt als die Beuteltiere sind aber gerade

sie ein weiteres Beispiel für die „Exzentrizität" der australischen Lebewelt und damit der Ausprägung von Ökosystemen. Selbstverständlich produzieren auch die australischen Ökosysteme Biomasse, binden Energie in einem Ausmaß wie es Klima und Boden erlauben, ihre organismische Struktur ist aber oft genug eigenwillig. Eine einfache Frage möge das Problem verdeutlichen: Wie würden die afrikanischen Savannen – also die Prototypen – aussehen, gäbe es dort Spinifex-Gräser?

Neben Savannen im engeren Sinne und subtropischen Grasländern, die den trockensten Flügel des Zonobioms II kennzeichnen, gibt es noch einen dritten Typus tropischer und trockenheitsbetonter Landschaften, die Parklandschaften. Sie entstehen dort, wo reliefbedingt feuchte Senken und Erhebungen mosaikartig wechseln. Bei sehr geringem Gefälle zieht das

Foto 120: Das Spinifex-Gras *Triodia scariosa* aus den subtropischen Trockengebieten Australiens.

△

Foto 121: Parklandschaft der Ibera-Niederung in Nordargentinien (südlich von Saladas) mit der Palme *Butia yatay* im Hintergrund.

Foto 122: Blühender Wasserschlauch (*Utricularia* ▽ spec.) aus den Feuchtgebieten der Palmares der Ibera-Niederung.

Foto 123: Ausschnitt aus den „Palmenwiesen" ▷ der Palmares der Ibera-Niederung mit dem Gras *Elyonurus muticus* und der schön rot blühenden *Glandularia peruviana*.

Wasser bei Starkregen nur langsam ab, das Grasland steht lange im Wasser, der Boden ist wassergesättigt, d.h. Baumwuchs ist an solchen Stellen ausgeschlossen. Palmen widerstehen der Nässe bzw. der extremen Wechselfeuchte, wenn in der Trockenzeit die Böden wiederum scharf austrocknen, besser. Bleibt das Wasser in sanften Mulden stehen, können sich bei ausreichendem Niederschlag flache, teils beständige Seen bilden, welche schließlich vermooren. Auf den mitunter kaum wahrnehmbaren Erhebungen stocken hingegen Wälder oder wie hier Palmhaine bzw. „Palm-Savannen". Menschliche Nutzung, primär durch Rodung und Beweidung, kann diese Struktur verstärken und akzentuieren.

Palmsavannen und/oder Parklandschaften nehmen teilweise sehr große Flächen ein und sind neben Savannen und tropischen Grasländern keinesfalls nur eine Randerscheinung. Spektakulär sind etwa die Palmsavannen Ostafrikas mit der mächtigen Fächerpalme *Borassus aethiopica*, wohl eine der prächtigsten Palmengestalten überhaupt. Große Parklandschaften finden sich weiters im nördlichen Südwestafrika mit sogenannten Vleys, versumpften Tonpfannen sowie in Südamerika vor allem im Großen Pantanal im Einzugsgebiet des Paraguay und in den Gebieten im Bereich des unteren Parana, wo Foto 121 aufgenommen wurde.

In vielen Bereichen der tropischen Parklandschaften reichen die Niederschläge aus, Verbrackung zu verhindern. Der See in den Palmares der Ibera-Niederung (Foto 121) ist oligotroph, d.h. sehr nährstoffarm. Dies mag erklären, daß der insektivore Wasserschlauch, der mit kleinen Fangbläschen unter Wasser Fadenwürmer und Wasserflöhe fängt und verdaut, in großer Menge vertreten ist. Die Ufer des Sees sind vermoort, was sich im Auftreten typischer Riedgräser (im Vordergrund auf Foto 121) und Torfbildung äußert. Wie schon mehrfach betont, erhöhen standörtliche und lokale Eigenheiten die ökosystemare Vielfalt enorm. Wie in den immerfeuchten Tropen nicht alles Regenwald ist, so ist in den tropischen Regenzeitgebieten eben nicht alles Saisonwald oder Savanne.

Da die vom Gras *Elyonurus muticus* dominierten Palmwiesen der Ibera-Niederung nicht gemäht, sondern beweidet werden, müßte man sie besser als Palmweiden bezeichnen. Zumindest Teile davon sind durch Rodung entstanden. Mit ca. 100 verschiedenen Gras- und Krautarten zählen sie zu den artenreichsten „Nichtwaldökosystemen" der Erde. Sie beherbergen fast doppelt so viele Arten wie die buntesten europäischen Wiesen. Ein gutes Drittel sind Gräser, krautige Hülsenfrüchtler, Korbblütler und Wolfsmilchgewächse (z.B. Arten der Gattung *Croton*). Ob klimazonal oder anthropogen, Savannen und tropische Grasländer sind allgemein sehr artenreich, wobei neben den vorherrschenden Gräsern und Kräutern kurzlebige Arten, die während der Regenzeit auskeimen, rasch blühen und fruchten, eine bedeutende Rolle spielen. Zwiebel- und Knollenpflanzen treten in manchen Gebieten artenreich in Erscheinung, in anderen nicht. Ähnlich verhält es sich mit Zwergsträuchern, Sträuchern und Bäumen.

Kaum ein Naturfilm über die Wildtierparadiese Afrikas, in denen nicht auch brennende Savannen gezeigt werden und dann auf die schwarzverkohlte Erde Regen prasselt. In der Tat das Feuer ein bedeutender Faktor in vielen Savannengebieten und Grasländern der Erde. Nicht wenige Autoren sehen im Feuer sogar den entscheidenden ökologischen Faktor, und der Gelehrtenstreit ist noch nicht entschieden, wo das Klima, wo der Boden, und eben, wo das Feuer die ökosystemare Ausbildung prägt. Die Sache wird insofern sehr unübersichtlich, da Menschen seit alters her in trockenbetonten Tropenländern leben und gelebt haben. Sie benutzten das Feuer zur Jagd, zum Zurückdrängen von Gehölzen oder zur Gewinnung von Ackerland. Alte feuergeprägte Kulturlandschaften der Savannengebiete wurden im Gefolge von kriegerischen Auseinandersetzungen und Epidemien (z.B. durch Schlafkrankheit in Afrika) wieder aufgelassen und regenerierten. Auf der anderen Seite nimmt die Frequenz anthropogener Feuer in Gebieten mit wachsender Bevölkerung zu. Sind daher manche Autoren der Meinung, Savannen und Grasländer seien grund-

△
Foto 124: Brennende Savanne in Ostafrika, Uganda.

Foto 125: Hochgras-Savanne mit Elefantengras (*Pennisetum purpureum*) im Gebiet von Bundibugyo, Westuganda.

sätzlich anthropogenen Ursprungs, so wurde umgekehrt die Meinung geäußert, daß die traditionellen Nutzungsformen in den Savannengebieten nichts anderes als die menschliche Anpassung an den natürlich feuergeprägten Lebensraum wären.

Tatsache ist jedenfalls, daß es gar nicht so wenige feuerresistente Arten gibt, die zumindest in Teilen ein Feuer überstehen (vgl. Foto 31, 32, 115). Andere weichen dem Feuer aus wie etwa Nagetiere, die in unterirdischen Bauen leben oder die ephemeren (= kurzlebigen) Pflanzenarten mit ihren Samen. Auf pyrophytische Arten, d.h. Pflanzen, die das Feuer brauchen, wurde schon mehrfach hingewiesen (z.B. Foto 117).

Bei Hochgrassavannen, in denen man wie in einem Grasmeer regelrecht versinkt, ist der Fall meist klar. Sie sind durch Einwirkung anthropogener Feuer entstanden. Oft bilden sie ein Mosaik mit Waldresten. Ein häufiges Bild bieten bergige Landschaften mit Hochgrassavannen auf den Oberhängen und Ge-

ländekanten, mit halbimmergrünem, mitunter sogar immergrünem Regenwald in den Mulden und Tälern. Bei den Standorten handelt es sich daher meist um potentielles Waldland. Fast immer findet man sie im Nahbereich traditionellen Siedlungslandes, wie auch hier im äußersten Westen Ugandas am Rand des großen Ituri-Waldes. Das Abbrennen erfolgte im Zuge von Wanderfeldbau oder zur Gewinnung von Weideland.

Die Gräser der Hochgrassavanne werden bis zu 6 m hoch wie das hier dominante Elefantengras (*Pennisetum purpureum*) oder die Arten der ebenfalls afrikanischen Gattung *Hyparrhenia*. Wie der Name Elefantengras sagt, ist das Zusammentreffen mit Elefanten in die-

sen Grasdschungeln nichts Ungewöhnliches, wenn auch nicht frei von Überraschungen. Die Wirkung der Großtiere auf die Ausbildung von Savannen darf neben dem Feuer nicht unterschätzt werden. Ein Elefant vernichtet pro Tag ohne weiteres vier Bäume, oft nur durch bloßes Entrinden. Er lichtet so den Baumbestand, der Unterwuchs trocknet eher aus und gibt Feuern leichter Nahrung. Elefanten dringen auch in benachbarte Wälder ein und können dort beachtliche Verwüstungen anrichten, die von Lianen und Riesenstauden überwuchert werden. Wald-Savannenmosaike sind daher das Resultat eines komplexen Übereinandergreifens von unterschiedlichen Störungsregimen.

Tierwelt der Savannen

Wie die Elefanten, so wirken auch Flußpferde massiv auf die Vegetation ein. Sie halten sich überwiegend in und an Gewässern auf, können sich bei ihren nächtlichen Wanderungen aber auch recht weit davon entfernen. Durch Versprühen des Kots mit dem kurzen Schwanz, welcher beim Koten scheibenwischerartig hin und her bewegt wird, markieren sie ihre Reviere und düngen damit gleichzeitig die Vegetation. Büffel, Zebras und Gnus zählen ebenfalls zu den (insgesamt 44) Großwildarten Afrikas mit nachhaltiger Wirkung auf die Savanne. Das Futterangebot wird von ihnen unterschiedlich genutzt. 20 Arten sind Gras- und Krautfresser, 13 Arten fressen das

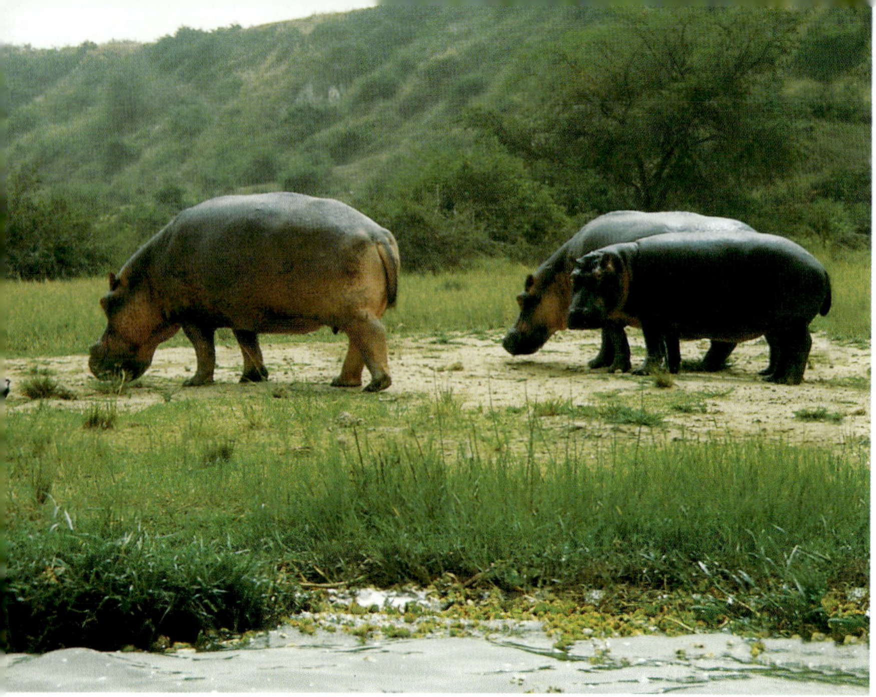

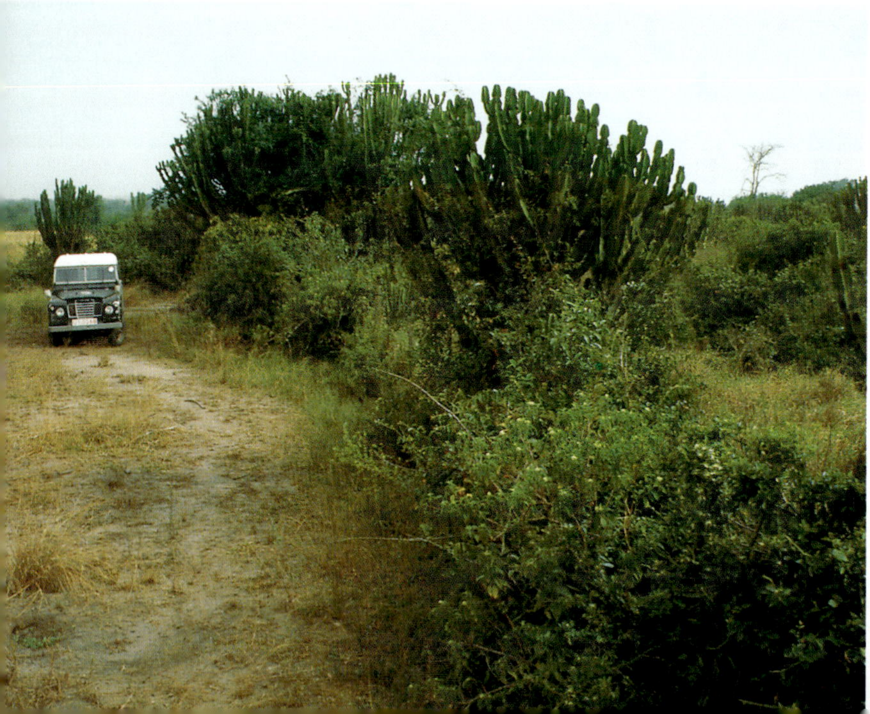

Laub der Bäume, 10 Arten leben sowohl von Gras als auch Laub, eine Art ist ein Allesfresser. Ein ausgewogenes Gleichgewicht zwischen Gras- und Laubfressern erscheint wichtig. Kein anderes Savannengebiet und kein anderer Ökosystemkomplex der Erde kennt solche Tiermassen. In den wildreichsten Gebieten übersteigt sie 150 kg·ha^{-1}. Allein der Tritt der Wildtierherden dürfte schon den Baumwuchs erschweren. Andererseits wirkt er flächig begrenzt und hat nicht die alles erfassende Wirkung des Feuers.

Trotz der enormen Wilddichte werden nicht mehr als 30 bis 40 % der oberirdischen Phytomasse genutzt. Komplexe Schutzmechanismen verhindern nicht selten das totale Abgefressenwerden. Ein Beispiel: die Ameisen, die in den Gallen der Flötenakazien wohnen, kommen heraus, sobald eine Giraffe an ihrem Baum zu fressen beginnt und gehen zum Angriff über. Durchschnittlich dauert es dann nicht mehr als zwei Minuten, bis die Giraffe wieder aufhört zu fressen.

Das sensible Gleichgewicht zwischen Großwild, Feuer, Klima und Boden führt bei dessen Störung rasch zu Veränderungen. Der Abschuß der Raubtiere in vielen Gebieten Afrikas bzw. die – an sich erfreuliche – Wirksamkeit von Schutzmaßnahmen hat in nicht wenigen Nationalparks Afrikas Probleme verursacht, welche spezifische Managementmaßnahmen erzwangen. Im Queen Elizabeth- und im Ruwenzori-Nationalpark haben sich etwa nach dem Bürgerkrieg in Uganda die Bestände an Großtieren erfreulich gut erholt. So gut, daß in manchen Bereichen das Zusammentreffen von Flußpferden und Elefanten zur Zerstörung der Vegetation geführt hat (linke Seite von Foto 127). Hier sogar so rigoros, daß nicht einmal mehr der schon geschilderte Verbuschungseffekt auftritt.

Wie sehr der Großwildeinfluß wirkt, zeigt das Resultat des Einzäunungsversuches (rechte

Foto 126: Flußpferde am Ufer des Kazinga-Kanals im Queen Elizabeth-Nationalpark, Uganda.
Foto 127: Einzäunungsfläche im Queen Elizabeth-Nationalpark (Uganda) mit deutlichen Effekten.

Foto 128: Termitenbau in einer edaphisch bedingten (= bodenbedingten) Savanne am Viktoriasee, Uganda.

Seite von Foto 127). Nach nur fünf Jahren beginnt sich Buschwerk dicht zu schließen, die Reste des Grasbestandes sind verwachsen und verfilzt. Klimatisch ist das Potential für Wald offensichtlich gegeben. Einfache Versuche dieser Art sind oft wesentlich aufschlußreicher als langatmige Überlegungen. Allerdings hilft dies dem Parkmanagement nicht weiter. Man weiß, es sind zu viele Tiere, totaler Ausschluß kann aber die Lösung nicht sein. Regulative Freigabe der Jagd bei kommerzieller Nutzung des Fleisches für die lokale Bevölkerung käme wohl in Frage – eine heikle Angelegenheit. Für diese vernünftige Lösung hagelt es Proteste von Tierschützern. Wie aber weiter?

Neben den Großtieren, den zahlreichen Kleinsäugern, Reptilien, Amphibien und Vögeln besiedeln unzählige Arten von Wirbellosen, insbesondere Insekten, den Lebensraum Savanne. Sieht man von den Wanderheuschrek-

ken ab, die auf ihren Wanderzügen ganze Landstriche verwüsten, sind es vor allem die Termiten und Ameisen, die nicht nur arten- und individuenreich vorkommen, sondern Landschaftsbild und -struktur bestimmen. Unter den Termiten lassen sich Humus fressende, Holz fressende und intakte tote Pflanzenteile (z.B. abgestorbene Grashalme) sammelnde Ernährungstypen unterscheiden. Letztere legen mit den eingetragenen Pflanzen- und Holzteilchen in ihren Bauten Pilzgärten an, von denen sie leben.

Termiten wirken vornehmlich durch zwei Effekte auf die Savanne ein: Die Nester bodenbewohnender Arten können beachtliche Durchmesser erreichen (bis 15 m) und leicht, kaum merklich gewölbt sein. Dadurch entsteht ein seichtes Relief, auf den Erhebungen siedeln sich Gehölze an, es bildet sich eine eigenwillige mosaikartige Vegetationsstruktur. Anderseits wirken zerfallene Termitennester durch einen anderen Aufwuchs als „safe site", als sicherer Ort für die Keimung von Pflanzen. Auf dem Bild kam beispielsweise im Schutz eines kleinen Gebüsches, das auf einem abgestorbenen Termitenbau gewachsen ist, eine Kandelaber-Wolfsmilch hoch. Letztlich entstand dort eine Gebüschinsel, die ihrerseits altert und verfällt. Ständiger Auf- und Abbau bewirkt eine stete Dynamik.

Ameisenstraßen zu den Nahrungsquellen, seien dies frische Blätter, Blüten oder nur Laub und abgestorbene Grashalme, zeigen die Anwesenheit von Ameisen unmißverständlich an. Die Ameisen nehmen durch ihre Tätigkeit eine wichtige Rolle im funktionalen Gefüge des Ökosystems ein. Mit ihren Pilzgärten und Nestern bereiten sie den Abbau pflanzlicher Substanz vor und konzentrieren Nährstoffe auf Stellen, auf denen dann rasche Sukzession möglich ist. Rascher als die pflanzliche Substanz wird tierischer Dung abgebaut, vor allem durch Mistkäfer. Wo diese fehlen, kann es Probleme geben,

Foto 129: Bewuchs auf einem alten Termitenbau, Queen Elizabeth-Nationalpark, Uganda.
Foto 130: Ameisenstraße im Gran Chaco-Gebiet, Nordargentinien.

wie nach der Einfuhr von Rindern in Australien. Erst die Einbürgerung afrikanischer Dungkäfer (*Sisyphus, Heliocopris*) bewahrte Australien vor der allgemeinen „Vermistung".

So sehr sich Termiten und Ameisen bemühen mögen, ihre Nester zu sichern und zu vervollkommnen, so sind sie doch keine Festungen. Erdferkel in Afrika, Ameisenbären in Südamerika, Vogelarten mit klebriger Zunge sind auf Ameisen und Termiten als Nahrung spezialisiert und finden ihre Wege, die Nester zu zerstören. Auf den zerstörten Bauten beginnt eine Sukzession über Gras- und Opuntienfluren zum Wald. Gefördert wird diese Entwicklung durch verbesserte Wasserzufuhr, da die Drainagesysteme der Ameisen, das die Starkregen ableitet, etwa durch Ameisenbären mitzerstört werden.

Durchschnittlich drei ca. 8 m breite Nester pro Hektar von *Atta volleweideri*, jener Ameise des beweideten Chaco, für die diese Zusammenhänge aufgeklärt wurden, sind für die Vegetationsdynamik somit von entscheidender Bedeutung.

Hochgebirge in den tropisch-subtropischen Regenzeitengebieten

Vielfältig wie das Zonobiom selbst sind die Orobiome, die Gebirgslebensräume der trockenheitsbeeinflußten bis trockenheitsbetonten Tropen und Subtropen. Intrazonale Hochgebirge wie jene der immerfeuchten Tropen fehlen allerdings. Vorwiegend sind es Teile multizonaler Gebirgssysteme wie der mittlere Bereich der südamerikanischen Anden, die Südabdachung des Himalaya und die höheren Gebirge Hinterindiens, die diesem Großlebensraum zuzurechnen sind. Eine Reihe von gebirgigen Tropeninseln wie die hohen Vulkane von Hawaii wird ebenfalls einbezogen.

Allgemein kann gelten, daß die Höhe der Niederschläge bis zum Kondensationsniveau, erkennbar an der Wolkenbildung, zunimmt, oberhalb davon wieder abnimmt. Mitunter sind die klimatischen Bedingungen der Gipfelregionen über 4000 m ausgesprochen wüstenhaft. Krasse Temperaturgegensätze zwischen Tag und Nacht treten besonders in den trockenen und kühleren Wintermonaten auf. Auch in Gebieten mit deutlichem Jahresgang der Temperatur sind die täglichen Temperaturamplituden meist noch größer als die monatlichen Schwankungen. Die Untergrenze episodischer Fröste bedingt eine markante Grenze und kennzeichnet den Wechsel vom Bergwald zu alpinen Ökosystemtypen.

Auch auf den hohen Vulkanen einiger Inseln des Hawaii-Archipels folgen die klimatischen Verhältnisse im Großen und Ganzen diesem Muster. Im Hintergrund des Bildes (Foto 132) sind die Kondensationswolken, die der Passat an die Berge staut, zu sehen, darüber klarer Himmel und hohe Sonneneinstrahlung. Dichter Regenwald gedeiht im Bereich der Wolken und unterhalb davon (vgl. Foto 62). Oberhalb ist es trockener, und eine niedere Buschvege-

Foto 132: Subalpine Zwergstrauchvegetation am Haleakala, Hawaii.

tation mit Heidelbeeren und strauchigen Storchschnäbeln ersetzt den Wald.

Die alpine Stufe der hohen Vulkangipfel auf Hawaii mit ihren wüstenhaften, archaischen Kraterlandschaften ist der Lebensraum von Riesenrosettenstauden, die als „Silberschwerter" bekannt geworden sind (siehe Foto Seite 2). Sie zählen nicht nur zu den eigenwilligsten Pflanzengestalten der Erde, sondern auch zu den seltensten. Einzelne Inseln haben ihre eigene Unterart, von denen teils nur mehr kleine Restpopulationen vorhanden sind. Die Lebensbedingungen für das Haleakala-Silberschwert zeichnen sich durch hohe Trockenheit (besonders im Winterhalbjahr) aus. Der Sukkulenzgrad, d.h. das Wasserspeichervermögen, dieser Pflanze ist daher relativ hoch.

Die Silberschwerter blühen und fruchten nur einmal im Leben, nachdem die Pflanzen eine gewisse Größe erreicht haben. Beim Haleakala-Silberschwert ist dies ab einem Rosettendurchmesser von 30 cm der Fall. Andererseits können Rosetten von mehr als 60 cm Durchmesser noch im vegetativen Zustand verharren. Lange Zeit war unklar, wie alt die Rosetten werden, bis sie die mannshohen Blütenstände treiben. Erst mit Hilfe komplizierter populationsbiologischer Modelle konnten wahrscheinliche Lebensalter errechnet werden: im Schnitt blühen die Rosetten mit ca. 50 Jahren, einzelne schon mit 20, andere erst mit 80 Jahren. Nach der Fruchtreife stirbt die Pflanze ab und modert langsam vor sich hin. Die gar nicht seltenen Silberschwertleichen bilden mit der dunklen Vulkanasche eine schaurig-melancholische Szenerie.

Foto 133: Das Silberschwert (*Argyroxiphium sandvicense* ssp. *macrocephalum*) des Haleakala auf Maui (Hawaii), eine der zweifellos spektakulärsten Pflanzengestalten der Welt.

Foto 134: Abgestorbenes Silberschwert am Haleakala, Hawaii.

Foto 135: Typischer Bergwald der feuchten Hima-
laya-Südabdachung mit epiphytenbesetzten immergrünen Eichen und Kastanien, bei Dunche, Nepal.

Die Südabdachung des Himalaya liegt noch
im Einflußbereich des Monsuns, die Sommer
sind regenreich, die Winter eher kalt und
trocken. Die inneren Täler und die Nordabdachung, die in das angrenzende tibetanische
Hochplateau ausläuft, besitzen wüstenhaften
Charakter – ein Kontrast, wie er ausgeprägter
nicht sein könnte.

In den Vorbergen des Himalaya ist der tropische Charakter der Vegetation noch voll ausgeprägt. Laubwerfende oder halbimmergrüne,
artenreiche Saisonwälder (vgl. Foto. 93) und
Kiefernwälder (vgl. Foto 115) bedecken die
unteren Hänge. An der Südabdachung selbst
kommen ab ca. 1500 m immergrüne Berg-
laubwälder (im Osten Eichen, *Castanopsis*,
Lithocarpus, Foto 135; im Westen Eichen, Ölbaum), dann Nadelmischwälder (Foto 136; Ze-
dern, Tannen, Fichten, Kiefern) zur Dominanz.
Laubwerfende Mischwälder mit Roßkasta-

nien, Walnuß, Ulmen und Ahorn (Foto 137)
besetzen noch in der Nadelwaldstufe schattige
Täler, feuchte Unterhänge und große Lawinenbahnen. An der Waldgrenze spielen
schließlich strauchförmige bis baumhohe
Rhododendren (Foto 138; besonders im Osten)
und Birken eine große Rolle. Alpine Zwerg-
wacholderfluren, Rasen (Foto 139) und
schließlich nivale Krautfluren schließen an.
Die Eiswüsten der Himalayariesen (Foto 140)
sind ebenfalls nicht ohne Leben. Im Schutt
der Gipfelregionen („äolische Stufe") wurden
Bodenalgen und Mikroben nachgewiesen.
Flechten wachsen bis 7500 m Höhe über dem
Meer, die höchsten Blütenpflanzen bis 6400
m. Der Schneeleopard jagt bis in diese Höhen,
Wildgänse überfliegen die höchsten Gipfel
und Pässe, Spinnen wurden schon auf 6700 m
gefunden, Gletscherflöhe noch höher. Natürlich variiert dieses gesamte Schema regional
und ist detailreich differenziert.

Ähnlich variabel, wenn auch in summa trok-
kener sind die Verhältnisse in den Anden
zwischen 10. und 30. Breitengrad. Kennzeich-
nend ist eine sehr trockene Westseite, wo bei
einem Kondensationsniveau zwischen 3000
bis 4000 m, d.h. im feuchtesten Bereich, allenfalls noch lichte Gehölzformationen (z.B. mit
dem für die Anden so typischen Kleinbaum
Polylepis australis, Foto 143) Strauchforma-
tionen wachsen, aber kein Wald auftritt, und
eine feuchte Ostseite, wo auch im südlichsten,
an den trockenen Chaco angrenzenden Teil,
epiphytenreiche, laubwerfende Saisonwälder
(Foto 141) teils mit ähnlichen Arten wie im
Westhimalaya (z.B. Walnuß, Foto 142) vorkommen.

Das quasi alles beherrschende Element ist
aber der Altoplano (Foto 144), eine bis zu 200
km breite innermontane Hochebene mit Höhen zwischen 3500 m und 3900 m. Er erstreckt sich von ca. 14 bis ca. 22° südlicher
Breite. Die Jahresmittel der Temperatur entsprechen mit um die 10 °C jenen in wärmeren
Teilen Mitteleuropas, das Klima ist aber noch
mehr ein Tageszeiten- denn ein Jahreszeitenklima. Fröste treten vor allem in Kaltluftseen
auf. Regen fällt nur im Sommer, die Jahressummen übersteigen kaum 500 mm. Der Sü-

Foto 136: Subalpiner Tannen-Fichten-Wald (mit *Abies spectabilis, Picea smithiana*) im Kapkot-Tal, Kohistan, Pakistan.

den ist extrem trocken, die Sonneneinstrahlung sehr intensiv.

In der naturnahen und natürlichen Vegetation herrschen große Horstgräser, sogenannte Tussock-Gräser vor, vergesellschaftet mit kleinblättrigen, immergrünen Sträuchern, Polsterpflanzen und Kakteen. Diese Formation wird als Puna bezeichnet und bedeckt nahezu endlos das Land.

Foto 137 (links): Laubmischwald mit Roßkastanie und Walnuß im Kapkot-Tal, Kohistan, Pakistan.
Foto 138 (links unten): Der baumförmige *Rhododendron barbatum*, der an und knapp über der Waldgrenze im Zentral- und Osthimalaya auftritt, oberhalb Dunche, Nepal.
Foto 139 (rechts unten): Nacktbinsenrasen der alpinen Stufe des Himalaya mit Läusekraut (*Pedicularis* spec.), Kohistan, Pakistan.

Foto 140: Blick auf den Mt. Everest (rechts, obere Hälfte) mit 8848 m der höchste Berg der Welt, Nepal.

Foto 141: Saisongrüner Berg-Chacowald mit den Bäumen *Phoebe porphyra* und *Tipuana tipu* an der Ostabdachung der Anden in Nordargentinien, El Rey. △

Foto 142: Die Anden-Walnuß (*Juglans australis*) aus dem Berg-Chacowald von El Rey, Nordargentinien.

△

Foto 143: Das Rosengewächs *Polylepis australis*, ein charakteristischer Kleinbaum der andinen Hochlagen, Nordargentinien.

Foto 144: Blick in den Altoplano bei San Antonio de los Cobres, Nordargentinien.

▽

Azonale Ökosysteme

Sümpfe

Sumpfgebiete zählen zum Zonobiom II genauso wie zur Ökosystemausstattung der immerfeuchten Tropen. Einige davon besitzen riesige Ausmaße wie der „Sudd", das 150 000 km² große Überschwemmungsgebiet des Weißen Nil im südlichen Sudan. Während der Hochflut des Nil bilden große schwimmende Inseln aus Papyrus (*Cyperus papyrus*) und dem schilfähnlichen Gras *Vossia* mit Röhrichtbeständen, Kanäle, offene Seen und Festlandinseln ein unüberschaubares Labyrinth. Schwimmende Wasserpflanzen, allen voran die Wasserhyazinthe (*Eichhornia crassipes*), heute ein pantropisches Wasserunkraut, bilden teils undurchdringliche, schwimmende Decken. Zusammen mit den *Papyrus*-Röhrichten und Sumpfgrasfluren verdunsten sie so viel, daß der Nil etwa die Hälfte seines Wassers verliert.

Ein anderes berühmtes Sumpfgebiet sind die Everglades im Süden Floridas. Das einer extrem flachen Mulde, deren Ränder sich kaum übers Meer erheben, gleichende südliche Florida wird vom See Okeechobee ausgehend durch einen viele Kilometer breiten, 80 km langen und ca. 15 cm tiefen Süßwasserstrom entwässert. Das sich nur langsam bewegende Wasser läßt dichten Bewuchs (dominant *Cladium virginianum*) zu. Diese „Grasflüsse", „sloughs" genannt, sind das beherrschende Element der Everglades. Gegen das Meer gehen sie in Brackwassersümpfe und schließlich in Mangrovenbestände über. Unterbrochen werden die endlosen Grasdecken von waldbestockten Buckeln, den sogenannten „hammocks", oder, an weniger lange überschwemmten Stellen, durch Sumpfzypressenbestände (Foto 145). Brände in der trockenen Jahreszeit (Herbst/Winter) und Hurrikane haben großen Einfluß auf die ökosystemare Differenzierung.

Foto 145: Das Schutzgebiet des „Big Cypress Swamp" im Süden Floridas mit Sumpfzypressen (*Taxodium* spec.).

Foto 146: Alligator (*Alligator mississippiensis*) in den Everglades, Florida.

Die hohe Produktion und Habitatsdiversität der großen Feuchtgebiete bedingt ein reiches Tierleben. In den Everglades beispielsweise ist die Verzahnung von Marschen und Mangroven mit Süßwassersümpfen und Sumpfwäldern eine der Ursachen für das spektakuläre Tierleben mit Amerikanischem Alligator (Foto 146) und Spitzkrokodil, der Seekuh, einem halben Dutzend Schildkröten, über 80 Brutvogelarten, etwa 40 Reptilien, gegen 20 Amphibien sowie an die 25 größere Säuger, unter letzteren der von der Ausrottung bedrohte Florida-Panther. Wie die Everglades für den Florida-Panther, so sind die Sundarbans, das riesige Sumpfgebiet im Mündungsdelta des Ganges (Bangladesch) zu einem der letzten Rückzugsgebiete des Indischen Tigers geworden.

Tiefe Wasserstände bzw. das Zurückziehen des Wassers auf Wasserlöcher in der Trockenzeit führt regelmäßig zu hohen Konzentrationen jener Tierarten, die stärker an das Wasser gebunden sind. Ein und derselbe Platz kann in der Trockenzeit ganz andere Habitatsqualitäten aufweisen als in der Regenzeit. Eine Sandmulde, die im noch trockenen Frühjahr einen passenden Vogelnistplatz abgibt (z.B. für Nachtfalken in den Everglades), ist im Sommer der ideale Amphibienbiotop. Für viele Tiere sind die einzelnen Ökosysteme des Feuchtkomplexes Teillebensräume, die für spezifische Bedürfnisse und Aktivitäten aufgesucht werden. Besonders zoologische Autoren neigen daher dazu, gesamte Sumpfkomplexe als „Ökosysteme" zu bezeichnen. Im Falle der Everglades bestünde dieses Ökosystem dann aus so verschiedenen Elementen wie Mangrove und Sand-Kiefernwald.

Foto 147: Muschelstrand von Sanibel-Island vor der Westküste Floridas.

Küsten-Ökosysteme

Heftige Stürme werfen Muschel- und Schnekkenschalen an den Strand. Sie werden zu feinem Sand zerrieben, der wiederum verblasen und zu Stranddünen aufgehäuft wird. Dem Spülsaum folgt die Primärdüne, Erstsiedler befestigen sie, eine Sekundärdüne entsteht und bereitet die Weiterentwicklung zur stabilisierten und dicht bewachsenen Tertiärdüne. Diese Abfolge läßt sich von tropischen Küsten bis zum Nordmeer verfolgen, wobei allerdings Strände wie auf Sanibel-Island (Foto 147) oder die weißen Strände mit Korallensanden tropische Spezifika sind.

Spezifisch ist auch die Vegetation an Sand- und Flachküsten im Bereich des Zonobioms II, die allerdings noch viel Ähnlichkeit mit den Küsten der immerfeuchten Tropen besitzt. Strände sind in den Tropen durch die Sonneneinstrahlung und den Salzwassereinfluß extrem streßbelastete Standorte. Strandfluren und -gebüsche sowie die Mangroven sind daher etwas für wenige Spezialisten und über ein weites Spektrum geographischer Verbreitung gleich. Pantropisch verbreitete Arten dominieren. Kriechende Arten wie die Strandwinde (*Ipomoea pes-caprae*) festigen den Sand hinter dem Spülsaum, Strandgebüsche folgen, an Schlickküsten dringen Mangroven weit ins Meer vor.

Die nördliche und südliche Verbreitungsgrenze (bei ca. 30°) vieler Strandarten, besonders auffällig der Arten in den Mangroven, wird durch episodische Fröste bestimmt, wobei schon ein einziges kurzes Frostereignis genügen kann. Die Außenposten fallen immer wieder solchen Temperaturextremen zum Opfer, wobei eine Regeneration der Bestände aus Früchten und Samen erfolgt, so lange die Fröste nicht zu oft auftreten.

Salzböden

Salzseen und Salzsümpfe sind im Bereich des tropischen Regenzeitenklimas noch eher die Ausnahme, da in der Regel die Bodenverdunstung nicht größer ist als der jährlich einsickernde Niederschlag. Sie sind im wahrsten Sinn des Wortes Randerscheinungen, wie die Salzseen im Süden des Gran Chaco oder auf dem Altoplano in abflußlosen Senken. Typischerweise sind sie nur während der Regenzeit gefüllt, und der Wasserstand ist von der Regenmenge abhängig. Das salzgesättigte Wasser dringt in den Boden, steigt nach Abtrocknung des Sees kapillar hoch, verdunstet, und das Salz bleibt als dichte Kruste zurück. Die kleine Tiertragödie, die hier zum Tod eines Käferschwarms geführt hat, dürfte mit der oft unberechenbaren Wasserführung dieser Seen zusammenhängen. Offenbar sind die Käfer zum falschen Zeitpunkt über den See geflogen.

Salzpflanzen, sogenannte Halophyten, können noch vergleichsweise hohe Salzkonzentrationen ertragen, wobei man zwischen obligaten und fakultativen Halophyten unterscheidet, je nachdem, ob die Pflanzen Salz (in mäßiger Menge) für ihr Gedeihen brauchen oder ob sie es nur ertragen können. Auch von der Wuchsform her zählt *Allenrolfea* zur ersten Gruppe. Hoher Salzgehalt im Boden bewirkt osmotischen Streß, denn Salzwasser kann von der Pflanze nur schwer aufgenommen werden. Außerdem entstehen Ionenungleichgewichte in der Zelle, die Funktionsstörungen verursachen. Salzpflanzen haben mehrere Möglichkeiten entwickelt, dem zu begegnen. Mit wasserspeichernden Blättern beispielsweise verdünnen sie die Salzlösung. Diese Strategie ist auch bei *Allenrolfea* realisiert.

Foto 148: Spülsaum aus Käfern an einem der großen Salzseen nördlich Cordoba, Argentinien.
Foto 149: Der Halophyt (= Salzpflanze) *Allenrolfea patagonica* aus dem Ufergebüsch eines patagonischen Salzsees des südlichen Gran Chaco, bei Cordoba, Argentinien.

Rurale und urbane Ökosysteme

Der Kontaktraum Wald-Savanne gilt als Wiege der Menschheit, und die meisten Gebiete des Zonobiom II sind vom Menschen seit prähistorischer Zeit beeinflußt, teils umgestaltet worden. Im feuchteren Flügel mit ausreichend Niederschlag oder in Berggebieten mit wasserreichen Flüssen zur Bewässerung prägen Ackerbaukulturen das Bild, die Reisterrassenlandschaften Südostasiens zählen zum klassischen Klischee tropischer Kulturlandschaften. Die heute so bedeutenden Kulturpflanzen Kartoffel, Mais und Tomaten entstammen den indianischen Hochkulturen Südamerikas. Je trockener, umso stärker war der Ackerbau – und mit ihm verbunden – die seßhafte Lebensweise auf Optimalstandorte beschränkt. In weniger begünstigten Gebieten folgte der Mensch als Nomade mit seinen Haustieren geeigneten Weidegründen oder nutzte als Jäger und Sammler das Land wie die Chaco-Indianer oder die Buschmänner der Kalahari.

Hohe Bevölkerungsdichten, ungeeignetes Gelände und Besitzstrukturen führten und führen in den Dauersiedlungsgebieten zur Nutzung bis auf den letzten Quadratmeter (Foto 150). Viehhaltung, oft ein wesentliches Element subtropisch-tropischer Subsistenzwirtschaft niederschlagsreicherer Gebiete, beschränkte und beschränkt sich auf Restflächen. Das Laub der Bäume ist daher in vielen Kulturgebieten der feuchteren Regenzeitengebiete mit natürlicher Waldbestockung eine wichtige Nahrungsquelle für das Vieh, so auch im Himalaya: kaum ein Baum (siehe Foto 150), der nicht geschneitelt wurde, d.h. von dem nicht Äste mit den charakteristischen gestielten Schneitelmessern heruntergeschnitten und an das Vieh, vornehmlich Ziegen, verfüttert wurden bzw. werden.

Erst mit einem ausgeprägten Sommer-/Winterrhythmus ist eine Nutzung hoher Gebirgslagen möglich. Die extremen Bedingungen in den Paramos der feuchten Tropenberge, wo es tagsüber nie richtig warm wird und in der Nacht Fröste auftreten, haben allenfalls einzelne Jäger in diese Wildnis vordringen lassen. Reguläre Nutzung mit Weidevieh im Sinne einer ausgeprägten Almwirtschaft ist aber an einigermaßen warmes Sommerwetter gebunden und daher auf Randzonen des Zonobiom II beschränkt, dort aber bedeutend wie im Himalaya.

Die Nutzung der alpinen Matten ist für die Bergbauernkulturen in den Bergen Südostchinas, Buthans, Nepals bis in die Berge Kaschmirs und Kohistans das ökonomische Rückgrat schlechthin. Nicht nur Rinder, Ziegen und Schafe, auch Wasserbüffel, Pferde, Maultiere und Esel werden gealpt, oder auf den Almen zur Arbeit gebraucht. Der Fraßdruck auf die Vegetation ist enorm, da die einzelnen Weidetiere unterschiedliche Pflanzen bevorzugen. Übernutzte Almlandschaften sind daher hier keine Seltenheit. Aktuelle Bevölkerungszuwächse verschlimmern die Situation.

Durch die enormen Höhendifferenzen des Himalaya mit den schneereichen Almen über 3000 m und den Heimgütern im schneefreien Talgrund bei 1500 m und darunter finden sich dort ausreichend tiefliegende Winterweiden und Schneitelwälder. Heugewinnung spielt in diesen Gebieten daher keine so große Rolle wie in den kalten Alpentälern, vergleichbare Wiesenlandschaften fehlen. Steilheit des Geländes, hohe Lawinengefahr, dünne Luft, lange Distanzen und fehlende Siedlungszentren im Nahbereich schließen im Himalaya einen Wintertourismus wie in den Alpen aus. Dies mögen unter anderen die Gründe dafür sein, daß die traditionellen Bergbauernkulturen dieser Gebiete noch wesentlich intakter sind als in den Alpen, auch wenn der Sommertourismus Veränderungen bringt und gebracht hat.

Foto 150 (links oben): Typische Kulturlandschaft ostasiatischer Monsungebiete mit Reiskultur bei Trisuli Bazar, Nepal.

Foto 151 (rechts oben): Frauen aus Dunche (Nepal) bei der Laubheugewinnung (=Schneiteln); vorne: typische Schneitelmesser.

Foto 152 (unten): Almhirten auf der Alm Mori im Palastal, Kohistan (Pakistan).

Foto 153: Das Dorf Bimlerou in den Atlantika-Bergen nordwestlich von Ngaoundere im Grenzgebiet Kamerun – Nigeria.

Die großen Savannengebiete Afrikas erlauben vielfach noch Ackerbau, der sich im Gegensatz zu den Reisanbaugebieten mit Bewässerung in den südostasiatischen Monsungebieten (= Bewässerungslandbau) aber primär am natürlichen Niederschlagsangebot orientiert (= Regenfeldbau). Dieser ist primär nur mit annuellen Kulturpflanzen möglich (z.B. div. Hirsen, Mais, Baumwolle, Erdnüsse etc.), da die Trockenzeit von mehrjährigen Kulturpflanzen in der Regel nicht überstanden wird (eine Ausnahme ist etwa Sisal). Dies gilt nicht für Bäume mit tiefreichenden Wurzelsystemen.

Ein repräsentatives Beispiel solcher Regenbaukulturen sei am Beispiel des Dorfes Bimlerou in den Atlantika-Bergen (Foto 153) im Grenzgebiet von Kamerun zu Nigeria vorgestellt. Primär wird Hirseanbau betrieben (Kolbenhirse, Fingerhirse, Guinea-Hirse), der in Tieflagen durch Mais ergänzt wird.

Um die Häuser finden sich bewässerte Gemüse- und Tabakpflanzungen. Die eigentlichen Felder liegen oft ein bis zwei Wegstunden entfernt. Selten werden Kühe gehalten, etwas öfter Hühner und Ziegen. Als wichtigste Nutzbäume werden in den Dörfern Schibutterbaum (*Butyrospermum paradoxum*), aus dem Öl gewonnen wird, und Affenbrotbaum (*Adansonia digitata*) angepflanzt, dessen Samen ebenfalls ölhaltig sind und dessen junge Blätter als Gemüse verzehrt werden können. An Bächen mit dauernder Wasserführung kultiviert man kleinfrüchtige Bananen. Dinge, die nicht selbst produziert werden können, werden – wie für Subsistenzwirtschaften typisch – durch Tauschhandel erstanden. Steuern, die heute in Geld zu entrichten sind, zwingen die Bewohner neuerdings, ihre Produkte wöchentlich am Markt, der eine Tagereise entfernt ist, anzubieten.

Foto 154: Frau aus dem Stamm der Gourou trägt im Ort Tourou einen Krug mit Hirsebier auf den Markt, Kamerun.

Foto 155: Karamojong-Hirte in der Savanne des nordöstlichen Uganda.

Der Markttag ist nicht nur ein Tag der Mühsal, an dem weite Strecken zurückgelegt werden müssen, er ist auch im Sozialleben der Bauernkulturen in der Savanne bedeutend. Die Frauen der Gourou schmücken sich dafür mit bemalten Kalebassenhüten, die mit dem Öl des Schibutterbaumes eingefettet werden bis sie glänzen. Sind Verkauf bzw. Einkauf getätigt, findet man sich mit Verwandten beim Hirsebier zum Gespräch.

Der Bevölkerungszuwachs in den Savannengebieten Afrikas (Verdoppelung in den letzten 25 Jahren) zwingt immer mehr, die traditionellen Formen des Landbaus aufzugeben. Permanente Feldbausysteme mit Düngung und neuen Kulturpflanzen wie Futterleguminosen verdrängen die alten Anbausysteme, bei der Brachlegung zur Regenerierung der Feldfruchtbarkeit eine große Rolle spielte.

Der Übergang von der Savanne zur Halbwüste ist fließend. Als Faustregel kann gelten, daß Regenzeiten, die nicht länger als drei Monate dauern, einen Regenfeldbau nicht mehr erlauben. Nomaden und Halbnomadenkulturen sind dann typisch und die angepaßte Nutzungsform für Übergangszonen wie etwa den Sahel oder manche Gebiete Ostafrikas. Der Herdenbesitzer zieht mit seiner Herde von Weidegrund zu Weidegrund. Im Falle der Karamojong im Nordosten Ugandas ist ein Kral, in dem die Großfamilie lebt, die Basis, von der aus in der Trockenzeit weite Strecken zu den Weidegebieten zurückgelegt werden. Der Kral ist durch Zäune gegen Angriffe abgesichert, ebenso wehrhaft ist der Hirte beim Wanderzug. Die teils selbst erbeutete Herde wird heute mit dem Gewehr verteidigt.

Regenzeitenwälder und Savannen   135

Foto 156: Ruine einer Kathedrale der ehemaligen Jesuitenmission San Ignacio Mini, Misiones (Nordostargentinien).

Neben der ausbeuterischen und brutalen Vorgangsweise der europäischen Eroberer in Südamerika, welche nicht nur die indianischen Hochkulturen in Mittelamerika und den tropischen Andenländern zerstörten, sondern viel Leid und Not über die Wanderfeldbau-, die Jäger- und Sammlerkulturen Amazoniens und des Chaco bis hin zur totalen Ausrottung der Feuerlandindianer brachten, gab es immer wieder Einzelpersönlichkeiten (z.B. Bartholome de las Casas) oder ganze Gruppen, die versuchten, dem entgegenzuwirken. Einer der bemerkenswertesten Ansätze dazu waren die Jesuitenredukte im südöstlichen Paraguay und Nordostargentinien des 17. und 18. Jahrhunderts. Sie wurden eingerichtet, um die dortigen Indianerstämme zu bekehren und zu zivilisieren, aber auch, um sie zu beschützen. In ihnen blühten Handel, Gewerbe, Ackerbau und Viehzucht, bis Karl III. den Jesuitenorden aus Spanien und den spanischen Kolonien verbannte.

Zweifellos war das Wirken der Jesuiten aus heutiger Sicht zwiespältig. Gezielt wurde durch die Einführung europäischer Kultur und Landnutzungstechnik die angestammte indianische Kultur verändert bzw. zerstört. Der Europäer war Lehrer und Meister, der Eingeborene sein „unzivilisierter" Schüler. Dies führte zu geradezu bizarren Ergebnissen. Zum Beispiel wurde die Kathedrale von San Ignacio zur einen Hälfte vom jesuitischen Baumeister vorgebaut, die zweite vom indianischen spiegelbildlich nachgebaut. Erst aus der Nähe lassen sich kleine Unterschiede wahrnehmen.

Die Jesuiten führten unter anderem auch die Viehzucht ein. Im Jahre 1768, als der Jesuitenstaat aufgegeben werden mußte, zählte man in San Ignacio Mini 3300 Rinder. Sie weideten in einer Landschaft, die sich von der im Bild 157 wiedergegebenen vermutlich nicht sehr unterschied. Die teils heute noch beweideten

Foto 157: Sogenannnte Kamp-Landschaft Nordostargentiniens mit der Palme *Butia yatay* bei San Ignacio Mini, Argentinien.

Gebiete sind potentielles Waldland, der natürliche Wald (im Hintergrund) entspricht einem Saisonwald mit laubwerfenden Überhältern und immergrünem Unterwuchs (vgl. Foto 96). Durch Rodung und Auflichtung entstand das mit Palmen bestockte, offene Grasland mit dem Gras *Aristida jubata* als Dominante. In wenigen Jahrzehnten hatte sich eine rurale Kulturlandschaft ausgebildet.

Die Ökosystemgarnitur enthält für Weidelandschaften typische Elemente. Waldreste, teils dicht, teils durch Weidegang „verunkrautet" und aufgelichtet, durchsetzen das weite Grasland mit feuchteren Senken und trockeneren Buckeln. Auf wechselfeuchten Standorten stocken Palmen. An vom Vieh frequentierten Orten, etwa um Wasserstellen, treten Rasen mit trittunempfindlichen Arten in Erscheinung.

In der Kamp-Landschaft Nordostargentiniens fällt auf, daß eingebürgerte oder eingewanderte Arten keine allzu große Rolle spielen und der Artenbestand der Weiden sich aus der regionalen Flora rekrutiert. Man wird daher Landschaft und einzelne Ökosysteme als naturnah bzw. naturbetont ansprechen können. Landschaften wie diese fügen sich optisch und funktional durchaus harmonisch ins Gesamtbild eines Großlebensraumes ein. Nach Süden setzen sich diese Weidegebiete in die riesige argentinische Pampa fort, die heute vielfach in Ackerland umgewandelt worden ist.

Durch Brandrodung ist der Großteil der halbimmergrünen und laubwerfenden Regenzeitenwälder in Savanne, Acker- und Weideland überführt worden. Die Restbestände sind heute einem zunehmenden Rodungs- und Nutzungsdruck ausgesetzt, etwa zur Holzkohlegewinnung wie im Bild (Foto 158).

Andererseits nutzen und nutzten die alten Siedler wie etwa die Wanderfeldbauern Afri-

Regenzeitenwälder und Savannen   137

◁ Foto 158: Holznutzung im zentralen Gran Chaco (Argentinien) mit Rotem Quebracho (*Schinopsis lorentzii*).

der nur mühsam eine nachhaltige Waldnutzung und Restaurierung durch Ansaat von Quebrachos und Dufthölzern Fuß faßt.

Jedes Zonobiom (aber auch Orobiom) besitzt ein charakteristisches Spektrum von Naturlandschaften mit spezifischer Ökosystemausstattung, ein ebensolches von Kultur- und schließlich von Zivilisationslandschaften. Zu letzteren kann man neben den urbanen Zentren hochintensive bzw. industrielle agrarische Nutzungsformen zählen. Auf dieser Plantage wächst mit Ausnahme der Gräser im Rasenstreifen des Weges fast nichts mehr spontan. Es sind offene Ökosysteme, bei de-

Foto 159: Frisch gefällter Quebracho (*Schinopsis lorentzii*) aus dem zentralen Gran Chaco, Argentinien.
▽

kas, aber auch die Bergbauern des Himalaya die vielen Nichtholzprodukte des Waldes. Die Palasi in Kohistan (vgl. Foto 152) beispielsweise decken einen Gutteil ihres Einkommens durch den Verkauf von Morcheln, die in ihren Bergwäldern wachsen oder verkaufen getrocknete Wurzelrinden der Nußbäume an die lokalen Gerbereien.

Gerbstoffnutzung war es auch, die im Gran Chaco zu Waldzerstörungen gigantischen Ausmaßes führte. Die Quebrachos der ehemals endlosen Wälder (vgl. Foto 97) lieferten bis in jüngere Zeit den Großteil der Gerbstoffe auf dem Weltmarkt. Ihre Ausbeutung begann in den Dreißigerjahren dieses Jahrhunderts mit dem Bau einer mehrere hundert Kilometer langen Eisenbahn mit Holzumschlagplätzen im Abstand von 25 km. Was nicht für die Gerbstoffgewinnung genutzt werden konnte, wurde der Köhlerei überlassen. Unregulierte Weidenutzung führte nach dem Verbrauch der Holzreserven zu weiterer Devastierung, so daß große Teile des Chacos sich heute als ausgeplünderte Landschaft präsentieren, in

Foto 160: Teeplantage, im Hintergrund Kiefernpflanzung im Gebiet von Misiones, Argentinien

nen die Kreisläufe massiv aufgebrochen und verändert sind. Düngung und Biozide, sowie Bodenbearbeitung setzen ein spezifisches Störungsregime, das der natürlichen Lebewelt keinen Raum mehr läßt.

Dies sind allgemein die Merkmale intensiver Plantagenwirtschaft. Sie dehnt sich in vielen Gebieten der tropischen Regenzeitengebiete immer mehr aus und ersetzt Natur- und alte Kulturlandschaften, so wie diese Teeplantage die ehemalige Kamplandschaft (vgl. Foto 157).

Dem weiten Spektrum an Niederschlagsregimen entspricht ein solches von Kulturpflanzen. Hier, im Norden Argentiniens, ist Teeanbau als Beispiel für die niederschlagsreicheren Gebiete gerade noch möglich, wobei vereinzelte Fröste den Kulturen massiv zusetzen können. Am trockenen Ende des Spektrums findet man etwa Sisalpflanzungen. Immer häufiger werden Plantagen schnellwachsender Hölzer – etwa mit Kiefernarten der Brand-

savannen der Karibik und Südfloridas – angebaut. Die Kiefern im Hintergrund haben eine Umtriebszeit von 7 Jahren. Wenn von Aufforstungen in den Tropen gesprochen wird, sind oft solche Holzplantagen gemeint. Sie mögen unter gewissen Umständen als Pufferzone oder Nutzwald sinnvoll sein, können aber in keinster Weise den gewachsenen Naturwald ersetzen.

Klima

Wo noch weniger Regen fällt als in den bereits ausgeprägten Trockenzeitengebieten der Savannenregionen, die Verdunstung den Niederschlag um ein mehrfaches übersteigt, Fröste jedoch nicht obligat auftreten, liegen die heißen Wüstengebiete der Erde. Entscheidend für die ökosystemare Differenzierung und Typisierung der einzelnen Wüsten sind Niederschlagssumme, Niederschlagsspitzen, sowie die Dauer und Häufigkeit von Regenperioden.

6 Typen (Abb. 5) lassen sich unterscheiden: 1. Halbwüsten und Wüsten mit zwei Regenzeiten (z.B. Karroo in Südafrika, Sonora in den USA), 2. Halbwüsten und Wüsten mit Winterregen (nördliche Sahara, vorderasiatische Wüsten), 3. Halbwüsten und Wüsten mit Sommerregen (südliche Sahara, indisch-pakistanisches Wüstengebiet), 4. Halbwüsten mit Regen zu verschiedenen Jahreszeiten (zentrales Australien), 5. Nebelwüsten (peruanisch-chilenische Küstenwüste, Äußere Namib in Afrika), 6. (fast) regenlose Vollwüsten (zentrale Sahara).

„Die" Wüste gibt es aus ökologischer Sicht also nicht, dafür aber zahlreiche feinere Differenzierungen zwischen Halb- und Vollwüste. Ein Bewohner der zentralen Sahara wird das Buschland der Sonora im Südwesten der Vereinigten Staaten, das Mulgaland Australiens bereits als „Paradies" empfinden und nicht als Wüste. Andererseits aber betrachtet jeder Amerikaner die Sonora ganz selbstverständlich als Wüste. Großklimatisch ist die Grenze zwischen Wüsten und trockenen Savannen jedenfalls bei Jahresniederschlägen um 200 mm und darunter anzusetzen. Wo allenfalls nur mehr an Sonderstandorten Vegetation auftritt (z.B. in Wadis), das nackte Gestein und nicht mehr die Pflanzendecke das Landschaftsbild bestimmt, wird man von Vollwüsten sprechen. Je geringer die Niederschlagssumme, umso unregelmäßiger fallen die Niederschläge. Auf regenlose Jahre kann ein regenreiches folgen. Dazu kommt, daß die Niederschläge meist als Sturzregen niedergehen und der ausgedörrte Boden nur einen relativ geringen Teil aufnehmen kann.

Das Temperaturregime dieser subtropisch ariden (= trockenen) Großlebensräume zeichnet sich allgemein durch hohe Temperaturen aus. Die Jahresmittel liegen außerhalb der höheren Gebirge um 20 °C, die Maxima können 50 °C überschreiten. Die heißesten Orte der Erde finden sich hier und nicht am Äquator. Im südpakistanischen Sibi beispielsweise empfiehlt es sich zur Mittagszeit der Armbanduhr auszuziehen, da ansonsten Brandblasen zurückbleiben. Durch die fehlende Wolkendecke kann die Abstrahlung in der Nacht wiederum sehr hoch sein, die Wüste kühlt aus. Regelmäßige Fröste markieren die Außengrenzen dieses Zonobioms.

Verbreitung

Die subtropischen Wüstengebiete liegen am Außenrand der innertropischen Luftzirkulation, bei der äquatornah feucht-warme Luft aufsteigt, diese dann als trockener, sehr kalter Luftstrom in großer Höhe polwärts fließt und etwa um den 30. Breitengrad absinkt, sich dabei erwärmt und die Wolken auflöst. Dieser Prozeß läßt allerdings keinen geschlossenen Gürtel niederschlagsarmer Hochdruckgebiete entstehen. Die Monsunwinde Südostasiens bringen noch genug Niederschläge, um keine

Wüsten zuzulassen, auf der Südhalbkugel ist nur die Landmasse Australiens groß genug für ein ausgedehntes Trockengebiet. In Südamerika, Südafrika und im Süden Kaliforniens liegen die Wüsten als schmale küstennahe Streifen im Einflußbereich kalter Meeresströmungen, durch die es zur Ausbildung von Nebelwüsten kommt.

Das mit Abstand größte subtropische Wüstengebiet erstreckt sich mehr oder weniger geschlossen von der Sahara über die Arabische Halbinsel bis zu den pakistanisch-indischen Wüsten. Allein schon die Sahara ist eine Wüste von endloser Weite. Bei einem Flächenausmaß von 9 Millionen Quadratkilometern erstreckt sie sich über 5000 km vom Atlantik zum Roten Meer und in Nord-Süd-Richtung über 1800 km. Weite Tafellandschaften beherrschen als Kies- oder Steinwüsten das Bild. Sandwüsten sind keineswegs dominant und nehmen „nur" 20 % der Gesamtfläche ein. Teile der Libyschen Wüste sind absolut regenlos und damit frei von Leben. „Ein Ökologe hat dort nichts mehr zu suchen" meinte etwa H. WALTER. Es ist neben der zentralen Antarktis wohl einer der wenigen Orte auf der Erde, wo es einem tatsächlich schwer fällt, die Komponenten eines Ökosystems zusammen zu bringen.

Zwei große intrazonale Gebirge (Hoggar und Tibesti) erreichen Höhen über 3000 m. Allein das Tibesti-Gebirge nimmt mehr als 300 000 km^2 ein und ist damit größer als die Alpen mit ca. 220 000 km^2. Die Gebirge Jemens überraschen in den hohen Lagen mit einem subtropischen Waldkleid, das trockene südpersische Zagrosgebirge erreicht Höhen über 4000 m und zählt wiederum zu den unwirtlichsten Gegenden der Erde.

Die Wüstengebiete der Erde sind nicht nur im Vergleich zueinander eigenständig, sie sind auch in sich variabel. Neben den klimatischen und geologischen Bedingungen sind vegetations- und florengeschichtliche Aspekte zu beachten. Während der pleistozänen Vereisung in Europa war das Klima der Sahara beispielsweise feuchter und kühler. Die Vegetation glich jener des heutigen Mittelmeergebietes. Der Mensch besiedelte das große Land und

jagte eine reiche Tierwelt. Vergleichbares ist für Australien bekannt. Zusätzlich drückt dort die so eigenwillige australische Tier- und Pflanzenwelt auch im ariden Bereich den Ökosystemen quasi ihren Stempel auf.

Zonale Ökosysteme

Klimaspezifische Wüstentypen

Aus einer globalen Perspektive entspricht die Mojave-Wüste einer Halbwüste (Foto 161). Halbhohe Gebüsche wie der Kreosotbusch (*Larrea tridentata*) sind typisch. Noch prägt die Vegetation und nicht das nackte Gestein das Landschaftsbild. Der Artenreichtum ist mit über 1000 Arten beachtlich hoch, ein Viertel davon sind Endemiten. Zum Vergleich kommen in der Vollwüste der zentralen Sahara trotz wesentlich größerer Ausdehnung nur 450 Arten vor.

In den *Larrea*-Wüsten ist noch eine für Wüstengebiete beachtliche Produktion möglich. Nach Messungen im argentinischen Wuchsgebiet entwickelt ein ausgewachsener Strauch 2,0 bis 2,5 m^2 Blattfläche, welche täglich 7,5 bis 8,0 Liter Wasser durch Transpiration verbraucht. Mit Einsetzen der Trockenzeit wirft *Larrea* sukzessive Blätter ab. Im Schnitt bleiben aber immer noch 0,5 bis 1,0 m^2 am Strauch, die 0,5 bis 1,75 l Wasser im Tag verdunsten. Der jährliche Wasserverbrauch bleibt weit unter dem jährlichen Niederschlagsangebot. Die Niederschlagswahrscheinlichkeit ist hoch, d. h. unerwartete Trockenphasen, die zum Absterben des Strauches führen könnten, kommen nicht vor.

In der Mojave-Wüste gibt es bereits regelmäßig Fröste, wodurch eine größere Zahl an Arten, die in der südlicheren Sonora noch auftreten, ausfallen, so etwa die Riesenkakteen (Foto 162). Sie liegt somit im Übergangsbereich zwischen Zonobiom III und Zonobiom VII, den kalten Wüsten. Im berühmten Death Valley kann im Winter Schnee fallen. Das ist allerdings die Ausnahme. Dagegen fällt der winterliche Niederschlag in der typischen Zonobiom VII-Wüste des Great Basin nördlich davon zu 80 % als Schnee.

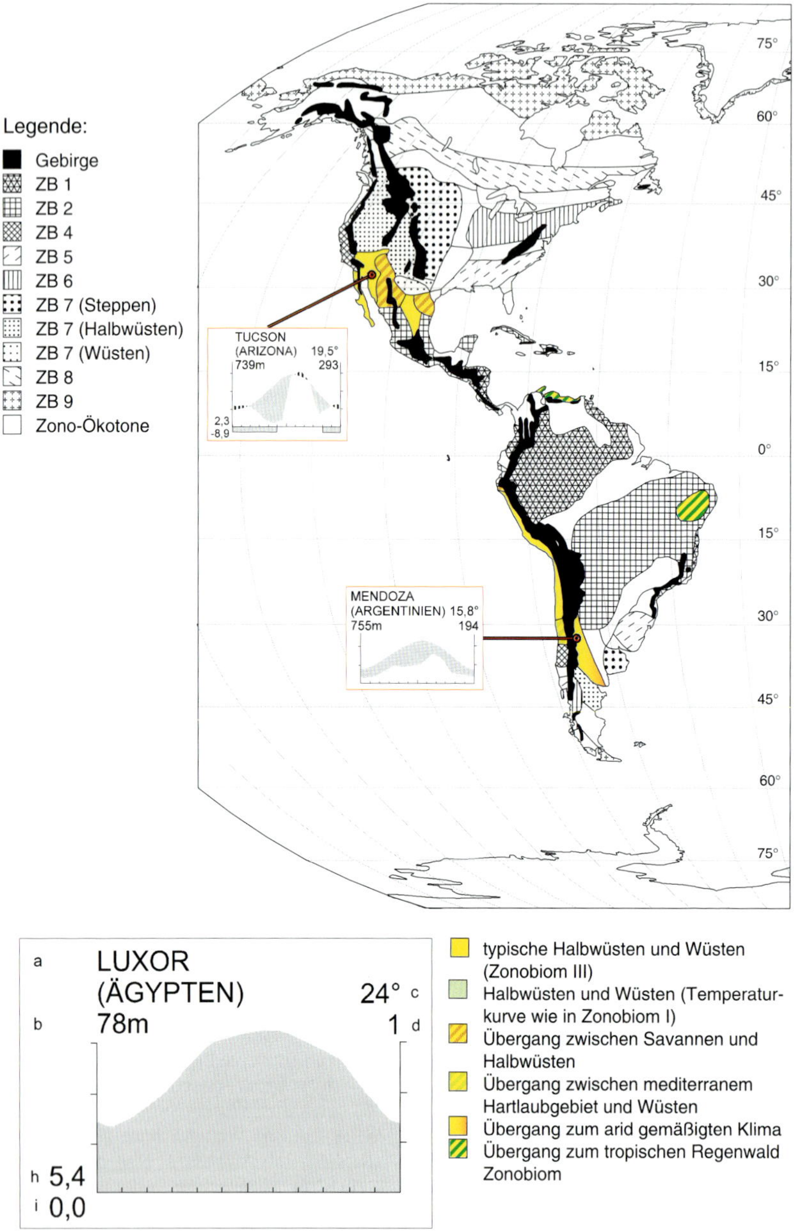

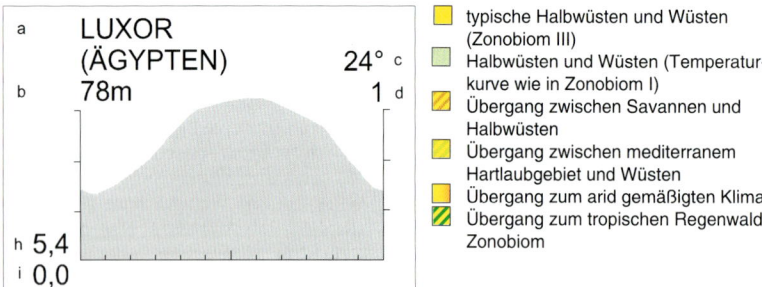

Legende:

- ■ Gebirge
- ▨ ZB 1
- ⊞ ZB 2
- ▨ ZB 4
- ▨ ZB 5
- ▥ ZB 6
- ⋮ ZB 7 (Steppen)
- ▦ ZB 7 (Halbwüsten)
- ⋮ ZB 7 (Wüsten)
- ◺ ZB 8
- ⊞ ZB 9
- ☐ Zono-Ökotone

TUCSON
(ARIZONA)   19,5°
739m   293

2,3
-8,9

MENDOZA
(ARGENTINIEN) 15,8°
755m   194

a LUXOR
   (ÄGYPTEN)   24° c
b 78m   1 d

h 5,4
i 0,0

☐ typische Halbwüsten und Wüsten
  (Zonobiom III)
☐ Halbwüsten und Wüsten (Temperatur-
  kurve wie in Zonobiom I)
▨ Übergang zwischen Savannen und
  Halbwüsten
▨ Übergang zwischen mediterranem
  Hartlaubgebiet und Wüsten
☐ Übergang zum arid gemäßigten Klima
▨ Übergang zum tropischen Regenwald
  Zonobiom

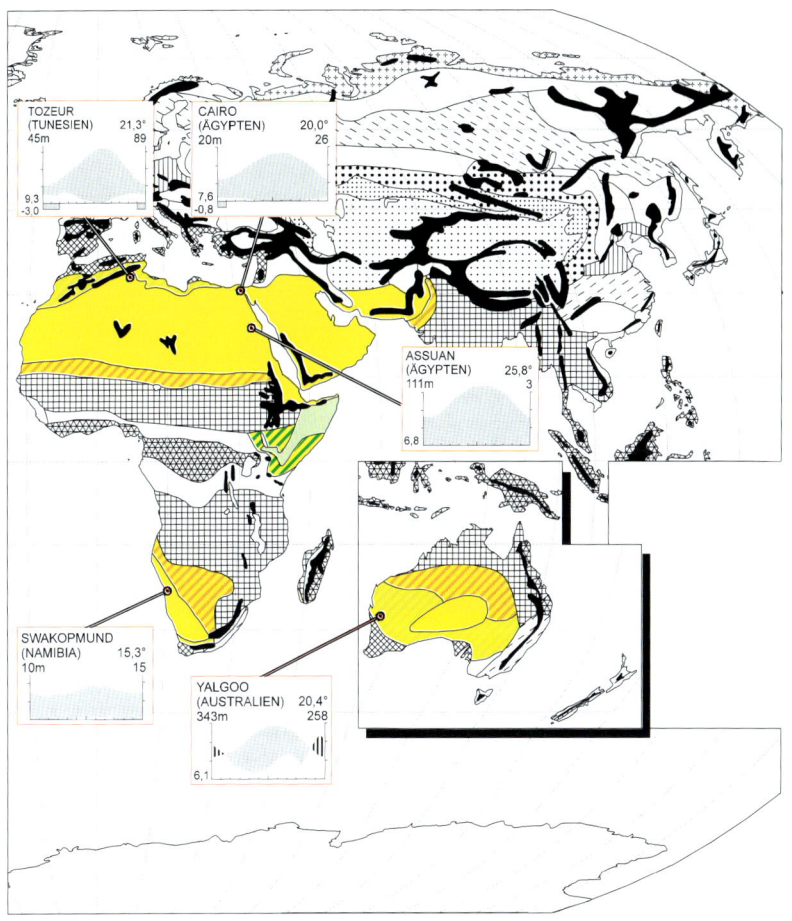

Abb. 5: Verbreitung der heißen Wüsten (Zonobiom III). Die Klimate von Regionen, aus denen das Fotomaterial stammt, sind als Klimadiagramme angegeben. Ein prototypisches Diagramm ist links unten wiedergegeben. Es bedeuten: a) Ort, b) Höhe über dem Meer, c) Jahresmittel der Lufttemperatur, d) mittlere Jahresniederschlagssumme, e) absolutes Maximum der Lufttemperatur, f) mittleres tägliches Maximum des wärmsten Monats, g) mittlere tägliche Temperaturschwankung, h) mittleres tägliches Minimum des kältesten Monats, i) absolutes Minimum des kältesten Monats; Abszisse: Monate des Jahres; linke Ordinate: Monatsmittel der Lufttemperatur (1 Skalenteil entspricht 10 °C), rechte Ordinate: mittlere Monatssumme des Niederschlags (1 Skalenteil entspricht 10 mm). Gerasterte Fläche: die Niederschlagskurve liegt unter der Temperaturkurve, was echte Dürre (=Verdunstung übertrifft Niederschlag) indiziert. „ZB"- Zonobiom. In Anlehnung an WALTER & BRECKLE (1991), Klimadiagramme nach WALTER & LIETH (1967).

△
Foto 161: Blick in die Mojave-Wüste, die zweite große Wüste der südwestlichen USA (im Vordergrund der Kreosotbusch *Larrea tridentata*).

Foto 162: Typisches Riesenkakteen-Ökosystem der ▷ Sonora-Wüste (südwestliche USA) mit dem Kaktus Saguaro (*Carnegia gigantea*) und dem Rutenstrauch Ocotillo (*Fouquieria splendens*).

Im Gegensatz zur Mojave-Wüste, in der das Maximum des Niederschlags im Winterhalbjahr auftritt, kennzeichnet das Klima der Sonora-Wüste zwei Regenzeiten (Jahressumme 100 bis 300 mm). Fröste treten – wenn überhaupt – sehr selten auf, wodurch die reiche Flora der Sonora-Wüste wie jene der noch südlicheren Chihuahua-Wüste (Mexiko) einen ausgeprägten neotropischen Einschlag zeigt. Auffällig ist, daß die drei großen Wüsten im Südwesten Nordamerikas insgesamt floristisch deutlicher differenziert sind als faunistisch. Zu erklären ist dies durch die größere Mobilität der Tiere.

Der Unterschied im Vegetationsbild ist gleichsam auf den ersten Blick wahrzunehmen, wobei als erstes die Riesenkakteen oder Saguaros (*Carnegia gigantea*) und der seltsame Ocotillo (*Fouquieria splendens*, siehe auch Foto 171) auffallen. Sie bilden artenreiche Pflanzengesellschaften (inkl. Ephemere bis zu 300 Arten) auf Erhebungen und steileren Hängen, wobei der Saguaro wärmere Südhänge bevorzugt, da er Fröste von 24 Stunden Dauer

nicht überlebt. Zu den zahlreichen Begleitern zählen kleine und mittelgroße Kakteen, halbhohe Sträucher, in denen der Saguaro ein geschütztes Keimbett findet, Zwergsträucher und ephemere Arten (= kurzlebige Arten, nach einem Regen erscheinend). Am Fuß der Hänge folgen große Schwemmfächer, die Bajadas, auf denen Kreosotbusch und andere Sträucher vorherrschen. Im Überschwemmungsland um die Washes (= Wadis) stocken Baumhaine mit *Prosopis*- und *Acacia*-Arten, direkt am Fluß gedeihen sogar Weiden und Pappeln. Die Sonora ist, wie die Mojave-Wüste, noch eine typische Halbwüste.

Im Gegensatz zu den nordamerikanischen Halbwüsten ist die Sahara mit Ausnahme der

randlichen Übergangszonen zum Mittelmeer bzw. der Sahelzone durchwegs Vollwüste. Nicht mehr die Vegetation, sondern das nackte, anstehende Gestein prägt die Landschaft. Der alles dominierende landschaftsformende Faktor ist die Winderosion, Erosion durch Wasser spielt allenfalls partiell eine Rolle. Die enormen Temperaturgegensätze zwischen Tag und Nacht zermürben regelrecht das Gestein. Das dabei entstehende Feinmaterial in Form von Sand und Staub wird ausgeblasen, der nackte Fels bleibt zurück und bildet pflasterförmige Oberflächen. Härtere Gesteinsschichten werden herausmodelliert, bei horizontaler Schichtung entstehen charakteristische Tafelberge wie das Belvedere nahe

der Oase Tozeur (Foto 163). Der kleine Restling vor dem Tafelberg zeigt, was dessen Schicksal sein wird: Wüstenberge versinken in ihrem eigenen Schutt.

Da vor allem grobes Material nicht durch Wasser abtransportiert oder von Vegetation und Boden überdeckt wird, prägen gleichsam fossile Oberflächenstrukturen, die vor langer Zeit und unter anderem Klima entstanden sind, die Wüstenlandschaften. Alte Talsysteme, Flußterrassen und Uferlinien einstiger Seen lassen sich vielfach nachweisen. Wüsten sind Museen alter Landformen.

In Vollwüsten wie der nördlichen Sahara laufen keine Bodenbildungsprozesse im eigentlichen Sinne ab. Humusbildung, die Standorte

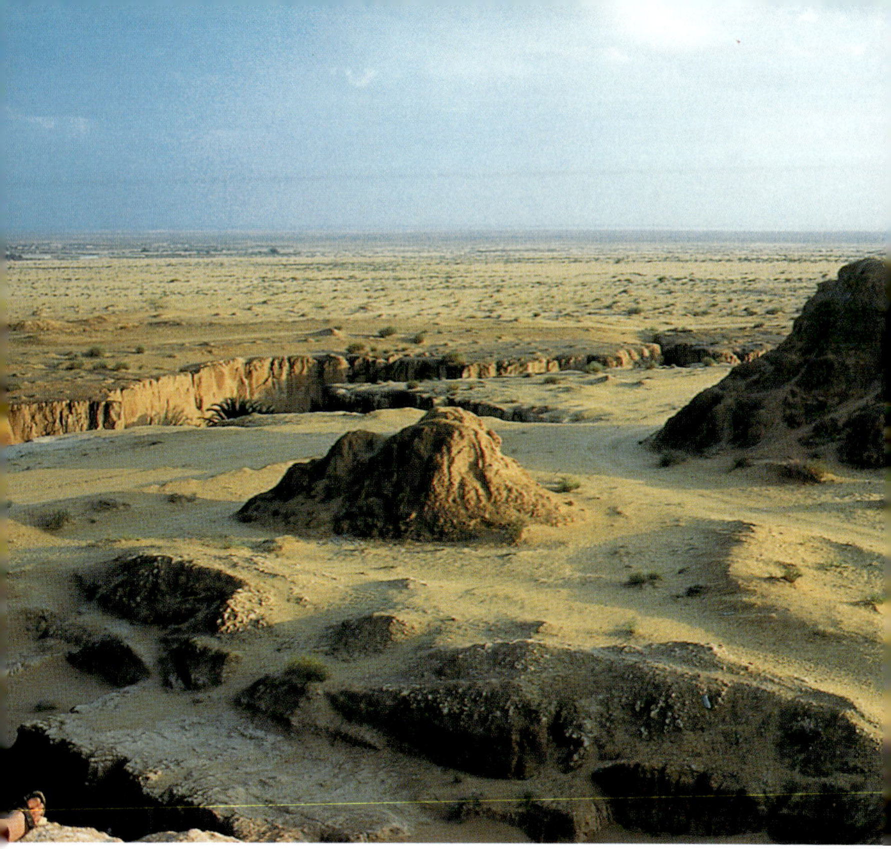

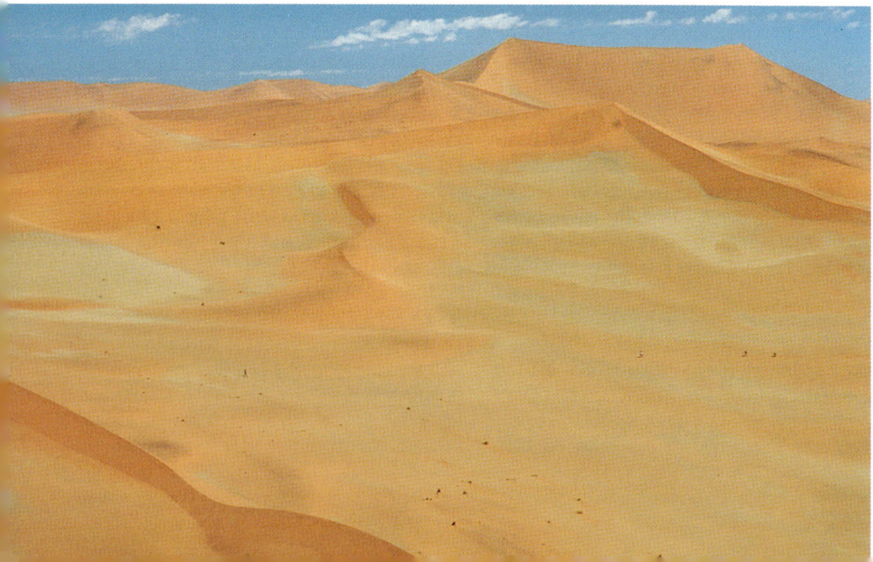

△
Foto 163: Nördliche Sahara bei Tozeur, Tunesien.

Foto 164: Dünenlandschaft der südlichen Namib südlich von Swakopmund, Namib-Naukluft Park (Namibia).

erfordert, die nicht ständiger Erosion ausgesetzt und zumindest zeitweise feucht sind, kann nicht einsetzen. Organisches Material wird zerrieben und mit dem Sand verweht. Dies heißt nicht, daß den Wüsten eine Bodenlebewelt fehlt. Bakterien, Cyanobakterien (= Blaualgen) und Pilze wurden aus Wüstenproben isoliert. Sie sind unter anderem am Zustandekommen der dunkelbraun glänzenden Felsoberflächen, des sogenannten Wüstenlacks, beteiligt.

In der Namib an der südwestafrikanischen Atlantikküste fallen pro Jahr weniger als 50 mm Regen, oft sind ganze Jahre regenlos. Wenn Vegetation auftritt, dann als sogenannte kontrahierte Vegetation in den Riviers (= Wadis) oder an den Inselbergen, wo in Nischen und Felstaschen Wasser zusammenfließen kann. Die mächtigen Dünenfelder der zentralen und südlichen Namib sind hingegen vegetationslos. In den Sanden kann allerdings viel organisches Material enthalten sein, stellenweise bis zu 30%, so daß extreme Sandsiedler (z.B. Schwarzkäfer; siehe Foto 181) hier leben können. Es ist ein Ökosystem, das ausschließlich von externen Stoffeinträgen lebt, nur rudimentäre Kreisläufe kennt und in diesem Sinne mit städtischen Ökosystemen vergleichbar ist, deren Stoffumsätze sich allerdings in ganz anderen Größenordnungen bewegen.

Wie die Loma-Wüste Südperus, die Baja California und die mauretanische Küstenwüste ist die Namib eine Nebelwüste. Nebel, die sich über dem kalten Benguelastrom vor der westafrikanischen Küste bilden, ziehen landwärts über das Wüstengebiet. Sie befeuchten die Oberflächen und setzen die Verdunstung herab, ohne aber den Bodenwassergehalt zu verbessern. Wurzelnde Pflanzen profitieren daher nur indirekt durch eine verringerte Transpiration und ausgeglichenere Temperaturen. Hingegen sind Flechten und „Fensteralgen" unter durchsichtigen Steinen wie z.B. Quarzbrocken durchaus in der Lage die Nebelfeuchte zu nutzen. Flechten quellen in der Nacht bzw. bei Nebel auf und können Kohlendioxid assimilieren. Bei Trockenheit gehen sie in einen latenten Zustand über. Diese meist morgendliche Aktivität wurde schon als „Frühstück" der Flechte bezeichnet. Flechten wurzeln nicht und können verblasen und zusammengetrieben werden. Horden solcher „Wanderflechten" sind in der Namib nicht selten.

Substratspezifische Wüstentypen

Von Wüsten macht man sich gern ein falsches Bild: endlose Sandflächen, dazwischen mit Palmen besetzte Oasen, blauer Himmel. Doch dieses „Postkartenbild" ist flächenmäßig eher eine Ausnahme. Wie schon nach dem vorherrschenden Klima unterschiedliche Wüstentypen existieren, lassen sich auch Typen hinsichtlich Oberflächenbeschaffenheit, sprich Verwitterungsprodukten, festlegen. Nach den in Nordafrika üblichen Begriffen lassen sich drei Grundtypen unterscheiden: 1. Hamada oder Steinwüste, 2. Serir oder Kieswüste, 3. Erg oder Sandwüste. Die Sandwüste, die dem eingangs geschilderten Klischee am nächsten kommt, nimmt in der Sahara 20 % der Gesamtfläche ein, in den anderen subtropischen Wüsten meist noch weniger. Sonderstandorte, die mitunter allerdings riesige Ausmaße annehmen können, sind Tonpfannen und Salzpfannen (sogenannte Schotts). Wadis und Oasen runden das Bild der ariden Sonderstandorte ab.

Die Hamada tritt vor allem an der Oberfläche von Tafelbergen bzw. Tafellandschaften auf. Blockfelder und Steinpflaster lassen einer auch noch so spärlichen Vegetation kaum Raum. Es sind wüste Ödnisse im wahrsten Sinn des Wortes, aber nicht ohne Reiz. Nirgends könne man so klar denken wie in der Wüste, meinte ein amerikanischer Wüstenökologe. Berühmte Geister der Weltgeschichte zogen sich zur Läuterung in die Wüste zurück. Wie auch immer die Haltung des Menschen sei, aus ökologischer Sicht zeigen Steinwüsten das Phänomen der „kontrahierten Vegetation" besonders deutlich. Mit Feinmaterial gefüllte Spalten und Löcher, in denen sich Haftwasser längere Zeit halten kann, sind mit Pflanzen in Abhängigkeit vom verfügbaren Wasser maximal besetzt. Auch wenn die kleinen Polster und Sträucher relativ weit voneinander entfernt sind, heißt dies nicht, daß sie mit den weit ausgreifenden Wurzelsystemen nicht in heftiger Konkurrenz zueinander stünden. Viele Wüstengebiete sind Kieswüsten, in denen eine Dichtpackung von kleinen Steinen die Oberfläche so abdeckt, daß Pflanzen mit ihren Wurzeln kaum durchdringen. Sie sind dort entstanden, wo Konglomerate oder andere gemischte Gesteine anstehen oder entsprechen Ablagerungen von Flüssen. Endlos, kaum reliefiert, ziehen sich die oft vollkommen vegetationslosen Flächen hin. Canyons und Abflußrinnen, wie sie etwa die Tafelberge durchschneiden, fehlen. An der Oberfläche der Steine kann Wüstenlack auftreten (dunkle Steine im Vordergrund; Foto 166). Sind Steinwüsten oft genug landschaftlich eindrucksvoll, sind die Kieswüsten der Inbegriff von Eintönigkeit. Aber auch hier stehen, wenn sie vorkommen, die Primärproduzenten, sprich Pflanzen, in für sie maximal möglicher Dichtpackung (Foto 166; Vordergrund). Sie zehren von den geringen Wassermengen, die nach den seltenen Regen zurückbleiben.

Der aus Stein- und Kieswüsten ausgewehte Sand sammelt sich in Depressionen und türmt sich zu Dünen. Existieren zwei Hauptwindrichtungen, von denen eine stärker ist, entstehen die bekannten Sicheldünen oder Barchane. Auch wenn Sanddünen in den meisten Wüsten der Erde keine dominante Rolle spielen, besitzen vor allem in der Sahara manche Dünenfelder riesige Ausmaße. Die beiden Ergs im Süden Algeriens sind zusammen beispielsweise größer als Frankreich.

Regen, der auf Sanddünen fällt, sickert rasch ein. Unter Dünen sind daher Grundwasservorkommen nicht selten, welche von Pflanzen mit ausreichenden Wurzelsystemen erschlossen werden können. Von ihnen leben kleine und größere Pflanzenfresser, insbesondere Nager, und von diesen wiederum Beutegreifer wie der Wüstenfuchs. Spuren im Sand, „die Schrift der Wüste", geben Zeugnis von den mitunter komplexen Nahrungsnetzen und den Aktivitäten in den kühlen Nacht- und Morgenstunden.

Foto 165 (oben): Blick in das Wadi Abu Agagg (Ägypten), im Vordergrund Felswüste (Hamada).
Foto 166 (links unten): Kieswüste im Death Valley, USA.
Foto 167 (rechts unten): Düne im Großen Erg (Nordsahara) mit Spuren der Wüstenspringmaus.

Lebensformen und Wasserhaushaltsstrategien

Es gibt zwei Grundstrategien, mit dem Wassermangel der Wüste fertig zu werden: Entweder man widersteht ihm, oder man weicht ihm aus. Dies gilt sowohl für Pflanzen als auch für Tiere, welche aufgrund ihrer höheren Mobilität aber meist komplexere Lösungen verwirklicht haben. Die Pflanze *Asteriscus pygmaeus* (Foto 168) steht für die zweite Strategie und zählt zu den sogenannten Wüstenephemeren. Die Zeit zwischen den seltenen Regen wird als Same (bei *Asteriscus* noch im Körbchen) im Zustand latenten Lebens zugebracht. Bei Regen keimt die Pflanze rasch und bildet so schnell wie möglich erste Blüten, welche ebenso rasch Früchte mit Samen ansetzen. Oft werden diese kurzlebigen Arten als Annuelle, also „Einjährige" bezeichnet. In Wirklichkeit ist ihre aktive Phase wesentlich kürzer als ein Jahr und können die Samen jahrelang im Boden ruhen, ohne ihre Keimfähigkeit zu verlieren.

Mit dieser opportunistischen Lebensweise besetzen diese sogenannten Pluvio-Therophyten jeden nur möglichen Wuchsort und laufen bei geeigneten Bedingungen in Massen auf. Blühende Wüsten zählen zweifellos zum prächtigsten, was nicht nur im Bereich der ariden Großlebensräume erlebt werden kann (vgl. Foto 5, 6). Die produzierte Samenmenge ist vom Wasserangebot abhängig. Pluvio-Therophyten sind extrem plastisch. Beinahe schon im Keimlingsstadium können Blüten angesetzt werden. Bei der berühmten „Rose von Jericho" (*Anastatica hierochuntica*) verhalten sich Zwergwüchse, wie sie als Folge von Wassermangel auftreten, zu ausgewachsenen Individuen wie 1:20. Die Samen bzw. Früchtchen besitzen bei Pluvio-Theophyten teils unterschiedlich lange Keimruhen, so daß nicht alles beim ersten Regen keimt und einige noch für den nächsten Regen übrig sind. Der Blütenstand von *Asteriscus* zeigt ein anderes Phänomen. Die trockenen Hochblätter öffnen sich hydrostatisch bei Regen in 5 Minuten und entlassen einige Samen. Dies kann sich mehrfach wiederholen. Jeder Regen heißt Leben, ist aber auch ein Risiko. Geht es gewissermaßen beim erstenmal „schief", mag beim nächsten reiches Keimen möglich sein.

Die Alternative zur Überlebensstrategie der Pluvio-Therophyten ist das Überstehen von Wassermangel im vegetativen Zustand. Pflanzen haben dazu unterschiedlichste Mechanismen entwickelt, wobei zwischen echter plasmatischer Austrocknungsresistenz und sogenannten Vermeidungs-Einrichtungen, mit denen Streß ausgewichen werden kann oder zumindest gedämpft wird (z.B. Behaarung), unterschieden werden kann. Der Vergleich von *Asteriscus* und *Welwitschia mirabilis* zeigt, wie unterschiedlich die Organismenwelt ein und dasselbe Problem gelöst hat. Den wenigen Wochen Wachstum und Blüte beim phylogenetisch sehr jungen Korbblütler *Asteriscus* steht das phylogenetisch uralte, le-

Foto 168: Abgeblühtes Individuum des kleinen Korbblütlers *Asteriscus pygmaeus* in der Halbwüste des Djebel Chambi, südliches Tunesien.

bende Fossil *Welwitschia* gegenüber, das bis zu 1000 Jahre alt werden kann. Verbraucht der kleine Korbblütler Wasser ungehemmt, besitzt *Welwitschia* eine dichte Kutikula (= Wachsschicht auf der äußersten Zellschicht), die die Verdunstung allgemein herabsetzt und reguliert den Wasserverbrauch sehr sorgfältig. Bildet *Asteriscus* große Mengen an Früchtchen, findet man Keimlinge von *Welwitschia* äußerst selten.

Die Eigenschaften von *Welwitschia* sind durchaus charakteristisch für den Typus der überdauernden Trockenpflanzen (= sklerophylle oder malakophylle Xerophyten), auch das hohe Alter. Klonale Individuen von *Larrea tridentata* der Mojave-Wüste (Foto 161) wurden beispielsweise sogar auf 11000 Jahre geschätzt. Die Blattbildung bei *Welwitschia* ist allerdings einzigartig. Grundsätzlich erscheinen nur zwei Laubblätter, die zeitlebens aus der Basis weiterwachsen. Alte Blätter zerfransen. Das Wachstum der Blätter ist eng an das Wasserangebot gekoppelt. Ökologisch nischt sich *Welwitschia* vollkommen ein und ist an flache Riviers (= Wadis) gebunden, wo sie mit einem extensiven Wurzelwerk Wasserreserven erschließen kann. Das tun andere Wüstenpflanzen auch. Ihren Ruhm in der Fachwelt verdankt sie daher nicht so sehr ihrer Art, mit den Verhältnissen in der Wüste fertig zu werden, sondern neben ihrer Seltenheit primär ihrer isolierten Stellung im Pflanzensystem. Wie die Nadelhölzer zählt sie zu den Nacktsamern, ist aber nicht näher mit diesen verwandt.

Neben den Pluvio-Therophyten haben Arten wie die kleine *Iris* oder auch Tulpen, Zwiebeln, Milchsterne, Erdorchideen eine zweite Strategie des Ausweichens entwickelt. Anstelle von Samen (die auch gebildet werden) garantiert vor allem ein unterirdisches Speicherorgan wie Zwiebel, Knolle oder Sproßwurzel (= Rhizom) das Überdauern regenarmer Perioden. Diese Lebensform tritt vor allem dort auf, wo die Niederschlagswahrscheinlichkeit hoch ist, wie in den Winterregengebieten der nördlichen Sahara und des Mediterranraumes. Allerdings sind auch diese sogenannten Geophyten in der

Foto 169: Die merkwürdigste Pflanze der Welt: *Welwitschia mirabilis* aus der Namib, Namibia.

Foto 170: *Iris sisyrhynchium*, eine kleine Schwertlilie aus den mediterran-nordafrikanischen Trockengebieten, Djebel Orbata (Tunesien).

Lage, in einem regenarmen Jahr in Ruhe zu verharren. Bei manchen Geophyten erscheint die Blüte noch in der Trockenzeit. Die grünen Blätter folgen, wenn es regnet. Dazu müssen zuerst die Wurzeln ausgebildet werden, die ausschließlich vom Reserveorgan zehren.

Bei *Iris* (Foto 170), Tulpen, Wildzwiebeln sitzen die Überdauerungsknospen tief im Boden, sie entsprechen per definitionem der Lebensform eines Geophyten. Beim Ocotillo liegen die Überdauerungsknospen hingegen weit über der Erde, er zählt zu den Phanerophyten (= Bäume und Sträucher). Dies ist aber so ziemlich alles, womit er sich mit anderen Funktionstypen der Wüste vergleichen läßt. Seine Blattbildung ist ausgesprochen opportunistisch. Fällt Regen, werden die Blätter entfaltet und wieder abgeworfen, sobald es zu trocken wird. Dieser Prozeß kann sich in einem Jahr 5 bis 6 mal wiederholen. Müssen bei den Zwiebeln zuerst Wurzeln ausgebildet werden, kann *Fouquieria* Regenwasser über die Blattachseln aufnehmen, so daß bereits nach drei Tagen die Laubentwicklung vollzogen ist.

Geradezu provokant heben sich die saftig grünen Blütenzweige des Tragants vom Hintergrund einer Düne ab. *Astragalus gombo* ist Repräsentant eines weiteren ökologischen Funktionstyps, der jenem des Ocotillo entfernt ähnelt: der sogenannten Malakophyllie. Malakophylle sind mittelhohe Sträucher wie der Kreosotbusch (Foto 161), Zwergsträucher oder Stauden, bei denen von einem ausdauernden basalen Stock aus neue Triebe gebildet werden können. Die weichlaubigen, oft stark behaarten, mitunter runzeligen Blätter werden je nach Bedarf abgeworfen (vgl. *Larrea*; Foto 161), unter Umständen samt der Zweige. Bevor sie abgeworfen werden, sind die Blätter aber noch durchaus in der Lage, hohe Wasserverluste hinzunehmen. Die Konzentration osmotisch wirksamer Stoffe, die über die „Saugkraft" (= osmotisches Potential) bestimmt wird, steigt an und kann etwa bei *Larrea* enorme Werte erreichen, wodurch sich die Pflanze zusätzliche Wasserreserven des Bodens erschließt. In der kühlen Nacht erholt sich die Pflanze auch bei sehr trockenem Boden. Irgendwann ist aber Schluß, Blätter welken und fallen ab, bis schließlich im Extremfall nur mehr die Zweige am Leben sind.

Diese Strategie ist ausgesprochen häufig und mischt sich mit anderen funktionalen Typen, wie etwa das Bild der Sonora-Wüste (Foto 162) deutlich beweist. Auch *Astragalus gombo* ist in den Dünen des Erg nicht die einzige Lösung. Nicht weit davon könnte etwa ein ähnliches Bild mit dem Rutenstrauch *Calligonum* gemacht werden, der zu den aphyllen Arten (vgl. Foto 13) zählt, bei denen die Blätter stark reduziert sind und damit die Transpiration extrem verringert wird. Trotzdem fällt auf, daß große, stammsukkulente Formen (vgl. Foto 173) in der Sahara weitgehend fehlen und erst in der Nähe der nebelreichen atlantischen Küste auftreten bzw. in den trockenen Küstenregionen der Kanarischen Inseln. Bilder wie jene aus der Sonora-Wüste gibt es in der Sahara aber auch in den feuchteren Randzonen nicht.

Die wohl auffälligste Strategie, dem Wassermangel der heißen Wüsten zu begegnen, ist das Wasserspeichern, die Sukkulenz. *Tricho-*

Foto 171: Beblätterter Zweig des Ocotillo (*Fouquieria splendens*) aus der Sonora-Wüste, USA.

△
Foto 172: Der Wüstenbusch *Astragalus gombo* im Großen Erg, südliches Tunesien.
Foto 173: Kakteen-Halbwüste mit dem Riesenkaktus *Trichocereus pasacana* aus den andinen Bergwüsten Nordargentiniens. ▷

cereus ist wie alle Kakteen stammsukkulent, in anderen Verwandtschaftskreisen trifft man auf Blattsukkulenz (z.B. Mesembryanthemaceae, Agavaceae). Auch Knollen und Wurzeln können die Funktion eines Wasserspeicherorgans übernehmen. *Trichocereus* und andere Riesenkakteen nehmen bei Regen enorme Wassermengen über ein ausgedehntes Wurzelsystem auf. Beim Saguaro (vgl. Foto 162) liegt der Wassergehalt bei 90 % des Gesamtgewichts, was mehrere hundert Liter Wasser ausmachen kann. Säulige Stammsukkulenz von Kakteen, Wolfsmilch- und Schwalbenwurzarten zählt zweifellos zu den auffälligsten Beispielen von Konvergenz, d.i. die Ausbildung gleicher ökologischer Funktionstypen bei nicht näher verwandten Arten.

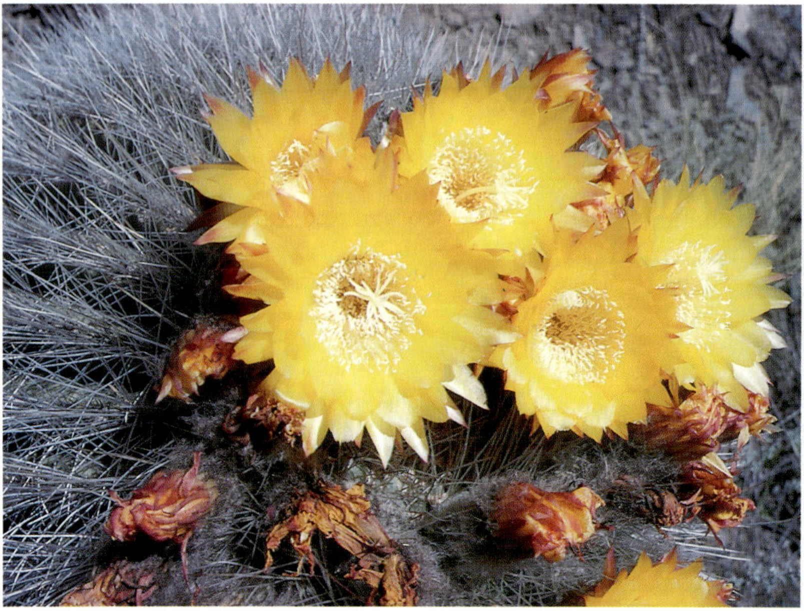

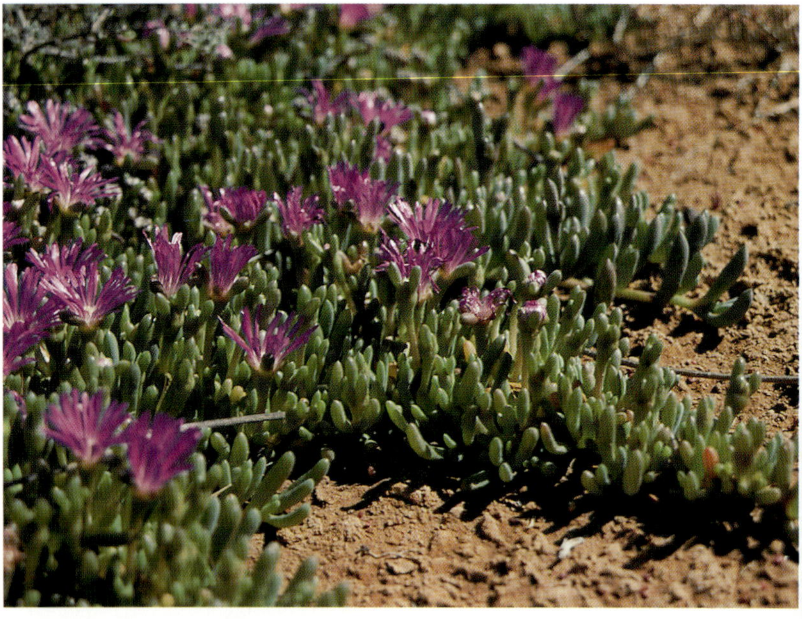

Kakteen haben auffällige Blüten, die von Bienen und anderen Insekten bestäubt werden. Vögel fressen die samenreichen Früchte und verbreiten zwangsläufig die Samen, indem diese unverdaut wieder ausgeschieden werden.

Ein auffälliges Merkmal bei den großen Kakteen, aber auch bei Kandelaber-Wolfsmilcharten (vgl. Foto 127, 129) Afrikas, ist die Ausbildung von Rippen am Stamm. Sie erlauben nach dem Blasebalgprinzip, daß sich der Stamm ausdehnt bzw. einengt. Bei Wasseraufnahme blähen sich die Rippen auf, wobei die faltige Außenschicht ziehharmonikaartig nachgibt. Kakteen speichern nicht nur Wasser, sie geben es auch sparsam ab. Saguaros beispielsweise bleiben noch mehr als ein Jahr am Leben, wenn man sie abschneidet und sterben nur langsam von unten her ab.

Wie viele blattsukkulente Arten des südlichen Afrika zählt auch *Disphyma crassifolium* (Foto 175) zu den Mittagsblumengewächsen (Mesembryanthemaceae). Diese wichtige und für das südliche Afrika so typische Gruppe stellt auch die einzigen authochthonen (= heimischen) sukkulenten Arten in Australien, wobei sie ausschließlich an Salzseen gebunden sind. Mittagsblumengewächse sind halophil oder stellen zumindest einen größeren Anspruch an den Ionengehalt des Bodens. Dieser fehlt den extrem armen Böden Australiens, was die Bindung an verbrackte Standorte einerseits und das Fehlen der Mesembryanthemaceen an nichthalischen Standorten erklären mag. Andere Gründe für das Fehlen von Sukkulenz in Australien ist schlichtweg darin zu suchen, daß wichtige Gruppen wie die Kakteen aus florengeschichtlichen Gründen fehlen. Daß das Potential vorhanden wäre, zeigte die Opuntien-Katastrophe in den dreißiger Jahren, als eingeführte Opuntien verwilderten und sich pestartig in den australischen Weidegebieten ausbreiteten. Erst die Einführung eines Schädlings brachte die Situation wieder ins Gleichgewicht.

Die eigenartigsten Mittagsblumengewächse sind aber zweifellos die „lebenden Steine" der Gattung *Lithops*. Ihre Blattenden besitzen ein lichtdurchlässiges Gewebe, das wie ein Fenster über den tiefer liegenden grünen Assimilationsgeweben angeordnet ist. Die Oberkante des Fensters schließt mit der Bodenoberfläche ab. Das ganze Gebilde sitzt somit direkt im Boden. Fällt Regen, müssen zuerst Wurzeln ausgebildet werden, da die Kutikula des scheinbar zarten Fensterblattes Wasser nicht durchläßt. Umgekehrt verlieren Lebende Steine dafür kein Wasser.

Wüsten des Zonobioms III sind nicht nur trocken sondern auch heiß. Allgemein können sich Oberflächen (z.B. Barflächen im Hochgebirge oder Beton in Städten) enorm erhitzen, in Wüsten bis über 80 °C. Das sind Temperaturen, die höhere Pflanzen nicht mehr ertragen. Der Temperaturgradient über der Oberfläche ist allerdings sehr steil. Schon wenige Zentimeter über dem Boden kann die Temperatur im erträglichen Bereich liegen, auch wenn der Sand oder Stein so heiß ist, daß man ein Spiegelei darauf braten könnte.

Wie bei Wasserstreß gibt es auch hinsichtlich Hitzestreß die beiden Grundstrategien: Ausweichen oder Aushalten. Die Temperaturgrenze, bei der Hitzeschäden auftreten, liegt bei Wüstenpflanzen um 60 °C. Arten mittlerer Breiten oder der immerfeuchten Tropen sind schon wesentlich geringerer Hitzebelastung nicht mehr gewachsen.

Die häufigste Vermeidungsstrategie besteht in der Möglichkeit, durch Transpiration die Organtemperatur (besonders der Blätter) zu senken, was bis 10–15 °C unter Lufttemperatur möglich ist. Dazu benötigt die Pflanze Wasser, das in der Wüste fehlt. Nur größere Gehölze mit Grundwasseranschluß können sich den „Luxus" der Transpirationskühlung leisten (etwa Akazien in einem Wadi). Sukkulente Arten, die fast kein Wasser abgeben, erhitzen sich hingegen stark. Die bereits erwähnten Rippen erleichtern nach dem Kühlrippenprinzip (vgl. auch die großen Ohren des Wüstenfuchses) den Wärmeaustausch mit der Um-

Foto 174: Blühende *Lobivia formosum* aus der trockenen Präpuna bei Mendoza, Argentinien.
Foto 175: Die Mittagsblume *Disphyma crassifolium* aus den Salzseen Südwestaustraliens.

gebungsluft und dienen nicht nur als „Blasebalg" (vgl. Foto 174). Die allerdings raffinierteste Vermeidungsstrategie haben die Stelzenpflanzen Australiens quasi erfunden. Verlängerte Sproßteile heben das gesamte Räschen aus beblätterten Zweigbüscheln, die durch Ausläufer miteinander verbunden sind, über den gefährlichsten Bereich direkt an der Bodenoberfläche.

Die kleine *Borya nitida*, deren scheinbar abgestorbene Exemplare eine bodengefüllte Mulde eines typischen „rock outcrop", eines Felsrückens, im südwestaustralischen Hinterland besetzen, zählt zu den wenigen wechselfeuchten (=poikilohydren) Gefäßpflanzen. Der Begriff der Wechselfeuchte wurde in Analogie zur wechselwarmen Strategie bei Tieren

◁ Foto 176: „Stelzenpflanzen" aus dem australischen Outback (*Stylidium* spec.), Südwestaustralien.
Foto 177: Die „Auferstehungspflanze" *Borya nitida* aus dem australischen Outback, Südwestaustralien.   ▽

eingeführt (Insekten, Reptilien u. a.; Pflanzen sind alle wechselwarm). Er besagt, daß der Wasserzustand in der Pflanze stark schwanken kann und sich der Wasserverfügbarkeit angleicht. Poikilohydre Pflanzen ertragen vollständiges Austrocknen, indem sie in einen Zustand latenten Lebens übergehen. Eigenfeuchte (= homoiohydre Arten) Pflanzen, die über Wurzeln Wasser aufnehmen und durch Schutzmechanismen dosiert abgeben, sind von der Umwelt und ihrem „Wasserzustand" weniger abhängig, was höhere und beständige Produktion erlaubt. Bäume sind nie poikilohyder. Grundsätzlich ist bei den Höheren Pflanzen diese Strategie selten, bei Farnen und Moosfarnen häufiger (z. B. die „Falsche Rose von Jericho"), bei Flechten, Moosen, Pilzen und Bakterien obligat.

Im Zustand der Dürrestarre sind poikilohydre Arten nicht nur dürretolerant, sondern auch hitzebeständig. Flechten können schon bei weniger als 40 °C sterben, wenn sie mit Wasser vollgesogen, d. h. aufgequollen und im aktiven Zustand sind. Im trockenen Zustand werden auch Temperaturen bis 100 °C toleriert. Für Moose, die auf Felsen leben, gilt ähnliches. Auch bei den Gefäßpflanzen ist die Hitzetoleranz im Zustand der Dürrestarre höher.

Hat *Borya* mit diesen Eigenschaften „alles überstanden", ergrünt sie (auch die roten Blätter) sobald Regen fällt und setzt Blüten an: daher „Auferstehungspflanze".

Tierwelt

Wie für die Pflanzen, so sind auch für die Tiere Wassermangel und Hitze die bedeutendsten ökologischen Streßfaktoren. Eine Vielfalt an Vermeidungs- und Toleranzstrategien ist daher von Tieren entwickelt worden. Auffällige Konvergenzen sind häufig. Eidechsenartige wühlen sich in alt- wie in neuweltlichen Wüsten in den Sand, um der Hitze und der Austrocknung zu entgehen. Der Namib-Goldmull lebt sogar als regelrechter Sandschwimmer in den Wanderdünen der Namib. Schlangen winden sich seitlich über den Sand, um die Wirkung der heißen Oberfläche zu mildern. Springende, bipede (= zweibeinige) Formen sind besonders unter den Nagern häufig, um die Distanz zwischen den weit entfernten Futterpflanzen rascher und damit gefahrloser überwinden zu können. Wüstenvögel passen sich an die Farbe der Wüste an. Die meisten Wüstentiere, insbesondere die Säuger, sind nachtaktiv, um der Hitze und Dürre des Tages zu entkommen. Untertags überdauern sie in unterirdischen Bauen oder Höhlen. Nager sind dazu in besonderem Maße fähig.

Dem Wassermangel begegnen viele Tiere durch die Konzentrierung des Urins, geringen Wassergehalt im Kot, Toleranz gegenüber Wasserverlust wie beim Dromedar und die Nutzung von Atmungswasser. Letzteres ist ein Grund, warum Wanderheuschrecken so viel fressen: sie tun es, um Wasser zu erzeugen. Manche Wüstennager haben sich auf die häufigen Salzpflanzen spezialisiert und ein Gebiß, mit dem sie auch die harten, salzreichen Außenschichten bewältigen können. Vielfältig sind Einrichtungen, um die Verdunstung herabzusetzen, wie spezielle Schilde bei Wüstenasseln und Tausendfüßlern. Das Fettgewebe im Buckel des Dromedars schützt mit dem dicken Haarfilz analog zur dicken Kleidung der menschlichen Wüstenbewohner vor Überhitzung. Durch das Fehlen von „Fettpolstern" am übrigen Leib, also den beschatteten Partien, wird der Wärmeaustausch mit der Umgebungsluft gefördert. Daher bekommen Kamele keinen „Bauch", auch wenn sie nicht hungern müssen.

Foto 178: Junges Dromedar in einer Oase der Nordsahara.

Foto 179: Der kleine Korbblütler *Koelpinia linearis* mit den zu „Trittkletten" geformten Früchten, Ägypten. ▽

Günstige Lebensräume für die Pflanzen und damit relativ produktive Futterplätze für Tiere sind in Wüsten inselartig verteilt. Aus landschaftsökologischer Sicht liegt bei Wüsten der Schwerpunkt des Landschaftscharakters in der Betonung der Matrix, wobei linienförmige und flächige Strukturen nur als weit über die ganze Landschaft verteilte „patches" (= Flecken) in Erscheinung treten. Diese Struktur läßt Pflanzen mit effizienter und gezielter Fernverbreitung häufig werden.

Die verläßlichsten „Vehikel" zur Überwindung größerer Strecken sind Tiere. Zoochorie, d.h. Verbreitung durch Tiere, ist in Wüsten sehr verbreitet. Auf die endozoochore Verbreitung der Kaktussamen durch Vögel wurde schon hingewiesen. Eine andere Lösung ist die Exozoochorie, d.h. die Samen oder Früchte – oft steife, mit Haken versehene Klettenfrüchte – bleiben in Federn, Haarkleid, im Schlamm an Füßen und Krallen hängen und werden so mitgeführt. In ariden Gebieten besonders häufig sind Trittkletten, die oft geradezu martialisch wirken. Ganz dem entsprechend streck etwa die kleine *Koelpinia* (Foto 179) aus der Nordsahara ihre stacheligen, spornartigen Früchte in die Höhe. Man darf annehmen, daß bereits beim ersten Tritt eines Dromedars, Esels oder einer Gazelle, die Frucht hängen bleibt. Die Wahrscheinlichkeit, daß ein Tier die winzige *Koelpinia* trifft (der Fruchtstand ist ca. 2 cm im Durchmesser), ist zweifellos gering. Wenn es aber der Fall ist, so sollte „nichts schief gehen". Andere Arten haben Früchte, die an mehrstachelige Reißnägel erinnern (z.B. *Tribulus terrestris*). *Tribulus* wurde in manchen afrikanischen Weidegebieten zur „Unkrautplage", nachdem die Hirten nicht mehr barfuß gingen, sondern begannen, Schuhe zu tragen und daraufhin die Bekämpfung der vormals gefürchteten Kletten vernachlässigten. Komplexe Tier-/Pflanze (aber auch Mensch/Pflanze)-Beziehungen prägen die ariden Ökosysteme.

Obwohl die Wüsten und Halbwüsten zirka ein Drittel der Landoberflächen bedecken, produzieren sie nur ca. 1 % der globalen Phytomasse. Entsprechend gering sind daher auch die Nahrungsressourcen für Konsumenten und Destruenten. Eine enge Beziehung besteht zwischen der Menge des Niederschlags und der Primärproduktion, wobei allerdings zu beachten ist, daß es keinen Nullpunkt gibt. Das heißt, daß unter einer gewissen noch feststellbaren Regenmenge keine Produktion möglich ist, da das Wasser bereits wieder verdunstet ist, bevor Pflanzen reagieren könnten. Dieser Punkt liegt bei ephemeren Arten (vgl. Pluvio-Therophyten; Foto 168) höher als bei perennierenden.

Generell steht den Nahrungsketten ein geringer Input zur Verfügung. Blätter, Stengel und andere noch lebende Teile werden nur zu einem geringen Ausmaß direkt konsumiert (ca. 2 bis 10 % der Biomasse). Von größerer Bedeutung sind Samen, von denen bis zu 90 % von Körnerfressern konsumiert werden. Der Großteil der produzierten Primärproduktion (aber auch Teile von Tierleichen) fällt daher als totes Material an. Detritivore (= Streufresser) spielen daher in Wüstengebieten eine sehr große Rolle. Termiten, Ameisen, Milben und Asseln vertilgen in der Regel alles, was

Foto 180: Wind hat in einer kleinen Mulde auf dem nackten Boden einer Mulga-Halbwüste in Australien pflanzlichen Detritus zusammengeweht, der von Ameisen genutzt wird.

von ihnen konsumiert werden kann und nicht durch Wind und Sandsturm zerrieben und verblasen wird. Nur kahle verholzte Äste und Stämme bleiben in der Regel zurück. Wie das Bild (Foto 180) zeigt, wurde das kleine Genist angeweht, die vorhandene Biomasse entstand nicht vor Ort, also autochthon. Fremdbürtige Anlieferung von organischem Material ist in Wüsten häufig. Spezielle allochthone Ökosysteme sind entstanden wie auf den scheinbar leblosen Wanderdünen der Namib (vgl. Foto 164).

Schwarzkäfer, die sehr artenreich in ariden Lebensräumen vertreten sind, ernähren sich vorwiegend von totem Pflanzenmaterial und können auch dort leben, wo keine grünen Pflanzen unmittelbar verfügbar sind. Wie die meisten Wüstentiere weichen viele Schwarzkäfer den heißen Tagestemperaturen aus, in-

Foto 181: Ein Schwarzkäfer (Tenebrionideae) im Dünensand der nördlichen Sahara, Tunesien.

Foto 182: Ein Pillendreher (*Scarabaeus* spec.) am Werk.

dem sie kleine Höhlen im Sand graben und sich darin verkriechen (Foto 181). Die noch oder bereits angenehmen Morgen- und Abendstunden werden für Nahrungsaufnahme und andere Unternehmungen genutzt. Der Melanismus, d.h. die auffällige Schwarzfärbung, ermöglicht eine höhere Strahlungsabsorbtion in den frühen Morgenstunden, damit eine höhere Körpertemperatur und entsprechend größere Aktivität.

Die Lebensweise der Schwarzkäfer dient unter anderem dem sparsamen Umgang mit der wohl wichtigsten Mangelressource in den Wüsten, nämlich dem Wasser. Aber auch das organische Material, von dem diese Tiere leben, gibt es nicht im Überfluß, es sei denn, Winde haben zum geeigneten Zeitpunkt viel welkes Material zusammengeweht. Damit ist ein wichtiges Merkmal von Wüsten angesprochen: Ressourcen stehen entweder in nur geringem Ausmaß, dann aber vergleichsweise verläßlich zur Verfügung oder aber in genügendem Ausmaß bis zum Überfluß, dies aber sehr unzuverlässig. Zwei Grundstrategien sind möglich: Entweder geben sich Pflanzen und Tiere mit dem Wenigen, aber Sicherem vor Ort „zufrieden" oder sie nutzen ein hohes Ressourcenangebot, das aber zu hoher Mobilität zwingt. Nomadismus ist daher nicht nur bei Menschen, sondern auch bei Tieren verbreitet. Als 1979/80 ein Starkregen bei Sharm el Sheik (Sinai) die Wüste in ein „grünes Paradies" verwandelte, zogen nicht nur die Nomaden sondern auch der Distelfalter *Vanessa cardui*, ein auch aus Mitteleuropa bekannter Wanderfalter, zu Tausenden dorthin.

Für den berühmten und von den alten Ägyptern als Gott verehrten Pillendreher ist der Dung großer Weidetiere wie für alle Mistkäferarten die entscheidende Ressource und in der Regel, wenn, dann reichlich vorhanden, auch wenn um eine „Pille" kämpfende Käfer nicht selten zu beobachten sind. Das eigen-

Foto 183: Die Wüste blüht – nach einem Regen sind in der Mulga-Halbwüste Westaustraliens Massen von Blütenpflanzen aufgelaufen.

artige Verhalten, aus Kotmaterial Kugeln zu bilden, dient der Versorgung der Brut. In eine vorgegrabene Höhle wird der Ballen eingebracht, eine Brutkammer aufgesetzt und in diese ein Ei gelegt. Das fertige Gebilde hat die Form einer Birne, der Kot dient der Larve als Nahrung. Manche Arten formen auch Kugeln für den Eigenbedarf, wobei diese weniger sorgfältig gemacht sind und aus weniger feinem Material bestehen. Mit seiner Tätigkeit

Foto 184: *Levenhookia* spec. aus dem australischen Mulgaland, eine kurzlebige Regenpflanze (= Pluviotherophyt).

übernimmt der Pillendreher eine wichtige Funktion im Nährstoffkreislauf, indem er den groben Dung verfeinert und weiter abbaut.

Was er und andere Detritusfresser übriglassen wird schließlich von Mikroorganismen, den Destruenten, weiter zersetzt. Sie sind in den meisten Wüstenböden durchaus artenreich, aber nicht in Mengen vertreten, auch solche, die zur Luftstickstoffbindung befähigt sind wie Cyano-Bakterien und Bakterien wie *Azotobacter*. Sie ermöglichen einen zwar geringen, aber doch ersten Stickstoffinput in viele Wüstensubstrate. Bodenbiologische Aktivität ist generell an zumindest zeitweise Verfügbarkeit von Wasser gebunden und besonders dort anzutreffen, wo sich Detritus anhäuft, wie im Nahbereich von Tiertränken und Ställen mit Mist für den Pillendreher oder weit häufiger im Nahbereich von Büschen oder Zwergsträuchern. Trotzdem bleibt und ist Stickstoff wie auch andere Nährstoffe, die vorwiegend über Recyclierung verfügbar sind, in Wüsten eine ausgeprägte Mangelressource. Den größten Reichtum an insektivoren Sonnentauarten, die durch Insektenfang ihren Stickstoffbedarf decken, findet man daher in Australien in Trockengebieten und nicht – wie in Mitteleuropa – in Mooren!

Niederschläge gibt es in Wüsten selten, unregelmäßig und räumlich ungleich verteilt. Fallen sie aber in ausreichender Menge, so kommt es zu Überschußsituationen, die von Tieren genutzt werden könnten. Die Unberechenbarkeit dieser Ereignisse in Raum und Zeit macht dies aber sehr schwierig. In der Kürze der zur Verfügung stehenden Zeit können sich keine komplexen Nahrungsketten entwickeln. So paradox es klingen mag: von der geringen Primärproduktion der Wüste bleibt vieles ungenutzt, weil keine Tiere darauf spezialisiert sind, diese reichliche, aber unsichere Ressource nach Starkregen zu nutzen. Auch Karnivore fehlen. Entweder – und salopp gesagt – überfordert diese Unberechenbarkeit das evolutive Potential der Tierwelt, oder sind die entwicklungsgeschichtlich noch jungen Wüsten als Lebensraum nicht alt genug.

Daß Tier-Pflanze-Beziehungen nicht ganz ausgeschlossen sind, zeigen besonders Halbwüstensituationen bzw. Bestäubergemeinschaften. So finden sich Arten mit ausgefinkelten Blüteneinrichtungen zur Sicherung der Fremdbestäubung durch Insekten wie die eigenartige *Levenhookia* aus dem australischen Busch, deren Griffel schleuderartig umspringt, wenn ein Insekt die Blüte besucht (= trigger plant). Allerdings sind Winterregen im südwestaustralischen Outback vergleichsweise zuverlässig. Nur in solchen Gebieten kann sich ein fein abgestimmtes Timing zwischen Keimen, Entwicklung der Bestäuber und Samenverbreitung entwickeln. Eine andere Lösung ist Mobilität, wie das bereits erwähnte Beispiel des Distelfalters zeigt. Eine Neigung zu Wanderungen ist daher manchen Wüstentieren eigen. Große oder flugfähige Tiere sind dazu besser in der Lage.

Foto 185: Blick in den Schott el Djerid, südliches Tunesien.

Salzwüsten

Obwohl die Differenzierung in zonale und azonale Ökosysteme in ariden Großlebensräumen auf Schwierigkeiten stößt, da die extremen Bedingungen eine Bodenbildung und „Ausreifung" von Ökosystemen nicht oder allenfalls begrenzt zulassen, sind Salzseen und -pfannen, Wadis und Oasen zwar für Wüsten typische, aber doch durch spezielle Faktoren geprägte und damit von der „Normalwüste" abweichende Lebensräume. Wo sich in abflußlosen Senken Wasser sammelt, dieses den Boden durchfeuchtet und letztlich austrocknet reichert sich Salz an der Oberfläche dadurch an, daß das in der Bodenlösung mit aufsteigende Salz auskristallisiert. Es bilden sich Salzböden oder Schotts, oft mit riesigen Ausmaßen. Die endlos scheinende Ebene des Schott el Djerid (Foto 185) erstreckt sich über ein Gebiet von 150 km Länge und 75 km Breite und ist im Zentrum, wo praktisch nur feinstes Salz ansteht, vegeta-

tionslos. Schotts häufen sich in Gebieten mit entsprechender Geländemorphologie, wo salzführende Gesteinsschichten auftreten und noch genügend Regen fällt. In den extrem niederschlagsarmen Wüsten kommen Salzböden allenfalls kleinflächig vor.

Natriumchloride (u. a. Kochsalz) und Magnesiumchloride sind die häufigsten Salze, aber auch Sulfate und Karbonate sind nicht selten. Wo Grundwasser oberflächennah ansteht, bilden sich durch den kapillaren Aufstieg Salzkrusten an der Oberfläche (Gips, Kochsalz, Kalk u. a.). Salzbodenökosysteme lassen sich standörtlich nach der Salzkonzentration, der Dauer der Wasserbedeckung und dem Wassergehalt im Boden klassifizieren. Die ökologischen Amplituden salztoleranter Arten sind oft sehr eng eingepaßt. Die wenigen echt halophilen Pflanzenarten, also Salz benötigende Arten, besetzen die extremsten Standorte. Salzpflanzen sind vielfach gute Futterpflanzen, teils sind sie daher Basis spezialisierter Nahrungsketten.

Foto 186: Die Salzpflanze *Limoniastrum* spec. aus dem Randbereich des Schott el Djerid.

Foto 187: Die Sommerwurzart *Cistanche purpurea*, ein Parasit auf *Limoniastrum*.

Salzgehalt im Boden ist für Pflanzen in mehrfacher Hinsicht eine Belastung. Wasser ist aus Salzlösungen schwerer verfügbar, hohe Saugspannungen (= niedrige osmotische Potentiale) müssen in der Pflanze aufgebaut werden. Ein Zuviel an Natrium- und Chloridionen führt zu Ionenungleichgewichten. Direkte Wirkungen dieser Ionen auf enzymatische Prozesse und Zellmembranen stört wichtige Stoffwechselprozesse. Von den zahlreichen Einrichtungen, mit diesen Problemen fertig zu werden, wurde die Salzsukkulenz bereits erwähnt (vgl. Foto 149). *Limoniastrum* zeigt das Phänomen der Absalzdrüsen (siehe die weißlichen Überzüge). Diese scheiden Salz aktiv ab und halten somit die Salzkonzentration in den Zellen konstant. Das ausgeschiedene Salz wird beim nächsten Regen abgewaschen.

Um Sträucher und Zwergsträucher häuft sich Sand an. Es entstehen kleine Dünenhügel, die sich zu horstähnlichen Bildungen entwickeln können, wenn der Strauch auf dem Sandpfropf immer höher wächst. Diese Horste süssen gewissermaßer aus. Trotzdem reichen die Wurzeln in die Salzböden dazwischen. Auf *Limoniastrum* der Nordsahara sitzen auf diesen Wurzeln die fleischigen Stengel von *Cistanche purpurea*, einem prächtig blühenden Vollparasit. Der Stengel ist dickfleischig und wässrig, was bedeutet, daß *Cistanche* „Saugspannungen" entwickeln muß, die über jenen der Wirtspflanze liegen. Diese selbst muß aber bereits hohe Werte haben, um dem salzhaltigen Boden Wasser entziehen zu können. Dazu produzieren salztolerante Pflanzen osmotisch wirksame Substanzen im Zellplasma, die für sie selbst unschädlich sind.

Foto 188: Gebirgsszenerie aus den ariden Anden bei Las Cuevas, Argentinien.

Aride Hochgebirge

Die Orobiome (= Gebirgslebensräume) der heiß-ariden Zone zeigen ein Charakteristikum, das bereits die Gebirge des Zonobiom II kennzeichnet. Die Niederschläge nehmen mit der Höhe zu, um gegen die höchsten Gipfel wieder abzunehmen. In den Halbwüstengebieten wie der Sonora-Wüste zeigt sich dies in Form einer unteren und oberen Waldgrenze, wobei erstere durch hartlaubige Gebüsche markiert wird, letztere (teils kältebedingt) durch Nadelhölzer. Nur auf den höchsten Gipfeln wie dem isolierten San Francisco Peak (3761 m), folgt eine Art alpine Tundra mit nördlichen Arten. Am Andenwesthang Südperus und Nordchiles (aber auch in innerandinen Tälern) beherrschen Kakteenhalbwüsten mit Riesenkakteen (vgl. Foto 173) die unteren und mittleren Hänge. Auf sie können laubwerfende und mit Epiphyten besetzte kakteendurchsetzte Trockenwälder und -gebüsche folgen, die schließlich zwischen 3000 m und 4000 m in Puna übergehen (vgl. Foto 144) und darüber von hochandinen bzw. subnivalen Zonen abgelöst werden (Foto 188).

Die extremsten ariden Hochgebirge sind allerdings die zentralen Gebirgsmassive der Sahara: Tibesti und Hoggar. Dort treten Gehölze als Gebirgssavannen (Hoggar) in Erscheinung oder sind reliktär auf Sonderstandorte in Schluchten und an feuchten Unterhängen beschränkt. Der vertikale Temperaturgradient ist mit ungefähr 1 °C auf 100 m sehr steil (vgl. Randalpen mit 0,5 °C/100 m). Fröste treten ab etwa 2000 m auf.

Während des pleistozänen Pluvials (in Europa Eiszeiten) konnten sich in den Gebirgsländern der Sahara Wälder mit Fichte, Eibe, Hopfenbuche, Zelkovie, Hasel u.a. halten, was der Gehölzgarnitur der heutigen Feuchtwälder der Kolchis am Schwarzen Meer entspricht.

Foto 189: Lebensformenspektrum der Gebirgssteppen des ariden Nordafrika (bei Speitla, südliches Tunesien) mit Halfagras (*Stipa tenacissima*; links).

Die höhenzonale Gliederung von Tibesti und Hoggar beginnt mit sehr trockenen Savannen, auf die ab 1700 m Gebirgssteppen folgen. In Schluchten und an durchfeuchteten Standorten treten besonders im Tibesti Gehölzgruppen mit südlichen Arten auf, die ausbleiben, sobald Fröste mehr oder weniger regelmäßig auftreten. Frost ertragende Arten wie Tamarisken, Ölbaum (*Olea lapperini*) und andere können im Hoggar hingegen die niederschlagreichste Zone (ca. 150 mm Jahressumme) zwischen 2300 m und 2700 m nutzen, sind aber auch dort auf Sonderstandorte wie Abflußrinnen und feuchte Oberhänge beschränkt. Im Gegensatz dazu sind die Hochlagen des Tibesti baumlos, da „geeignete" Gehölze fehlen. Im Hoggar ist Nebel häufig, wodurch Flechtenüberzüge an Felsen keine Seltenheit sind. Die floristische Zusammensetzung der Gebirgssteppenstufe, die von französischen Autoren als saharo-mediterran bezeichnet und der tieferen saharo-tropischen Stufe gegenübergestellt wird, ändert sich mit der Höhe, wobei mediterrane Elemente immer stärker in den Vordergrund treten. Die Vegetation wird dominiert von ausdauernden und hartlaubigen (=sklerophyllen) Horstgräsern (links im Bild). Häufig sind malakophylle Arten (oben rechts), zwei- bis mehrjährige Rosettenpflanzen (oben Mitte), aber auch skleromorphe Kleingehölze wie der aphylle (blattlose) Wildspargel (rechts) und Geophyten wie die kleine Wildzwiebel (unten Mitte) fehlen nicht. Wie viele Pflanzenarten der saharischen Hochgebirgswelt sind vermutlich auch die Tiere wie die Agame *Agama imperialis* oder die Natter *Malpolon monspessulanus* (aber auch Wirbellose) Relikte aus der Pluvialzeit. Unter den Pflanzen ist die Baumheide *Erica arborea* in Gebirgsschluchten des Tibesti das wohl spektakulärste Pluvialrelikt. Ihr Vorkommen liegt zwischen den rezenten Arealen in den Hochregionen Ostafrikas und dem Mittelmeerraum.

Azonale Ökosysteme

Wadis

Im Gegensatz zur lebensfeindlichen Salzwüste sind die Wadis geradezu „Inseln des Lebens". Die Ausbildung und die Lebewelt der Wadis hängen sehr stark von der Größe des Einzugsgebietes, dem umgebenden Gelände und der Art des Einzugsgebietes ab. Gebirgsnahe Abflußrinnen haben noch „Wildflußcharakter", andere ziehen sich als flache Mulden in Windungen dahin (Foto 190).
Fällt im Einzugsgebiet Regen, braust mit großer Wucht eine schlammige, braune Brühe durch die Abflußrinne, um dann in flacheren Teilen zu verebben. Die Sedimentfracht des abfließenden Wassers ist enorm und lagert sich schließlich sortiert in beruhigten Zonen oder Becken ab. Sind solche abflußlosen und tonreichen Senken drainagiert bzw. wird Salz durch das Regenwasser ausgewaschen, können auch Gehölze wachsen.
Wasser, das in den Boden sickert, sammelt sich als Grundwasserstrom oder steht als Haftwasser Pflanzen zur Verfügung. Natürlich spielt die Menge eine entscheidende Rolle. Neben voll ausgebildeten Individuen einer Art findet man in nächster Nähe abgestorbene Blattrosetten (Foto 191) mit halb ausgebildeten Blütenständen von Individuen, die zu spät keimten und deren Wurzelwerk dem sinkenden Wasserspiegel nicht rasch genug folgen konnte. Wo Grundwasseranschluß gegeben ist oder Abflußereignisse regelmäßig auftreten, wurzeln Bäume (siehe Foto 190 im Hintergrund), von einzelnen Individuen angefangen bis zu geschlossenen Hainen. In Halbwüsten ist dies besonders ausgeprägt (vgl. die „washes" der Sonora; Foto 162), und eigene Gehölzgesellschaften können abgegrenzt werden. Viele endemische Arten der verschiedenen Wüstengebiete zeigen Bindung an episodische Wasserläufe, so etwa auch *Welwitschia mirabilis* (Foto 169).

Foto 190: Arabische Wüste zwischen Niltal und Rotem Meer mit Wadi, Ägypten.

Foto 191: Die Wüstenpflanze *Zilla spinosa* in einem Wadi bei Qena, Ägypten.

Foto 192: Ein Regenguß hat in einem flachen Flußlauf Feuchtigkeit für eine Massenentwicklung von Pluvio-Therophyten hinterlassen, Qued el Khir (südliches Tunesien).

Im Gleitufer einer Flußbiegung hat sich *Zilla spinosa* angesiedelt. Sie ist eine Charakterart der saharo-arabischen Region und eine typische Pflanze der Wadis, allerdings nicht auf diese allein beschränkt. Bei guter Wasserversorgung kann *Zilla* mehrjährig sein, ihre Lebensdauer ist unmittelbar vom Abflußgeschehen und den zurückbleibenden Reserven im Wadi abhängig. Außer dem Individuum im Vordergrund (Foto 191) haben es die übrigen nicht mehr geschafft und sind vertrocknet. Auf der anderen Seite kann *Zilla* bei guter Wasserversorgung Größen bis zu 1,50 m erreichen (das Exemplar auf dem Bild ist ca. 50 cm hoch). *Zilla* besitzt wie die meisten Wüstenephemeren eine enorme Plastizität, die es ihr erlaubt, Ressourcen nach Verfügbarkeit maximal zu nutzen.

In sehr flachen Abflußrinnen, in gut drainagierten und daher nicht versalzten Senken laufen nach einem Abflußereignis, das den Boden durchfeuchtet hat, kurzlebige Kräuter auf (= Pluvio-Therophyten), die im Gegensatz zur „langlebigen" *Zilla spinosa* ihren Lebenszyklus wesentlich rascher abschließen können. Sie füllen geeignete Senken und Mulden dicht aus oder überziehen als bunter Teppich flache Sandbänke der Gleitufer.

Häufig sind es Arten, die sich gleichsam aus den umgebenden Florenressourcen in die Wüste vorgewagt haben, wie in diesem Fall Adonisröschen (*Adonis* spec., gelb) und Leinkraut (*Linaria* spec., blau). Beide stammen aus Verwandtschaftskreisen, die artenreich im Mittelmeerraum und darüber hinaus verbreitet sind.

Oasen

Quellwasseraustritte am Rande von Senken und Becken zeigen, daß Wüstenklimate im Prinzip eine hohe Produktion erlauben würden. Entlang großer Flüsse, die Wüstengebiete durchqueren (Fremdlingsflüsse), wird dies noch deutlicher. Auf der Kitchener Insel im Nil bei Assuan gedeiht durch Bewässerung der Großteil der in Indien kultivierten Tropenbäume. Sogar kauliflore Arten, wie sie für Regenwälder typisch sind, kommen zur Blüte. Die Situation auf unkultivierten Inseln bei Assuan zeigt das Bild (Foto 193). Die Abfolge auf der Uferdüne ist dramatisch, die Zonation besteht aus mindestens drei gut unterscheidbaren Pflanzengesellschaften. Die Bäume im Hintergrund (Tamarisken und Weiden) stokken auf felsigem Substrat, das besseren Halt ermöglicht.

Regen fällt in Assuan praktisch nie. Die Vegetation kann sich landeinwärts so weit vorwagen, wie der Sand Wasser kapillar hochsaugt bzw. vom Hochwasser Feuchtigkeit zurück bleibt. Die vorderste, landseitige Front – auf dem Bild teils bereits vertrocknet – bilden Ephemere (z.B. *Vahlia* spec., Saxifragaceae), wasserwärts folgen ausläuferbildende Gräser (*Cynodon dactylon* u.a.), die von Teilen mit Wasserkontakt versorgt werden. Im Wasser wuchern Knöterricharten (*Polygonum senegalensis*).

Natürliche Quelloasen besitzen ähnliche Vegetationsabfolgen um Wasserlöcher und Gräben. Wo Grundwasseranschluß gegeben ist, wären Wildpalmenhaine typisch, so mit Dumpalme (*Hyphaene thebaica*) im saharo-arabischen Raum oder mit der Fächerpalme (*Washingtonia filifera*) in der Sonora-Wüste. Im saharo-arabischen Raum sind spontan auftretende Dattelpalmen (*Phoenix dactylifera*) Indikatoren für leicht brackische Verhältnisse, das Vorkommen von Tamarisken und hohen Binsenarten (z.B. *Juncus arabicus*) kann bereits Salzwasser anzeigen.

Foto 193: Nilufer bei Assuan mit typischer Vegetationsabfolge (Ägypten).

Den Vorteil der Ausläuferbildung demonstriert dieses Bild mehr als deutlich. Die Mutterpflanze breitet sich aus, sorgt aber noch in gewissem Sinne für ihren Nachwuchs. Durch diese Wachstumsstrategie kann mehr Raum besetzt werden und die Abhängigkeit von „safe sites" ist weniger groß. Wie ein Hydrant an einer Wasserleitung hängt diese Jungpflanze am weiträumigen Ausläufersystem der Gesamtpflanze. Ähnliche Systeme baut auch Schilf (*Phragmites australis*) auf, einer der wenigen Kosmopoliten (= weltweit verbreitete Arten) unter den höheren Pflanzen. Seine unterirdischen Ausläufer erreichen Längen von mehr als 10 m und treiben oberirdische, grüne Triebe fernab vom Wasser mitten im heißen Sand. Alte ägyptische Darstellungen haben diese Eigenschaft des „Wüstenschilfs" festgehalten. Auf diese Weise bildet Schilf große und ausgedehnte klonale Systeme, die ein enormes Alter von mehreren Hundert, möglicherweise sogar Tausenden von Jahren erreichen können. Es ist auch in der Lage, Stellen noch lange zu besetzen,

Foto 194: Teilstück eines Ausläufers mit Jungpflanze einer stammsukkulenten Wolfsmilchart der Kanarischen Inseln, Teneriffa.

Foto 195: Herde mit Hirtin in der ägyptischen ▷ Küsten-Halbwüste.

wenn die Verhältnisse nicht mehr so günstig sind. Auch die Stelzenpflanzen (siehe Foto 176) hängen über Ausläufer zusammen, und es ist deutlich, daß unter Umständen eine Pflanze mit Wasseranschluß eine solche an der „heißen Front" noch mit Wasser zu versorgen vermag.

Ein Vorteil der Ausläuferbildung liegt auch darin, daß Pflanzen dadurch günstige Stellen in der Nachbarschaft ausschöpfen können, ein Prinzip, das als „foraging" in die Ökologie Eingang gefunden hat und allgemein Gültigkeit im Sinne des aktiven Erschließens von Ressourcen hat. Nach dem ökologischen Grundcharakter der Wüsten zwischen ressourcenarm und verläßlich bzw. ressourcenreich und unverläßlich nützen Oasenpflanzen gewissermaßen einen dritten – selten glücklichen – Fall, nämlich ressourcenreich und verläßlich. Dort jeden Quadratzentimeter zu nutzen, erscheint zumindest aus anthropomorpher Sicht zweckmäßig.

Rurale und urbane Ökosysteme

Nomadenkulturen

Frühe Jäger- und Sammlerkulturen haben die heißen Trockengebiete schon zu Urzeiten erobert, wie Felsmalereien und Artefakte beweisen (z. B. die Buschmänner der Karoo). Hirtenvölker folgten, vertrieben die Jäger und Sammler (z. B. die Hottentotten, Bantu und die holländischen Treckburen die Buschmänner zu Tausenden) und entwickelten Nomadenkulturen, die geeignet sind und waren, Überschußsituationen aufgrund episodischer Regenfälle auszunutzen. Allerdings war und ist Vollnomadismus auch in der Sahara und den arabischen Wüsten nicht die dominante Form. Transhumanz (Fernweidewirtschaft) ist häufiger. Sie ist vor allem im Nahbereich von Gebirgen und in Gebieten mit relativ verläßlichen Winter- oder Sommerregen typisch. Von Dauersiedlungen an Wasserstellen ausge-

hend ziehen die Herdenbesitzer mit dem Vieh auf genau festgelegten Korridoren zu den Weidegründen, z. B. in die feuchteren Hochweiden im Sommer. Ein Teil der Familie bleibt zurück. Im linken Teil des Bildes (Foto 195) sind beispielsweise einfache Häuser zu sehen.

Ziegen (siehe Bild), Schafe und Kamele sind die wichtigsten Weidetiere. Sie wurden auf Ausdauer und nicht auf Milchleistung oder Fleischproduktion gezüchtet. Auch durch diesen Effekt ist die Bevölkerungsdichte in Wüsten zwangsläufig gering (1 bis 2 Bewohner pro Quadratkilometer). Heute kommt eine deutliche Tendenz zur Seßhaftwerdung dazu. Die Bedeutung der Nomadenvölker als Träger des Handels ist mit den modernen Verkehrsmitteln und dem Ausbau von Verkehrswegen zurückgegangen. Durch Anlage von Brunnen und tierärztlichen Betreuungseinrichtungen wird die Konzentration der Herden gefördert, damit aber auch die Überweidung in deren Nahbereich. Viehtritt und Abholzung der wenigen Wald- und Baumbestände in den Gunst-

lagen fördern die Desertifikation, ein Problem, das in der Sahelzone besonders akut geworden ist. Es zeigte sich deutlich, daß die Aufgabe alter und nachhaltiger Nutzungsformen sorgfältiger Neuorientierung bedürfte.

Der Bedarf nach „jedem Halm" in Wüstengebieten steht zweifellos mit den Schutzeinrichtungen vieler Wüstenpflanzen in Verbindung. *Zilla*, die von Kamelen gerne gefressen wird, entwickelt vor allem nach Beendigung des Streckenwachstums dornige Sproßenden. Diese sind möglicherweise auch gute Anker, wenn die ganze Pflanze oder Zweigstücke mit den Früchten von einem Hochwasser weggerissen werden. Die Früchte sind ebenfalls spitz und scharf und finden als Trittkletten Verbreitung über weite Strecken (vgl. Foto 179). Auffällig ist in Wüsten die Häufung von Giftigkeit, und zwar nicht nur bei Pflanzen, sondern auch bei Tieren. Man denke an die Klapperschlangen der nordamerikanischen Wüsten oder die Skorpione der Sahara. Wie die Klettenfrüchte zur Absicherung der Verbreitung dienen, so hilft der Giftzahn ein seltenes Ereignis (= Vorhandensein von Beute) sicher zu nutzen.

Für den Menschen sind Wüsten Mangellebensräume nicht nur aus Sicht des Nahrungserwerbes und der Wasserversorgung. Er benötigt Baumaterialien für Zelte, Stricke, Salz, Materialien zur Produktion von Werkzeugen etc.. All dies sollte die Wüste liefern können. Tatsächlich nutzen traditionelle Beduinenkulturen eine Vielzahl an „Wüstenprodukten". Die Kenntnis nutzbarer Pflanzen ist enorm, fast jede Art hat einen eigenen Namen, so die abgebildete Zwiebel, die bei den Beduinen Südtunesiens „Korass" genannt wird. Die Beduinen nutzen die Strohtunika um die Zwiebel zum Feuermachen. Oberirdisch sind die zarten Blätter kaum wahrzunehmen und von ähnlichen Arten schwer zu unterscheiden. Ein Beduine findet sie zielsicher, wenn er danach sucht.

Foto 196: Die saharo-arabische Wüstenpflanze *Zilla spinosa* in Blüte (beachte die dornigen Sproßenden).
Foto 197: Eine Zwiebelpflanze aus den Halbwüstengebieten Südtunesiens.

Oasenkulturen

Im Gegensatz zum kargen Leben in der Wüste bieten Oasen und bewässerte Anbaugebiete ein einzigartiges Ertragspotential. Dort sind höchste Erträge möglich. In vielen Gebieten gibt es fruchtbare Böden und ist der Strahlungsgenuß hoch. Fröste fehlen oder treten allenfalls sporadisch auf. Das Temperaturklima eignet sich für das Wachstum praktisch aller Kulturpflanzen der Subtropen und Tropen.

Drei Möglichkeiten gibt es, Wasser bereitzustellen: 1. Nutzung von Grundwasser. Dies ist die klassische Nutzungsform in Quelloasen. Das Erbohren von fossilen Wasserreserven und die Anlage von künstlichen Brunnen hat die Nutzungsmöglichkeiten heute enorm ausgeweitet. 2. Auffangen von Regenwasser. Dies geschieht durch Vorrichtungen, mit deren Hilfe von Felsen abrinnendes Wasser aufgefangen wird oder Wasser, das sich in Schuttkörpern fängt, zu den Feldern abgeleitet wird (Wasserkonzentrationsmethoden). 3. Die Nutzung von Flußwasser von sogenannten Fremdlingsflüssen. Sie führte zur Entwicklung von ersten städtischen Hochkulturen wie im Niltal oder dem Industal und ist auch heute die mit Abstand großflächigste Oasenkulturform. Sie erlaubt enorme Besiedlungsdichten (z.B. über 1000 Einwohner pro Quadratkilometer in der Niloase).

Flüsse liefern nicht nur Wasser, sondern mit den Hochwässern auch fruchtbares Sediment. Die Überschwemmungen wirken zusätzlich aussüßend und verhindern die Versalzung der Böden. Auf diese Weise war jahrtausendelange Nutzung möglich, obwohl jeder Quadratmeter genutzt wurde und wird. Seit den ersten neolithischen Kulturen des Niltals sind 7000 Jahre vergangen. Die älteste urbane Siedlung der Welt, die Stadt Mehrgarh am Rand des Schwemmlandes des Indus zählte vor 8000 Jahren ca. 3000 Einwohner, die in Häusern aus Lehmziegeln lebten. Nahrungsgrundlage waren Weizen, Gerste und Datteln, Baumwolle war bekannt. Noch heute zählen diese Kulturpflanzen zum Kernbestand der Oasenkulturen.

Zur Bewässerung wurde im Niltal (und nicht nur hier) eine Vielzahl an Techniken entwickelt. Schöpfwerke wie die „Tabut", mit dessen Hilfe pro Tag ein Hektar Land bewässert werden kann, oder die primitivere „Sakija", bei der das Wasser mit Tongefäßen gefördert wird, haben uralte Tradition. Die „Sakija" ist seit der Herrschaft der Griechen (Ptolemäer-Zeit) in Ägypten bekannt. Einfachere Formen sind das Schöpfen mit dem Ledereimer, oder die „archimedische Schraube", der „Tanbur". Mit dem Schöpfbrunnen „Schaduf" wird Wasser mittels eines Pumpenschwengels aus größeren Tiefen geholt. Moderne Motorpumpen sind für die vielen Kleinbauern meist zu teuer und finden nur auf Großplantagen (Baumwolle, Zuckerrohr) Anwendung.

Der Durchschnittsbauer ist nach wie vor auf die traditionellen Methoden angewiesen. Zu diesen zählt auch die Verteilung des Wassers über ein komplexes Netz von Kanälen und Feldern, das in ähnlicher Form auch in anderen Oasenkulturen wie den Indianerkulturen der Sonora-Wüste üblich war. Hinter den verstärkten Uferwällen des Nils befinden sich im anschließenden Uferland die sogenannten Hods, flache Becken von 400 bis 17000 Hektar Größe, die von kleinen Wällen umgeben sind. Ein oberster Kanal leitet das Nilwasser aus, das nach einem streng geregelten System über weitere Kanäle durch die Hods geleitet wird.

Die Oasenkultur hat oft das Dilemma, daß flache, gut zu bearbeitende Böden versalzt sind. Durch Aussüßen kann dies verbessert werden, doch ist das aufwendig. Eine alternative Lösung wurde in der Züchtung salztoleranter Kulturpflanzen (z.B. Avocados in Israel) gefunden. Neuerdings wird in den Arabischen Emiraten Meerwasser in die Küstenwüsten gepumpt, um damit Mangrovenpflanzungen zu bewässern. Der Traum einer „grünen Wüste" steht hier im Vordergrund, da Mangroven kaum kommerziell verwertbar sind.

Die günstigen Klimabedingungen lassen in den Oasen der heiß-ariden Gebiete mindestens zwei Ernten zu. Über den Erfolg entscheidet die Verfügbarkeit von Wasser. Wie ausgeklügelt die Wasserversorgung ist, zeigt

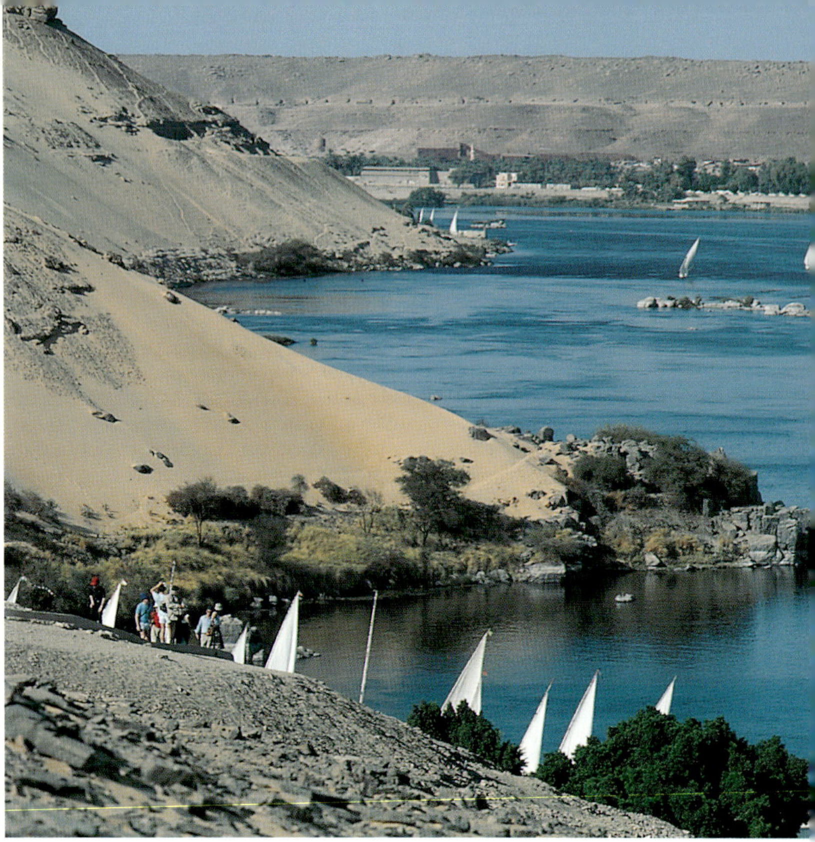

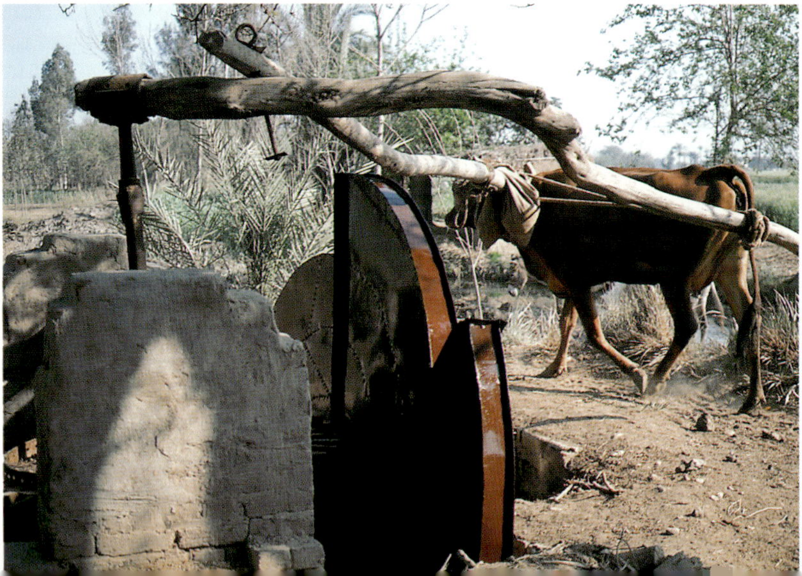

◁ Foto 198: Nil bei Assuan, Ägypten.

die Bewässerung dieses Ackers im Nildelta. Über Seitengräben wird das Wasser zu den Ackerzeilen geführt, die mit der kurzstieligen Hacke gezogen wurden. Für die Sommerernte wird vor allem Baumwolle, *Sorghum* (Negerhirse), stellenweise Reis, für die Winter- und Frühjahrsernte Weizen, Gerste, Klee, Zwiebeln, Ackerbohnen angebaut. Ein weites Spektrum von Gemüsen gedeiht in den kleinen Hausgärten, die mit dem Mist der vielen Taubenschläge gedüngt werden. Für die großflächige Produktion setzt heute auch der Fellache, wie der ägyptische Bauer genannt wird, synthetische Düngemittel, aber auch Biozide ein. Ägyptische Felder sind heute genauso unkrautfrei wie jene Europas, Amerikas oder Australiens.

Das hier gezeichnete Bild steht durchaus stellvertretend für alle Oasenkulturen in den großen Wüstengebieten der Erde. Für Ägypten von spezieller Bedeutung ist neben der Dek-

Foto 199 (linke Seite unten): Schöpfbrunnen vom Typ eines „Tabut", wie er zur Bewässerung der Felder im Nildelta verwendet wird, Ägypten.
Foto 200: Ägyptische Bauern beim Bearbeiten ihrer Felder im Nildelta.
▽

Foto 201: Obstmarkt von Assuan mit Limonenverkäufer, Ägypten.

kung des inländischen Nahrungsmittelbedarfs vor allem der Anbau von Baumwolle, deren Export nach wie vor die wichtigste Devisenquelle dieses Landes ist. Der Anbau erstreckt sich auf 80 000 Quadratkilometer.

Haustierhaltung spielt in den Oasen eine untergeordnete Rolle, es sei denn, man benötigt Last- oder Zugtiere, wie etwa den Ochsen für das Schöpfwerk (vgl. Foto 199). Für den Transport dienen Tiere wie das Dromedar oder der Esel, immer mehr verdrängt durch moderne Verkehrsmittel. Nutztiere sind vor allem Rinder, Ziegen, Büffel, Geflügel und in nicht islamischen Gebieten Schweine. Eine Besonderheit in der Niloase ist die Taubenhaltung, und kunstvoll geformte Taubenburgen fehlen in keinem Fellachendorf.

Die günstige Wasserversorgung in Verein mit Wärme und Strahlung läßt in den Oasen den Anbau vieler Fruchtbaumarten zu, allen voran jenen der Dattelpalme. Sie liefert auch den Schatten und den Windschutz für *Citrus*-Ar-

ten, Aprikosen, Mandeln, Gujaven, Feigen, Ölbaum und Wein. Bei entsprechender Gestaltung gedeihen Bananen, Mangos, Papayas und ist sogar der Anbau von Kakao möglich. Moderne Betriebe haben sich auf „fruits out of season" eingestellt, die den Markt mit Früchten zu einer Zeit beliefern, zu der sie sonst nicht erhältlich sind.

Sowohl die klassische wie auch die moderne Kulturlandschaft der Oasen läßt einer spontanen Ökosystementwicklung kaum Raum. Halbnatürliche, an extensive Nutzung gebundene Ökosysteme wie die traditionellen Wiesen- und Weidetypen Europas fehlen. Zwischen den alles beherrschenden Dattelhainen dehnt sich der Obstgarten, darunter wächst Gemüse und reifen Getreidefluren. Wildkrautgemeinschaften haben sich durch Herbizidanwendung auf einige hartnäckige Allerweltsarten und Neophyten (= Neueinwanderer) reduziert. Wasserlöcher und Gräben können von Röhrichten und hygrophilen Krautfluren verfüllt sein. Permanente Wasserstellen besetzen Wasserpflanzen wie Laichkräuter (*Potamogeton* div. spec.), Tausendblatt (*Myriophyllum* div. spec.), Hornkrautarten (*Ceratophyllum* div. spec.). Häufig schwimmt in ihnen die Wasserhyazinthe (*Eichhornia crassipes*, z.B. in den Abwassergräben von Kairo), und zahlreiche Amphibien leben hier. Wo Zugang zu Wasser besteht oder regelmäßig Regen fällt (z.B. Winterregen in Mittelmeernähe), können artenreiche Ruderalfluren Straßen und Baulichkeiten begleiten. Die alten Kulturdenkmäler Ägyptens oder des Vorderen Orients haben sich nicht selten zu interessanten und artenreichen Ökosystemen mit Wüstenelementen entwickelt.

Städte heiß-arider Gebiete sind schließlich urbane Ökosysteme spezieller Prägung. Traditionelle Bautechniken und -stile unterschiedlichster Art haben sich entwickelt, um die Klimaextreme zu mildern. Heute sind sie jedoch durch Überbevölkerung und Verkehrschaos gekennzeichnet.

Was treibt Menschen in die Wüste? Der Nomade hat sich raffiniert angepaßt und ein einfaches, freies und doch kultiviertes Leben gefunden. Wir würden heute sagen „nachhaltig", auch wenn es an Übernutzungen, klimabedingten Katastrophen und kriegerischen Auseinandersetzungen nie gefehlt hat. Handel mit Gütern zwang zur Durchquerung der Wüsten, die Suche nach fruchtbarem Land machte vor ihnen nicht halt. Das Death Valley in der Mojave (vgl. Foto 166) erhielt Ruf und Namen durch einen Siedlertreck, der sich vor 150 Jahren dorthin verirrt hatte. Die Suche nach Bodenschätzen war eine weitere Motivation. Bergbau und Folgenutzungen bis zum Glücksspiel sind heute in allen Wüstengebieten bedeutend, besitzen einen hohen Flächenanspruch und schaffen Agglomerationen oder lassen alte anwachsen. Zwischen 1920 und 1970 hatten Arizona und Nevada die mit Abstand höchsten Bevölkerungszuwächse in den USA.

Die Ausdehnung und Intensivierung landwirtschaftlicher Nutzung nimmt nach wie vor zu. Die intensive Weidenutzung durch europäische Siedler in Südafrika oder den nordamerikanischen Wüstengebieten brachte seit dem

Foto 202: Erfolgreiche Goldsucherin mit Nuggets in der Sonora-Wüste, USA.

vergangenen Jahrhundert massive Eingriffe in ehemals „offene" Räume. Allerdings waren diese oft genug von indigenen Völkern bereits besetzt. Die Buschmännerpopulation hatte zu Beginn der Besiedlung in Südafrika vermutlich die für ihre spezifische Nutzungsform maximale Dichte.

Übernutzung führte zu Rückschlägen der Nutzung wie in den USA, wo in den ariden Gebieten die Schafhaltung stark zurück ging. Besonders dramatisch ist die Ausweitung des Bewässerungsfeldbaus oder die Überführung von Savannen in Ackerland bei gleichzeitiger Ansiedlung von Nomaden um Bohrbrunnen. Zwischen 1958 bis 1978 wurden allein im Sudan durch gezielte Programme $200\,000\ km^2$ an Baumsavannen abgeholzt und in Ackerland überführt. Desertifikation großen Ausmaßes setzte ein. Die Wüstengrenze (hier definiert als Gehölzgrenze) ist heute um 100 bis 150 km nach Süden vorgeschoben.

Foto 203: Raststätte im südlichen Arizona mit Saguaro.

Die verlassene Raststätte dokumentiert in gewissem Sinne die Lebensfeindlichkeit der Wüste. Einer der vielen Versuche, sich in der Wüste niederzulassen, ist offensichtlich gescheitert. Um den verstaubten Saguaro hat sich Müll angesammelt, für den sich niemand zuständig fühlt. Damit ist die ambivalente Haltung vieler Menschen zur Wüste angesprochen.

Auf der einen Seite betrachten nicht wenige Menschen die Wüste als wertlos. Abfall wird in Wüstenländern planlos in die Gegend gekarrt, wo ihn der Wind verteilt. Es war dem Autor dieses Buches nicht möglich, entlang der ägyptischen Küste zwischen Port Safaga und Suez einen „plastikfreien" Dünenstrauch zu fotografieren. Die Verdrahtung von Wüsten durch Strom- und Fernsprechleitungen hat negative Effekte auf die Tierwelt. Der Wasserverbrauch für Haushalte, Industrie- und Stromversorgungsanlagen ist enorm gewachsen. Jordanien bezieht wie auch viele andere Wüstenländer

inzwischen fossiles Wasser aus tiefliegenden Lagerstätten, die nicht unerschöpflich sind.

Ganz andere Dimensionen besitzen allerdings die militärischen Nutzungen in Wüstengebieten, man denke an die vielen Atombombenversuche mit nachfolgender Verseuchung, aber auch an Kriegsrelikte wie die brennenden Ölquellen im Gefolge des Kuwaitfeldzuges der irakischen Armee. Ölförderungen nehmen allgemein kaum Rücksicht auf Umwelt und Lebewelt.

Auf der anderen Seite gewinnen Wüstengebiete als Freizeit- und Erholungsräume immer mehr an Bedeutung. Wüstentourismus ist allerdings nicht immer sanft. Das massenhafte Befahren der Wüste in Bereichen der Sonora und Mojave mit off-road-Vehikeln ist bereits zur Plage geworden. Trotzdem sind die Halbwüsten und Wüsten nach wie vor große Freiräume und teils endlose Wildnis, wenn auch seit Jahrtausenden von menschlichen Spuren, aber eben nur Spuren, durchzogen.

Zonobiom IV – Warmtemperate, dürre- und episodisch frostbelastete Gebiete mit Hartlaubwäldern (= mediterranes Zonobiom)

Klima

Der Prototyp dieses Zonobioms ist das Mittelmeergebiet mit seinem „Urlaubsklima". Die Erfahrung eines sonnigen und warmen, mitunter heißen Sommers irgendwo am Strand des Mittelmeeres prägt in der Regel das Bild dieser Zone für den Mitteleuropäer. Das sonnige Kalifornien, wo man lebt wie in einer „permanent party", ist nicht nur für Amerikaner ein Mythos. Südwestaustralien mit seinen weißen Dünenstränden oder die Kapregion stehen in Gunst und Begehr als Ferien- und angenehmes Wohnland in nichts nach.

Mit diesen Hinweisen ist das wesentlichste Merkmal des Mediterranklimas angesprochen: der niederschlagsarme Sommer mit hohem Strahlungsgenuß. Regen fällt dann entweder gar nicht oder in so geringen Mengen, daß die Evapotranspiration diesen bei weitem übersteigt. Die Winter hingegen sind niederschlagsreich, wobei die Niederschläge unter Umständen, in Gebirgen obligat, als Schnee fallen. Die Winterniederschläge hinterlassen genügend Wasserreserven als Grundwasser, Haftwasser in tieferen Bodenschichten oder Quellen, so daß die sommerliche Dürre sich nicht so gravierend auswirkt. Das Mediterranklima ist ein potentielles Waldklima. Bei Pflanzen ohne ausreichendem Wurzelwerk (Gräser, Kräuter, Zwiebel- und Knollenpflanzen, Ephemere) erzwingt die Sommerdürre allerdings eine Vegetationsruhe.

Die Winterregen sind heftig und auf relativ wenige Tage konzentriert. Die gesamte Jahresmenge, die in der Regel vom Oktober bis März (bzw. April bis September auf der Südhemisphäre) fällt, liegt zwischen 300 bis 1000 mm und ist damit im oberen Bereich durchaus mit Niederschlagssummen mitteleuropäi-scher Stationen vergleichbar. Die Niederschläge können von Jahr zu Jahr sehr unterschiedlich ausfallen. In Athen beispielsweise liegt das Jahresmittel des Niederschlags bei 384 mm, schwankt aber zwischen 125 und 800 mm. Regenreichen Wintern mit großen Überschwemmungen können trockene folgen.

Grundsätzlich prägt aber die Trockenheit Vegetation, Tierwelt und Landschaft, dem grünen Winter folgt der „braune" Sommer – in manchen Gebieten mehr, in anderen weniger. Einem hygro-mediterranen Sub-Zonobiom mit hohen Niederschlagssummen und kürzerer Dauer der nicht extremen Dürreperiode steht ein xero-mediterranes (auch kontinental-mediterranes) mit wenig Niederschlag und scharfer Dürre gegenüber. Mittlere Verhältnisse werden als eu-mediterran bezeichnet. Den Übergang zum mitteleuropäischen Großlebensraum stellt das supra-mediterrane Sub-Zonobiom dar.

Das Temperaturklima wird allgemein als „mild" bezeichnet, obwohl die naß-kühlen Winter so angenehm nicht sind. Wer regelmäßig vom „kalten Norden" aus Frühjahrsexkursionen ins Mittelmeergebiet führt, ist sicher nicht nur einmal mit „verschnupften" Studenten zurückgekehrt. Die Monatsmittel im Winter schwanken zwischen 7 bis 13 °C, die Mittel des wärmsten Monats liegen meist über 25 °C, die Jahresmittel bewegen sich in etwa zwischen 12 bis 18 °C. Fröste treten vielfach obligat auf mit Extremen bis unter –10 °C. Nur wenige Gebiete sind frostfrei.

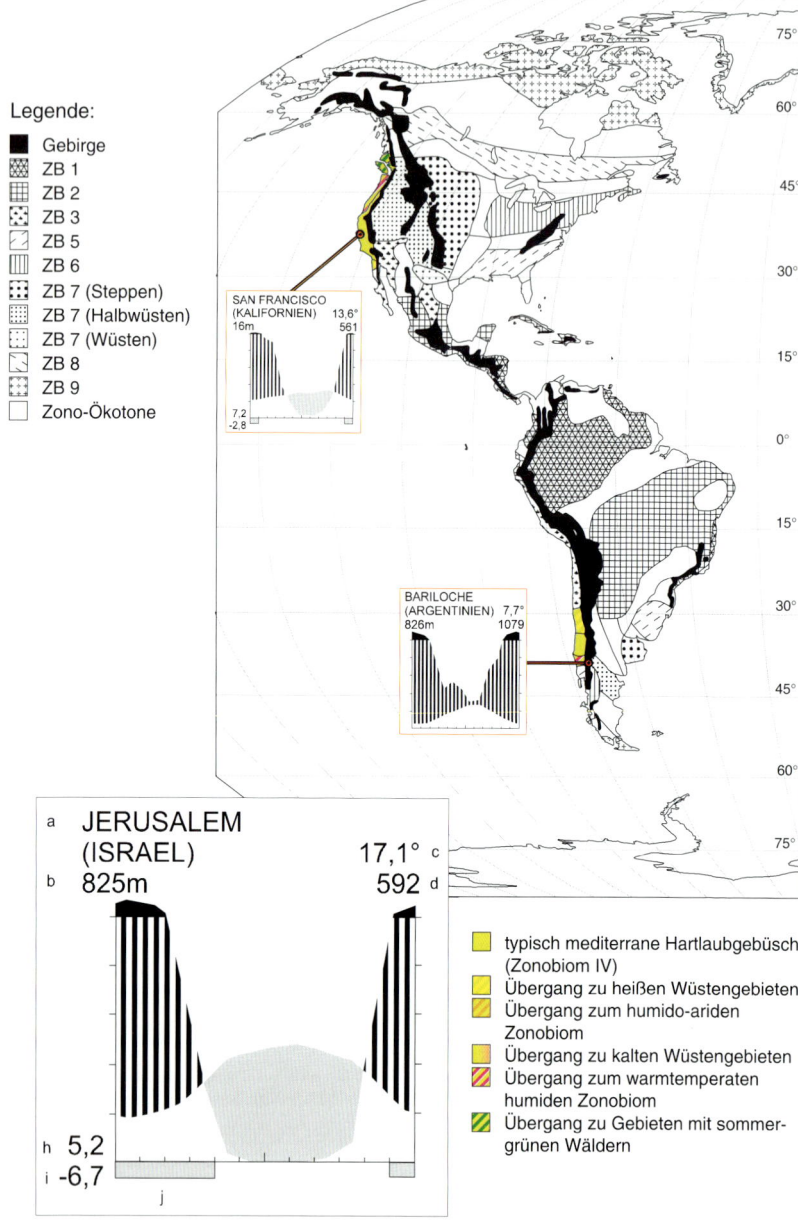

Legende:

- ▣ Gebirge
- ▦ ZB 1
- ▦ ZB 2
- ⬚ ZB 3
- ◩ ZB 5
- ▥ ZB 6
- ⬚ ZB 7 (Steppen)
- ⬚ ZB 7 (Halbwüsten)
- ◸ ZB 7 (Wüsten)
- ⬚ ZB 8
- ⬚ ZB 9
- ☐ Zono-Ökotone

SAN FRANCISCO
(KALIFORNIEN)   13,6°
16m   561

7,2
-2,8

BARILOCHE
(ARGENTINIEN) 7,7°
826m   1079

a JERUSALEM
   (ISRAEL)   17,1° c
b 825m   592 d

h 5,2
i -6,7
   j

- ☐ typisch mediterrane Hartlaubgebüsche (Zonobiom IV)
- ☐ Übergang zu heißen Wüstengebieten
- ▨ Übergang zum humido-ariden Zonobiom
- ☐ Übergang zu kalten Wüstengebieten
- ▨ Übergang zum warmtemperaten humiden Zonobiom
- ▨ Übergang zu Gebieten mit sommergrünen Wäldern

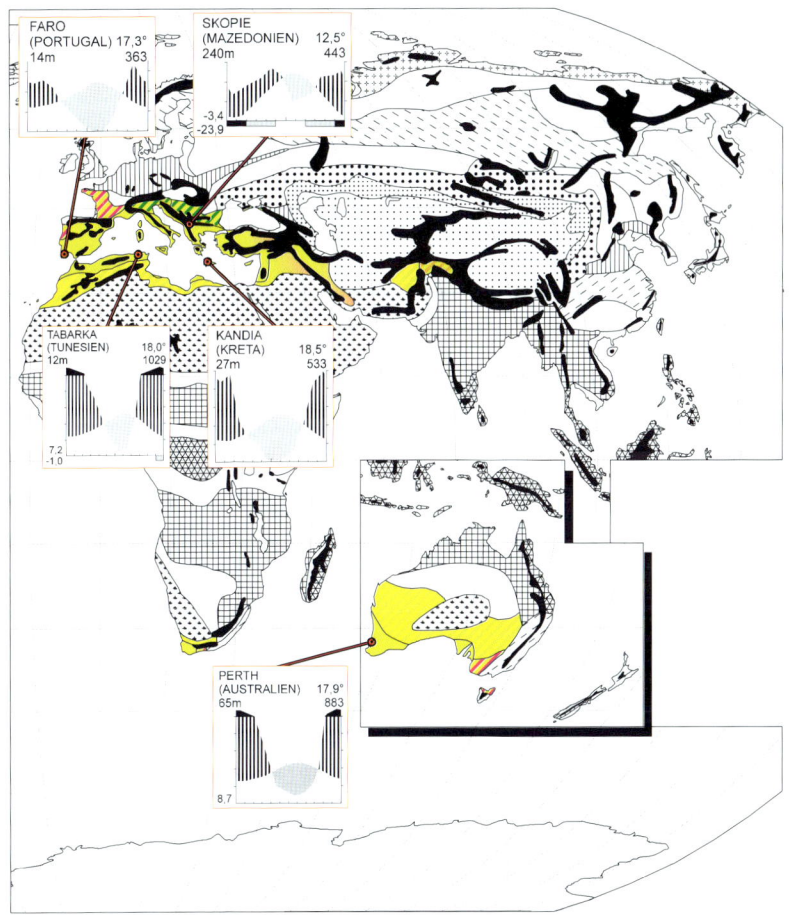

Abb. 6: Verbreitung des mediterranen Zonobioms (Zonobiom IV). Die Klimate von Regionen, aus denen das Fotomaterial stammt, sind als Klimadiagramme angegeben. Ein prototypisches Diagramm ist links unten wiedergegeben. Es bedeuten: a) Ort, b) Höhe über dem Meer, c) Jahresmittel der Lufttemperatur, d) mittlere Jahresniederschlagssumme, e) absolutes Maximum der Lufttemperatur, f) mittleres tägliches Maximum des wärmsten Monats, g) mittlere tägliche Temperaturschwankung, h) mittleres tägliches Minimum des kältesten Monats, i) absolutes Minimum des kältesten Monats; Abs-

zisse: Monate des Jahres; linke Ordinate: Monatsmittel der Lufttemperatur (1 Skalenteil entspricht 10 °C), rechte Ordinate: mittlere Monatssumme des Niederschlags (1 Skalenteil entspricht 10 mm). j) Zeit, in der Fröste auftreten können. Gerasterte Fläche: die Niederschlagskurve liegt unter der Temperaturkurve, was echte Dürre (=Verdunstung übertrifft Niederschlag) indiziert. „ZB"- Zonobiom. In Anlehnung an WALTER & BRECKLE (1991), Klimadiagramme nach WALTER & LIETH (1967).

Verbreitung

Ziehen sich tropische Regenwald-, Regenzeitenwald- und Savannenzone als mehr oder weniger geschlossener Gürtel um die Erde, kann bei den subtropischen Wüsten- und Halbwüsten schon nicht mehr von Gürtel gesprochen werden, da die Monsungebiete Südostasiens diesen unterbrechen, die australischen Trockengebiete allenfalls im zentralen Teil dem Zonobiom III zuzuordnen sind und die südafrikanischen und südamerikanischen Wüsten nur enge Küstenstreifen einnehmen. Noch ausgeprägter gilt dies für die mediterranen Gebiete. Sie sind mit Ausnahme des Mittelmeerraumes und des Nahen Ostens durchwegs kleinflächig. So erstreckt sich die Kapregion „nur" über 89 000 km², Kalifornien über 324 000 km² und Südwestaustralien über 324 000 km² (vgl. dazu die Sahara mit 900 0000 km²). Alle liegen auf den Westseiten der Kontinente, ziemlich genau zwischen 30° bis 40° nördlicher bzw. südlicher Breite.

Die größte Ausdehnung hat das Zonobiom IV im Mittelmeerraum mit Iberischer Halbinsel (ausgenommen Kantabrien), Südfrankreich, Apenninenhalbinsel, Balkanhalbinsel, Kleinasien (küstennah), Nahem Osten bis Westpakistan (hier in Verzahnung mit sehr ariden Winterregengebieten) und dem Maghreb. Die Mittelmeerküste Libyens und Ägyptens ist weitgehend vollarid. Das zweitgrößte Gebiet ist Südwestaustralien, ihm folgen Kalifornien, Mittelchile und die Kapregion. Für das Verständnis der ökosystemaren Differenzierung dieser Gebiete ist neben dem Klima und Faktoren wie Feuer, Floren- und Faunengeschichte sowie Boden die Nachbarschaft zu anderen Zonobiomen von Bedeutung. So ist nur das europäische Mittelmeergebiet einer sommergrünen Laubwaldzone benachbart. Alle übrigen sind von Wüstenländern teilweise bis vollständig umgeben. Allenfalls sind polwärts noch Kontakte zu warmtemperaten Waldgebieten (Zonobiom V) anzutreffen (Kalifornien, Kolchis, Chile).

Alle diese Gebiete wurden erst in vergleichsweise junger Zeit zu Mediterrangebieten. Das typische mediterrane Klimaregime hat sich erst im Pleistozän im Zuge der Vereisung der Polkappen ausgebildet. Mit dieser sind die Tiefdruckrinnen der gemäßigten Zone mit ihren Zyklonen entstanden, die im Winterhalbjahr auf die Mediterrangebiete übergreifen. Im Sommerhalbjahr geraten diese hingegen in den Einflußbereich des subtropischen Hochdruckgürtels. Der Klimawandel traf eine Vegetation und Tierwelt, wie sie einem tropischen Regenzeitenwaldklima entsprach. Er wirkte zuerst einmal selektionierend, und nur präadaptierte Arten konnten sich halten und weiter anpassen. Durch die Isolation haben sich die lokalen Floren infolge divergenter Artbildungsprozesse enorm entwickelt. Die Kapregion besitzt die höchste Artendichte der Erde (8550 Sproßpflanzenarten auf 89 000 km²; vgl. z.B. das etwa gleich große Österreich mit 2870 Arten) und ist ein eigenes Florenreich mit 73 % endemischer Arten. Zu unterschiedlichen Florenreichen zählen Mittelchile (Neotropis), Australien (Australis), wogegen die kalifornische und die mittelmeerische Flora der Holarktis zuzurechnen sind. Wichtig ist anzumerken, daß etwa die Fauna des Kaplandes diese Eigenständigkeit nicht kennt und dem Florenreich der Kapensis kein äquivalentes Faunenreich gegenübersteht.

Zonale Ökosysteme

Ökosystemtypen

Die mediterranen Großlebensräume sind als Gunstlebensräume des Menschen stark umgewandelt worden. Die natürliche Ökosystemdifferenzierung ist mitunter bis zur Unkenntlichkeit verändert. Dies gilt vor allem für den seit Jahrtausenden besiedelten Mittelmeerraum, der nicht ohne Grund als Wiege der abendländischen Kultur betrachtet wird. Auch er wäre wie alle Mediterranräume ein Wald- bzw. Buschland. Das waldreiche Korsika, wo sich die Wälder aufgrund der korsischen Waldbauernkultur wie sonst kaum anderswo im Mittelmeergebiet erhalten haben, beweist

Foto 204: Steineichenwälder (*Quercus ilex*) auf Korsika.

dies. Dichte, dunkelgrüne Eichenwälder prägen hier das Bild und würden es überall prägen. Etwas heller wären die Wälder allerdings in den wärmsten Gebieten, wo Ölbaum, Johannisbrotbaum und andere Arten aus tropischen Formenkreisen vorherrschen würden. An Stränden mit ausgedehnten Dünenfeldern, in stark durch Feuer beeinflußten Landstrichen und in Gebieten mit flachgründigen Böden träten Kiefernwälder stärker in den Vordergrund. Laubwerfende Eichenmischwälder folgten im Gebirge, abgelöst nach oben hin von Tannen-, Zypressen- oder Zedernwäldern. Der Konjunktiv wurde hier bewußt gewählt, um anzudeuten, daß vielfach nur noch Fragmente dieser Wälder vorhanden sind und so manche Rekonstruktion des natürlichen Waldbildes hypothetisch bleiben muß.

Trotzdem kann die Betonung auf Wald als gesichert angesehen werden. Klassischer Prototyp wäre der immergrüne Steineichenwald, in dem die Steineiche (*Quercus ilex*) mehr oder weniger monodominant auftritt. Die Kronen schließen dicht und lassen wenig Licht durch. Eine lockere Strauchschicht mit immergrünen Arten ist das Resultat. Stachelige Lianen, allen voran Stechwinde (*Smilax aspera*) bilden mitunter dichte Vorhänge. Der Boden ist von einer Laubschicht dicht bedeckt, in die Gruppen von „Oskars" (= Jungpflanzen, die aufgrund des Lichtmangels kaum wachsen) und einige Kräuter (z.B. *Cyclamen* div. spec.) eingestreut sind.

Im Gegensatz zum Mittelmeer sind manche Gebiete des südwestaustralischen Mediterrangebietes noch unberührte Wildnis und zählen zu den großen Schutzgebieten der Erde. Die Sterling Range ist ein solches Beispiel. Die weiten Hänge, Felsrücken und Plateaus bedecken ein niedriger, artenreicher Buschwald (= Kwongan). In feuchteren Tälern und auf Unterhängen löst diesen der Jarrah-Wald ab, ein Wald mit vorherrschend *Eucalyptus marginata* (Jarrah), wobei die Baumschicht bis

Foto 205: Australischer Busch (= Kwongan) und *Eucalyptus*-Wälder in der Sterling Range, Südwestaustralien.

20 m hoch sein kann, in Ausnahmefällen auch höher. *Eucalyptus*-Wälder lassen im Gegensatz zu den Steineichenwäldern des Mittelmeerraums viel Licht durch die Krone. Eine artenreiche Strauchschicht und eine ebensolche Krautschicht ist das Resultat. Die Blattfläche pro Grundfläche (= Blattflächenindex) ist im *Eucalyptus*-Wald mit 1,1 m^2/m^2 und weniger um ein mehrfaches geringer als in den Steineichenwäldern (4 bis 5 m^2/m^2). Die Laubmasse stellt sich im *Eucalyptus*-Wald proportional zum Niederschlagsangebot ein.

Die dichten Gebüsche auf den Bergflanken und den Gipfelplateaus entsprechen dem zweiten Grundtyp natürlicher Ökosysteme in Mediterranländern. Sie sind Ergebnis regelmäßig wiederkehrender Feuer, wie sie auch ohne Zutun des Menschen durch Blitzschlag, vereinzelt auch durch Felsstürze, entstehen können. Der Unterschied zu den Wäldern besteht primär in der Frequenz der Feuer, da

auch Wälder vom Feuer erfaßt werden können. Geringere Wasserversorgung, flachgründige Böden fördern ebenfalls die Ausbildung des mediterranen Buschlandes. Dieses ist unter verschiedenen Namen aus allen Mediterrangebieten bekannt: Macchie, Monte Bajo, Choresh im Mittelmeerraum, Chaparral in Kalifornien und Arizona, Fynbos in Südafrika, Kwongan und Mallee in Südwestaustralien und Matorral in Mittelchile.

Die Entwicklung der unterschiedlichen mediterranen Floren während des Tertiärs und nachfolgenden Pleistozäns bis heute ging von halbimmergrünen bzw. Lorbeerwaldtypen (vgl. Zonobiom V) aus. Durch Aridisierung (zunehmende Trockenheit) schon im Tertiär verschwanden viele empfindlichere Arten. Halten konnten sich nur solche, die gegenüber Trockenheit präadaptiert waren. Eine Verarmung der Flora fand statt, die sich durch die Abkühlung während der Eiszeiten noch

Foto 206: Blick über den Hartlaubwald der Küstenkordillere Kaliforniens.

verstärkte. Das Mittelmeer bildete eine unüberwindbare Barriere, im nordafrikanischen Mittelmeerraum verhinderte der immer stärker in Erscheinung tretende Wüstengürtel das Ausweichen gegen Süden. Unter dieser Barrierewirkung, die in Nordamerika oder Chile nicht so ausgeprägt war, litt die Mittelmeerflora in besonderem Maße. Reste der alten Tertiärwälder lassen sich auf den kanarischen Inseln noch beobachten, am Mittelmeer selbst überlebten als Relikte Palmen wie die kretische Dattelpalme (*Phoenix theophrasti*), von der kürzlich ein neuer Fundort an der türkischen Küste entdeckt wurde, und die Zwergpalme (*Chamaerops humilis*), die weiter verbreitet ist. Auch kauliflore Bäume wie Judasbaum (*Cercis siliquastrum*) oder der Johannisbrotbaum (*Ceratonia siliqua*) oder poikilohydre Kräuter wie *Haberlea* und *Ramonda* sind als solche Relikte zu betrachten. In einigen Schluchten Kantabriens, Portugals und mancher Inseln (z.B. Ischia) gedeihen noch Reliktpopulationen tropischer Farne, wie *Woodwardia radicans* und *Culcita macrocarpa*. Fossilfunde runden das Bild ab.

Die heutige natürliche Waldflora und Vegetation zeigt durchaus noch Hinweise auf diese Herkunft. Das Bild einer tiefgrünen, homogenen Laubkrone ähnelt durchaus jenem lauriphyller Wälder in Ostasien (Foto 262) oder auf den Kanaren. Das Laub wirkt unter günstigen Bedingungen keineswegs besonders „hartblättrig". Steineichenwälder an der feuchten baskischen Küste beispielsweise vermitteln in Kombination mit grünen Wiesen und krautigen Wegfluren alles andere denn eine „mediterrane" Stimmung.

Das beherrschende Element der naturnahen Ökosystemausstattung Kaliforniens ist der Chaparral, ein undurchdringliches Dickicht hartlaubiger Gehölze aus Verwandtschaftskreisen der Mittelmeermacchie (nicht aber

Foto 207: Kalifornischer Chaparral in den Santa Cruz Bergen südlich San Francisco.

von Fynbos, Kwongan und chilenischem Matorral), z.B. *Arbutus*, *Pistacia*, *Cercis* und andere. Bärentrauben (*Arctostaphylos*; im Vordergrund von Foto 207) sind in Europa mit zwei Zwergstraucharten vertreten, welche allerdings arktisch-alpine Verbreitung besitzen. Dies ist ein Hinweis, daß im Tertiär Europa über Grönland, Nordostasien über die Beringstraße mit Nordamerika Verbindung hatte. Laubwerfende Wälder, wie sie heute in Mitteleuropa auftreten, bedeckten damals Spitzbergen.

Ähnlichen Veränderungen, wie sie für das Mittelmeergebiet dargestellt wurden, waren daher auch die artenreichen Wälder Nordamerikas ausgesetzt. Die Aridisierung im Tertiär führte zur Selektionierung präadaptierter Arten. Andererseits wirkten sich die Eiszeiten nicht so gravierend aus, da keine Meeresbarriere die Nord-Südwanderung unterbrach und die Gebirge (Rocky Mountains, Sierra Nevada) Nord-Süd orientiert sind. Anderer-

seits schaffte die gebirgige Umrahmung Kaliforniens eine relative Isolation, die die rasche Entwicklung neuer Arten förderte. Neben alten Reliktgehölzen wie den Mammutbäumen (*Sequoiadendron giganteum*, *Sequoia sempervirens*), Zypressen (*Cupressus macrocarpa*) und zahlreichen Kiefern, haben sich vor allem einige Gattungen des Chaparral sehr artenreich entfaltet (z.B. *Ceanothus* mit 44 Arten, *Arctostaphylos* mit über 50 Arten, *Lupinus* mit über 200 Arten).

Neben dem Chaparral treten auf besser wasserversorgten Böden immergrüne Eichenwälder stärker in Erscheinung. An den Unterhängen der Sierra Nevada stocken Kiefernbestände (z.B. mit *Pinus sabiniana*), die mit zunehmender Höhe in Nadelmischwälder mit Kiefern-, Zypressen-, Tannen- und Zedernarten übergehen.

Struktur und Lebensformen

Durch die junge Entwicklungsgeschichte der Mediterranräume und die große Bedeutung der Ausgangsfloren hat jedes Gebiet seinen eigenen Charakter, der in sich zusätzlich reich differenziert ist, wobei die Unterschiede nicht nur im verfügbaren Artengut sondern auch in den verfügbaren ökologischen Funktionstypen auftreten. *Quercus faginea*, deren nordafrikanische Unterart in den Gebirgen des Maghreb wie der Kroumirie ausgedehnte Wälder bildet, ist beispielsweise eine halb-immergrüne Art, bei der die Blätter der Schattenkrone den Winter grün überdauern und erst im Frühjahr abgeworfen werden. Der hohe Lichtgenuß im Frühjahr ermöglicht einen dichten Unterwuchs mit Baumheide (*Erica arborea*), deren nadelförmige Rinnenblätter einen scharfen Kontrast zu den Blättern der Eiche bilden.

Eichen (*Quercus* spec.) besitzen eine auffällig hohe Bedeutung als Waldbildner in den nordhemisphärischen Mediterrangebieten. Von

Foto 208: Bergwald in der Kroumirie (Nordtunesien) mit *Quercus faginea*.

den zwölf europäischen Eichen sind 2/3 dem Mittelmeergebiet zuzuordnen. An immergrünen Arten wurde die Steineiche (*Quercus ilex*) bereits genannt. Eng mit ihr verwandt ist *Qu. rotundifolia* in Spanien und *Qu. baloot* im Osten (Afghanistan, Pakistan). Weitere wichtige immergrüne Arten sind Kermeseiche (*Qu. coccifera*) und Korkeiche (*Qu. suber*). Alle diese Arten bilden Wälder. Die seltsame *Qu. faginea* vermittelt zu den laubwerfenden Eichen vieler mediterraner Bergwaldgebiete wie Flaumeiche (*Qu. pubescens*) oder Filzeiche (*Qu. pyrenaica*). In Kalifornien können allein im Sequoia-Nationalpark (südliche Sierra Nevada) vier verschiedene „oak-woodlands" unterschieden werden, in den Santa Cruz Bergen an der Küste südlich San Francisco kommen sieben Eichenarten vor, die auch bestandsbildend in Erscheinung treten.

Foto 209: Blätter und Keimling von *Quercus faginea*.

Foto 210: Lebensformengarnitur des *Quercus faginea*-Waldes der Kroumirie, Tunesien.

Die Lebensformengarnitur des halbimmergrünen Eichenwaldes könnte auf den ersten Blick gegensätzlicher nicht sein. Der derbblättrigen Eiche stehen weichlaubige (= mesomorphe) Kräuter gegenüber, die im Unterwuchs je nach verfügbarer Lichtmenge sehr stark in Erscheinung treten können. Sie erinnern auffällig an den Unterwuchs mitteleuropäischer Buchenwälder. Völlig „unpassend" steht die Baumheide (*Erica arborea*) dazwischen.

Zweifellos ist diese Artengarnitur durchaus in Verbindung mit dem niederschlagsreichen (im Winter auch Schnee) und kühleren Klima der Kroumirie in Verbindung zu bringen. Auf der anderen Seite wird aber gerade die Baumheide (*Erica arborea*) als typisches Element der Macchie allgemein erwähnt, scheint also typisch für trockenheitsbetontes mediterranes Buschland. Betrachtet man aber ihr Gesamtareal, so besetzt die Baumheide sehr unterschiedliche ökologische Nischen. Mit anderen Baumeriken ist sie in den Nebelwäldern der ostafrikanischen Hochgebirge vergesellschaftet, lebt reliktisch in Schluchten der Wüstenberge der Sahara, in Macchie und Eichenwald der Kroumirie, allgemein in den Steineichenwäldern und Macchien rund ums Mittelmeer bis hin zu den Buchenwäldern im kastilischen Randgebirge westlich des Ebrotales.

Die offensichtlich „unausgewogene" Artengarnitur der *Quercus faginea*-Wälder zeigt deutlich, daß das Zusammenfinden (Assemblieren) von Arten zu einem Ökosystem gerade bei entwicklungsgeschichtlich jungen Wäldern keinesfalls bis ins Detail ausgewogen und „angepaßt" sein muß. Klima, Boden und Eiche schaffen aber offenbar die Umwelt, in der die Baumerika existieren kann. Dieses Prinzip, sich nach den arteigenen Bedürfnissen einzunischen, gleich wodurch diese gegeben sind, ist als „Prinzip der relativen Standortskonstanz" bekannt geworden.

Mit kaum einer anderen Vegetation wird der Begriff der Hartlaubigkeit oder Sklerophyllie so in Verbindung gebracht wie mit jener der mediterranen Wälder und Buschländer. Kleine

Foto 211: Artengarnitur der typischen Mittelmeer-macchie, Cape Corse, Korsika.

Foto 212: Kollektion von Arten aus einem australischen Proteaceen-Wald, Südwestaustralien.

Foto 213: Südwestaustralischer Sklerophyllenwald mit *Banksia tricuspis*.

Foto 214: *Banksia prionotes* in Blüte; die Hartlaubigkeit ist bei den australischen Mediterrangehölzen sehr ausgeprägt.

immergrüne Blätter mit dicken Wachsschichten (= Kutikula) gegen Verdunstung werden traditionell den mediterranen Gehölzen zugeordnet. Das Fehlen von großen Sukkulenten (Opuntien und Agaven stammen aus den subtropischen Halbwüsten der Neuen Welt und sind nicht natürlicher Bestandteil der Mittelmeerflora!), Schirmakazien und anderer „Trockengewächse" mag diese Sichtweise verstärken.

Tatsächlich ist fast das Gegenteil wahr. Sklerophyllie ist etwa in der abgebildeten korsischen Macchie nur bei drei Arten auch tatsächlich gegeben (untere Reihe; 2. bis 4. Zweig), beim Erdbeerbaum (*Arbutus unedo*; obere Reihe 2. von rechts) in Grenzen. Ansonsten sind drei Arten malakophyll bzw. nahezu aphyll. Im Arizona-Chaparral herrscht Malakophyllie, im kalifornischen Sklerophyllie vor.

Auf der Südhemisphäre erscheint Sklerophyllie aber tatsächlich dominant zu sein (vgl. Foto 212, 214). Malakophyllie ist zumindest in Südwestaustralien ausgesprochen selten. Mit den *Banksia*- (Foto 213) und verschiedenen *Eucalyptus*-Wäldern (Mallee/div. mehrstämmige Arten; Jarrah/*Eu. marginata*), die man durchaus als Sklerophyllenwälder von der gesamten Artengarnitur her bezeichnen kann, prägen die bereits erwähnten Buschformationen (Kwongan, Fynbos, Matorral) die mediterranen Landschaften.

Bedeutender als die Mangelressource Wasser dürfte bei der „Ausselektionierung" der tertiären Ausgangsflora das Auftreten von Frösten als Umweltfilter gewirkt haben. Im Gegensatz zu den tropischen Gehölzen müssen mediterrane Wald- und Macchienarten Fröste zwischen –5 und –10 °C überstehen und tun es auch.

Wie schon angedeutet sind die mediterranzonalen Ökosysteme, vor allem die nordhemisphärischen, keinesfalls von einer Lebensform allein bestimmt. Eine vergleichende Analyse der Lebensformenspektren verschiedener Biome ergab, daß gerade die Mediterrangebiete durch die größte Lebensformenvielfalt ausgezeichnet sind. Ein konkretes Beispiel: in einer israelischen Macchie (6 Aufnahmeflächen zu jeweils 0,1 ha) waren 18,5 % der Arten Holzige, 81,5 % der Arten Krautige. Fast die Hälfte (48,1 %) zählte zu den Kurzlebigen (= Ephemere, „Einjährige"), 7,4 % waren Zwiebel- oder Knollenpflanzen (= Geophyten), 24,5 % kleine Rosettenkräuter, Gräser (= Hemikryptophyten), der Rest Sträucher, Bäume und Lianen. Können die Arten mancher Verwandtschaftskreise verschiedenen Lebensformen zugewiesen werden, gilt dies für andere wie die Zistrosen (Foto 215) nicht. Diese sind ausschließlich Kleinsträucher.

Die für Feuchtwälder so typischen Epiphyten sind in den Sklerophyllenwäldern und Macchien nahezu bedeutungslos. Allenfalls in Schluchtwäldern klettert etwa Engelsüß (*Polypodium serratum*) über Stamm und Gezweig der Eichen. Lianen sind in den Eichenwäldern und Macchien des Mittelmeergebietes etwas häufiger (z.B. Geißblattarten/*Lonicera*; Waldreben/*Clematis*; Schmerwurz/*Tamus*; Stechwinde/*Smilax*). Die recht zahlreichen Osterluzeiarten, darunter endemische wie *Aristolochia cretica* (Foto 216) vermitteln meist zwischen Hochschaftstauden und Lianen. Blüten, Blätter und Gesamtpflanze sind durchwegs kleiner als jene tropischer Arten, von denen sie sich zweifellos ableiten. Dennoch, spektakulär sind ihre Kesselfallenblüten allemal, in der als Bestäuber geeignete Insekten festgehalten werden.

Foto 215: *Cistus albidus*, eine der häufigen Zistrosen des Mittelmeergebietes.

Foto 216: Die Liane *Aristolochia cretica* aus der Macchie Kretas.

Foto 217: Die große Erdorchidee *Chloraea alpina* aus dem Matorral an den Ufern des Sees Nahuelhuapi bei San Carlos de Bariloche, Argentinien.

Foto 218: Der ephemere Ampfer *Rumex bucephalophorus* aus den Maccien, Garriguen, Wegrändern und Feldern des Mittelmeergebietes.

Neben Gehölzen, Stauden und Einjährigen fallen Zwiebel- und Knollenpflanzen besonders auf, sind doch unter den Geophyten viele Lilien, Schwertlilien, Narzissen und vor allem Erdorchideen mit schönen und auffälligen Blüten. Die Sommerdürre wird mittels unterirdischer Speicherorgane (Zwiebel, Knollen, Erdsprosse = Rhizome) überstanden. Die günstigsten Wachstumsbedingungen bieten Frühjahr und Herbst. Quasi als Konsequenz haben sich Frühjahrs- und Herbstgeophyten (z.B. Herbstzeitlosen) herausgebildet. Sie stellen in den mediterran-zonalen Ökosystemen eine eigene Synusie dar, sind aber durch ihr Lichtbedürfnis eher auf offene Gebüschformationen (z.B. den kapländischen Renosterbusch oder die französische Garrigue) oder Wälder (Mallee, Kiefernwälder) konzentriert.

Bucephalos hieß das Pferd Alexanders des Großen, was nichts anderes als Rindskopf bedeutet, da es eine solche Kopfform gehabt haben soll. Der kleine Ampfer darf diese Erinnerung durch den Namen, den ihm ein gebildeter Botaniker verlieh, Frühjahr für Frühjahr weiter tragen. Form und vor allem die „Ohren" der kleinen Früchte sind nichts anderes als Einrichtungen, wie sie für epizoochor verbreitete Arten typisch sind.

Rumex bucephalophorus ist wie viele Ephemere der Mediterrangebiete allgemein verbreitet und häufig. Die Verbreitung vor allem mittels Klettfrüchten scheint sehr effizient zu sein. Mit Weidevieh, Wolle und anderen Produkten sind viele Arten in andere Mediterrangebiete übertragen worden, haben sich dort festgesetzt und bedrängen sogar teilweise die autochthone Flora.

Feuer als ökologischer Faktor

In sämtlichen Mediterrangebieten der Erde ist Feuer ein natürlicher ökologischer Faktor, wenngleich heute Feuer, die gelegt werden oder durch Unachtsamkeit entstehen, die natürliche Feuerfrequenz in den meisten Gebieten erhöht haben. Sie würden sich meist noch wesentlich verheerender auswirken, wenn nicht das Feuer als wichtiger „Umweltfilter" bei der Ausbildung mediterraner Ökosysteme von Bedeutung gewesen wäre und die vorherrschenden Arten daher an Brände angepaßt sind. Besonders auffällig ist die Feuerprägung in Südwestaustralien. Sogar die sehr feuchten Karri-Wälder des äußersten Südens, welche bereits zu den Lorbeerwäldern des Zonobiom V überleiten, werden regelmäßig von Feuer beeinflußt, wie die schwarzen Rinden beweisen.

In den mediterranen Ökosystemen setzten sich Arten durch, die Einrichtungen besitzen, mit deren Hilfe Hitzestreßsituationen bis hin zum Brennen vermieden werden können. Dazu zählen gut isolierende, dicke Borken wie jene der Korkeiche (*Quercus suber*), die Borke vieler Kiefern oder des Mammutbaumes (*Sequoiadendron giganteum*). Viele Gehölze treiben rasch und reichlich aus überlebenden Geweben aus (Foto 220). Bei Korkeichen konnten bereits nach 2 Monaten bis 1 m lange Triebe mit einem Durchmesser von 1,2 cm an der Basis beobachtet werden. Vermeidungsstrategen sind zweifellos die Geophyten, die mit ihren tief sitzenden Knollen und Zwiebeln das Feuer überstehen. Ebenso überleben viele Ephemere ein Feuer als Same im Boden. Beide Gruppen können nach Bränden in Massen auflaufen.

Foto 219: Brandspuren an den Stämmen eines Karri-Waldes (Karri = *Eucalyptus diversicolor*) in Südwestaustralien.

Foto 220: Wenige Wochen nach einem Brand im kalifornischen Chaparral treibt diese Eiche wieder aus.

Foto 221: Sklerophyllenwald mit blühenden Jungpflanzen von *Banksia coccinea*, Sterling Range,
Südwestaustralien.

Foto 222: Blühender Zweig von *Hakea platy-
sperma* aus dem südwestaustralischen Kwongan
mit alten Früchten.

Nach einem Brand beginnt sofort die Regeneration, sei dies durch Austrieb, sei dies durch
keimende Arten. Die Frequenz des Feuers bestimmt vielfach den Ökosystemtyp. Arten wie
Banksia coccinea kommen schon sehr jung
zur Blüte, ein Vorteil bei häufigen Bränden.
Die Biomasse nimmt allgemein nach Brand
rasch zu. Für den Fynbos des Kaplandes wurden beispielsweise folgende Werte bestimmt
(einschließlich Streu) : 670 g pro m^2 nach 4
Jahren, 5100 g pro m^2 nach 21 Jahren und
7600 g pro m^2 nach 37 Jahren (vgl. 150jäh-
rigen Steineichenwald mit 51800 g pro m^2).
Die Streu machte im ersten Stadium ca. ein
Zehntel, im zweiten ein Fünftel, im dritten
bereits die Hälfte der Gesamtmasse aus. Dies
bedeutet heftigere Brände bei längerer Brand-
schonung und vor allem auch höhere Nähr-
stoffverluste, da die dann freiwerdenden größeren Aschenmengen stärker der Ausblasung
und Auswaschung ausgesetzt sind.

Noch wesentlich enger ist die Beziehung zum
Feuer bei jenen Arten, die als Pyrophyten
bekannt geworden sind. Im *Banksia menzie-
sii*-Wald (Foto 212) Südwestaustraliens keimen nach einem Feuer nur acht von 200
Arten nicht sofort. Die Selektion ist besonders
bei der australischen Flora so weit getrieben,
daß manche Arten ohne Feuer aussterben
würden, weil sie nicht auskeimen könnten.
Die Kapseln von *Hakea* beispielsweise öffnen
sich nur nach Brand und entlassen die ge-
flügelten Samen. Neben Eigenschaften wie
diesen fällt auf, daß viele Sträucher des Kwongan (und anderer mediterraner Buschländer)
reich sind an Harzen und ätherischen Ölen,
welche den Brand begünstigen. Da Brand die
Konkurrenz durch feuerempfindliche Arten
vom Leib hält, mag eine solche „Anpassung"
günstig sein – so jedenfalls die Hypothese
dazu.

Foto 223 (links oben): Boden unter einem Karri-Wald (*Eucalyptus diversicolor*), Südwestaustralien.
Foto 224: Sogenannter break away (=abbrechende Lateritkrusten) im südwestaustralischen Outback.

Foto 225: Offener Boden im südwestaustralischen Kwongan mit blühendem Sonnentau (*Drosera* spec.). ▽

Spezielle Bodenfaktoren

Mit dem sich ändernden Klima im ausgehenden Tertiär und folgenden Pleistozän konnte die Vegetation und Fauna einigermaßen mithalten, nicht aber der Boden. Viele Böden der Mediterrangebiete sind fossile Böden, sogenannte Paläosole. Extremstes Beispiel dafür ist Australien: durch das ausgeglichene und nicht bergige Relief waren die Böden weniger der Erosion ausgesetzt als anderswo. Mit Ausnahme sogenannter break aways (Foto 224) und Flußalluvionen stehen durchgehend Roterden (= Laterite) an (Foto 223), die unter einem tropischen Regenzeitenklima mit scharfer Trockenzeit entstanden sind. Auch im Mittelmeergebiet herrschen fossile Böden in Form der Terra rossa vor, welche zum typischen Landschaftsbild des Mittelmeerraumes mit dem Olivgrün der Bäume, dem Weiß der Kalkfelsen, dem Blau des Himmels das so charakteristische Rostrot beisteuert.

Foto 226: Offener südwestaustralischer Sklerophyllenwald mit mäßig hohen, mehrstämmigen *Eucalyptus*-Arten, die man als „Mallee" bezeichnet.

Verglichen mit den europäischen Wäldern mit immergrünen Eichen, den Macchien, den Chaparrals und Matorrals Amerikas wirken die lichten *Eucalyptus*-Bestände fremdartig. Geradezu provokant – zumindest für den europäischen Botaniker – erscheinen die Herden von zartem Sonnentau (*Drosera* spec.) auf dem glühend heißen Boden (Foto 225) des Kwongan. Ist doch diese „fleischfressende" (= insektivore) Pflanze in mittleren Breiten auf die nassen und kühlen Hochmoore beschränkt. Den Hochmooren ist aber mit den Lateriten Australiens eines gemeinsam, der extrem geringe Nährstoffgehalt. In Australien beschränkt sich dieses Problem allerdings nicht nur auf das Mediterrangebiet sondern gilt praktisch auf dem ganzen Kontinent. In Südafrika liegen ähnliche Verhältnisse vor. In den anderen Mediterrangebieten hingegen entstanden durch das gebirgige Relief kolluviale und alluviale Sedimente mit jungen, nährstoffreicheren Böden, die stellenweise die alten fossilen Roterden ersetzen.

Die Sonnentauarten sind in der Lage, mit ihren Tentakeln kleine Insekten festzuhalten, welche dann auf dem Blatt verdaut werden. Auf diese Weise kommt der Sonnentau wie andere insektivore Arten (vgl. Kannenpflanzen; Foto 24) zum vor allem für die Eiweißsynthese lebensnotwendigen Stickstoff. Die australischen Laterite enthalten nur die Hälfte bis ein Fünftel des Stickstoffgehaltes der Böden aus dem Mittelmeergebiet.

Die offene, lichte Struktur des Mallee ist ebenfalls mit den geringen Nährstoffvorräten der Böden in Zusammenhang zu bringen. Zweifellos ist es von Vorteil, daß durch die bei den Buschbränden entstehende Asche Nährstoffe verfügbar werden und der Nährstoffkreislauf abgekürzt wird. Der Abbau von Streu bis zur Remineralisierung über den Destruentenweg ist zwar ebenfalls vorhanden, doch setzt das harte Laub, die Dürre des Bodens im Sommer und die fallweise Störung durch Feuer Grenzen.

Mediterrane Tierwelt

Die Ausbildung eines mediterranen Klimaregimes im Pleistozän traf nicht nur eine tropisch/subtropische Regenzeitenflora, sondern auch eine ebensolche Fauna. Wie bei den Pflanzen blieben präadaptierte Arten erhalten und hielten sich in ökologischen Nischen, die der Veränderung am wenigsten ausgesetzt waren, wie Höhlen und Böden (vgl. Foto 223). Andere Arten wanderten zu und konnten sich im konkurrenzarmen Raum massiv entwickeln, wenn auch nicht so spektakulär wie etwa die Ericaceen und Proteaceen des Kaplandes. Zu den auffällig artenreichen Gruppen zählen Reptilien und unter diesen besonders Eidechsen, welche etwa in Australien mit vielen Arten vertreten sind. Teils haben sie sich aus zugewanderten präadaptierten Sippen heraus entwickelt wie in Kalifornien oder sind vor Ort entstanden wie im chilenischen Mediterrangebiet. Auf Inseln (z.B. Balearen) wurde durch die Isolierung der Prozeß der divergenten Artneubildung zusätzlich gefördert.

Allerdings sind gerade die Eidechsen eher auf azonale Standorte konzentriert wie Küstenfelsen, Schutthänge, Feldmauern, Lesesteinhaufen etc. und nicht auf Wald oder Macchie, welche wiederum der bevorzugte Lebensraum des Europäischen Chamäleons sind. Hier sind auch Kleinsäuger wie Spitz-, Feld- und Wühlmäuse häufiger anzutreffen, ebenso Vögel. Grundsätzlich spielen aber Tiere bei der Assemblierung mediterran-zonaler Ökosysteme wie Hartlaubwälder und Buschländer eine eher untergeordnete Rolle. Auf keinen Fall sind derart prägende Effekte gegeben wie in der Savanne oder in den tropischen Wäldern mit ihrer komplexen Nischendifferenzierung. Besonders im Mittelmeerraum läßt sich die natürliche Tierwelt kaum mehr rekonstruieren. Der Mensch hat mit seinen domestizierten Tieren, allen voran Ziege, Schafe, Esel, Hausschwein so ziemlich alle Lebensräume

Foto 227: Europäisches Chamäleon (*Chamaeleo chamaeleon*) aus den Küstengebieten des Mittelmeeres; hier Algarve, Portugal.

△

Foto 228: Historische Szene am Mittelmeerstrand mit Hausschweinen (Aufnahme: 1976); bei Frangokastello, Kreta.

Foto 229: Ein „Black Boy" (*Kingia* spec.), einer der bekannten Grasschopfbäume Südwestaustraliens.   ▽

besetzt, wie es die ehemals „glücklichen" Schweine am kretischen Strand demonstrieren (Foto 228; heute Touristenstrand).

Ihren meist verkohlten Stämmen verdanken die Grasschopfbäume des australischen Kwongan bzw. aus *Eucalyptus*-Wäldern ihren Namen. Auf einem Stamm, der mehrere Meter hoch werden kann, sitzt ein auffälliger Blattschopf, aus dem nicht selten kerzenartige (*Xanthorrhoea* spec.) oder kugelige und kurzstielige (*Kingia* spec.) Blütenstände ragen. Feuer versengt in der Regel alte Blattscheiden und -spitzen, schädigt aber nur in Ausnahmefällen auch die Wachstumsgewebe im Vegetationsscheitel und an der Basis der Blätter. Diese Schöpfe dienen Insekten und anderem Kleingetier als Zufluchtstätte vor Feuer. Sie verkriechen sich zwischen Scheiden und Blattstiel, um den geschützten Ort bald nach einem Feuer wieder zu verlassen. Kleinsäugern ist dieser Ausweg verwehrt. So dauert es ungefähr sieben Jahre, bis sich der Kleinsäugerbestand im australischen Busch nach einem Feuer wieder erholt hat.

Mediterrane Hochgebirge

In allen fünf Mediterrangebieten der Erde tragen Gebirge zur ökologischen Diversität bei, Hochgebirge per definitionem (d.h. mit Waldgrenze, pleistozäner Vereisung, aktueller Bodeneisbildung) sind allerdings auf Chile (Andenwestabdachung), Kalifornien (Sierra Nevada) und den Mittelmeerraum (Sierra Nevada, südliche Pyrenäen, Apennin, Pindos, Taurus, Atlas u. a.) beschränkt. Auffällig ist in diesen Gebirgssystemen die Häufung reliktischer Nadelhölzer wie z.B. Araukarie (*Araucaria araucana*; Chile), Mammutbaum (*Sequoiadendron giganteum*; Sierra Nevada) und Mazedonische Kiefer (*Pinus peuce*, Mazedonien), letztere als Beispiel für die Reliktarten des Mittelmeerraumes. Wie *Pinus peuce* eindrucksvoll beweist, bilden alle diese Arten eigenständige Waldökosysteme.

Foto 230: *Pinus peuce*-Wald am Pelister, Mazedonien.

Foto 231: Bergwald mit Zypressen (*Cupressus sempervirens*) in den Lefka Ori, Kreta.
Foto 232: Der Kretische Aronstab (*Arum creticum*) ▷ aus den Bergen Ostkretas.

Wie in allen Hochgebirgssystemen lassen sich auch in jenen der Mediterrangebiete verschiedene Höhenzonen je nach Art der Vegetation abgrenzen. In regen- und schneereichen Gebieten wie im westlichen Mittelmeergebiet ist eine Abfolge von immergrünen Eichenwäldern über laubwerfende, bis hin zu Buchen-Tannenmischwäldern in hohen Lagen (z.B. Korsika, Apennin) festzustellen. Dornpolsterfluren schließen an. Die Rolle der Laubwälder übernehmen in Chile erst immergrüne, dann laubwerfende Südbuchen. Die kalifornische Sierra Nevada zählt wie der Atlas, die spanische Sierra Nevada oder die Hochgebirge Griechenlands und Kleinasiens zum trockenen Flügel, wo auch in alpinen Hochlagen die sommerliche Dürrezeit wirkt. Auf Kreta (als Beispiel für kontinentale Mittelmeerregionen) bedecken Zypressenwälder (oft nur mehr als Fragmente) die Südseite bis zur Waldgrenze (Foto 231), auf die Dornpolsterfluren folgen. Neben den zahlreichen gebirgs- und regionenspezifischen zonalen Wäldern (in Chile auch Matorral) der Mediterrangebiete sind Hochgebirgslandschaften reich differenzierte Ökosystemkomplexe. Tiefe, felsige Schluchten wechseln ab mit verkarsteten Hochplateaus. Episodisch oder permanent wasserführende Quellen und Bäche sind von Krautsäumen und Auwäldern umgeben. Moore, wie die seltsamen „Pozzi" auf Korsika, zeugen von winterlichem Schneereichtum. In Hangschuttfluren wiederum brütet die Hitze. Höchste Gebirgsmassive wie der Hindukusch, die Berge Kurdistans und die hohen Anden sind vergletschert. Auf der anderen Seite bildeten Gebirge Refugien für die tertiäre Hochgebirgslebewelt. Endemiten wie der Kretische Aronstab sind ausgesprochen zahlreich vertreten.

Foto 233: Wie auch für die anderen mediterranen Gebirgsökosysteme ist das Auftreten von Lilienartigen wie *Tristagma anemophilum* in den Hochanden typisch (bei Bariloche, Argentinien).

An der Westabdachung der Anden dominieren in höheren Lagen Schutthänge mit einer reichen Schuttsiedlerflora, in der ebenfalls Geophyten (z.B. die bei uns allseits beliebte Schnittblume *Alstroemeria* div. spec.) eine wichtige Rolle neben schuttstauenden Zwergsträuchern, Rosettenpflanzen und Schuttkriechern spielen. In der kalifornischen Sierra Nevada (Foto 240) sind ähnliche Verhältnisse anzutreffen, allerdings mit Pflanzen aus anderen Verwandtschaftskreisen als in Südamerika. Dort sind es Kapuzinerkressen, Sauer-

kleearten, Pantoffelblumen, Lilienartige (Foto 233) und fast schwarz blühende Rosettenveilchen, in der Sierra Nevada hingegen strauchige Fingerkräuter, Rittersporne, Akeleien, Lupinen und andere. Der Endemitenreichtum ist da wie dort sehr hoch. Im Gipfelbereich dominieren jeweils Polsterpflanzen.
Ökologen, die sich mit den Ökosystemen des Mittelmeerraumes – im Speziellen mit jenen der Hochgebirge – beschäftigen, lassen auf die Bergwaldstufe, welche als oromediterran bezeichnet wird, eine kryomediterrane Stufe fol-

Foto 234 (links): Gipfel in den Lefka Ori mit dem endemischen Igelpolster *Astracantha cretica*, Kreta.

Foto 235 (rechts oben): „Paternosterzwiebeln" der Kretischen Tulpe (*Tulipa cretica*).

Foto 236 (rechts unten): Der Spino Santo (*Astragalus siculus*) vom Ätna, ein Dornpolster mit dem Veilchen *Viola sicula* als Polstergast.

gen. Sie setzt an der (allerdings oft sehr undeutlichen und gestörten) Waldgrenze an bzw. wird klimatisch definiert. Deren Lage und Physiognomie steht eng in Zusammenhang mit der verfügbaren Flora, dem Relief und dem Gestein. Auf den Bergen Kretas sind es knorrige Zypressen und – durch Ziegen meist zu „Bonsais" verbissener – Immergrüner Ahorn (*Acer sempervirens*), welche in lückigen Beständen von der Igelpolsterheide abgelöst werden, die als zonale Vegetation der oberen oro- bis kryomediterranen Stufe angesehen werden kann. Mitunter reihen sich die Dornpolster kissenartig dicht an dicht und bilden so einen stacheligen Teppich.

Zu den Hochgebirgsökosystemen zählen auch weite Schutthalden, wie sie auffällig den mehr oder weniger aufgelichteten Waldgürtel mediterraner „Kalkberge" durchsetzen. Halbhohe Sträucher und kriechende Gehölze bedecken grobe Blöcke, im feinen Schutt darüber erscheinen bunte Blüten von Geophyten. In Kreta ist unter diesen die kleine endemische Wildtulpe zu erwähnen (Foto 235). Die krautigen, saftigen Blätter scheinen so gar nicht zum Standort zu passen. Unter den Schuttdecken sammelt sich aber feines Material, das lange die Feuchte des geschmolzenen Winterschnees hält. Daher ist auf Schutthalden die mechanische Beanspruchung durch das lose Geschiebe zwar groß, Wasser- und Nährstoffversorgung sind hingegen durchaus günstig. Konkurrenz durch beschattende Nachbarn fehlt – Verhältnisse also, die Geophyten begünstigen. Bei der kleinen Zwiebel bohrt sich regelrecht Zwiebelgeneration für Zwiebelgeneration in den Schutt und erschließt damit die günstigen Bodenschichten.

Die Dornpolsterfluren der Mittelmeerberge (vgl. die konvergenten Formen an den Felsküsten; Foto 249) zählen zweifellos zu den seltsamsten Landökosystemen. Seltsam auch deswegen, weil sie in der neuen Welt vollkommen fehlen. Ein weiteres Beispiel, daß es nicht leicht ist, ohne Beachtung des evolutiven Potentials einer Region, sprich der verfügbaren Flora und Fauna, ökologische Funktionstypen mit der spezifischen Umwelt zu verknüpfen. Schon gar nicht gibt es die eine Lösung.

Die größte Vielfalt entfalten die Dornpolsterfluren in den vollariden Hochgebirgen Persiens und Afghanistans. Wichtige Dornpolstergattungen wie *Astragalus*, *Acantholimon* besitzen hier hohe Artenzahlen. Allen gemeinsam ist eine dichte bis lockere, halbhohe Polsterform mit Dornen unterschiedlicher Genese. Bei *Astragalus*-Arten ist die Rachis, d.i. die Mittelrippe des Fiederblattes (vgl. Foto 236), dornig. Die Diskussion, ob es sich bei dieser auch als „Igelpolster" bezeichneten Lebensform um eine Anpassung an Freßdruck oder an die spezifischen Hochgebirgsklimate handelt ähnelt jener, ob zuerst das Ei oder die Henne da war.

Die Form des Polsters ist nachgewiesenermaßen eine wärmesammelnde Wuchsform, was im grundsätzlich kalten Hochgebirgsklima ein Vorteil ist. Das Veilchen „weiß" diesen safe site zu schätzen. Heiße Sommertage könnten aber zu Überhitzung führen, wenn der Polster zu dicht ist, daher die halbhohe, lockere Form. Auffallenderweise findet man dichte Flachpolster auf den Mittelmeerbergen nur in Schneeböden (z.B. *Sagina pilifera*), wo Verdunstung kühlend wirkt. Bei den Igelpolstern führen in Grenzen wohl auch die Dornen Hitze ab. Ist also der Dornpolster ein Kompromiß zwischen „Verhungern" durch Kälte und Hitzetod? Auf jeden Fall schützt er auch vor Weidevieh. Dornpolsterfluren weit unterhalb des natürlichen Areals sind dafür beredtes Zeugnis.

Azonale Ökosysteme

Schlucht- und Felsökosysteme

Die Weite der Sklerophyllenwälder, Macchien, Chaparrals etc. wäre im natürlichen Zustand nur von Flußalluvionen, Felsschluchten oder Felsbuckeln (z.B. den rock outcrops Australiens) durchsetzt. Moore und Sümpfe, wie sie etwa für Mitteleuropa oder die Tropen so bezeichnend sind, fallen fast nicht ins Gewicht, wenngleich meernah ausgedehnte Salzsümpfe auftreten können. Felsökosysteme bereichern den mediterranen Lebensraum daher nicht unwesentlich. In Schluchten bildet sich ein eigenes Lokalklima aus, wodurch ein spezifisches Ökosystemgefüge entsteht. Die Wälder auf der Hochfläche, welche den Foz de Arbayun (Foto 237) umgibt, werden beispielsweise von der immergrünen Spanischen Steineiche (*Quercus rotundifolia*) gebildet. In der Schlucht wachsen Buchenwälder. Auf dem großen Felsabsatz stockt ein Eichenurwald. Ensembles wie diese sind Inseln der Ursprünglichkeit im sonst stark genutzten Land.

Fels- und Schluchtökosysteme lassen sich schwer in das allgemeine Schema pressen. Es sind Mangelökosysteme, wobei die entscheidende Mangelressource hier der Raum darstellt. Die Nischen, Ritzen und Spalten, in denen sich Pflanzen entfalten könnten, sind so klein, daß sich nur solche Arten festsetzen, bei denen Wurzeln und Sproß nicht viel Raum beanspruchen. Die Evolution hin zum „Kleinsein" hat hier stattgefunden. Felsstandorte offerieren Nischen im wahrsten Sinn des Wortes, die besetzt werden können. Resultat ist eine beachtliche Diversität an Arten und Vergesellschaftungen. Steile Felsen und Schluchten sind verläßlich waldfrei. Vermutlich deshalb sind die Felsökosysteme der Mediterrangebiete Raritätenkabinette ersten Ranges mit uralten Formen, die sich hier über Jahrmillionen halten konnten.

Foto 237: Blick in den Foz de Arbayun bei Pamplona, Spanien.

Foto 238: Felsflur an den Wänden der Imbros-Schlucht mit dem endemischen Bäumlein (*Linum arboreum*), Kreta.

Alte, durch Verwitterung geformte Felsbuckel durchsetzen die endlose Weite im südwestaustralischen Busch. Offene Felsflächen, Mulden und Pfannen, in denen abrinnendes Wasser Pfützen bildet, kleine Vermoorungen in Mulden und Zwergpflanzengesellschaften auf rasch austrocknenden Stellen, erdige Nischen zwischen den Felsbuckeln bilden abwechslungsreiche Ökosystemkomplexe mit eigenständigen Artenkombinationen. Durch das abfließende Wasser am Rande des rock outcrop bilden sich feuchtere Stellen mit hochwüchsigen Eukalypten und Akazien.

Diese rock outcrops liegen wie isolierte Inseln im weiten Meer des Buschlandes. Unter der eigenwilligen Tier- und Pflanzenwelt verdienen Wallabies (= Kleinkänguruhs) besondere Erwähnung. Sie hatten auf ihren „Felsburgen" ursprünglich keine Feinde. Dies änderte sich durch die Kombination zweier Effekte: Er-

Foto 239: Typischer rock outcrop im südwestaustralischen Outback; im Hintergrund Mallee, dazwischen Gruppen von Mulga (*Acacia aneura*-Gehölze).

stens die Einführung faunenfremder Wildtiere (z.B. Fuchs) und zweitens die großflächige Rodung der *Eucalyptus*-Wälder für den Ackerbau nach dem 2. Weltkrieg. Insbesonders die Straßen und Verbindungswege schufen auch für Beutegreifer wie den Fuchs die Möglichkeit, rasch das Gebiet zu erobern. Durch diese Vernetzung wurden viele lokale Populationen von Kleinkänguruhs und anderen Beuteltieren, die durch die geringe Ausdehnung der rock outcrops ohnehin klein waren, dezimiert und an den Rand der Ausrottung gebracht, wenn nicht ausgerottet.

Das genannte Phänomen ist schon seit vielen Jahren bekannt und eine Umkehrung des „Vernetzungsdogmas" europäischer Naturschutzstrategien. Natürlich hat auch dieses seine Berechtigung und half vor allem, den allgemeinen Rückgang von Arten in der mitteleuropäischen Kulturlandschaft theoretisch zu begründen.

Der Westhang der kalifornischen Sierra Nevada wird im untersten Teil (bis ca. 1500 m) noch von offenen Eichenwäldern (vgl. Foto 258) beherrscht, geht dann aber rasch in Nadelwälder über, wie dies für die kontinentalen Mittelmeergebiete ebenfalls gilt. In der kalifornischen Sierra Nevada bilden 20 Nadelholzarten teils monodominante, teils gemischte Waldökosysteme. Diese sind durchwegs feuerbeeinflußt, auch der spektakulärste Waldtyp, der Mammutbaumwald (mit *Sequoiadendron giganteum*), der in isolierten Beständen in mittleren Höhenlagen auftritt (um 1700 m). Es ist inzwischen erwiesen, daß sich der Mammutbaum nur nach Bränden verjüngen kann (Zapfen springen nur nach Hitze auf), die allerdings nicht zu häufig auftreten dürfen, um die jungen Sämlinge nicht zu gefährden. Feuerspuren unterschiedlichen Alters lassen sich an den Stammbasen bis weit in die Vergangenheit zurückdatieren. Seit den Schutzbestrebungen, die um die Jahrhundertwende einsetzten, wurden Feuer unterdrückt, was schattentolerante Arten wie die „Thuje" *Callocedrus decurrens* und die Tanne *Abies concolor* förderte. Man versucht heute, durch sogenanntes „prescribed burning", d.h. genau dosierte Feuer, dem Aussterben des Mammutbaumes zu begegnen.

Als höhenzonale Wälder treten je nach Exposition und Wasserversorgung mehr oder weniger monodominante Kiefernwälder (*Pinus ponderosa, P. jeffreyi*) oder Kiefern-Tannen-Mischwälder (mit *P. lambertiana, P. contorta, Abies concolor, A. magnifica, Callocedrus decurrens* u.a.) auf. Die Waldgrenze wird von Kiefernarten (*Pinus contorta, P. albicaulis* u.a.) gebildet. Die alpine (oder kryomediterrane) Stufe wirkt auf den ersten Blick kahl (Foto 240). Einschließlich der subalpinen Gehölze können aber gegen 70 unterschiedliche Pflanzengesellschaften unterschieden werden, angefangen von Felsfluren über lückige Trockenrasen zu Schneeböden. Die Schneeverteilung und damit verbunden das Schmelzwasserangebot sind die bedeutendsten differenzierenden Faktoren.

Wiesen gelten allgemein als anthropogen, d.h. sie sind das Resultat von Waldrodung mit anschließender Heunutzung. Die Berg-Nadelwälder der Sierra Nevada Kaliforniens sind durchsetzt von Wiesen, wie eine davon im Bild (Foto 241) wiedergegeben ist. Sie sind bunt und artenreich, wobei Rispengräser, Binsen und Seggen dominieren. In der Regel sind es feuchte, vermutlich auch schneereiche Standorte. Da die Sierra Nevada nie eine bäuerliche Nutzung kannte und aktuelle Nutzungen unbekannt sind bzw. die Wiesen in Schutzgebieten liegen und nicht gemäht werden (!), kommen nur standörtliche Gründe in Frage. Neben der Bodenfeuchte ist auch der Einfluß von Beweidung durch große Wildtiere – zumindest historisch (z.B. Waldbison) –

Foto 240: Landschaft am Tioga Pass, Sierra Nevada (Kalifornien) mit Waldgrenze und alpiner Stufe.
Foto 241: Naturwiese im Bergwald der Sierra Nevada Kaliforniens.

Foto 242: Hochstaude (*Helenium* spec.) aus einer Naturwiese der Sierra Nevada, Kalifornien.

nicht auszuschließen. Welches aber die entscheidenden Faktoren sind, die hier keinen Wald zulassen, wurde noch nicht untersucht.

Der Artenbestand der Bergwiesen in der Sierra Nevada verteilt sich jeweils zur Hälfte auf Kräuter und Graminoide (Gräser und Seggen). Die Kräuter sind Hochschaftarten wie Germer (*Veratrum californicum*), Knöterich (*Polygonum bistortoides*) oder *Helenium* (Foto 241 und 242). Kurzum, es ist eine typische Wiese. Von ähnlicher Pracht und Vielfalt sind die Bergwiesen des Apennin, der Pyrenäen, des Baskenlandes, wobei letztere mit immergrünen Steineichenwäldern abwechseln können. Auch am Balkan fehlen bunte Wiesen im Übergang vom mitteleuropäischen Großlebensraum zum mediterranen nicht. Wo aber kam die Wiese in der Natur vor? Wo kamen die Arten her? Wo haben sie sich entwickelt? Das Beispiel der Sierra Nevada zeigt, daß es unter gewissen ökologischen Bedingungen natürliche Wiesen geben kann.

Auen

Die Fließgewässer der mediterranen Gebiete besitzen im Winter eine starke Wasserführung, im Sommer hingegen trocknen mit Ausnahme großer Flüsse mit gebirgigem Einzugsgebiet die meisten aus. Wasserreste in tiefen Kolken bleiben zwar noch lange stehen, verschwinden aber schließlich gegen den Herbst hin. In den Schotterkörpern kann sich Wasser allerdings lange halten. Bach- und Flußalluvionen werden daher von spezifischen Auwäldern und Gebüschen gesäumt.

Bach- und flußbegleitende Gehölze des Mittelmeerraumes sind Silberpappel (*Populus alba*), Platane (*Platanus orientalis*), diverse – auch endemische – Erlen. Die gleichen Gattungen stellen jene Arten, die in Kalifornien bachbegleitende Wäldchen und Galerien bilden, so entlang des San Joaquin-Flusses die Pappel *Populus fremontii*, die Platane *Platanus racemosa* und die Erle *Alnus rhombifolia*.

Kleinere, weniger wasserreiche Fließgewässer sind nicht von Bäumen sondern von Gebüschen umgeben, im Mittelmeergebiet typischerweise von Oleander und/oder Tamarisken. Der Unterwuchs sowohl der Gebüsche als auch der Wälder rekrutiert sich aus ruderalen Arten, d.h. Arten, die auch an Wegrändern zu finden sind. Nur in höheren Lagen, wo etwa Erlen größere Bestände bilden, der Boden gut durchfeuchtet ist und durch die Stickstoff anreichernde Pilzsymbiose der Erle gute Wachstumsbedingungen gegeben sind, kommt „saftig-krautiger" Unterwuchs auf. Arten wie Gundelreben (*Glechoma* div. spec.), Farne (z.B. *Osmunda* div. spec.), Schwertlilien (*Iris* div. spec.), Knotenblumen (z.B. *Leucojum aestivum*) lassen ein Bild entstehen, wie es auch für Bachgalerien in den sommergrünen Laubwaldregionen typisch ist.

Die Auengehölze der nordhemisphärischen Mittelmeerländer sind von der Lebensformenstruktur her keinesfalls einheitlich. Die Bäume sind laubwerfend, weichlaubig und treiben im Frühjahr aus. Der Oleander hingegen besitzt sklerophylle Blätter mit eingesenkten Stomata und entspricht gewisserma-

Foto 243: Macchie mit bachbegleitendem Gebüsch aus Oleander in den Bergen des südlichen Portugal.

ßen dem Inbegriff von Hartlaubigkeit. Häufig mit Oleander assoziiert ist der Mönchspfeffer (*Vitex agnus-castus*). Dieser ist winterkahl und treibt weichlaubige Blätter erst im Sommer, wenn er auch blüht. Tamarisken wiederum haben schuppenförmige, kleine Blätter, biegsame Zweige (jene von *Vitex* sind starr) und sind auffällig halophil, können also Salzgehalte im Boden ertragen. Diese aus ökologischer Sicht bemerkenswerte Kombination ist nicht lokal begrenzt, sondern typisch für Bäche im westlichen Mittelmeergebiet genauso wie für die Fließgewässer Afghanistans (dort z.T. mit anderen Arten).

Foto 244: Blühender Oleander (*Nerium oleander*), Südportugal.

In den südhemisphärischen Mediterrangebieten besetzen andere taxonomische Gruppen die ökologische Nische der Schwemmländer und Bachläufe. In Südwestaustralien ist das Auftreten der Papierrindenbäume, der paper bark trees (*Melaleuca* div. spec.) ein Zeichen für zeitweise Feuchtigkeit, teils auch leichte Verbrackung. Sie bilden zusammen mit halbhohen Sträuchern offene, lichte Wäldchen und säumen so die im Sommer meist trockenen Gerinne.

Ihren Namen erhielten sie von der Borke, die tatsächlich wie ein Papierstapel aussieht. Die äußersten Schichten hängen oft wie Fetzen und in Paketen am Stamm herunter. Vermutlich handelt es sich bei dieser auffälligen Eigenschaft um eine Einrichtung zur Vermeidung von Brand- und Hitzeschäden, da Buschbrände auch die Auen erfassen können.

Küsten-Ökosysteme

Zur Garnitur der azonalen Ökosysteme zählen wie überall so auch in den Mediterrangebieten Fels- und Sandküstenstandorte, Ästuare, Marschen und Salzsümpfe. Letztere sind aus tierökologischer Sicht vielfach von großer Bedeutung, wie etwa die französische Camargue oder die Cota Donãna in Südspanien. Einerseits bieten sie zahlreichen Brutvogelarten Lebensraum, andererseits sind es wichtige Raststationen auf dem Zug.

Mit Ausnahme Südwestaustraliens verhindern episodische Fröste das Auftreten von Mangroven. Die Flachküsten und Salzwassersümpfe der Mediterrangebiete besetzen daher ausschließlich buschige Halophyten, wie Arten aus der Gattung *Halocnemum* (Foto 246), auf denen der Malteserschwamm, das begehrteste Aphrodisiakum des Mittelalters, parasitieren kann (Foto 247). Diese ungewöhnliche Blütenpflanze entstammt dem tropischen Verwandtschaftskreis der Rafflesiales (vgl. Foto 47).

Die Vegetationsabfolge an Sandstränden verläuft von Spülsäumen über Primär- zu Sekundärdünen und schließlich zu von Wind- und Salzgischt abrasierten Gebüschen und Wäldern, wobei am Mittelmeer Kiefern wie die bekannte Pinie (*Pinus pinea*) zu den Küstenbesiedlern zählen. Noch im beweglichen Sand sitzt dort die Strandlilie *Pancratium maritimum* (Foto 248), die ihre Zwiebel mit Hilfe kontraktiler Wurzeln auf die jeweilige Übersandung einstellen kann. Andere auffällige Stranddünensiedler sind Spinifexgräser (vgl. Foto 120) in Australien. Die grundsätzliche Struktur offener Krautfluren auf Primärdünen, später Grasfluren auf befestigten Dünen ist für die Ökosystemkomplexe der Sandküsten überall gleich. Einmalig hingegen sind die Dornpolsterfluren an den umtosten Felskaps vieler Mittelmeerküsten wie jene Sardiniens oder Mallorcas mit zahlreichen Endemismen. Bilder wie jenes aus dem Norden Sardiniens (Foto 249) wird man in Kalifornien oder am Kap vergeblich suchen.

△
Foto 246: Queller (*Atrocnemum* spec.) aus den Salzsümpfen im Hinterland der Sand-Algarve, Südportugal.

△
Foto 247 (oben rechts): Der Malteserschwamm (*Cynomorium coccineum*), eine parasitierende Blütenpflanze aus den mediterranen Salzsümpfen.

Foto 248: Blühende Strandlilie (*Pancratium* ▷ *maritimum*) in Primärdünen der Sand-Algarve, Südportugal).

Foto 245: Paper bark tree (*Melaleuca preisiana*) im Schwemmland eines Flusses in Südwestaustralien.

△

Foto 249: Dornpolsterfluren mit *Centaurea horrida* an den Felsküsten Sardiniens.

Foto 250 (Seite 213): Korsisches „Walddorf" am Cape Corse, Korsika.

Rurale und urbane Ökosysteme

Spuren früher menschlicher Aktivitäten (durchwegs Jäger- und Sammlerkulturen) lassen sich – mit allerdings sehr unterschiedlichem Alter – für sämtliche Mediterrangebiete nachweisen: für den Mittelmeerraum schon um 400 000 Jahre vor heute, für Südafrika 500 000 Jahre, Australien 40 000 Jahre, Kalifornien 14 000 Jahre und schließlich Chile mit 11 000 Jahren. Die Menschen kannten das Feuer, und dessen gezielte Anwendung zur Jagd hinterließ Spuren wie in so vielen trockenheitsgeprägten Lebensräumen der Erde. So ist besonders in Australien die Diskussion, inwiefern die Aborigines das heutige Vegetationsbild (vor allem dessen auffällige Abhängigkeit von Buschbränden) bereits in Frühzeiten durch Jagen mit Feuer mitbestimmten, ein endloses Thema. Verharrten die südhemisphärischen Kulturen bis in die Neuzeit im

Jäger- und Sammlerstadium, so entwickelten sich in den nordhemispärischen Ackerbaukulturen (altweltlich Weizen, Gerste; neuweltlich Mais) die ersten frühen Siedlungen (Tell es Sultan bei Jericho; ca. 10 000 Jahre vor heute). Ackerbau trat zuerst im Übergang zu subtropischen Biomen auf, wo sich Wildgräser (die späteren Getreidearten) anboten, im Mittelmeerraum der Ölbaum lagerfähiges Öl gewinnen ließ und Wein über den trockenen Sommer half. In den eigentlichen Mediterrangebieten mit Sklerophyllenwald und Buschland entstanden vorerst Waldnutzungskulturen wie jene der kalifornischen Indianer, von denen einige Stämme die reichlich zur Verfügung stehenden Eicheln nutzten. Sie wurden gesammelt und in eigenen Vorratsbehältern im Geäst von Bäumen aufbewahrt. Vor der Verwendung wurden die Bitterstoffe im Bach ausgewaschen, dann wurden die Eicheln zu Mus zerstampft und gekocht. Um die Behausungen entstanden Fruchthaine mit autochthonen Eichen wie ehemals im Yosemite Tal.

Waldränder wurden durch Abbrennen gezielt geschaffen, um die Jagd zu erleichtern. Im Gegensatz dazu basiert die Landnutzung in den Walddörfern (Foto 250) auf Korsika (und in anderen Waldgebieten) auf den Haustieren, vor allem den Schweinen.

Die Domestizierung von Wildtieren bedeutete einen gewaltigen Schritt hin zur Seßhaftwerdung. Sie erfolgte aus Stammarten (z.B. eurasisches Wildschwein *Sus scrofa*), dies zum Teil mehrfach und unabhängig voneinander an verschiedenen Standorten. Das Schwein beispielsweise wurde in Südostasien einerseits und Südeuropa andererseits domestiziert, auffälligerweise in Kulturen mit engem Waldkontakt. Das Hausschaf hingegen „entstand" im durch Trockensteppen geprägten Persien. In manchen Mittelmeergebieten werden heute noch die Schweine zur Eichelmast in die Wälder getrieben. Zweifellos hat diese Nutzungsform zur Erhaltung des noch bedeutenden Waldanteils auf Korsika bzw. der Wälder in den Bergen Mallorcas (Foto 251) beigetragen, wo auch eine spezielle, halbwild lebende Schweinerasse gehalten wird. Pflanzliche Nahrungsmittel liefern in den Walddörfern Korsikas Edelkastanien, sowie Gemüse und Obst aus den Gärten.

Tausende Jahre hinweg war die Nichtholz-Nutzung des Waldes ebenso bedeutend wie das Holz, oder man brannte den Wald zur Gewinnung von Weideland ab. So entstanden die ausgedehnten anthropogenen Macchien, bei häufigem Brand die Garriguen oder Phryganas (siehe Foto 255), die klassischen, meist halbnatürlichen Ökosystemtypen der mediterranen Kulturlandschaft ums Mittelmeer. Mischformen mit Wald entwickelten sich in Gebieten, in denen außer Holz noch andere Produkte von Bäumen genutzt wurden, allen voran die Rinde der Korkeiche (*Quercus suber*). Offene Waldbestände mit Macchien im Unterwuchs, die auch beweidet werden, kenn-

Foto 251: Waldweide mit Schweinen in einem Steineichenwald auf Mallorca.
Foto 252: Korkeiche (*Quercus suber*) aus Südportugal.

zeichnen klassische Korkeichenhaine. Andere Formen der Gewinnung von Nichtholzprodukten waren die Harzgewinnung von Kiefern und der bereits erwähnte Anbau der Edelkastanie (besonders in Berggebieten), welche als „Kartoffel der Antike" unter den Römern weite Verbreitung fand. Alle diese Nutzungsformen schufen spezifische Kulturökosysteme wie Fruchthaine, Parklandschaften und Niederwälder.

Weideland (Garrigue, Phrygana etc.)

Der Landschaftsgestalter in weiten Gebieten des Mittelmeers war zweifellos der Bauer und Hirte mit seinen Herden. Er brachte sie mit der europäischen Expansion auch in die anderen Mediterrangebiete. Die Spanier importierten in die vertraute Umwelt Kaliforniens die klassischen Nutzungen wie Ackerbau, Weinbau und eben Weide. Anders dort, wo nur „lebensraumunerfahrene" Siedler einwanderten, so in Südafrika die Niederländer und in Australien die Briten, die primär auf Weidenutzung setzten. Gehalten und exportiert wurden vor allem Schafe und Rinder. In Australien und Südafrika schränkte zunächst der unfruchtbare Boden groß angelegten Ackerbau ein, der erst mit entsprechenden Düngeranwendungen, vor allem nach dem Nachweis des enormen Defizits an Spurenelementen in den Böden, rentabel wurde.

In allen Mittelmeergebieten spielte traditionell Transhumanz eine große Rolle, das heißt der Weidezug von Sommer- (meist in Berggegenden) zu Wintereinstandsgebieten (meist im Flachland). Dabei wurden zum Teil enorme Strecken zurückgelegt. So querten berühmte Weidetriebe beispielsweise ganz Spanien von Andalusien bis Kantabrien. Auch zwischen dem Ebrotal, den pyrenäischen Vorländern und den Pyrenäen selbst bestanden enge Nutzungsverbindungen. Die pyrenäischen Vorberge wie die Sierra Javierre (Foto 254) zeigen das klassische Bild mediterraner Weidelandschaften: Der Wald (hier mit Weißkiefer *Pinus sylvestris*) ist stark aufgelichtet,

Foto 253: Klassische mediterrane Szene mit Ziege, Bauer, Ölbaum und Witwe, Kreta.

das Vieh suchte karges Futter zwischen dornigem Gesträuch. Diese typischen extensiven Weideformationen, die nach einer französischen Bezeichnung Garrigue genannt werden, haben das Bild der Mittelmeerlandschaft für Generationen geprägt.

Unter den Weidetieren hatte und hat die Ziege den mit Abstand nachhaltigsten Einfluß, da sie die jungen Triebe der Gehölze abweidet und dadurch extreme Verbißformen zurückläßt. Ziegenweide ging vor allem von Dauersiedlungen aus. Mit der Zurückdrängung bis hin zur Vernichtung des Waldes drangen „Weideunkräuter" vor. Wehrhafte Arten, seien es Dornpolster oder Disteln, Giftpflanzen oder Arten mit ätherischen Ölen beherrschen die extremen Weideformationen, bei denen der Boden oft bis auf das anstehende Muttergestein entblößt ist. Das Abbrennen der Gehölze zur Förderung von Weidegräsern führte neben Trittbelastung und damit verbundener Ero-

Foto 254: Offenes Waldland mit Ginster (*Echino-spartum horridum*) am Puerto de Monrepos bei Jaca, Spanien.

Foto 255: Phrygana auf Kreta mit *Euphorbia acanthothamnos, Sarcopoterium spinosum* u.a.

sion bzw. der Weidewirkung vielfach zur totalen Degradation. Manche Waldarten ertrugen diese Nutzung allerdings relativ gut, wie etwa die Kermeseiche (*Quercus coccifera*), die auch in sehr verbissenem bzw. in jungem Zustand Früchte ansetzen kann. Unter den Garriguen Griechenlands (dort Phrygana genannt) gibt es eigene Typen, die von Kermeseiche dominiert werden.

Vielfach wird die Garrigue, die Phrygana, die Batha (in Israel) nur als Waldverwüstungsstadium angesehen. In vielen Mittelmeerländern laufen im Rahmen landwirtschaftlicher Förderungsprogramme Aufforstungen (z.B. großflächig mit *Eucalyptus* in Portugal) oder Weideverbesserungen, welche mit Planien und Einsaat von Gräsern einhergehen. Diese Bemühungen stellen oft starke Eingriffe in die Hydrologie der Gebiete dar, vor allem wenn Bodenbewegungen erfolgen. Rabiate Auffor-

stungen mit Bodenzerstörung erhöhen die Evapotranspiration, was lokal zum Versiegen von Quellen führen kann (z.B. Portugal). Man vergißt dabei ganz, daß Garriguen in der Regel sehr artenreiche Ökosysteme darstellen (auf der Südseite Kretas sind Artenzahlen von über 100 Blütenpflanzen „normal"), die über Jahrtausende eine gewisse Stabilität bewiesen haben. Glücklicherweise stehen der großflächigen Vernichtung heute bereits Schutz- und Pflegeaktionen gegenüber.

Foto 256: Getreideäcker mit Korkeichen in Südportugal.

Ökosysteme des Ackerlandes

Ackerbau kam mit der neolithischen Revolution vor ca. 9000 Jahren vom Nahen Osten ausgehend in den Mittelmeerraum und erfaßte bereits 6000 Jahre vor heute sämtliche dafür geeigneten Küstenländer. Fruchtbäume wie Ölbaum, Edelkastanie, Nußbaum, Dattel und schließlich die Zitrusfrüchte folgten. Weit in die Vergangenheit reicht auch der Weinbau zurück. Je nach Eignung des Geländes, des Bodens, der Verfügbarkeit von Wasser und lokalen Traditionen entstanden Kulturlandschaften wie etwa jene Südportugals mit baumbestandenen Weizenfeldern (Foto 256). Die Korkeichen lieferten Kork, wirkten aber zusätzlich klimatisch ausgleichend, erosionshemmend und boten Schatten im Sommer bei der Getreideernte. In solche Nutzungskomplexe nischte sich eine artenreiche Flora und Fauna ein, die charakteristische Zönosen

(= Lebensgemeinschaften) bildete. Die Segetalökosysteme (=Ackerökosysteme) zeichnet eine bunte Wildkrautentwicklung im Frühjahr aus (Foto 257), die mit der Ernte verschwindet. Ebenso vertrocknen im Sommer viele Wildkrautfluren der Wege und Wegränder, der Erdhaufen und Mauernischen.

Diese Wildkrautgarnituren kamen mit den europäischen Siedlern auch in die anderen Mediterrangebiete, heute auch von diesen zueinander. Sie sind dort oft „underconnected species", d.h. sie stoßen auf keine Konkurrenz. So sind die Grasfluren der golden hills

Foto 257 (oben): Blühende Ackerbrache im Frühjahr mit Klatschmohn (*Papaver rhoeas*), Saat-Wucherblume (*Chrysanthemum segetum*) und anderen, Ischia, Italien.
Foto 258 (unten): Golden hills (Californian prairie) mit Eichen (*Quercus douglassii*) am Westfuß der Sierra Nevada, San Joaquin Tal (Kalifornien).

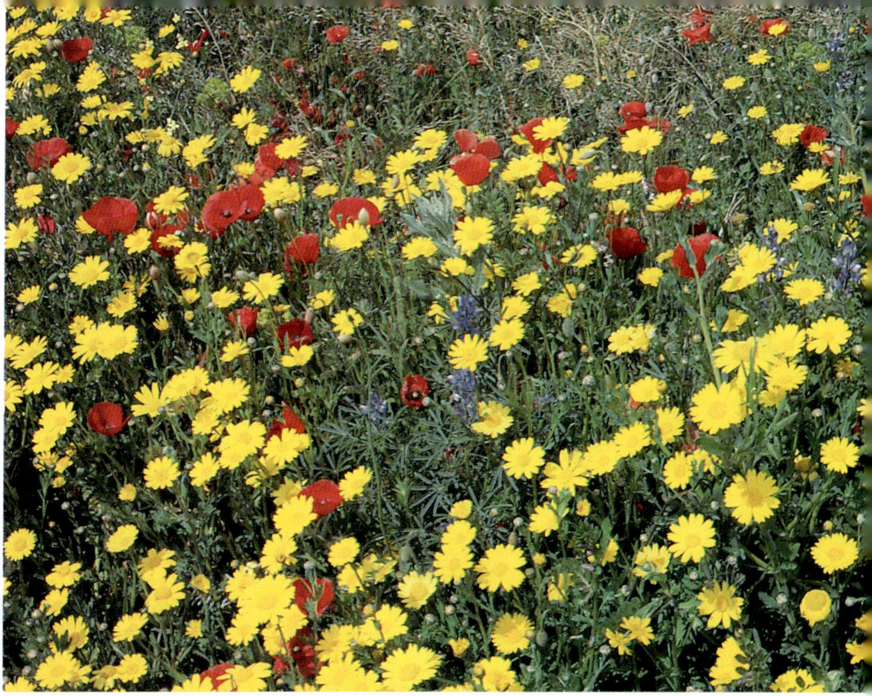

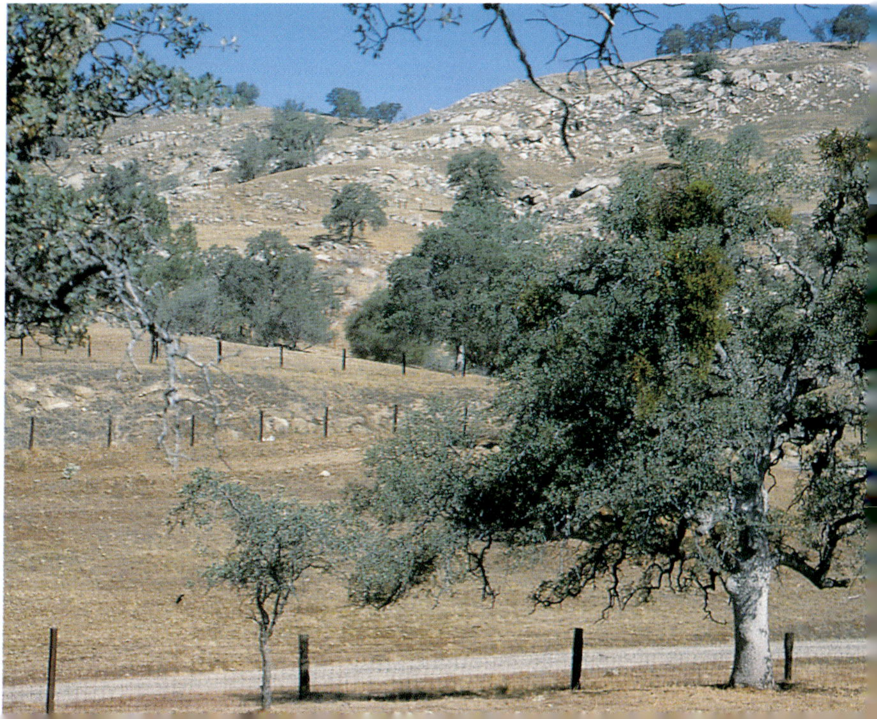

(Foto 258) von Kalifornien auf die frühen spanischen Missionare zurückzuführen. Mit ihrem Getreide brachten sie die einjährigen Ackerwildkräuter, die die weideempfindlichen heimischen Gräser verdrängten. Weide (oder hoher Wildbestand) verhinderte und verhindert auch die Verjüngung der inzwischen uralten Eichen. Eine der berühmtesten Kulturlandschaften ist somit ökologisch gesehen ein skurriles Gemisch und wird letztlich durch die fehlende Regeneration des Baumbestandes verschwinden.

Sämtliche Mediterrangebiete haben sich in den letzten Jahrzehnten massiv gewandelt und wandeln sich weiter. Einerseits hat in den klassischen Siedlungsgebieten wie dem Mittelmeerraum die Landflucht viele alte Kulturlandschaften und Siedlungsgebiete als Bra-

◁ Foto 259: Abendstimmung am Kap Sunion, Griechenland, mit Touristinnen.
Foto 260: Durch Spekulationsbrände total devastierte Landschaft auf Thassos, Griechenland.
▽

Foto 261: Blick von der Akropolis auf Athen mit leichtem Sommersmog, Griechenland.

chen zurückgelassen, eine Entwicklung, die aus ökologischer Sicht nicht nur negativ zu beurteilen ist. Andererseits beherrscht Nutzungswandel, vor allem die Einrichtung großer Gemüse- und Obstplantagen und industrieller Getreidebau viele Landstriche. Moderne Agrartechniken dulden keine Wildkräuter mehr. Sie schaffen ökologische Einöden.

Einen besonderen Stellenwert nimmt der Erholungs- und Bildungstourismus ein, insbesonders im Mittelmeerraum, in Kalifornien und in Südafrika. Fast an sämtlichen Küsten mit Tourismusentwicklung sind natürliche Sanddünensysteme zerstört worden. Die wenigen Reste zählen zu den gefährdetsten Ökosystemen der Erde überhaupt, wenn auch durch punktuelle Schutzbestrebungen einige Erfolge zu verzeichnen sind. Auf der anderen Seite gehören die großen Nationalparks und Schutzgebiete der Sierra Nevada Kaliforniens zu den größten Naturattraktionen der Erde, obwohl nicht vergessen werden darf, daß manche von ihnen in ehemaligen indianischen Kulturländern und nicht in der „Wildnis" entstanden sind. Der Goldrausch des vergangenen Jahrhunderts zerstörte die ansässigen Indianerkulturen.

Aktuelle Risikoentwicklungen sind Spekulationsbrände (Foto 260), die vor allem manchen Mittelmeerinseln schwer zusetzen, wie das Beispiel aus Thassos zeigt. Agglomerationen wie etwa Athen (Foto 261) verlieren durch solche Brände Wasserressourcen und Naherholungsräume. Städte wie Athen besitzen noch keine Kläranlage. Die Wirkungen sind weniger am Land als im Meer spürbar. Das mediterrane Zonobiom ist zweifellos eines der belastetsten, allerdings mit großen Unterschieden qualitativer aber auch quantitativer Art zwischen den Teilgebieten.

Zonobiom V – Warmtemperate, regenreiche, episodisch frostbelastete Gebiete mit immergrünen Wäldern (= Lorbeerwaldgebiete)

Klima

Eine grobe Charakterisierung des Klimas dieser Zone könnte lauten: an sich wie ein tropisches Regenwaldklima, aber mit deutlichen, temperaturbestimmten Jahreszeiten und mit Frösten. Den entscheidenden Rahmen setzen zweifellos die Fröste, die zwar nicht extrem ausfallen, aber doch mehr oder weniger regelmäßig auftreten. Die Vegetationszeit wird weder von einem kalten, schneebestimmten Winter, noch von einer Trockenzeit oder Sommerdürre unterbrochen, wenngleich das Wachstum im kühleren Winter geringer ausfällt als im warmen Sommer. Die Jahresmittel der Temperatur vieler Stationen des warmtemperaten Regenklimas bewegen sich zwischen 13 bis 17 °C, können aber auch darüber oder darunter liegen. Die Sommer sind nicht heiß, durch die hohen Niederschläge aber meist schwül, die Winter sind kühl, aber nicht kalt. Die mittleren Temperaturminima des kältesten Monats unterschreiten die Nullgradgrenze allenfalls nur wenig, die absoluten Minima bleiben über –10 °C, wenngleich Ausnahmen wie extreme Kaltlufteinbrüche mit Temperaturen unter –10 °C regional (z.B. Südstaaten der USA) einen spezifischen Akzent setzen.

Der Niederschlag fällt als Regen, nur in Ausnahmefällen als Schnee. Die Jahressummen des Niederschlags überschreiten meist 1000 mm oder liegen knapp darunter, können diesen Wert aber auch um das Doppelte übertreffen. Es lassen sich Gebiete mit einem Wintermaximum von solchen mit Sommermaximum unterscheiden. Dabei unterschreitet der Niederschlag auch in der niederschlagsärmeren Zeit die potentielle Evapotranspiration nie. Die Gebiete mit einem Wintermaximum liegen durchwegs im Kontakt zu Mediterrangebieten, jene mit Sommermaximum zu solchen des Zonobioms II, also Gebieten mit Regenzeitenklima, wobei auch Anschluß an immerfeuchte Tropenklimate mit mäßig ausgeprägter Saisonalität möglich ist. Breite Übergangszonen sind typisch, aber auch im zonalen Bereich sind die Verhältnisse keineswegs einheitlich. Eine Serie von Klimakennzahlen (jährliche Niederschlagssumme; Monatsmittel der Temperatur, absolutes Kälteminimum) für die Ostküste Australiens von Norden nach Süden sei stellvertretend genannt: Brisbane 1145 mm, 20,4 °C, +2,3 °C; Sydney 1210 mm, 17,4 °C, +2,1 °C; Bega 848 mm, 15,5 °C, –6,7 °C. Dazu im Vergleich New Orleans mit 1614 mm, 21,1 °C, –13,9 °C (!) und Nagasaki mit 1967 mm, 15,5 °C, –5,6 °C.

Diese Klimabedingungen lassen eine hohe Stoffproduktion zu, sei dies in natürlichen Ökosystemen wie den Nadelwäldern an der Pazifikküste Nordamerikas oder in anthropogenen wie den Reiskulturen des südlichen Japan. Es fällt auf, daß die mächtigsten Baumgestalten der Erde innerhalb dieses Zonobioms auftreten, wie die redwoods (*Sequoia sempervirens*) in Kalifornien oder manche *Eucalyptus*-Arten in Australien (z.B. *Eu. diversicolor*). Die Phytomasse dieser Wälder übersteigt jene von tropischen Regenwäldern. Im Gegensatz zu diesen wachsen aber Giganten wie der Redwood (*Sequoia sempervirens*) oder die Araukarien (*Araukaria angustifolia*) Südostbrasiliens sehr langsam und erreichen ein hohes Alter.

Verbreitung

Diesem Zonobiom sind vor allem zwei große Gebiete auf der Erde, zuzuordnen: das südöstliche Nordamerika und große Teile Chinas (inklusive Südjapan). Beides sind Gebiete mit einem Niederschlagsmaximum im Sommer. Zu dieser Gruppe zählen ferner die australische Ostküste, Tasmanien, Neuseeland und der Südosten Brasiliens. Von der Flächenausdehnung weit hinter den Sommerregengebieten zurück bleiben die einzelnen Biome mit einem Niederschlagsmaximum im Winter: Nordspanien (Galizien, Kantabrien), Südirland, Tessin, die Gebiete im Osten des Schwarzen Meeres (Kolchis), jene im Süden des Kaspischen Meeres, die Pazifikküste Nordkaliforniens und Oregons, Mittelchile und ein schmaler Küstenstreifen Südostafrikas. Auffällig ist jedenfalls die Häufung der großen Gebiete an den Ostseiten der Kontinente, wo Klima und Vegetation zonal, d.h. mehr oder weniger unabhängig vom Großrelief ausgebildet sind. Auf den Westseiten hingegen und durchwegs im Nahkontakt zu mediterranen Biomen sind warmtemperate Regenklimate typisch für gebirgige Küstenländer. Letztere gruppieren sich auch auffällig um den 40. Breitengrad, wogegen die anderen ihren Schwerpunkt um den 30. Breitengrad besitzen bzw. eine breite Zone zwischen 30° bis 35° innehaben.

Dieser Zweigliederung entsprechen Unterschiede in der Ökosystemgarnitur, wobei in den Gebieten mit Sommerregenmaximum immergrüne Wälder tonangebend sind (bzw. in der natürlichen Vegetation wären), in den Gebieten mit einem Wintermaximum hingegen laubwerfende Wälder mit immergrünem Unterwuchs bzw. Nadelwälder vorherrschen. Ein Besuch im sommerlichen Japan wirkt wie eine Reise in die Tropen, eine Fahrt durch Florida weckt ähnliche Vorstellungen. Der Winter im spanischen Galizien dagegen ist kühl und feucht mit kahlen Bäumen, dazwischen aber saftiges Grün, das südliche Irland liefert dramatische Regen- und Wolkenstimmungen sozusagen am laufenden Band. Im Gegensatz dazu verändert sich das Waldesinnere der sommergrünen, von Farnen durchwucherten Wälder Südirlands (Foto 267) mit dichtem, aber immergrünem Unterholz im Jahreslauf nur wenig. Kein anderer Lebensraum, seien dies die Reste der Naturlandschaften oder die dominierenden Kulturlandschaften sind derart saftig grün wie die warmtemperaten Regenländer.

Fossilfunde von Mammutbäumen, Sumpfzypressen, Ginkgos in Mitteleuropa und im Mittelmeergebiet, die alten Reliktgehölze der Kolchis und Hyrkaniens (= Südküste des Kaspischen Meeres), lebende Fossilien wie Südbuchen in Neuseeland und Chile, die Araukarien Chiles und Südostbrasiliens, sie alle sind Beweis für eine ehemals weite und vielfach zusammenhängende Verbreitung diese Zonobioms im Tertiär. Die floristischen und faunistischen Ausstattungen der einzelnen Gebiete sind – ähnlich wie beim mediterranen Zonobiom – nordhemisphärisch durch holarktische Elemente geprägt. Neuseeland, Tasmanien und Südamerika zeigen untereinander auffällige Verknüpfungen. Eine eigene Welt ist wiederum Australien, wo die Eukalypten auch diesen Großlebensraum erobert haben. Manche Biome sind uralte Reliktgebiete, in denen sich Lebewelt und Klima seit dem Tertiär kaum verändert haben (Nordkalifornien, Chile, Südchina), andere waren Veränderungen ausgesetzt wie die europäischen, wo Restfloren nach den Eiszeiten geeignete Areale zurückeroberten. Die einzelnen Biome präsentieren sich heute somit sehr differenziert.

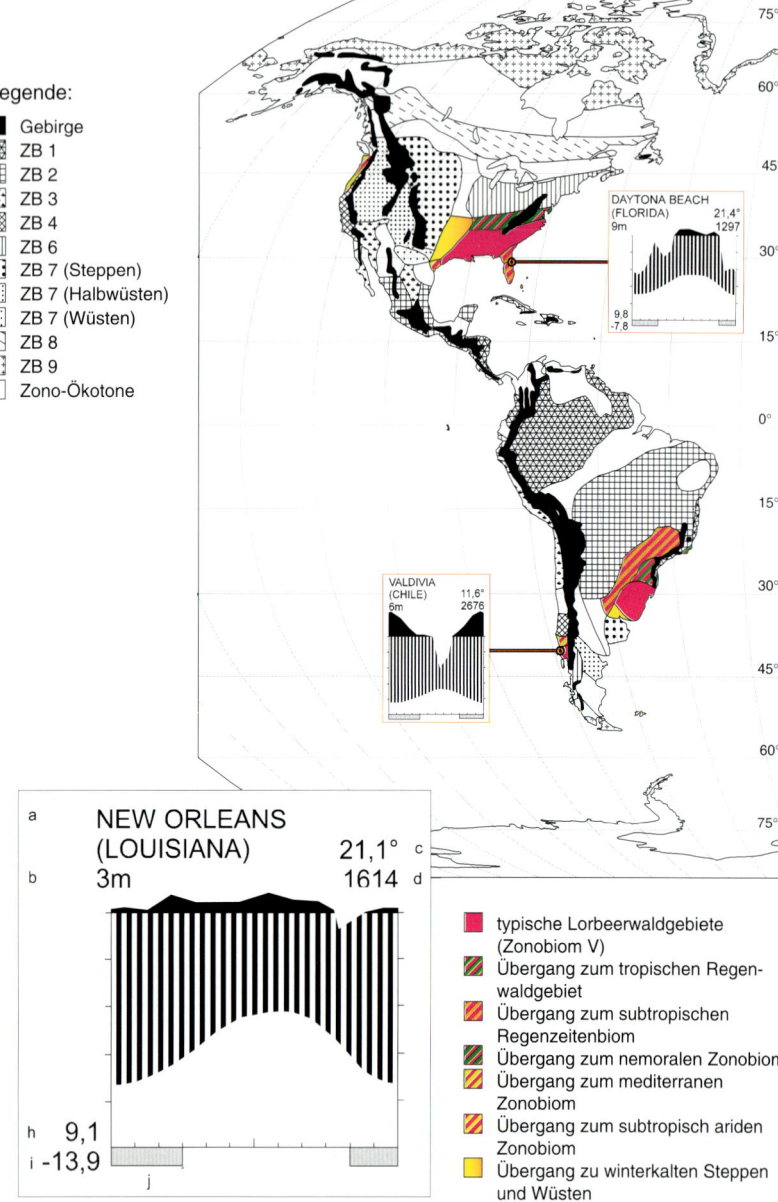

Legende:

- ■ Gebirge
- ▨ ZB 1
- ⊞ ZB 2
- ⠿ ZB 3
- ▨ ZB 4
- ⦀ ZB 6
- ⁘ ZB 7 (Steppen)
- ⁘ ZB 7 (Halbwüsten)
- ⁙ ZB 7 (Wüsten)
- ◩ ZB 8
- ⁘ ZB 9
- ☐ Zono-Ökotone

DAYTONA BEACH
(FLORIDA)   21,4°
9m   1297
                   9,8
                   -7,8

VALDIVIA
(CHILE)   11,6°
6m   2676

a **NEW ORLEANS**
   (LOUISIANA)   21,1° c
b **3m**   1614   d

h 9,1
i -13,9
   j

- ■ typische Lorbeerwaldgebiete
  (Zonobiom V)
- ▨ Übergang zum tropischen Regen-
  waldgebiet
- ▨ Übergang zum subtropischen
  Regenzeitenbiom
- ▨ Übergang zum nemoralen Zonobiom
- ▨ Übergang zum mediterranen
  Zonobiom
- ▨ Übergang zum subtropisch ariden
  Zonobiom
- ☐ Übergang zu winterkalten Steppen
  und Wüsten

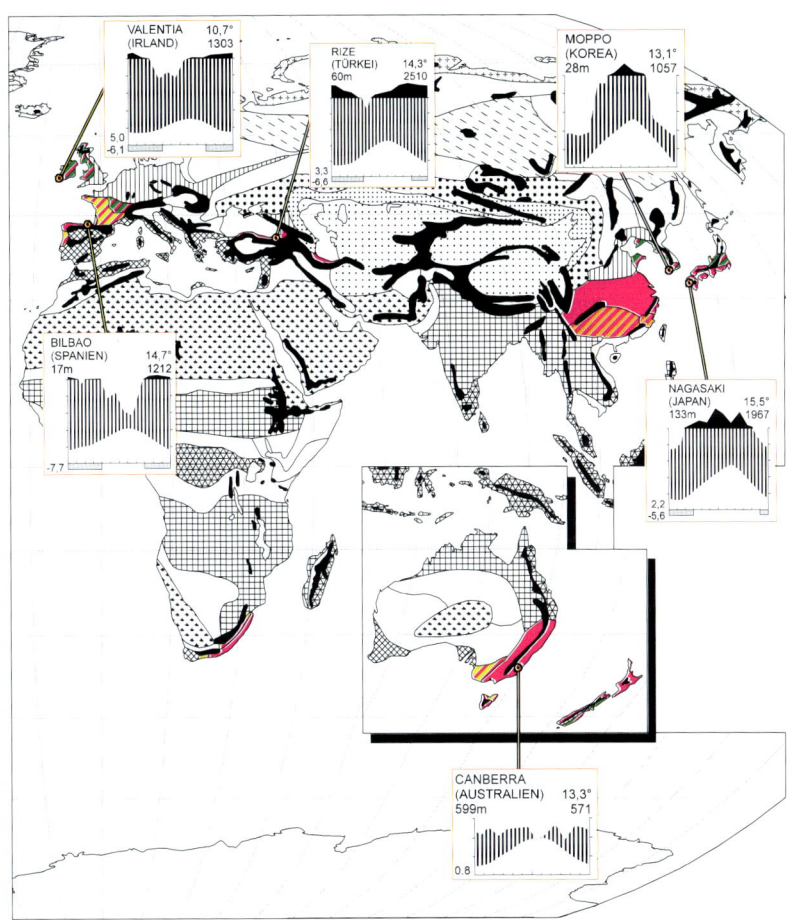

Abb. 7: Verbreitung Lorbeerwaldgebiet (Zonobiom V). Die Klimate von Regionen, aus denen das Fotomaterial stammt, sind als Klimadiagramme angegeben. Ein prototypisches Diagramm ist links unten wiedergegeben. Es bedeuten: a) Ort, b) Höhe über dem Meer, c) Jahresmittel der Lufttemperatur, d) mittlere Jahresniederschlagssumme, e) absolutes Maximum der Lufttemperatur, f) mittleres tägliches Maximum des wärmsten Monats, g) mittlere tägliche Temperaturschwankung, h) mittleres tägliches Minimum des kältesten Monats, i) absolutes Minimum des kältesten Monats; Abszisse: Monate des Jahres; linke Ordinate: Monatsmittel der Lufttemperatur (1 Skalenteil entspricht 10 °C), rechte Ordinate: mittlere Monatssumme des Niederschlags (1 Skalenteil entspricht 10 mm). j) Zeit, in der Fröste auftreten können. Gerasterte Fläche: die Niederschlagskurve liegt unter der Temperaturkurve, was echte Dürre (= Verdunstung übertrifft Niederschlag) indiziert. „ZB"- Zonobiom. In Anlehnung an WALTER & BRECKLE (1991), Klimadiagramme nach WALTER & LIETH (1967).

Zonale Ökosysteme

Lorbeerwälder

Immergrüne, dunkle Wälder mit dichter mittelhoher Baumschicht sind gewissermaßen das Leitthema der zonalen Vegetationsbedeckung in den warmtemperaten Regenländern mit Niederschlagsmaximum im Sommer. Die weiten Waldlandschaften Ostasiens, aber auch Nordamerikas, sind allerdings bis auf Reste verschwunden, das reale Erlebnis von Landschaft und Land wird wahrlich nicht mehr von endlosen, natürlichen, dunklen Wäldern beherrscht. Reisterrassenlandschaften, Plantagen bis zum Horizont, eng gepackte Siedlungen (allerdings mit viel Grün), dazwischen Parks, wüstes Land, Forstkulturen mit der ihnen eigenen Geometrie prägen heute das Bild. Globaler Einheitsstil (auch in Ostasien) herrscht vor: Städte und Dörfer mit viel Beton und wenig Charakter, verbunden mit mächtigen Autobahnen, oder nicht enden wollende Bungalowsiedlungen mit der (für Amerika) so typischen Raumverschwendung, dazwischen Golfplätze und Eukalypten wo sie nicht hingehören, mögen Zweifel aufkommen lassen, daß hier einmal Wildnis und Waldeinsamkeit hatten.

Das Bild der zonalen natürlichen Ökosystemausstattung muß aus Fragmenten und Resten zusammengebaut werden, wie es die Haine um die Schinto-Schreine in Japan sind. Nach schintoistischem Brauch muß eine heilige Stätte, ein Schrein, von Wald umgeben sein und wurde daher ursprünglich im Wald angelegt. Heute sind diese Haine die letzten Überbleibsel des ehemaligen Waldes. Da sie keiner Nutzung unterliegen sind es paradoxerweise regelrechte Urwälder, aus denen japanische Ökologen ein klares Bild des typischen warmtemperaten Regenwaldes entwickeln konnten. Größere Reste sind noch in China erhalten geblieben, allerdings mit Beschränkung auf unzugängliche Berggebiete, die wiederum spezifische Gebirgssituationen wiedergeben.

Foto 262: Japanischer Lorbeerwald um einen Schinto-Schrein, Kamakura, Japan.

Foto 263: Waldrest mit Traubeneiche (*Quercus petraea*) in den Bergen von North Wales.

Dieser Waldrest mit laubwerfenden Eichen (Foto 263) kontrastiert zum Lorbeerwaldtyp des südlichen Japan und Chinas. Die erste Baumschicht besteht ausschließlich aus laubwerfenden Arten, hier Traubeneiche, in den Reliktgebieten am Schwarzen und Kaspischen Meer mit Endemiten (z.B. *Zelkova, Pterocarya*), aber auch diese sind laubwerfend. Es sind vermutlich florengeschichtliche Gründe, die in diesen Gebieten zu diesem Bild geführt haben. Vom Klima her wären durchaus immergrüne Wälder zu erwarten. Aus immergrünen Arten ist in den „westlichen" Regenwäldern dann aber die zweite Baumschicht oder Strauchschicht zusammengesetzt, z.B. mit Stechpalme (*Ilex aquifolium*) oder Rhododendren.

Der Regenwald Chiles und angrenzender Teile Argentiniens – teils noch recht gut erhalten (Foto 265) – beeindruckt mit seinen mächtigen Baumgestalten jeden Besucher. Vorherrschend sind immergrüne Südbuchen (z.B. *Nothofagus dombeyi*), die in den Bergen übergangslos von sommergrünen (*Nothofagus pumilio*) abgelöst werden. Eine ganze Reihe reliktischer Nadelhölzer ist den immergrünen Wäldern beigemischt (z.B. *Saxegothea, Fitzroya*) oder besetzt eigene ökologische Nischen. So übernimmt etwa *Austrocedrus chilensis*, ein mächtiger Baum, der an eine Thuje erinnert, in den dortigen Landschaften die Rolle der Kiefer in Mitteleuropa und bestockt vornehmlich trockene Standorte. Südbuchen sind auch die wichtigsten Waldbildner Neuseelands. Riesige Nadelhölzer hingegen dominieren die Wälder im Nordwesten der USA. Wiederum ganz anders sieht der „moist sclerophyll forest" der australischen Ökologen aus. „Sclerophyll" bezieht sich auf das Blatt der Eukalypten, das grundsätzlich als sklerophyll angesprochen wird, obwohl große Unterschiede etwa zwischen dem Blatt eines Mallee und einem *Eucalyptus* dieses Waldtyps bestehen. An „moist" (feucht) lassen allerdings die Palmfarne im Unterwuchs keinen Zweifel.

Foto 264: Lauriphyllenwald mit Palmetto (*Sabal palmetto*) im Highlands Hammock State Park, Florida.

Foto 265: Immergrüner Südbuchenwald in den Bergen westlich des Sees Nahuel Huapi, Argentinien.

Der als Lorbeer- oder Lauriphyllenwald bezeichnete zonale Waldtyp der warmtemperaten Gebiete ist ein bis zu 30 m hoher Mischwald mit verschiedenen immergrünen Bäumen, wobei im Falle des *Quercus virginiana*-Waldes (Foto 264) Nordfloridas noch einerseits Palmen, andererseits aber schon laubwerfende Arten (*Carya, Liquidambar*) beigemischt sind. Die Artenzahl dieses Waldes nähert sich mit 30 bis 40 Arten jener laubwerfender Wälder mittlerer Breiten. Mit dem Virginia Moss (*Tillandsia usneoides*), diversen anderen Tillandsien und Farnen treten aber (etwa im Gegensatz zu den Mediterrangebieten) Epiphyten deutlich in Erscheinung. Andere Eichenarten, diverse immergrüne Magnolien (*M. virginiana, M. grandiflora*) und immergrüne Arten subtropischer Verwandtschaftskreise (z.B. *Persea*) sind (oder besser: wären) weitere wichtige Waldbildner in den Südstaaten der USA.

Die Südbuche *Nothofagus dombeyi* dominiert wie erwähnt die chilenischen Regenwälder und jene der angrenzenden argentinischen Gebiete, wobei dort von der Andenostabdachung zu den patagonischen Steppen hin ein ungemein scharfer Klima- und Vegetationsgradient zu beobachten ist. Sehr reichhaltig ist der Unterwuchs in diesen Wäldern, wobei die meisten Arten immergrün sind, darunter viele Berberitzen. Lianen ranken an den Bäumen hoch. Moose bilden dichte Decken und umhüllen als triefende Manschetten die Rinden. Daneben kann der Bambus *Chusquea culeou* in Massen auftreten und einen undurchdringlichen Dschungel bilden. Durch seinen Lebensrhythmus zwingt er der Südbuche eine synchronisierte Verjüngungsstruktur auf (vgl. Foto 7), das heißt, die Bäume folgen in mehreren Generationen aufeinander.

Foto 266: Karriwald (*Eucalyptus diversicolor*-Wald) im äußersten Südwestaustralien.

Foto 267: Traubeneichenwald (*Quercus petraea*-Wald) im südwestlichen Irland bei Glendalough.

Die regenreichen, warmtemperaten Gebiete Australiens sind für ihre Riesenbäume bekannt geworden. Einige *Eucalyptus*-Arten erreichen gigantische Ausmaße. Durch die geraden, hellen Stämme (Foto 266) wirken sie auf den Besucher aber nicht so mächtig wie die Redwoods und *Sequoiadendron*-Bestände Kaliforniens. Höhen um 80 m sind bei den großen Eukalypten keine Seltenheit. Frühe Berichte sprechen von Bäumen mit Höhen von über 100 m.

Neben den auf ein enges Areal beschränkten Karri-Wäldern im Südwesten des Kontinents kommen solche im südlichen Victoria und in seltsamer Mischung mit Südbuchen und Baumfarnen in Tasmanien vor. Neuseeland fehlen autochthone *Eucalyptus*-Arten. Der Unterwuchs des abgebildeten Karri-Waldes ist ein üppiges Strauchgemisch aus relativ weichlaubigen Akazien (div. spec.), verschiedenen Leguminosen und anderen.

Den warmtemperaten Eichenwäldern Europas ist die Klimagunst quasi auf den ersten Blick anzusehen. Üppige Farne überziehen den Boden. Unter dem grünen Kronendach der Eichen gedeiht Stechpalme (*Ilex aquifolium*) zu üppiger Größe. Verwildertes *Rhododendron ponticum* (in Irland) schiebt sich dazwischen und verdrängt die heimischen Arten. Die Stämme sind über und über mit Moos bedeckt, Efeu rankt empor. Die Wedel des Engelsüß (*Polypodium vulgare*) sitzen auf den Ästen. Der Großteil der Arten zählt zum atlantischen Florenelement, spezifisch auf die Wälder Kantabriens und Südirlands beschränkt sind aber nur einige wenige Arten. Die bereits erwähnte Verarmung der Tertiärflora durch die Eiszeiten in Europa wird trotz der grünen Üppigkeit evident, sobald Artenlisten aufgenommen werden. Daß vom Klima her „mehr drin" wäre, demonstrieren die üppigen Parks in allen warmtemperaten Gebieten.

Der Lorbeerwald der Kanarischen Inseln besetzt eigentlich nur einen extremen Sonderstandort im sonst mediterranen Klima, gilt aber allgemein als ein gutes Beispiel für den Lauriphyllenwald. Er gedeiht in der Nebelzone von Inseln wie Teneriffa und Gomera zwischen 500 bis 1000 m. Die Bäume wirken nebelkämmend, das abtropfende Wasser durchfeuchtet den Boden, so daß die Wälder dauernd gut mit Wasser versorgt sind. Ähnliche Wälder, die durch üppige Farne und vereinzelte Epiphyllie noch „tropischer" wirken, findet man auf den Azoren.

Der kanarische Lorbeerwald, der als Relikt der ehemals tertiären Mittelmeerwälder gedeutet wird, besitzt die typische Struktur, wie sie auch den japanischen Tempelwäldern eigen ist. Eine dichte, dunkle Laubkrone absorbiert den Großteil der Strahlung, so daß der Unterwuchs nur aus sehr schattentoleranten Arten besteht.

Schon den frühen Autoren, die eine Gesamtübersicht über die Vegetation der Erde aus ökologischer Sicht zu liefern versuchten, fiel die Eigenständigkeit der ostasiatischen und kanarischen Laubwälder auf. Wie im tropischen Regenwald stellen Blattform und -bau trotz einer beachtlichen Vielfalt an Arten einen ziemlich einheitlichen Typus dar. Da das Lorbeerblatt diesen repräsentiert und Lorbeergewächse artenreich auftreten, wurde der Begriff der Lauriphyllie eingeführt und entsprechende Wälder als Lorbeer- oder Lauriphyllenwälder bezeichnet. Der dominierende Verwandtschaftskreis sind aber zweifellos die Buchengewächse (= Fagaceae), das Zonobiom ist quasi „Buchen-, Eichen- und Kastanien-

land". Zu ihnen zählen die Südbuchen (*Nothofagus*), die zahlreichen Eichenarten (*Quercus*), Gattungen wie *Castanopsis*, *Cyclobalanus* (Ostasien) und andere. Sie sind nicht nur artenreich vertreten, sondern am Bestandesaufbau meist wesentlich beteiligt.

Mehrfach wurde schon darauf hingewiesen, daß mit Ausnahme der europäischen, warmtemperaten Regenbiome der Atlantikküste in allen anderen Gebieten reliktische Nadelhölzer als lebende Fossilien auftreten. Sie besetzen durchwegs eng begrenzte Areale und Sonderstandorte (Sümpfe, Moore, Felsen). Durch Nutzung und Rodung sind viele von ihnen nur mehr in Restbeständen, manche überhaupt nur mehr in Kulturen vorhanden. Zu diesen Raritäten zählt auch der Nutmeg (*Torreya nucifera*), von dem noch natürliche Restvorkommen bekannt sind. Der spektakuläre Wald mit uralten Individuen auf der Insel Cheju Do (Südkorea) ist aber nichts anderes als ein alter gepflanzter Fruchthain zur Gewinnung der als Heilmittel bei Magen- und Darmbeschwerden begehrten Samen.

Zu den typischen Lebensformen des Lauriphyllenwaldes zählen Epiphyten und Lianen, wie der abgebildete Farn vom Typ eines Stammkriechers, vereinzelt auch noch Epiphyllie. Mit der Artenfülle des tropischen Regenwaldes kann dieser Waldtyp aber nicht mehr mithalten, wohl aber mit der Masse, die die Epiphyten entwickeln. So hängt das Virginia Moss (*Tillandsia usneoides*) in dichten Matten von den immergrünen Eichen Nordamerikas, ob diese nun einzeln stehen oder in den wenigen Restwäldern. Voraussetzung dafür ist eine hohe Luftfeuchtigkeit, die es den wenig trockenheitsresistenten Arten ermöglicht, sich zu entwickeln. Daß diese offenbar allgemein ausreicht, beweisen noch deutlicher als die Tillandsien und Farne die zarten Hautfarne (*Hymenophyllum* spec., *Trichomanes* spec.), die noch in Irland auftreten.

Foto 268 (links oben): Blick in den Lorbeerwald der Kanarischen Inseln.

Foto 269 (rechts oben): Blick in die Krone eines japanischen Lauriphyllenwaldes.

Foto 270 (links unten): Der Nutmeg *(Torreya nucifera)*, ein uraltes Nadelholzrelikt Ostasiens, Cheju Do, Südkorea.

Foto 271 (rechts unten): Epiphytischer Farn im Nutmeg-Wald von Cheju Do, Südkorea.

Foto 272: *Rhododendron weyrichii* aus den Bergwäldern des Fujisan, Japan.

Foto 273: Bambus – die Charakterpflanzen Ostasiens schlechthin, bei Tokio, Japan.

Im dunklen Lauriphyllenwald gibt es wenige auffällige Blüten. Unter den Bäumen herrschen windbestäubte buchenartige, kleinblütige Lorbeergewächse oder Arten aus tropischen Verwandtschaftskreisen vor, bei denen unscheinbare Blüten gewissermaßen der „Normalfall" sind. Einige bemerkenswerte Ausnahmen sind allerdings besonders unter den Bäumen der Unterschicht bzw. den Straucharten zu nennen, so die Magnolien der Wälder Südostamerikas und Ostasiens, die Camelien Ostasiens, die Berberitzen in den Südbuchenwäldern Chiles und vor allem die nordhemisphärischen Rhododendren.

Alle diese Arten haben als Zierbäume bzw. Ziersträucher ihren Weg in die Parks und Gärten der warmtemperaten Gebiete Europas gefunden und können sich als Gartenflüchtlinge in ihnen zusagenden Gebieten aggressiv ausbreiten.

Neben den reliktischen Nadel- und Laubhölzern, welche jedem warmtemperaten Biom ein eigenes Gepräge verleihen, bestimmt keine andere Gruppe so die Struktur des Lauriphyllenwaldes wie die Bambus-Arten. Sie halten auch im Waldschatten durch, bilden große klonale Populationen, die je nach Art gleichzeitig zu blühen beginnen und dann absterben (vgl. Foto 7, 265). Tiere, die vom Bambus leben, wie die Großen Pandas, müssen dann weite Wanderungen unternehmen, um Bambusvorkommen zu finden, die noch nicht blühen. Waldrodung, Verinselung und künstliche Barrieren (z.B. Siedlungen) stellen daher heute das größte Problem für das Überleben der Pandas dar. Eigenartigerweise kommen Bambus-Arten sozusagen quer über die Florenreiche vor (Ostasien, Chile), fehlen aber in Europa, Nordamerika, Australien und Neuseeland. Wie sähen wohl die kanarischen Nebelwälder (Foto 268) mit Bambus aus?

Foto 274: Die Staude *Isoplexis canariensis* aus dem Lorbeerwald der Kanarischen Inseln

Foto 275: Der Rote Fingerhut (*Digitalis purpurea*), ein typisch atlantisches Element der europäischen Flora.

Neben Sträuchern, Großfarnen, Haut- und Moosfarnen sowie Moosen charakterisieren „stengelige" Stauden den Unterwuchs mancher Lorbeerwälder. Darunter sind zahlreiche Endemismen, oft ursprüngliche Formen von Verwandtschaftskreisen, die in anderen Großlebensräumen komplett andere Wuchsformen hervorgebracht haben (z.B. *Carlina*, Wetterdisteln).

Aus ökologischer Sicht fällt auf, daß Stauden vom Typus, wie ihn *Isoplexis* repräsentiert, häufig sind. Die lanzettlichen Blätter erinnern an schmalblättrige Weiden, sind aber mehrjährig. Wie beim Lorbeerblatt läßt sich auch bei dieser Lebensform keine „Anpassung" an das warmtemperate Regenklima hineindeuten. Die entscheidende Eigenschaft der Arten der Lauriphyllenzone liegt primär darin, daß sie – wie schon mehrfach betont – durch gefrierverzögernde Vorkehrungen vor mäßigen Frösten geschützt sind.

Das Lebensformenspektrum des Lorbeerwaldes bestimmen mittelhohe, häufig immergrüne Bäume, vorwiegend immergrüne Kleinbäume und Sträucher, Zwergsträucher und Stauden. Dazu kommen krautige Rosettenpflanzen wie der Fingerhut (Foto 275) und Gräser wie Bambus. Ephemere, Knollen- und Zwiebelpflanzen (= Geophyten) fallen fast vollständig aus. In der Lauriphyllenzone gibt es eben nicht viel zu überdauern, weder strenge Winter, noch Trockenzeiten. Auf der anderen Seite treten Fröste aber doch auf und reduzieren damit die Artenzahl, die im tropischen Regenwald etwa das Drei- bis Vierfache, oft auch mehr, beträgt. Der Lauriphyllenwald ist ein Ökosystem, in dem streßinduzierende Konditionen wenig wirken, Ressourcenmangel, zumindest Wassermangel, kaum auftritt und biotische Wechselwirkungen bei weitem nicht so eng und komplex sind wie im tropischen Regenwald.

Foto 276: Filzeichenwald (mit *Quercus pyrenaica*) in den Kantabrischen Bergen, Nordspanien.

Foto 277: Arten der atlantischen Heide in den Kantabrischen Bergen (mit *Daboecia cantabrica, Genista* spec.).

Typisch für europäische Waldökosysteme des Zonobiom V ist einerseits das Fehlen immergrüner Arten in der ersten Baumschicht und andererseits das Vorkommen zahlreicher *Erica*-Arten und Verwandter (*Calluna, Daboecia*). Die eigenwillige Mischung mit Filzeiche (*Quercus pyrenaica*, Foto 276), welche eher dem submediterranen Element zuzurechnen ist, kennzeichnet in Nordspanien beispielsweise den Übergang vom mediterranen zum ozeanischen Großlebensraum. Die eigentliche Domäne der *Erica*-Arten sind aber die Heiden auf windgefegten Kanten und höheren Lagen. Ihr Areal wurde durch die Rodungstätigkeit des Menschen weit über die natürlichen Vorkommen hinaus ausgeweitet. Auch der abgebildete Wald ist durch Waldweide aufgelichtet und daher üppiger mit *Erica*-Arten (*E. cinerea, E. vagans*) bestockt, als es von Natur aus der Fall wäre.

Hypothesen über die ökologische Bedeutung der ericoiden Wuchsform bzw. des nadelförmigen Rinnenblattes sind so leicht nicht zu bieten. Ihr Entwicklungszentrum ist zweifellos in den Nebelzonen tropischer Hochgebirge zu suchen. Aber auch die Baumerikawälder der ostafrikanischen Inselberge wie Ruwenzori oder Mt. Kenya sind in Wirklichkeit weniger Wälder als vielmehr überdimensionale Moore. Jedenfalls können *Erica*-Arten und Verwandte mit geringen Nährstoffgehalten im Boden in Verbindung gebracht werden. Mit Hilfe einer spezifischen Mykorrhiza (= Pilzwurzel) sind sie in der Lage, Nährstoffe besser zu erschließen. Nicht zufällig sind sie mit Ginsterarten, welche mit Hilfe von Knöllchenbakterien Luftstickstoff binden können, assoziiert wie auf dem Bild (Foto 277). Aber auch breitblättrige Ericaceae wie die Rhododendren besitzen Pilzwurzeln – es handelt sich dabei um ein Familienmerkmal.

Foto 278: Die berühmte Venus-Fliegenfalle (*Dionaea muscipula*) aus den Moorwäldern Südostamerikas.

Die Ressource Wasser ist im Zonobiom V nicht selten im Überfluß vorhanden. Vermoorungen sind daher beinahe ebenso häufig wie zonale Wälder. Ähnliches gilt für nährstoffarme Sandböden, in denen die Nährstoffe durch die hohen Niederschläge ausgewaschen wurden. Es ist ein Charakteristikum warmtemperater Regenländer, daß Pedobiome (= durch spezielle Böden geprägte Lebensräume) von großer Bedeutung sind. In den Südoststaaten der USA ist dies dermaßen ausgeprägt, daß in vielen ökologischen Texten die ursprüngliche Lauriphyllenvegetation kaum beachtet wird. Immergrüne Wälder stockten auf den kulturfähigen Böden und wurden in kurzer Zeit durch Siedler fast vollständig vernichtet. Was blieb, waren Kiefernwälder, Sumpf-Zypressenwälder, vermoorte Krüppelwälder, sogenannte pocosins, und sumpfige Grasländer in den weiten und ebenen Küsten-gebieten (= coastal plains). Die Böden sind sauer, nährstoffarm, das Grundwasser steht oberflächennah an und kann auch über die Oberfläche treten.

Spezifisch für die Ökosysteme dieser Küstenebenen sind Brände während kurzer Trockenperioden. Ihre Frequenz bestimmt den Ökosystemtyp. Jährliche Brände lassen keinen Gehölzwuchs zu, Grasländer dominieren. Ein größerer Abstand der Feuer führt zur Ausbildung von Moorgehölzen (teils mit *Pinus serotina*), noch größere Intervalle fördern die brandresistenten Kiefern (*Pinus elliottii*, *P. taeda*, *P. palustris*), die durch den Grundwasseranschluß außerordentlich gutwüchsig sind. Die Keimlinge von *Pinus palustris* verharren mehrere Jahre als grasartige Büschel am Boden, wobei der tief sitzende Vegetationsscheitel Brände übersteht. Nach Erstarkung schießen die Triebe mehrere Meter in die Höhe. Zu den eigenwilligen Charakteristika dieser Pedobiome zählen auch die zahlreichen Insektivoren wie die Venus-Fliegenfalle oder Kannenpflanzen der Gattung *Sarracenia*.

Foto 279: Die patagonischen Anden bei San Carlos de Bariloche, Argentinien.

Hochgebirge der warmtemperaten Zone

Die Orobiome der warmtemperaten Gebiete zählen zweifellos zu den schneereichsten Lebensräumen der Welt. Die Schneemassen werden allein schon durch ihr Gewicht ökologisch wirksam. Die Waldgrenze in den patagonischen Anden liefert den besten Beweis für diesen Zusammenhang. Die Gebüsche im Vordergrund des Bildes (Foto 279) sind Individuen der gleichen Art, die etwas tiefer hohe Baumgestalten bildet (vgl. Foto 280). Es ist die laubwerfende Südbüche *Nothofagus pumilio*, die durch den Schneedruck im patagonischen Bergwinter ab einer gewissen Seehöhe nur mehr niedrig bleibt. Zweifellos mag dies mit einer Wuchseigenschaft der Buchen in Zusammenhang gebracht werden, dem sogenannten „Buschenschirm": Die jungen Zweige an der Spitze junger Buchen biegen sich spazier-

stockartig um. Der Schnee hat dadurch, etwa im Gegensatz zu den säulenförmigen Fichten der alpinen Waldgrenze, mehr Auflagefläche und drückt das Gezweig zu Boden. Buschwerk von *Nothofagus pumilio* kann noch weit oberhalb der Waldgrenze, die oft wie mit einem Lineal gezogen wirkt, wachsen.

Auf der anderen Seite schützen die hohen Schneedecken die Vegetation vor tiefen Frösten, wie allgemein die Bergwinter der warmtemperaten Gebiete als mild bezeichnet werden können. Waldgrenzenbildner, wie in Patagonien und Neuseeland die Südbuchen, sind nicht oder nur in Grenzen gefrierbeständig und würden bei Temperaturen unter –15 bis –20 °C absterben. Lauriphylle Arten begleiten im Unterwuchs die Bergwälder bis an die Waldgrenze und darüber. In der alpinen Stufe dominieren Zwergsträucher, die oft dichte Matten bilden. Noch weiter gegen die Gipfel herrschen südhemisphärische Tussockgräser vor.

Häufige Nebel bewirken in vielen Bergwäldern der warmtemperaten Länder, z.B. in den Hochlagen der Patagonischen Anden (Foto 280), Massenentwicklungen von Moosen oder Flechten. Diese hängen in Paketen und Fahnen an den Bäumen. Grundsätzlich ist die Höhenstufenabfolge in den Hochgebirgen des Zonobiom V sehr verschieden: sind es in Neuseeland Steineiben (*Podocarpus* div. spec.) und immergrüne Südbuchen, die wenig zonierte Bergwälder bilden, immergrüne und laubwerfende Südbuchen in Patagonien (mit scharfen Grenzen), in den Snowy Mountains Australien der snow gum (*Eucalyptus niphophila*), bieten die nordhemisphärischen Gebiete ein sehr differenziertes Bild, wobei Nadelhölzer von großer Bedeutung sind.

Bedeutende nordhemispärische Orobiome sind die Gebirgsregionen des westlichen China, die Westabdachung des Kaukasus mit den berühmten übermannshohen Hochstaudenfluren (Foto 281) und die Nordabdachung des Pontischen Gebirges, ferner die Gebirgsregionen an der nordamerikanischen Pazifikküste (z.B. Olympic Mountains, Kaskadengebirge) und die Kantabrischen Berge. Interessante Spezialfälle stellen die Inselberge oder isolierten Gipfel dar, wie der Pico auf den Azoren, der Hala San auf Cheju Do (Südkorea) oder der Fujisan (Japan). Der Teide, höchster Berg Teneriffas und botanisches Kultobjekt, hingegen hat durch seine spezifische Höhenstufenabfolge mit trockener Basis, feuchter Mittelzone und trockener Gipfelregion mehr subtropischen Charakter und mit den Schneebergen des Zonobiom V wenig gemeinsam. Schnee dürfte auch der Grund dafür sein, daß etwa in den Kantabrischen Bergen die Waldgrenze weit unter der temperaturbedingt möglichen liegt und Ginstergebüsche (Foto 283) eine eigene subalpine Stufe bilden.

Foto 280: Flechtenbehangener Südbuchenwald (*Nothofagus pumilio*) im Spätwinter in den Patagonischen Anden.
Foto 281: Die prächtige Lilie *Lilium georgicum* aus den Hochstaudenfluren des Kaukasus.

Foto 282: Gipfelflur der Picos de Europa in Nordspanien.

Schlechtwetter ist der stete Begleiter in den Bergen des Zonobioms V. Nur selten lassen die Wolken den Blick auf Gipfel und Himmel zu. Die Ökosystemdifferenzierung oberhalb der Waldgrenze ist aber auch hier typisch „alpin", das heißt neben höhenzonalen Ökosystemen spielen Sonderstandorte für Landschaftshaushalt und -bild eine große Bedeutung.

Nordhemisphärisch bestimmen holarktische Artengarnituren wie jene der Nacktriedrasen (vgl. Foto 139) die Ausbildung zonaler Rasenökosysteme, südhemisphärisch sind es australische und antarktische Elemente. Letztere bilden Tussock-Grasländer (vgl. Foto 284) und Krautfluren, die strukturell von den nordhemisphärischen sehr verschieden sind. Letztere sind ausgesprochen bunt, eine große Palette an Lebensformen herrscht vor. Nicht so die alpinen Ökosysteme der Snowy Mountains und Neuseelands, wo gelbe und weiße Farben

vorherrschen und meist schmalblättrige Rosettenkräuter die floristische und Lebensformenstruktur bestimmen. Die Zwergstrauchheiden der australischen Berge allerdings ähneln in Blatt- und Lebensformenspektren manchen nordhemisphärischen praktisch aufs Haar.

Die Bedeutung von Sonderstandorten kommt vor allem dort zum Tragen, wo schwer verwitternde Gesteine mächtige Felsburgen aufbauen wie die Kalkklippen der Picos de Europa, welche dem Hauptkamm der Kantabrischen Berge zur Küste hin vorgelagert sind. Rasenflecken und -girlanden besetzen die wenigen geeigneten Standorte, ansonsten bestimmen Felsfluren und weite Schutthalden die Landschaft. Weniger schroffe Gebirgsszenerien lassen großflächige Rasen- und Zwergstrauchmatten zu. Nach oben hin lösen sie sich auf. Nivalfluren mit kleinen Horstgräsern, Krautrosetten und Polsterpflanzen folgen.

Foto 283 (links oben): Der Ginster *Genista ob-tusiramea* bildet subalpine Gebüsche in den Kantabrischen Bergen, Pico Tres Mares, Spanien.
Foto 284: Artengarnitur der alpinen Horstgrasflur △ in den Patagonischen Anden, Cerro Capitano Leon, bei Bariloche (Argentinien).
◁ Foto 285: Die kleine Polsterpflanze *Saxifraga aretioides*, eine Charakterart der Felsfluren in den Picos des Europa.

Durch die Isolierung der warmtemperaten Biome hat sich die Lebewelt der Hochgebirgsregionen sehr eigenständig entwickelt, der Grad des Endemismus ist sehr hoch. Der Ginster *Genista obtusiramea*, der als mehr oder weniger monodominante Gebüschformation in den Kantabrischen Bergen eine eigene subalpine Stufe bildet, ist auf dieses Gebirge beschränkt. Die Artengarnitur der alpinen Horstgrasheide Patagoniens besitzt hohe Eigenständigkeit, das Areal von *Saxifraga aretioides* reicht über die nordspanischen Berge nicht hinaus.

Azonale Ökosysteme

Besonders bekannt für großflächige Vermoorungen sind die Gebiete des westlichen Irland, von Wales, aber auch von Tasmanien oder Chile (z.B. Insel Chiloe), durchwegs Gebiete, die schon im Übergangsbereich zum kühlgemäßigten Zonobiom VI liegen. Aus ökologischer Sicht sind Moore dann gegeben, wenn Pflanzengesellschaften auftreten, die zur Torfbildung, das heißt zur Akkumulation unzersetzten organischen Totmaterials, fähig sind. Die Tiefe des Torfes oder fixe Prozentsätze für den Anteil organischen Materials, wie sie etwa Geologie und Bodenkunde für die Moordefinition verwenden, sind ökologisch wenig relevant. Sie leiten sich lediglich aus praxisorientierten Notwendigkeiten ab (z.B. Bodenschätzung, Abbauwürdigkeit von Torflagerstätten).

Moor ist nicht gleich Moor, und zahlreiche Typologien sind entwickelt worden. Nach der Hydrologie lassen sich etwa Überflutungsmoore (z.B. in Flußtalböden), Überrieselungsmoore (= vor allem im Gebirge bei hohem Schmelzwasserangebot), Durchströmungsmoore (= Hangwassermoore), Regenwassermoore (= Hochmoore) und Kondenswassermoore (= auf Blockhalden, aus denen Kaltluft ausströmt) unterscheiden, nach dem Wasserchemismus Niedermoore (= grundwasserbeeinflußt), Hochmoore (= ausschließlich regenwasserversorgt), Zwischen- oder Übergangsmoore (= Niedermoore mit Übergang zu Hochmoor). Weitere Typologien sind nach der Lage im Relief möglich, so etwa Sattelmoore auf Hochflächen, Hintermoore im Überströmungsschatten von Flußalluvionen. Im Zusammenhang mit den Mooren des Zonobiom V von besonderer Bedeutung sind die Deckenmoore. Sie entstehen unabhängig vom Relief, das heißt, sie sind nicht an feuchte Senken, Seenverlandungszonen oder Unterhänge gebunden. Mehr oder weniger dicke Torfdecken überziehen das Land. Moore dieser Art entstehen nur unter extrem niederschlagsreichen Bedingungen und sind etwa typisch für die Berggebiete Irlands (Foto 286).

△

Foto 286: Deckenmoor in den Wicklow-Bergen, Irland. Torferosion in Form von „Rasenabschälung" durch starke Beweidung.   △

Foto 287: Artengarnitur typischer Übergangsmoore mit Schnabelried (*Rhynchospora alba*, links), Sonnentau (*Drosera rotundifolia*) und Torfmoosen (*Sphagnum* spec.).

Foto 288: Die insektivore Kannenpflanze *Cephalotus* aus den Moorgebieten Südwestaustraliens.

Allen Mooren gemeinsam ist, daß Wasser zumindest zeitweise im Überschuß vorhanden ist. Dies führt zu Sauerstoffarmut im Wurzelraum. Pflanzen, die damit leben können, haben spezielle Einrichtungen entwickelt. Die wichtigste sind Durchlüftungsgewebe in Erdsprossen und Wurzeln, die mit den oberirdischen bzw. mit den aus dem Wasser herausragenden Teilen in Verbindung stehen. Auf diese Weise werden die Wurzel- und Rhizomgewebe mit dem für die Atmungsprozesse essentiellen Sauerstoff versorgt. Insbesonders Grasartige (z.B. das abgebildete Schnabelried) haben diese Eigenschaft entwickelt und sind die Hauptmassebildner in Nieder- und Übergangsmooren. Viele dieser Binsen und Rieder verfügen über einen inneren Stoffkreislauf, der auch auf den nährstoffarmen Torfböden eine relativ hohe Produktion erlaubt.

Hohe Niederschläge wirken aushagernd, Regenwasser enthält kaum Nährstoffe. Unter diesen Bedingungen kommen die Torfmoose (vgl. Foto 287) zur Vorherrschaft, die nach dem Ionentauscherprinzip Wasserstoffionen ins Wasser abgeben und dafür Nährstoffionen binden. Durch diesen Prozeß sind Hoch- und Übergangsmoore sauer, die Torfmoose aber trotzdem noch zu beachtlicher Produktion (0,3 bis 0,5 kg pro m² und Jahr) fähig (vgl. Wiesen und Steppen mit 0,2 bis 1,5 kg pro m² und Jahr). Assoziierte Blütenpflanzen wie Ericaceae erschließen das geringe Nährstoffangebot – wie schon dargestellt – mittels Mykorrhizen, ihre Produktion bleibt aber gering. Sie ist auch gering bei den Insektivoren wie Sonnentau (vgl. Foto 287), etwas höher bei den Kannenpflanzen wie dem australischen *Cephalotus*.

Wie die Hochgebirge treten Küstenökosysteme in allen Zonobiomen auf, sowohl Felsküsten, Sandstrände, in vielen Fällen auch Marschen und Ästuare. Raummangel läßt an den Steilküsten Baumwuchs nicht zu, außerdem bewirkt Salzgischt osmotischen Streß. In den warmtemperaten Regengebieten wirkt der Regen dem entgegen, erkennbar auf dem Bild an den saftigen Grasbändern in den Felsen, wobei allerdings auch dort salzertragende Arten vorherrschen. Der besondere ökologische Status der Felsküsten liegt in ihrer Bedeutung als Brutplatz für Seevögel. Vogelfelsen sind Ökosysteme, die durch den ständigen Eintrag der Vögel Nährstoffe (besonders Stickstoff und Phosphor) akkumulieren und damit sehr stark allochthon bestimmt sind.

Dieses Bild ersetzt ein ökologisches Lehrbuch. Hier treffen mit der arktisch-alpinen Silberwurz und dem Hirschzungenfarn feuchter Schluchtwälder zwei Pflanzen völlig unterschiedlicher Herkunft zusammen, die eigentlich gar nicht gemeinsam wachsen „sollten". Was zeigt dieses Bild: biogeographisch, daß die Eiszeit in Westeuropa arktische Flora (und Fauna) mit der warmtemperaten mischte, ökologisch ist es ein Beweis für das Gesetz der relativen Standortskonstanz – der Waldfarn (*Phyllitis*) sitzt in der dunklen, feuchten Spalte. Weiters: Fitness heißt nicht optimales Gedeihen, sondern Streß ertragen und trotzdem Reproduzieren. Weiters: oberflächennah wechseln Konditionen auf kleinstem Raum. Der Farnwedel präsentiert sich hier gleichsam als integrierendes Windmeßgerät.

Wie Steilküsten, so gibt es auch Sandstrände auf der ganzen Welt. Auffällig ist, daß lianenartige Formen, unter ihnen die diversen Strandwinden, auftreten, obgleich die Lebensformenvielfalt an Sandküsten besonders groß ist. Die Winden zeigen die Strategie des „foraging" (vgl. Foto 194), des Suchens nach Ressourcen, wobei die Ausläuferbildung den Kontakt zum Gesamtindividuum beibehält. Außerdem garantiert diese raumausgreifende

Foto 290: Aufeinandertreffen eines alpin-arktischen (Silberwurz; *Dryas octopetala*, oben) und eines atlantischen Florenelements (Hirschzunge; *Phyllitis scolopendrium*, unten) im Küstenkarst der Burren, Irland.

Wuchsform, daß im Dünensand nur Teile der Pflanze von Sand überdeckt werden. Daher sind Strandwinden (*Ipomoea pes-caprae* in den Tropen, *Calystegia soldanella* an den europäischen Stränden, *I. stolonifera* der Azoren) eine auffällige Erscheinung an vielen Sandstränden.

Der schwarze Vulkansand der Azoren steht im deutlichen Kontrast zur weißen Blüte der Strandwinde und zum hellen Sand vieler anderer Strände. So auffällig dies sein mag, die Artengarnituren der Sandstrände besitzen eine gewisse Konstanz, unabhängig vom Ausgangsmaterial. Wesentlicher Grund dafür ist die ständige Umlagerung des Sandes (es entstehen keine Aushagerungen). Organisches Material, das vom Meer angeschwemmt wird, mischt sich mit dem Sand. Sandstrände sind

Foto 289: Die Steilküste von Moher, Irland.

△
Foto 291: Azoreanischer Sandstrand mit der
Strandwinde *Ipomoea stolonifera*.
Foto 292: Die 1500 Jahre alte Tempelanlage von ▷
Tong Hwa Sa bei Taegu, Südkorea.

daher in der Regel gut mit Nährstoffen ver-
sorgte Standorte. Auch sie sind (wie die Vogelfelsen) Ökosysteme, bei denen der Nährstoffkreislauf aufgebrochen ist und externe Stoff-
zuflüsse, aber auch Austräge die Dynamik
bestimmen. Nicht Ressourcen sind hier limi-
tierend, sondern Streß bewirkende Konditionen wie Sandgebläse, Wind und osmotischer
Streß durch Salzwasser. Der Grad der Spezialisierung ist hoch und schließt weniger angepaßte Arten aus. Schon auf Gattungs-, noch
mehr auf Lebensformenniveau findet sich
große Übereinstimmung über die Zonobiome
hinweg.

Rurale und urbane
Ökosysteme

Warmtemperate Lebensräume sind zweifellos
auch für den Menschen Gunstlebensräume. In
der Lauriphyllenzone Ostasiens inklusive Übergangszonen und dem angrenzenden Zonobiom
VI (= Zone der sommergrünen Laubwälder)
liegen früheste Nachweise menschlichen Daseins (Pekingmensch), haben mesolithische
Kulturen ihre Spuren hinterlassen und Neoli-

thiker der Lung-shan Kultur bereits gut entwickelte Dauersiedlungen etabliert. Man baute in einer Art Wanderfeldbau Hirse, Gerste und Hanf, hielt Schweine und Hühner und kannte bereits die Seidenraupenzucht. Der technische Stand reichte zur großflächigen Rodung – vor allem der Bergwälder – aber noch nicht aus, genausowenig für Drainagierungen der riesigen Flußauen oder zum Bau von Bewässerungsanlagen. Dieser Schub setzte schließlich mit Einführung von Eisenwerkzeugen und dem Einsatz tierischer Arbeitskraft ca. ein halbes

Jahrtausend vor Christus ein. Rasch nahm die Bevölkerung zu. Im zweiten vorchristlichen Jahrhundert hatte China eine Population von 57 Millionen Menschen, bei einer Dichte in den Siedlungszentren um die großen Flüsse von 35 bis 50 Einwohner pro Quadratkilometer. Kulturelle Verknüpfungen entstanden durch Handel und Missionare. Der Buddhismus erreichte China im ersten, Korea im vierten, Japan im sechsten nachchristlichen Jahrhundert. Kulturdenkmäler wie die Tempelanlagen von Tong Hwa Sa stammen aus dieser Zeit.

Foto 293: Blick auf die Siedlung von Kamakura, Japan.

Die klassische Kulturlandschaft Ostasiens ist kleinräumig strukturiert. Alte Kulturpflanzen dieses Raumes waren und sind Soja, Reis, Hirse, Zwiebel und Kohl. Ostasien ist auch Domestikationsgebiet von Orange und Pfirsich. Der Anbau von Reis erlaubte die Nutzung der großen Flußauen. Er ist nach wie vor die Ernährungsgrundlage Ostasiens.

In Japan als Insel ohne große Flußlandschaften war die Orientierung auf das Meer seit jeher von Bedeutung. Die Siedlungen konzentrierten sich an den Küsten, Fischfang war eine wichtige Form der Nahrungsbeschaffung und ist es heute noch. Daneben spielten Waldprodukte eine große Rolle, die Vielfalt an Naturprodukten, vom Adlerfarn bis zum berühmten Shiitaki-Pilz ist bezeichnend für die japanische Küche. Zu dessen Kultivierung wird heute vielfach das Holz von *Castanopsis*-Arten oder anderen Lauriphyllen der japanischen Wälder herangezogen. Allein 1972 betrug die Shiitaki-Produktion 8000 t Trocken- und 20 300 t Frischpilze, wozu 917 000 m^3 Holz verbraucht wurden.

Was der Wald nicht lieferte wurde angebaut, vor allem Reis. Die Kulturlandschaft mit grünen Reisfeldern in kleinen Talgründen, Siedlungen mit Bäumen und Gärten ist aber heute durch Siedlungsverdichtung, Straßen, Aufforstungen mit standortfremden Gehölzen stark verändert.

Die großen Agglomerationen Ostasiens sind extreme Zivilisationsökosysteme und zählen zu den am dichtesten besiedelten Gebieten der Erde. Die klassische Struktur (vgl. Foto 293) mit Baum und Kleingarten ist nur mehr in Resten vorhanden. Die einzigen grünen „Lungen" sind in vielen Städten die Haine um Schinto-Schreine oder Parks. Die Beanspruchung des Umlandes ist enorm und reicht weit über den eigentlichen Siedlungsraum hinaus. Interessanterweise hat in den letzten Jahren eine Bewegung eingesetzt, mit sogenannten „Heimatwäldern" im Bereich von Industrieanlagen, entlang von Straßen oder auf nicht beanspruchten Restflächen den Grünanteil wieder zu verbessern. Es werden dazu ausschließlich Arten der natürlichen Vegetation, wie sie aus den Schinto-Hainen rekon-

Foto 294: Blick auf Tokio.

struiert wurde, verwendet. Resultat wird der Naturwald in der Stadt sein.

Weit in die Vergangenheit reichen die frühen Spuren menschlichen Daseins auch in den anderen warmtemperaten Lebensräumen zurück, seien es die Indianerkulturen im Süden der USA (Seminolen), in Kalifornien, die Araucas in Patagonien, die Maoris Neuseelands, die australischen Ureinwohner und nicht zuletzt die frühen Menschen in Westeuropa. Einen nachhaltigen und prägenden Einfluß mit der Ausbildung von Kulturlandschaften brachte im wesentlichen die europäische Expansion in viele dieser Gebiete. Die Klimagunst ließ den Anbau vieler Kulturpflanzen zu oder eignete sich für die Haltung von Tierherden.

Das zentrale Thema aller Besiedlungsschübe im Zonobiom V war die Zurückdrängung des

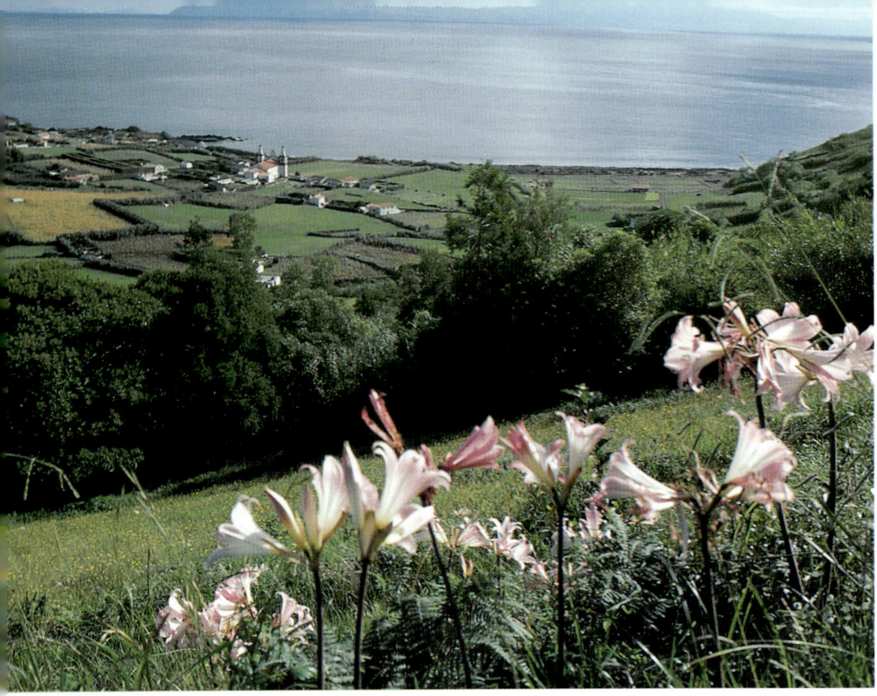

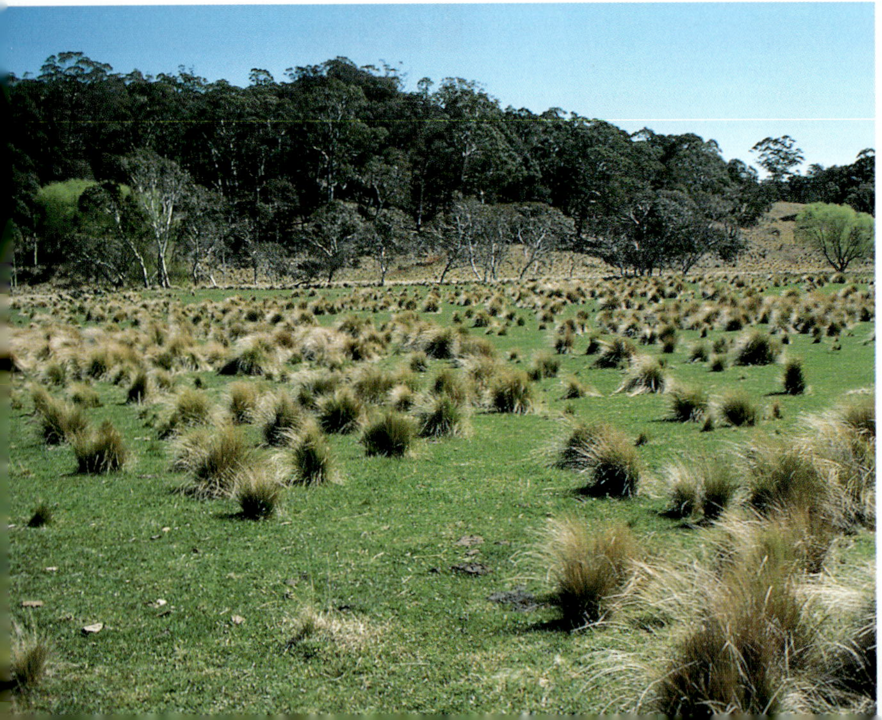

Waldes. Die Azoreninseln (Foto 295) bedeckte zum Zeitpunkt ihrer Entdeckung im Jahre 1427 dichter Lauriphyllenwald, in denen weder Eingeborene noch größere Tiere lebten. Portugiesische Siedler schufen in wenigen Jahrzehnten bäuerliche Vorposten, der berühmte – heute eingestellte – Walfang in Küstennähe ohne große Fangschiffe etablierte sich erst im 19. Jahrhundert. Mit der Zeit entstand eine der anmutigsten Kulturlandschaften der Welt. Die Basis war (und ist) Weidenutzung mit Rindern und Schweinen. Getreide, Gemüse und Obst gedeiht in großer Vielfalt. Die „Entdeckung" der Azoreaner, daß auf der Insel so ziemlich alles wachsen kann, vom Wein bis zur Ananas, führte zum landwirtschaftlichen Experimentieren, wobei Rückschläge wie beim Zuckerrohr durch eingeschleppte Schädlinge nicht ausblieben. Andererseits führte man geeignete Weidegräser ein, die der natürlichen Artengarnitur fehlten. Resultat: in der so „natürlich" wirkenden Kulturlandschaft ist nichts, aber rein gar nichts natürlich. In der Wiese haben sich europäische Weidegräser und -(un)kräuter zu eigenen Pflanzengesellschaften assembliert, die *Amaryllis* im Vordergrund ist ein allgemein verwilderter Gartenflüchtling, der Wald besteht aus Japanischen Schirmtannen, die Hecken aus (chinesischen) Hortensien.

Weidenutzung bot sich überall dort an, wo der Boden für Ackerbau wenig geeignet war. In den Bergen Ostaustraliens, besonders aber Neuseelands bildete und bildet Rinder- und Schafhaltung das Rückgrat regionaler Ökonomien. Das Weideland wird durch eingeführte Weidegräser (grüner Unterwuchs in Foto 296) aufgebessert, Bäume wurden (und werden) durch Ringeln abgetötet und der Wald zurückgedrängt.

Foto 297: Gärtnerisch gestaltete Figur, Disney World, Florida.

Neben der Einführung „europäischer Kulturlandschaften", sind alle Zonobiom V-Gebiete ähnlich wie in Ostasien Industrie- und Ballungszentren. Die Bevölkerungsdichten liegen durchwegs zwischen 90 und 110 Einwohner pro Quadratkilometer. Technik und Wohlstand sind neben den Zonobiom VI-Gebieten hier am höchsten. Der Mensch kann sich Spielerisches leisten (Foto 297) – „Hippo" als Gartenkunst, ein Ökosystem besonderer Art.

Foto 295: Die Siedlung Almoxarife auf der Azoreninsel Faial, Portugal.
Foto 296: Weidelandschaft östlich von Canberra, Australien.

Zonobiom VI – Winterkalte Gebiete mit laubwerfenden Wäldern (= nemorales Zonobiom)

Klima

Im Vergleich zu den wärmebetonten Zonobiomen, deren Unterschiede durch die Ressource Wasser bestimmt sind, sei dies durch die absoluten Mengen oder durch die jahreszeitliche Verfügbarkeit, treten etwa ab dem 40. Breitengrad Konditionen als bestimmende Faktoren immer stärker in den Vordergrund. Wirken Fröste im Bereich der warmtemperaten Lorbeerwaldzone bzw. der mediterranen Hartlaubzone bereits selektiv, werden sie nun dominant. Ein kalter, drei bis vier Monate andauernder Winter mit Mittel des kältesten Monats nahe oder unter 0 °C, absoluten Minima unter –20 °C, wie sie für das Zonobiom VI bereits bezeichnend sind, ist ohne echte Gefrierbeständigkeit nicht mehr zu überleben. Die lebende Zelle muß in der Lage sein, Eisbildung im Protoplasma zu vermeiden (= intrazelluläre Eisbildung) und den wasserentziehenden Effekt der Eisbildung in Zellwänden und Interzellularräumen (= interzelluläre Eisbildung) zu ertragen. Dies verlangt einen komplizierten Prozeß der Abhärtung, durch den die Pflanze in einen Ruhezustand übergeht, der erst nach mehreren Tagen gebrochen werden kann. Bei Holzpflanzen wird die Bereitschaft zur Abhärtung durch kürzere Tage im Herbst ausgelöst, tiefe Temperaturen wirken verstärkend, wobei das Resultat der Abhärtung von der Schärfe und Dauer der Fröste mitbestimmt wird. Krautige Pflanzen reagieren unmittelbar auf Fröste, geben den Abhärtungszustand aber auch rascher wieder auf. Warme Mittwinter mit nachfolgenden scharfen Frösten, wie sie in den letzten Jahren mehrfach in Mitteleuropa aufgetreten sind, können daher Arten, die die Abhärtung nicht mit einer kurztaginduzierten Ruhephase ver-

binden, stark zusetzen. Eine Gefahr für alle stellen die Spätfröste dar, welche die Pflanzen beim Blühen oder Austreiben treffen und die aktiven Gewebe schädigen, die für Reproduktion und Wachstum von entscheidender Bedeutung sind.

Auch in der Tierwelt finden sich mannigfache Anpassungen an den kalten Winter, man denke nur an die Entwicklung von Dauerstadien oder die Winterstarre bei vielen poikilothermen (= wechselwarmen) Tieren oder an so auffällige Erscheinungen wie den Vogelzug und den Winterschlaf mancher Säuger.

Der kalte Winter zwingt den Organismen, die sich zu Lebensgemeinschaften fügen, eine signifikante Rhythmik auf, die soweit gehen kann, daß Anpassungen wie der Laubfall obligat auftreten. Europäische Buchen, ins Tageszeitenklima der feuchten Tropen versetzt, bleiben laubwerfend. Im Gegensatz dazu ist der Laubfall bei vielen Bäumen der tropischen Regenzeitenwälder fakultativ. Bei künstlicher Wasserzufuhr werfen sie ihr Laub nicht ab und zeigen einen Laubwechsel, wie er für Regenwaldbäume typisch ist.

Niederschlag fällt in den Gebieten mit winterkahlen Laubwäldern genügend, davon ein Teil als Schnee. Besonders in der 4 bis 6 Monate dauernden Vegetationszeit sorgen vor allem Gewitterregen für ein sommerliches Niederschlagsmaximum. Diese Verhältnisse bleiben relativ konstant. Extremjahre, wie sie etwa durch den El Niño-Effekt auf der Südhemisphäre regelmäßig auftreten, sind selten.

Verbreitung

Vor allem drei Gebiete auf der Erde werden dem nemoralen Zonobiom zugeordnet: Europa (ausgenommen Süd- und Nordeuropa), der Osten der Vereinigten Staaten und Ostasien (Teile Chinas, Korea, Nordjapan). Zwei Aspekte fallen auf: 1. wie Zonobiom IV und Zonobiom V bilden die winterkahlen Laubwaldgebiete keinen geschlossen Gürtel; 2. südhemisphärisch fehlen sie; allenfalls sind die patagonischen und neuseeländischen Gebirgswälder dazuzurechnen.

Die nordamerikanischen und ostasiatischen Teilzonobiome erstrecken sich vom 35. zum 45. Breitengrad, das europäische vom 45. bis 55., also um ca. 10 Breitengrade nördlicher. Dies wird mit dem Golfstrom in Verbindung gebracht, der an der europäischen Atlantikküste ein allgemein milderes Klima bewirkt. Durch zahlreiche Mittel- und Hochgebirge besitzt vor allem West- und Mitteleuropa eine markante Kammerung und mit dem Kontakt zum Mittelmeer einen breiten Kontakt zu einem warmtemperaten und zugleich ariden Lebensraum. Beides fehlt den anderen Teilzonobiomen. Von diesen erlebt das nordamerikanische durch extreme Kälteeinbrüche aus dem Norden härtere Winter, was in Grenzen auch für das ostasiatische gilt. Dort akzentuiert der Kontakt zu den südlichen Monsungebieten den Wechsel zwischen Sommer und Winter, wobei vor allem sehr regenreiche und warme Sommer typisch sind, denen niederschlagsarme und sehr kalte Winter gegenüberstehen. In Osteuropa liegen die Verhältnisse insofern ähnlich, als der Jahresgang der Temperatur ebenfalls sehr ausgeprägt ist. Den hohen Niederschlägen in Ostasien stehen allerdings geringere in Osteuropa gegenüber.

Neben diesen Unterschieden im Klimacharakter, welche nicht ausreichen, um die grundsätzliche Dominanz eines winterkahlen Laubwaldes zu ändern, bestimmen vor allem floren- und faunengeschichtliche Prozesse die aktuelle floristische und faunistische Ausstattung und damit die organismische Ökosystemstruktur. Alle drei Gebiete liegen im Nahbereich der großen Vereisungen während des Pleistozäns. Fossilienreste aus dem Tertiär beweisen, daß laubwerfender Wald bis Spitzbergen reichte, durch ganz Eurasien tropische, dann Lauriphyllenwälder verbreitet waren (ebenso in Amerika). Neben den Fossilien ist auch die große Ähnlichkeit der Floren und Faunen auf höherem taxonomischem Niveau ein Beweis für diese ehemalige Verbindung, welche zwischen Ostasien und Europa am engsten ist. Die ostasiatische nemorale Flora und jene Nordamerikas sind auf Artenniveau aber reicher als die Europas. Der Grund für die Verarmung der europäischen Flora wird allgemein in der Barrierewirkung von Alpen, Pyrenäen und Mittelmeer für die Nord-Süd-wanderung der Tertiärflora und – nach den Eiszeiten – für die Rückwanderung jener Arten gesehen, welche in den südeuropäischen Refugien überlebten. Einen entscheidenden Akzent setzte zweifellos auch die Aridisierung im Mittelmeerraum und in Zentralasien. Der Nord-Süd-Weg war hingegen in Ostasien und Nordamerika nie unterbrochen. Die Wiederbewaldung begann mit Kiefernwäldern vor 12 000 Jahren, der winterkahle, laubwerfende Wald in den Gebieten, wo er heute dominiert, etablierte sich aber erst vor 8000 Jahren. Die heutige Zusammensetzung ist nicht viel älter als 5000 Jahre.

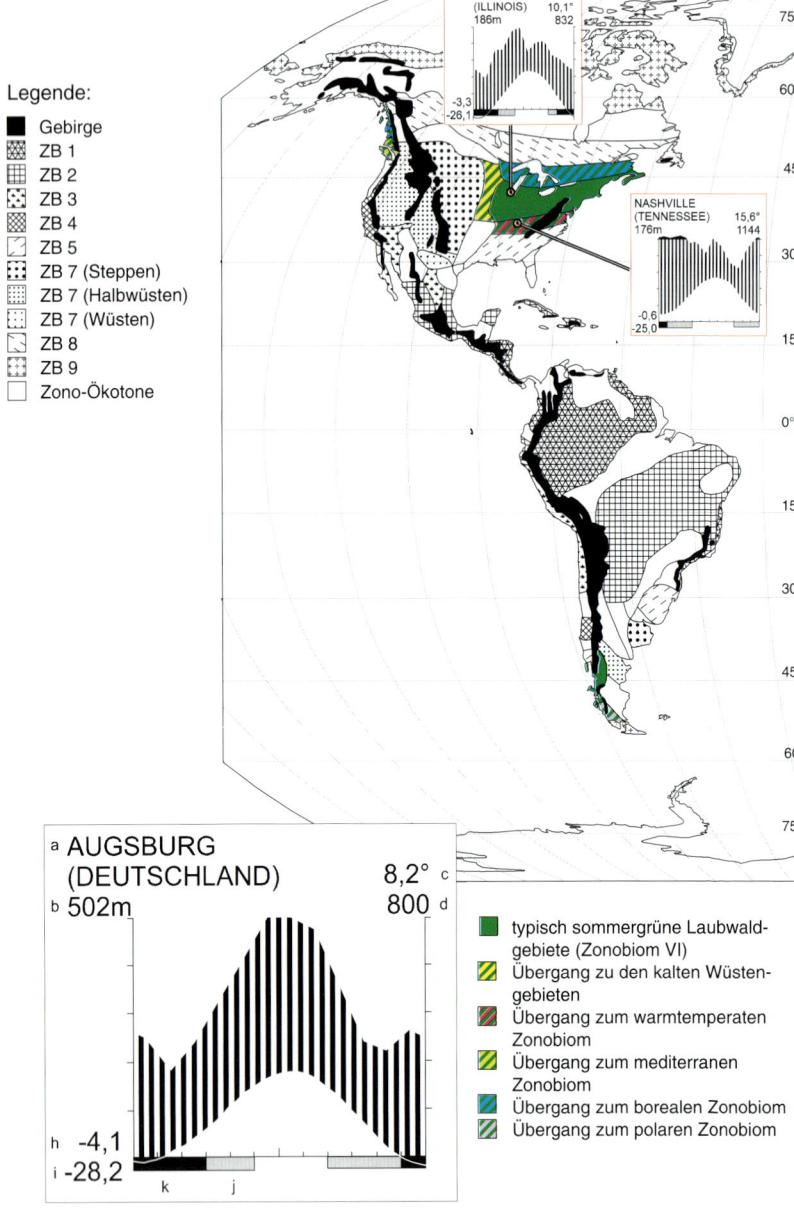

Legende:

- ■ Gebirge
- ▨ ZB 1
- ⊞ ZB 2
- ⊡ ZB 3
- ▨ ZB 4
- ◹ ZB 5
- ⋯ ZB 7 (Steppen)
- ▦ ZB 7 (Halbwüsten)
- ⋰ ZB 7 (Wüsten)
- ◺ ZB 8
- ⊞ ZB 9
- □ Zono-Ökotone

CHICAGO (ILLINOIS) 186m 10,1° 832 -3,3 -26,1

NASHVILLE (TENNESSEE) 176m 15,6° 1144 -0,6 -25,0

a AUGSBURG (DEUTSCHLAND) 8,2° c
b 502m 800 d
h -4,1
i -28,2
k j

- ■ typisch sommergrüne Laubwaldgebiete (Zonobiom VI)
- ▨ Übergang zu den kalten Wüstengebieten
- ▨ Übergang zum warmtemperaten Zonobiom
- ▨ Übergang zum mediterranen Zonobiom
- ▨ Übergang zum borealen Zonobiom
- ▨ Übergang zum polaren Zonobiom

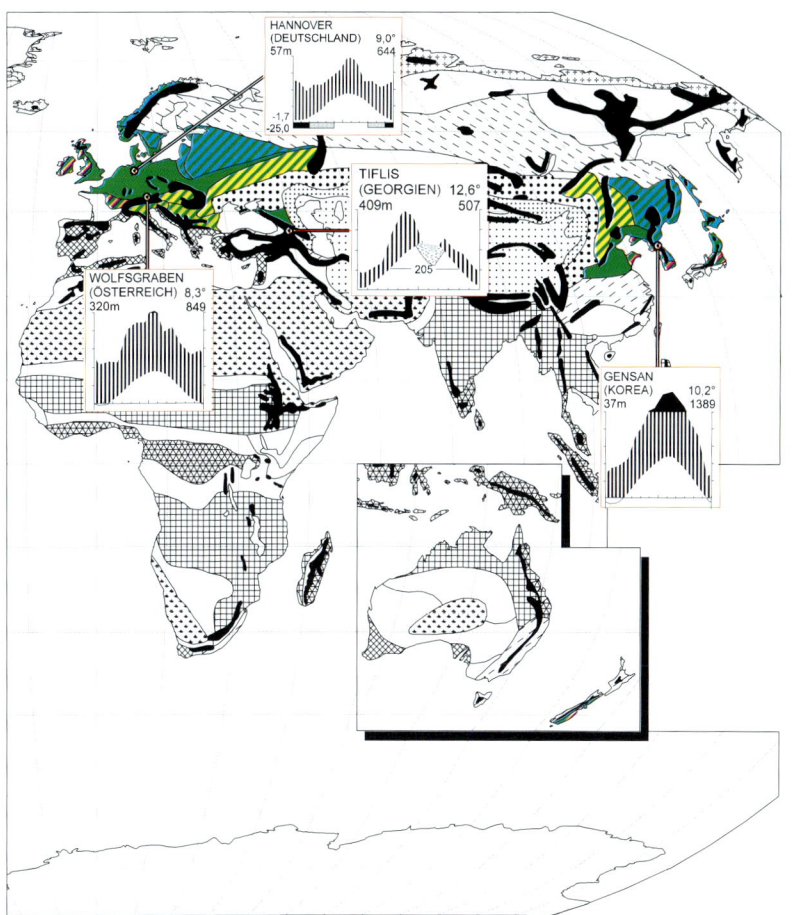

Abb. 8: Verbreitung des nemoralen Zonobioms (Zonobiom VI). Die Klimate von Regionen, aus denen das Fotomaterial stammt, sind als Klimadiagramme angegeben. Ein prototypisches Diagramm ist links unten wiedergegeben. Es bedeuten: a) Ort, b) Höhe über dem Meer, c) Jahresmittel der Lufttemperatur, d) mittlere Jahresniederschlagssumme, e) absolutes Maximum der Lufttemperatur, f) mittleres tägliches Maximum des wärmsten Monats, g) mittlere tägliche Temperaturschwankung, h) mittleres tägliches Minimum des kältesten Monats, i) absolutes Minimum des kältesten Monats;

Abszisse: Monate des Jahres; linke Ordinate: Monatsmittel der Lufttemperatur (1 Skalenteil entspricht 10 °C), rechte Ordinate: mittlere Monatssumme des Niederschlags (1 Skalenteil entspricht 10 mm). j) Zeit, in der Fröste auftreten können. Gerasterte Fläche: die Niederschlagskurve liegt unter der Temperaturkurve, was echte Dürre (=Verdunstung übertrifft Niederschlag) indiziert. „ZB"- Zonobiom. In Anlehnung an WALTER & BRECKLE (1991), Klimadiagramme nach WALTER & LIETH (1967).

Foto 298: Waldlandschaft in West Virginia, USA.

Zonale Ökosysteme

Waldlandschaften, Waldstruktur

„Aut silvis horrida aut paludibus frustra", so schilderte Tacitus, der römische Dichter, Germanien, was man frei übersetzen kann „starrend vor Wald, entstellt durch Sümpfe". Wälder bis an den Horizont, allenfalls von Flüssen und Sümpfen unterbrochen, so stellte sich zweifellos noch der größte Teil Mitteleuropas dem Reisenden vor knapp 2000 Jahren dar. Diesen Eindruck kann man in den nordamerikanischen und ostasiatischen Teilzonobiomen teils heute noch gewinnen. Schließlich leben (oder lebten) die letzten Restpopulationen des Sibirischen Tigers im Ussurigebiet in Laubwäldern bzw. Mischwaldzonen. Die natürlichen Landschaften des nemoralen Zonobioms wären also von Natur aus endlose Waldländer.

Dieses Bild wird in jüngerer Zeit von europäischen Autoren immer wieder in Frage gestellt, da die großen Pflanzenfresser wie Wisent, Urrind ehemals verbreitet waren, aber auch andere wie Wildschwein und Rothirsch nicht ohne Wirkung auf den Wald bleiben konnten. Letzteres ist in Gebieten mit Überbestockung evident. Langzeitbeobachtungen im Schweizer Nationalpark haben gezeigt (allerdings im Bergwald), daß Rothirsche in der Lage sind, ein dynamisches Mosaik unterschiedlicher Weide-, Regenerations-, Reife- und Destruktionsphasen des Waldes einzustellen, auch ohne jagdliche Eingriffe. Ein dynamisches Landschaftssystem war das Resultat.

Ob Mosaik oder Waldland, im Gegensatz zu den Lauriphyllen- und Hartlaubwäldern prägt der jahreszeitliche Wechsel die Landschaften dieses Zonobioms: die Herbstfärbung (das phänologisch prägendste Ereignis), später der schneebedeckte, kahle Wald, das zarte Grün des Frühlings und schließlich das ziemlich einheitliche Hellgrün des Sommers. In keinem anderen Großlebensraum sind vier Jahreszeiten so deutlich ausgebildet.

Foto 299: Frühling in einem Zerreichenwald (*Quercus cerris*) des Wienerwaldes, Österreich.

Foto 300: Winter im Zerreichenwald des Wienerwaldes (vgl. Foto 299).

Die Struktur der laubwerfenden Wälder zeichnet sich in den meisten Fällen durch eine deutliche Schichtung aus, im komplexesten Fall durch zwei Baumschichten, eine Strauchschicht und eine Krautschicht. Eine Moosschicht, wie sie für Nadelwälder charakteristisch ist und etwa in Lauriphyllenwäldern auftreten kann, fehlt, da das Laub den Boden überdeckt. Auf Steinen oder modernden Stöcken hingegen entwickeln sich Moossynusien durchaus üppig. Die Blattmasse macht 1 bis 2 % der Gesamtmasse der Bäume aus, der mit Abstand größte Teil entfällt auf die verholzten Teile (um 80 %), ca. 20 % sind als Wurzeln ausgebildet. Diese Werte sind durchaus vergleichbar den Waldbäumen in tropischen Regenwäldern bzw. Lauriphyllenwäldern. Durch das Fehlen eines dichten Lianen- und Epiphytenbewuchses bleibt der mittlere Blattflächenindex von 5 m^2/m^2 im winterkahlen Wald hinter jenem des tropischen Regenwaldes (8 m^2/m^2) zurück.

Stamm, Äste und Knospen sind im winterkahlen Wald Frost und Frosttrocknis voll ausgesetzt. Unter Frosttrocknis wird das Phänomen verstanden, daß Wasserverluste, welche auch durch noch so geringe Verdunstung über Zweige und Stamm auftreten, nicht ausgeglichen werden, da aus dem gefrorenen Boden kein Wasser aufgenommen werden kann. Der Laubabwurf wird daher auch als Verhinderung größerer Wasserverluste durch Laubwerk interpretiert.

Der Schnee schützt hingegen die Lebewelt am und im Waldboden. Unter den Arten der Krautschicht sind frostempfindlichere Arten nicht selten. Der abschmelzende Schnee durchfeuchtet das Laub und fördert die Zersetzung, die sehr rasch erfolgt. Stickstoff wird in 4 Jahren rezykliert.

Entlang eines Gradienten von tropischen Klimaten über Lauriphyllenklimate zu nemoralen, wie er in Ostasien relativ ungestört verfolgt werden kann, ändern sich die ökosy-

Foto 301: Blattgarnitur aus dem Eichen-Hainbuchenwald Südkoreas, Halla San.

stemaren Eigenschaften der Wälder wie folgt: Erstens nimmt die Biodiversität (vor allem die Baumartendiversität) bereits zum Lauriphyllenwald hin stark ab, von diesem weiter zum nemoralen Wald. Zweitens bildet sich eine deutliche Schichtung aus, die Kronenstruktur wird einheitlicher. Drittens nimmt die Geschwindigkeit ab, mit der das Laub zersetzt wird, ein Resultat geringerer Bodenerwärmung. Im Gegensatz dazu verringern sich Biomasse pro Flächeneinheit und jährliche Nettoprimärproduktion (1 bis 3,5 kg pro m^2 und Jahr im Tropenwald, 1 bis 2,5 kg pro m^2 und Jahr im Lauriphyllenwald, 0,4 bis 2,5 kg pro m^2 und Jahr im nemoralen Wald) keinesfalls eindeutig. Beide Größen sind in nemoralen Wäldern noch beachtlich hoch. Jedenfalls besteht zwischen Produktion/Biomasse und Biodiversität kein klarer Zusammenhang. Wälder bleiben vom stofflich-funktionalen Aufbau her eben Wälder.

Die organismische Struktur ist vor allem als Folge der geringeren Gehölzdiversität, durch die Ausbildung phänologischer Phasen (z.B. Knospenbruch, Austrieb, Blüte, Fruchten plus/minus zur gleichen Zeit), und den „Schock" des synchronen Laubfalls durch geringere Komplexität gekennzeichnet. Nahrungspflanzennetze und daran geknüpfte Nahrungsketten wie sie den tropischen Regenwald so einmalig machen, kennzeichnen den nemoralen Wald zwar auch, aber bei weitem nicht im „Regenwaldformat". Giftige Bäume fehlen fast völlig.

Biogeographisch fällt die große Einheitlichkeit auf. Die großen winterkahlen Laubwaldgebiete zählen samt und sonders zur Holarktis: Buchen-, Birken-, Rosengewächse herrschen unter den Gehölzen vor. Laubwerfende Südbuchen dominieren auch die punktuellen nemoralen Biome der Südhemisphäre. Der ökologische Funktionstyp „frosthartes, laubwerfendes Breitlaubgehölz" zeigt eine enge Bindung an bestimmte Verwandtschaftskreise.

Foto 302: Blattgarnitur aus mitteleuropäischen Laubwäldern, Wachau, Niederösterreich.

Foto 303: Blattgarnitur aus nordamerikanischen Laubwäldern, Great Smoky Mountains, USA.

Das Weichlaubblatt (= Mesophyllie) ist zweifellos primär eine Anpassung an eine kurze Vegetationszeit bzw. Lichtmangelsituation. Es tritt in den tropischen Regenzeitengebieten ohne (oder mit allenfalls geringer) Frostbelastung bei Bäumen auf, kennzeichnet in den immerfeuchten Tropen Kräuter gestörter Standorte oder des tiefen Waldschattens (z.B. Fleißige Lieschen = *Impatiens* div. spec.). Mesophylle Blätter sind dünner als lauriphylle oder Tropenblätter. Beispielsweise ist das Buchenblatt der Sonnenkrone im Schnitt nur 0,185 mm dick, das entsprechende Blatt des Efeu 0,409 mm – das heißt pro Flächenaufwand verlangt das immergrüne Blatt mehr Gewebe, letztlich Assimilate. Die Festigkeit erhält das immergrüne Blatt durch Wachse und Festigungsgewebe, die längere Lebenszeit verlangt Abwehrstoffe gegen Konsumenten. Das immergrüne Blatt ist daher für die Pflanze ausgesprochen „teuer".

Der geringeren Artendiversität steht eine größere Vielfalt der Blattformen gegenüber. Sie sind gelappt, gefiedert, geteilt, häufig gezähnt. Beachtliche Größenunterschiede treten auf, wobei immer wieder auffällt, daß die Blätter ostasiatischer Arten (aus gleichen Gattungen; z.B. Ahorn, vgl. Foto 301 und 302) im Schnitt kleiner sind. Eine einleuchtende Erklärung steht aus. Die Zähnung bei vielen Arten wird mit der Ausbildung von geschlossenen Knospen in Verbindung gebracht, eine Dichtpackung ist dadurch möglich. Die Knospen bewirken einen Verdunstungsschutz, das heißt sie können vor allem als Einrichtung gegen Frosttrocknis betrachtet werden. Vor Frösten selbst schützen sie kaum. Knospen des europäischen Bergahorn (*Acer pseudoplatanus*) ertragen noch Temperaturen knapp unter –20 °C. Das Kambium (= Teilungsgewebe zwischen Holz und Rinde) und sogenannte „schlafende" Knospen sind resistenter. Geschädigte Pflanzen können aus solchen Teilungsgeweben regenerieren.

△
Foto 304: Vollfrühlingsaspekt in einem mitteleuropäischen Ahorn-Eschenwald, Rheintal, Österreich.

Im Zustand der Vollbelaubung trifft nicht viel mehr als 1 % bis 10 % des Freilandlichtes auf den Boden, wobei dies davon abhängt, ob sogenannte Schattholz- oder Lichtholzarten den Wald dominieren. Wälder aus Lichtholzarten wie Eiche oder Linde sind oft mehrschichtig und besitzen eine gut ausgebildete Krautschicht, solche aus Schattholzarten (z.B. Buchenwälder) sind einschichtig, der Waldboden ist fast kahl. Gute Nährstoff- und Wasserversorgung kann Lichtmangel in Grenzen kompensieren. Waldbodenarten sind vorwiegend mesophyll mit waagrecht stehenden Blättern, was offensichtlich in Lichtmangelsituationen von Vorteil ist. Auffällige Konvergenzen bestätigen sozusagen den ökologischen Wert einer solchen Blattstellung, wie der Vergleich von *Collinsonia* aus Nordamerika mit der Zahnwurz (vgl. Foto 306) beweist.

Foto 305: Eine typische Frühsommerart *(Collinsonia* spec.*)* aus den Wäldern der Appalachen bei Shippensburg (USA).
▽

In Wäldern entsteht ein Bestandesklima, das sich von den Bedingungen außerhalb unterscheidet. Im Waldinnern ist es in Abhängigkeit von der Belaubung dunkel (bei einem Blattflächenindex von 5 m^2 pro m^2 ca. 5 % des Freilandlichtes), kühler untertags, wärmer in der Nacht und luftfeuchter. Dies gilt allgemein. Winterkahle Laubwälder sind insofern einmalig, als das Bestandesklima im Laufe des Jahres wechselt. Im Frühjahr ist es hellfeucht, aber relativ kühl, im Sommer dagegen warm aber dunkel. Dem entspricht eine zeitlich gestaffelte, synusiale Differenzierung mit Frühjahrsephemeren (durchwegs Geophyten), Frühsommer- und Spätsommerarten, mitunter auch Immergrünen. In etwa sind auf dem Bild Bärlauch- und Aronstab zur ersten, Bingelkraut zur zweiten und Goldnessel zur dritten Gruppe zu rechnen.

Wälder mit guter Nährstoffversorgung sind artenreicher und vor allem für Frühjahrsarten günstig, deren rasches Wachstum an gute Verfügbarkeit von Nährstoffen gebunden ist. Gute Waldböden trifft man vor allem auf kalkhaltigen Lockersedimenten an. Grundsätzlich sind die Böden der nemoralen Wälder jung und erst nach den Eiszeiten entstanden. Fossile Böden wie noch unter Hartlaub- oder Lauriphyllenwäldern sind allenfalls in Ausnahmesituationen vorhanden (z.B. in den pleistozän nicht vereisten Gebieten des Grazer Berglandes). Verglichen mit den Böden der südlichen Gebiete sind die braunen Böden der winterkahlen Laubwälder „gute" Böden. Natürlich kommen Unterschiede nach dem Muttergestein vor, sei dies hinsichtlich chemischer Zusammensetzung (z.B. karbonatische Böden über Kalk oder Dolomit) oder physikalische Beschaffenheit (z.B. Lockersediment; leicht oder schwer verwitterbar).

Nach der Artenzusammensetzung lassen sich allein im relativ artenarmen (!) Mitteleuropa 40 bis 50 Laubwaldtypen unterscheiden, darunter über 20 Buchenwälder. Mehr als 20 Waldtypen haben japanische Autoren vor kurzem in den Appalachen festgehalten, darunter 5 Typen mit der nordamerikanischen Buche (*Fagus grandifolia*). Für Ostasien gilt ähnliches. Die unterschiedlichen Artengarnituren im Unterwuchs reflektieren standörtliche Unterschiede (Boden, Exposition, Wasserversorgung etc.), aber auch biogeographische. Die europäische Buche (*Fagus sylvatica*) überlebte die Eiszeiten am Balkan. Dort findet man daher auch am meisten spezifische Buchenbegleiter. Das Alpenveilchen kennzeichnet beispielsweise randalpine Buchen- und Laubmischwälder auf wärmebegünstigten Standorten, wo allgemein eine Häufung immergrüner Arten zu beobachten ist.

Foto 306: Die Zahnwurz (*Dentaria pentaphyllos*), eine Charakterart mitteleuropäischer Buchenwälder.
Foto 307: Das Alpenveilchen (*Cyclamen purpurascens*), eine der wenigen immergrünen Arten des mitteleuropäischen Laubwaldes.

Foto 308: Eichhörnchen auf einer Linde im Wienerwald, Österreich.

Die Tierwelt des sommergrünen Laubwaldes kennt – wie schon erwähnt – eine räumlich ähnliche Nischendifferenzierung wie die tropischen Regenwälder. Die jahreszeitliche Periodik bringt zusätzliche Aspekte mit ins Spiel, wie etwa die nur temporäre Präsenz von Zugvögeln oder den Winterschlaf mancher Säugetierarten. Das Eichhörnchen wiederum legt Wintervorräte an, verschlafen werden nur besonders kalte Perioden. Die meisten Herbivoren leben von Samen und Früchten, viele höhere Tiere des sommergrünen Waldes (Bär, Dachs, Waschbär, Wildschwein) sind Allesfresser. Gras- und Laubfresser (z.B. Rehe) sind an bereits offene Landschaftsmosaike gebunden, wie sie die anthropogene Kulturlandschaft zur Verfügung stellt. Nicht wenige typische „Tiere des Waldes" verdanken ihre heutige Populationsdichte in Mitteleuropa dem Menschen mit seiner kultivierenden Tätigkeit und seinen jagdlichen Interessen.

Wie der Waschbär sind die meisten Tiere des nemoralen Zonobioms nicht auf dieses beschränkt und besitzen ein wesentlich größeres Areal, auch wenn für einzelne Waldtypen spezifische Tiergemeinschaften (= Zoozönosen, z.B. Zoozönosen des Buchenwaldes) nachgewiesen werden können. Besonders auffällig ist dies für einzelne Teilzönosen, im Speziellen für Schnekken, Laufkäfer (= Carabiden) oder Vögel.

Der Grund für die geringe faunistische Eigenständigkeit der sommergrünen Laubwälder liegt in ihrem jungen Alter und ihrer Lage in den „Zugstraßen" der nacheiszeitlichen Floren und Faunen. Die durch die Eiszeiten weit weniger beeinflußten – flächenmäßig im Vergleich zu den nordischen „unbedeutenden" – Südbuchenwälder Neuseelands oder Südamerikas besitzen hingegen eine wesentlich eigenständigere Fauna.

Sind etwa Käferblüten, Vogel- und Fledermausblumen ein auffälliges Charakteristikum des tropischen Regenwaldes und fehlt Windbestäubung fast völlig, so ist es bei sommergrünen Laubwäldern umgekehrt. Windbestäubung herrscht bei den dominanten Gehölzen der ersten Baumschicht vor (z.B. Buchen, Eichen, Hainbuchen, Eschen, Erlen). Kommt Insektenbestäubung vor (Vogel- und Fledermausblumen fehlen), ist es Bienen- oder Hummelbestäubung wie bei den Sträuchern, bei denen auch Endozoochorie, d.h. Verbreitung der Früchte bzw. Samen durch fressende Tiere mit Abstand die häufigste Form der Verbreitung darstellt. Unter den Arten des Waldbodens sind insektenbestäubte, aber auch windbestäubte in variabler Mischung anzutreffen. Ebenso kommt hier Selbstbestäubung bis zur Kleistogamie (= Blüten öffnen sich nicht) vor. Manche Arten sollen sogar durch Schnecken bestäubt werden. Insektenbestäubung ist vor allem bei den Frühjahrsephemeren verbreitet, welche auch langlebige Blüten besitzen (z.B. Schneeglöcken, Frühlingsknotenblume u.a. bis 2 Wochen), um die Chance der Bestäubung

Foto 309: Waschbär am Waldrand, Florida, USA.

Foto 310: Biene auf einer Witwenblume, Wienerwald, Österreich.

zu steigern. Fruchtbiologisch fällt auf, daß sich am Waldboden Arten mit exozoochorer Verbreitung, d.h. mit Früchten, welche durch stachelige Fortsätze im Fell oder Gefieder von Tieren hängen bleiben, häufen (z.B. Hexenkraut). Ameisenverbreitung spielt am Waldboden ebenfalls eine große Rolle (z.B. Veilchen). Komplexe Beziehungen sind möglich. Allerdings, mit den komplizierten Nahrungspflanzensystemen des tropischen Regenwaldes ist der sommergrüne Laubwald allein schon aufgrund seiner einfacheren floristische Struktur (= ein/zwei Baumarten dominieren, Lianen und Epiphyten spielen kaum eine Rolle) nicht zu vergleichen. Allerdings darf der Wald nicht isoliert gesehen werden. Altersbedingte Lücken oder Windwürfe (Brand ist unbedeutend) bilden mit Jung- und Altbeständen ein Mosaik, das Tiere als Teillebensräume nutzen können. Ebenso ermöglicht dort eine eigenständige Blütenfülle ein reiches Bestäuberleben (Foto 310).

Nemorale Hochgebirge

Die nemoralen Hochgebirge Europas (Alpen, Pyrenäen, Karpaten, mit Einschränkung auch Kaukasus), allen voran die Alpen selbst, gelten seit den Anfängen der Geobotanik als der Prototyp eines Hochgebirgslebensraumes. Weltweit werden Lebensräume, die über einer Waldgrenze liegen, als „alpin" bezeichnet, australische Ökologen bezeichnen die Gipfelgebüsche der Sterling Range (ca. 1000 m) gar als „nival Kwongan". „Nival" ist aber in der Terminologie der alpinen Höhenzonierung dem Bereich über der klimatischen Schneegrenze vorbehalten, bezeichnet somit die Gletscherregion. Wie dem auch sei, Bergwälder zwischen 1000 m und 1500 m sind in der Regel Mischwälder mit Laubhölzern und Nadelhölzern, so auch in der „montanen" Stufe der Pyrenäen.

Typisch für alle nemoralen Hochgebirge ist eine Waldgrenze, die von Arten nordhemisphärisch weit verbreiteter Nadelholzgattungen gebildet wird (Tannen, Fichten, Kiefern, Lärchen). Diese Bergwälder besitzen daher auch floristische und strukturelle Ähnlichkeiten mit der borealen Nadelwaldzone (Zonobiom VIII) nicht nur in Bezug zur Baumartenzusammensetzung. Dies gilt für die japanischen Alpen, den Chang-bai-shan zwischen China und Korea genauso wie für die europäischen Gebirge und die höchsten Erhebungen der Appalachen. Wie üblich gibt es auch Ausnahmen, so etwa die Buchenwälder an der Waldgrenze der südlichsten Alpen, die Birkenwälder im Kaukasus. In den vergleichsweise wenigen nemoralen Gebirgen der Südhemisphäre spielen hingegen Nadelhölzer als Waldgrenzebildner keine Rolle. Durchwegs sind es Südbuchen, die Waldgrenzen bilden, welche primär durch hohe Schneelasten bestimmt sind.

Foto 311: Buchen-Tannen-Bergmischwald in den Pyrenäen, Ordessa, Spanien.
Foto 312: Bergfichtenwald (mit *Picea rubens*) in den südlichen Appalachen, Great Smoky Mountains, USA.

Foto 313: Ökosystemkomplex der subalpinen Stufe in den Alpen, Verwall, Österreich.

Wälder oberhalb 1500 m bis zur Waldgrenze bilden die „subalpine" Stufe. Häufig dominiert eine Nadelholzart: Fichte (*Picea abies*) in den Kalkalpen, Spirke (*Pinus uncinata*) in den Pyrenäen, die Tanne *Abies fraseri* in den südlichen Appalachen usw.. Die dunklen Bergwälder bilden dabei einen deutlichen Waldgürtel, der aber vielfach von Lawinenbahnen, Felsstufen, riesigen Schuttfeldern unterbrochen sein kann. Die Naturlandschaft in dieser Zone ist ein Mosaik aus zonalen und azonalen Ökosystemen. Die Waldgrenze selbst, nach heutiger Auffassung ein Resultat der kombinierten Wirkung von Frosttrocknis im Spätwinter und kühlen Sommern, in denen die Nadeln nicht ausreifen, ist vielfach unterbrochen und aufgelöst. In summa ist sie in den Alpen bei ca. 1800 m in den Außenketten, bei ca. 2500 m in den Innenketten anzusetzen.

Foto 314: Die Lilie *Lilium medeoloides* aus den Hochstaudenfluren der japanischen Alpen, Fujisan, Japan.

Foto 315: Subalpine Latschengebüsche (mit *Pinus mugo*) in der Hohen Tatra, Polen.

Besonders in den schneereichen Hochgebirgen wie den japanischen (eigentlich noch eher dem Zonobiom V zuzurechnen) oder den europäischen Alpen zählen breite Waldschneisen und Schluchten, in denen regelmäßig im Winter Lawinen abgehen, zu den prägenden Ökosystemkomplexen. Diese Bahnen, in denen sich die bruchempfindlichen Nadelhölzer nicht halten können, zeigen je nach Wucht und Frequenz der Lawinen typische Zonationen. Strauchbuchen, Grünerlen oder niederliegende Kiefern besiedeln die Ränder und machen im Zentrum Naturwiesen und Hochstaudenfluren Platz, welche von den Nährstoffen der abgelagerten Boden- und Pflanzenstreureste profitieren, welche die Lawinen transportieren. Diese gute Nährstoffversorgung, verbunden mit der nachhaltigen Durchfeuchtung, erlaubt noch in großen Höhen erstaunliche Produktionsleistungen.

Unter den Kiefern der subalpinen Wälder (u.a. die Zirbe *Pinus cembra* in den Alpen) sind genetisch krummwüchsige Formen wie die europäische Latsche (*Pinus mugo*) oder die ostasiatische *P. pumila* besonders hervorzuheben. Sie bilden eine eigene „Krummholzzone", ein Begriff, den amerikanische Autoren als Fachausdruck für die Kampfzone des Waldes in den Rocky Mountains verwenden, wobei dort genetisch niederwüchsige Formen aber fehlen. Die Kriechföhren bilden klonale Populationen, die quasi aus großen kriechenden Zweigen bestehen, welche hinten absterben und vorne weiterwachsen. Im geschlossenen Bestand ist Regeneration über Samen kaum zu beobachten. Auch das vegetative Wachstum beträgt nur wenige Meter in 100 Jahren. Das absolute Alter ist nicht bestimmbar. Dieses Phänomen des „ewigen" Wachstums ist typisch für die dominanten Arten in allen streßbetonten Lebensräumen (vgl. Foto 161). In diesem Sinne verwundert es nicht, daß auch Zwergsträucher und Rasenarten der alpinen Stufe klonale Populationen aufbauen.

Foto 316: Zwergstrauchheide mit Heidelbeere (*Vaccinium myrtillus*) in den Zentralalpen, Verwall, Österreich.

Die Samen der Latschen sind flugfähig und werden durch Wind verbreitet. Dagegen stecken die Samen der Zirbe, welche die Waldgrenze in den Zentralalpen bildet, die „Zirbelnüsse", in breit-ovalen Zapfen, fallen heraus oder werden von Tannenhähern herausgepickt. Der Tannenhäher legt mit den Samen der Zirbe bis in Höhen über 3000 m Vorräte für den Winter an. Einige dieser Vorräte werden vergessen oder nicht gebraucht und keimen im Sommer aus. Auf diese Weise bewirkt der Häher Fernverbreitung, wobei Keimlinge oberhalb von ca. 2500 m kaum eine echte Überlebenschance besitzen. Vermutlich darf die „Hähersaat" im Vergleich zur Verjüngung im Nahbereich des Samenbaumes nicht überschätzt werden. Die Wechselbeziehung zwischen Zirbe und Tannenhäher ist aber auf jeden Fall eines der anschaulichsten Beispiele für biotische Interferenz.

Zwergsträucher, laubwerfende oder immergrüne, sind die dominante Lebensform an und knapp über der Waldgrenze. Eine deutliche Differenzierung in strauchige Alpenrosenheiden und niedere Spalierheiden folgt dem Relief und damit der Schneeverteilung. Durch das Fehlen der ausgleichenden Wirkung einer Baumschicht kommen die vektoriellen (gerichteten) Klimafaktoren (z.B. Wind, Einstrahlung) verstärkt zur Geltung. Durch die Verfrachtung des Schnees, dessen Ablagerung in Mulden bzw. das Freiblasen von Windkanten wird das Kleinrelief betont. Auf wenigen Metern wechseln die Standortsverhältnisse vom schneegeschützten Alpenrosenstrauch zur exponierten Kante, ein Phänomen, das tropischen Hochgebirgen fremd ist. Kleinräumige Vegetationsmosaike sind typisch für jahreszeitengeprägte alpine Lebensräume.

Das beherrschende Element in der alpinen Stufe der nemoralen Hochgebirge sind die Rasenökosysteme, wobei jene der Alpen, Südkarpaten und Pyrenäen durch endemische Seggenarten (z.B. *Carex curvula*) und Gräser (z.B. *Festuca varia*-Gruppe) einen sehr eigenständigen Charakter besitzen. Diese Rasenökosysteme zeichnen sich durch eine beachtliche Artenvielfalt aus, welche mit jener artenreicher Wälder vergleichbar ist. Ähnlich wie dort sind aber nur eine oder zwei Arten wirklich strukturbildend und stellen die Hauptmasse. Diese Arten (z.B. die Krummsegge *Carex curvula* der Zentralalpen) sind langlebig, besitzen immergrüne Blätter und bilden klonale Systeme, die mehrere 100 Jahre alt werden. Erfolgreiche Keimereignisse sind selten. Auch die assoziierten Kräuter wie die Glockenblume (Foto 317) sind meist langlebig. Neben den vielen Rasenökosystemen vervollständigen Schneeböden, Schuttfluren, Felsen das Bild der alpinen Stufe.

Ausgedehnte nivale Ökosystemkomplexe sind im wesentlichen auf die Alpen beschränkt. Sie setzen bei der klimatischen Schneegrenze an, das ist jene gedachte Linie, über der der im Winter gefallene Schnee im Sommer nicht mehr abschmilzt. Durch die Modifizierung des zonalen Klimas durch das betonte Relief des Hochgebirges folgt die reale Ökosystemdifferenzierung dieser Linie allerdings nur in weiten Grenzen. Die alpinen Rasen beginnen sich – in den Zentralalpen insgesamt höher, in den Außenketten tiefer – aufzulösen. Rasenreste können unter günstigen Bedingungen noch weit über ihrer zonalen Verbreitung auftreten (z.B. Krummseggenrasenfragmente bis 3400 m; zonal bis ca. 2800 m). Diese Übergangszone von der alpinen Rasenstufe zu den nivalen Eis-, Schutt- und Felsfluren wird von manchen Autoren als „subnival" abgegrenzt, vor allem dort, wo sie sich über eine beachtliche Höhenamplitude erstreckt (z.B. Kaukasus). Kraut- und Polsterfluren dringen schließlich bis über die 4000-m-Linie vor (ca. 20 Arten), der höchste Sproßpflanzennachweis aus den Alpen stammt aus 4450 m Höhe. Flechten- und Moosfluren an Felsen wurden noch aus der obersten Gipfelregion (höchste Funde: 4634 m) nachgewiesen. Insgesamt verringert sich die Artendiversität ab der Waldgrenze bis zur subnivalen Stufe in deutlichen Stufen, die den Zonen entsprechen, wobei gesamtalpin noch 200 Sproßpflanzenarten die 3000-m-Linie überschreiten, 120 noch 3200 m und 70 noch 3500 m.

Neben subnivalen Rasenfragmenten, Krautfluren, den Kryptogamendecken an den Felsen, die als Ökosysteme mit authochthoner Primärproduktion angesprochen werden können, gibt es in den höchsten Lagen auch solche, die primär vom Eintrag organischer Substanz leben. Es sind dies die Lebensgemeinschaften des „Krykonits", kleinste Insekten (darunter die berühmten Gletscherflöhe), Bärtierchen und andere, die den angewehten Staub und Detritus an der Gletscheroberfläche nutzen. Auf abschmelzenden Schneefeldern kommen mit den roten Schneealgen (*Clamydomonas nivalis*) auch noch Primärproduzenten vor.

Die Lebensbedingungen der nivalen Lebensgemeinschaften sind geprägt durch extreme Konditionen, allen voran die lange Schneedeckendauer, die die Vegetationszeit auf wenige Wochen eingrenzt. Fröste während der Nacht, Schneefall bei Schlechtwetter begrenzen die Wachstumsbedingungen aber auch während der Vegetationszeit. Langlebige Pol-

Foto 317: Alpiner Rasen des Zentralkaukasus mit der Glockenblume *Campanula biebersteiniana*.

sterpflanzen (Foto 319), kleine Horstgräser und Rosettenkräuter stellen das typische Lebensformenspektrum. Differenzierend wirkt vor allem Bodenfrost und damit verbunden die physikalische Substratbeschaffenheit. Schutt-, insbesondere Feinschuttböden sind schwer besiedelbar, felsdurchsetzte Substrate mit Spalten und Nischen hingegen dicht besetzt. In diesem Sinne muß auch die vielfach geäußerte Meinung, daß Konkurrenz in nivalen Krautfluren keine Rolle spiele, relativiert werden. Das Prinzip der kontrahierten Vegetation ist auch hier wirksam, zumindest im Sinne von Raumbesetzung (= space preemption).

Was letztlich das „Aus" für Blütenpflanzen bewirkt, ist noch nicht eindeutig geklärt. Adulte Pflanzen sind jedenfalls gut gerüstet. Polsterpflanzen sind absolut abhärtbar, das heißt, man kann sie sogar in flüssige Luft (–194,4 °C) tauchen (vgl. Foto 28). Derartige

Foto 318: Nivaler Ökosystemkomplex der Alpen, Gran Paradiso, Italien.

Foto 319: Der Gletschermannsschild (*Androsace alpina*) aus den Nivalfluren der zentralen Hochalpen.

Extreme kommen aber in der Natur ohnehin nicht vor. Im aktiven Zustand sind Kälteeinbrüche in der Regel mit Schnee verbunden, der vor Frösten schützt. Die Polsterform ist eine wärmesammelnde Wuchsform, was auch den Sekundärproduzenten (Fliegen, Schmetterlinge, Schneemaus) zugute kommt. Durch ihre Langlebigkeit können die Blütenpflanzen für die Reproduktion quasi auf den „Jahrhundertsommer" warten. Tatsächlich dürfte in den Hochgebirgen der Mangel geeigneter Substrate, die frei von Solifluktionseffekten (=Bodenfließen) sind und damit die Wurzelbildung nicht stören, eine große Rolle spielen. Ressourcenmangel, sei dies der reduzierte CO_2-Gehalt der Luft oder „Stickstoffmangel", setzt keine Grenzen.

Foto 320: Dünental auf Norderney (Ostfriesische Inseln) mit Priel, Salzwiesen und Dünen.

Azonale Ökosysteme

Sämtliche nemoralen Teilzonobiome besitzen lange Küstenlinien und damit typisch marin-litorale Ökosystemkomplexe, wobei Steilküsten, Dünenküsten, Marschen und Ästuare zu unterscheiden sind. Die Küstenökosysteme unterscheiden sich von den tropischen, nicht aber von jenen benachbarter Großlebens-räume. Nördlich der Mangrovengrenze und mehr oder weniger unabhängig vom Groß-lebensraum lassen sich grundsätzlich fol-gende Küstenökosysteme beobachten: 1. Fels-küsten (oft Brutvogelfelsen) mit Rasengir-landen, Gischtrasen und Spaltenvegetation; 2. Sandküsten mit grasbesetzten Vordünen (bis 1 m hoch), hochgrasbestockten Sekun-därdünen (bis 20 m hoch; durch Regen aussü-ßend), zwergstrauch- bzw. buschbesetzte Braundünen (einsetzende Bodenbildung), al-lenfalls Küstenwald (Kiefern auf Dünen; Erlen in nassen Mulden); 3. Flachküsten mit Salz-wiesenkomplexen; 4. Ästuare mit Brackwas-serröhrichten. Salzwiesen und Ästuare zählen zu den produktivsten Ökosystemen der Erde (5 bis 10 kg pro m² und Jahr; vgl. Mais mit 2 bis 4 kg pro m² und Jahr).

Den eindrucksvollsten und weltweit einma-ligen Küstenkomplex bildet das Wattenmeer der Nordsee mit den Friesischen Inseln (Foto 320). Es ist ein riesiges Flachküstengebiet, wobei als Watt der Übergangsbereich zwi-schen Meer und Land, zwischen Tidehoch-wasser und Tideniedrigwasser bezeichnet wird, d.h. das Gebiet fällt fallweise trocken. Über der Linie des mittleren Tidehochwassers, das heißt im nur mehr episodisch überflute-ten Bereich, beginnt der Salzwiesenkomplex mit Quellerfluren (vgl. Foto 246), denen ca. 30 cm oberhalb der genannten Linie Salzwiesen folgen. Die Wiesen sind von Prielen, den Ab-flußrinnen des Flutwassers, durchzogen. Im Bereich der Inseln, die modifizierte Strand-wallbildungen darstellen, bilden die Wiesen

Foto 321: Übergangsmoor mit Massenentwicklung des Widertonmooses (*Polytrichum commune*), Bregenzerwald, Österreich.

mit den Dünen komplexe Systeme. Es sind erdgeschichtlich sehr junge Bildungen, die auch derzeit einer ständigen Dynamik von Auf- und Abbau unterliegen.

Zur charakteristischen Garnitur azonaler Ökosysteme des nemoralen Zonobioms zählen die Moore und Flußalluvionen. Moore sind durch Wasserüberschuß gekennzeichnet (vgl. Foto 286 bis 288), Alluvionen durch ein komplexes Störungsregime von Überflutung, Sedimentation und Abtrag. Moorreich sind vor allem die sehr niederschlagsreichen Gebiete Nordwesteuropas mit Deckenmooren (Schottland), ausgedehnten Bruchwaldgebieten und Hochmooren, welche vor allem die Küstenlandschaften Norddeutschlands prägten. Flußalluvionen sind an Tieflandflüssen mit Hochwasserspitzen im Winter und Feinsediment (Foto 322) anders ausgebildet als an Gebirgsflüssen mit Abflußspitzen im Frühsommer und Grobsediment. An Bächen ent-

wickeln sich Galeriewälder. Diese azonalen Ökosysteme tragen wesentlich zur hohen Ökosystemdiversität des nemoralen Großlebensraumes bei.

Foto 322: Altarm an der March mit Teichlinsendecken und Quirleschen-Auwald (Österreich).

Rurale und urbane Ökosysteme

Paläolithische Jäger- und Sammlerkulturen, die in der Nacheiszeit die noch reichliche Großtierwelt der Kaltsteppen und Tundren nutzten, später Mesolithiker, ebenfalls noch Jäger und Sammler, die bereits im Waldland lebten, hatten noch wenig Einfluß auf die nacheiszeitliche Vegetationsentwicklung. Eine mögliche indirekte Einwirkung durch Dezimierung von Großtierbeständen wird allerdings diskutiert. Die eigentliche Zäsur brachte der Ackerbau im Zuge der sogenannten neolithischen Revolution, welche sich in Europa um 7000 B.P. vom Balkan ausgehend rasch in die Lößgebiete ausdehnte und bereits 5000 B.P. im nemoralen Europa voll etabliert war. In den ostasiatischen Lößgebieten (heutiges China) betrieben die dortigen Neolithiker sogar vor 6000 Jahren bereits Wanderfeldbau. Im Osten der USA siedelten Waldbauern und Fischervölker um 2500 B.P..

Die frühen Neolithiker in Europa bauten Weizen, Gerste und Hülsenfrüchte, in China Hirse, Gerste und Hanf. Als Nutztiere wurden Schafe, Rinder und Schweine in Europa, in China Schweine und Geflügel gehalten. An Bedeutung übertrafen in Mittel- und Westeuropa die Rinder die Schafe. Damals entstanden Weidewälder durch Waldweide (Foto 323), Brandrodung und Ringeln. Als Winternahrung für das Vieh diente Laubheu, das von Bäumen, vor allem Esche, Ulme, Linde, in Berglagen auch von Nadelbäumen geschnitten wurde (vgl. Foto 150 und 151). Die Nutzung des Siedlungsumlandes war intensiv. Man schlug Brennholz, brauchte Bauholz für die typischen Langhäuser, für Zäune, um die Äcker vor dem Weidevieh zu schützen, für Gebrauchsgegenstände und Werkzeug. Manches an uralten – wenn auch nicht unbedingt neolithischen – Techniken hat sich bis in die

Foto 323: Alter Hudewald in Norddeutschland (Borkener Paradies).
Foto 324: Schneitelbirke im Vorderen Bregenzerwald, Österreich.

Foto 325: Weidendes Schaf in der Hohen Veluwe, Holland.

jüngste Vergangenheit gehalten, so etwa das Schneiteln (= Abschneiden junger Zweige) von Birken für Reisigbesen (Foto 324).

Durch die kultivierende Tätigkeit des Menschen, die mit der Erfindung des Rades und damit dem Wagen (nicht in Amerika!), den verbesserten Werkzeugen der Bronze- und später der Eisenzeit weit über die Lößgebiete ausgriff, entstanden typische Kulturökosysteme wie Weiden, Ruderal- und Segetalfluren. Der Mensch begann die lokale Flora anzureichern. Klassische „Altbürger" menschlich geschaffener Standorte sind beispielsweise Kornrade, Kornblume und Mohn. Aus Unkräutern bzw. Ungräsern wurden neue Kulturpflanzen entwickelt (z.B. Roggen). Bergbau und Handel schufen Verbindungen, über die Kulturgüter und Techniken Verbreitung fanden. Fremde Heere und Herren brachten neue Errungenschaften mit, wie etwa die Römer Wein (Edelsorten), Edelkastanie und Nußbaum. Der neolithischen Revolution gleichwertig war schließlich das Mittelalter. Das Wachstum der Städte, gezielte Urbarmachung der Wildnis durch Fürsten und Klöster, ließen im Gleichklang mit der Einführung verbesserter Landnutzungsformen (z.B. Dreifelderwirtschaft) die Grundstrukturen der Kulturlandschaft (teils noch der heutigen!) entstehen. Dies gilt für Europa. In Ostasien entwickelten sich die ausgedehnten Ackerkulturen um die großen Flüsse. Der Wald wurde dort fast vollständig verdrängt, hielt sich aber in jenen Gebieten, wo sich Ackerbau nicht lohnte, da Weidenutzung europäischen Stils unbekannt blieb. So ist Korea heute noch eines der waldreichsten Länder der Erde. Ähnliches gilt für die nordamerikanischen Indianer, wo nur die Prärievölker durch Jagen mit Feuer den Wald in der Übergangszone zurückdrängten. Erst die europäischen Einwanderer entwickelten eine bäuerliche Kulturlandschaft, in den Appalachen entstanden sogar Bergbauernkulturen. Es muß betont werden, daß die einzelnen nemoralen Subzonobiome unter der

Foto 326: Mitteleuropäische Ackerbaulandschaft mit Klatschmohn, Weinviertel, Österreich.

Hand des Menschen sehr unterschiedliche Aus-
prägungen erfuhren. Heidelandschaften, wie
sie etwa für den atlantischen Nordwesten in
Europa und die Britischen Inseln so typisch
sind (Bild 325), hat es weder in Nordamerika
noch in Ostasien je gegeben.

Die klassische Kulturlandschaft Mitteleuropas
war fast ein Jahrtausend durch Dreifelderwirtschaft, das heißt durch Ackerbau im Takt
Wintergetreide/Sommergetreide/Brache, durch
Weide- und Holznutzung in der Allmende
(= Gemeinbesitz) geprägt. In Berggebieten
hatte sich Egartenwirtschaft in Form langjähri-
ger Rotationszyklen entwickelt. Sonderkultu-
ren wie Flachs oder Wein, der ehemals weit
über die heutigen Anbaugebiete hinaus verbreitet war, dominierten in manchen Regionen.
Die neuweltlichen Kulturpflanzen Kartoffel
und Mais boten neue Chancen der Produktion,
verlangten aber die Aufgabe der Dreifelderwirtschaft. Mehrere Privatisierungswellen (teils
Folge der „Bauernbefreiung"), beginnend im

ausgehenden 18. Jahrhundert, schufen neue
Feld- und Ackerstrukturen und damit neue
Landschaftsbilder. Die enorme standörtliche
Diversifizierung in Kombination mit alten und
neuen Kulturfolgern ließ vor ca. 200 Jahren ein
Maximum an floristisch-faunistischer sowie an
Ökosystemdifferenzierung entstehen. Ungefähr
ein Drittel der mitteleuropäischen Blütenpflanzenarten war und ist an traditionelle Nutzungsformen gebunden. Typisches Beispiel
hierfür sind etwa die Wildkrautgemeinschaften
der Getreideäcker (Foto 326). Obwohl die Flä-
chennutzung alles erfaßte, was möglich war,
verblieben für die Wildflora und -fauna zahllose Nischen wie Wegränder, Geräteabstell-
plätze, Misthaufen etc.. Der dörfliche (und auch
städtische) Ökosystemkomplex war „natur-
durchsetzt", wenn auch nicht im Einklang mit
heutigen Ordnungs- und Hygienevorstellun-
gen. Der blühende Wegrand (Foto 327) wurde
zum Charakterökosystem der Kulturlandschaft.

Der Wald wurde in von Ackerbau beherrschten Landschaften zurückgedrängt auf Jagdremisen oder entwickelte sich zum offenen Hudewald in Bereichen, in denen Ackerbau nicht sehr ergiebig war (Flußauen, Dünenfelder, Felsrücken und Schuttfelder). Mit der Waldreinertragslehre wurden großflächig agrarische Konzepte auf verbliebene Waldgebiete angewandt, d.h. durch standortsfremde Forsten – meist Fichte – ersetzt.

Die modernen Ackerbautechniken sind durch verbesserte Maschinen, durch Dünger- und Biozidanwendung dermaßen effizient, daß Agrarökosysteme frei von natürlichen Elementen sind. Die Spezialisierung der Produktion auf das regional beste Anbauprodukt brachte eine Entmischung und Monotonisierung. Naturbetonte Strukturen wie Raine, Wegränder, Deponieplätze, die selbst schon vom natürlichen Zustand, sprich Wald, weit entfernt sind, beschränken sich auf einen Flächenanteil von weniger als 5 % der Kulturlandschaft, nicht selten sogar auf weniger als 1 %. Ein dramatischer Niedergang der Bio-

△
Foto 327: Die Wegwarte (*Cichorium intybe*), eine Charakterart der Wegrandfluren, bei Tulln, Österreich.

Foto 328: Das wurde mancherorts aus dem Wald – Ackerland im niederösterreichischen Weinviertel.
▽

Foto 329: Mittelgebirgslandschaft im Waldviertel, Österreich.

diversität ist die Folge. Das Artengut der traditionellen Kulturlandschaft zählt neben den Feuchtarten zu den gefährdetsten.

Gebiete außerhalb der Gunstlagen wie die Mittelgebirgsgegenden wurden verhältnismäßig spät, oft von Klöstern aus, kultiviert (z.B. Schwarzwald, Waldviertel). Neben Ackerbau war Viehhaltung ein zentraler Wirtschaftszweig. Dies verlangte eine Vorratswirtschaft, Heugewinnung für die Winterzeit war notwendig, die Wiese entstand.

Wald- und Allmendweiden wie die „Wytweiden" des Schweizer Jura waren für die Sommerhaltung des Viehs notwendig.

Der Druck auf den Wald hielt sich in diesen Gebieten aber allgemein in Grenzen, obwohl Köhlerei, Pottaschegewinnung für die Glasbläserei (z.B. Waldviertel), Bauholznutzung nicht unbedeutend waren. Vor allem in Gebieten mit Großgrundbesitz blieben nicht zuletzt aus jagdlichen Gründen große Waldgebiete erhalten. Sie waren letzte Refugien für

die Großtierfauna (z.B. für den Wisent in Bialowieza, Polen). Andererseits folgten die großen Forstbetriebe wesentlich bereitwilliger der Forstreinertragslehre als die bäuerlichen Waldbesitzer und wandelten die Wälder in Holzplantagen um. Die Bauern wiederum nutzten die Laubstreu und hagerten damit den Boden aus. Der Nährstoffentzug durch Streurechen beträgt das Vier- bis Fünffache der Stammholznutzung. Das Laub wurde verfüttert oder diente als Stalleinstreu, der Mist wurde für Gärten und Äcker verwendet. Die Redensart vom „Wald als Mutter des Ackers" trifft nirgends so sehr zu wie für den nemoralen Großlebensraum.

In den Mittelgebirgslandschaften entstand so eine Kulturlandschaft, die ihren Charakter durch eine Art Gleichverteilung von Acker-, Grünland und Wald erhielt (Foto 329). Felder brachten Farbe in die Landschaft. Wildkrautfluren der Äcker und die Wiesen und Weiden entwickelten sich als grasdominierte, aber ar-

Foto 330: Allgäuer Bauernhaus in Nordvorarlberg, Österreich.

Foto 331: Koreanische Folklore, Suwon bei Seoul.

tenreiche Ökosysteme mit komplexen Pflanze-Tierbeziehungen, das Wald-Offenlandmosaik kam Großwildarten wie dem Reh zugute.

Für die bäuerliche Nutzungskultur in Mitteleuropa sind und waren Kleingärten und Streuobstbau von besonderer Bedeutung. Der Bauerngarten hatte multifunktionalen Charakter und war eine kleinere Variante des Klostergartens. Das Ziehen von Gemüse, Gewürzen und Medizinalpflanzen war gleichermaßen das Ziel. Reine Zierpflanzen setzten sich erst in jüngerer Zeit durch. Sie galten früher als verschwenderisch und nutzlos. Im Streuobstbau wurde Dörrobst und Mostobst produziert. Bäume wurden auf Privatgrund oder zwischen die Äcker gepflanzt, nicht aber in die Allmende. Das Gras unter den Bäumen wurde fortlaufend ans Vieh verfüttert und diente nicht als Heu. Durch diese spezifische Nutzung entstand ein eigenwilliges halbnatürliches Kulturökosystem mit charakteristischen Nahrungsnetzen. Vor allem einige Vo-

gelarten nutzen die Obsthaine als Lebensraum (z. B. Wendehals, Kleiber, Stare).

In den alten Kulturlandschaften Ostasiens spielte der Kleingarten ebenfalls eine große Rolle. Koreanische Bauerngärten etwa unterscheiden sich in Struktur und Grundkonzeption nicht von europäischen. Allerdings sind die Nutzpflanzen verschieden. Auffällig ist das Fehlen einer Wiesenkultur, da Rinderhaltung nie üblich war. In Nordamerika führten europäische Einwanderer nach der Zurückdrängung der Indianerkulturen europäische Nutzungsformen ein, die aber in der kurzen Zeit nicht zu regionalen Spezifika oder gar eigenständigem Brauchtum führten. Spezialisierung, Plantagenwirtschaft, Haltung des Viehs in riesigen Herden in den dafür besser geeigneten Prärien entwickelten sich auf amerikanischem Boden früh. Die von Kleinbauerntum geprägten Kulturlandschaften sind ein europäisches und ostasiatisches Phänomen. Nicht zuletzt aufgrund dieser divergenten Entwick-

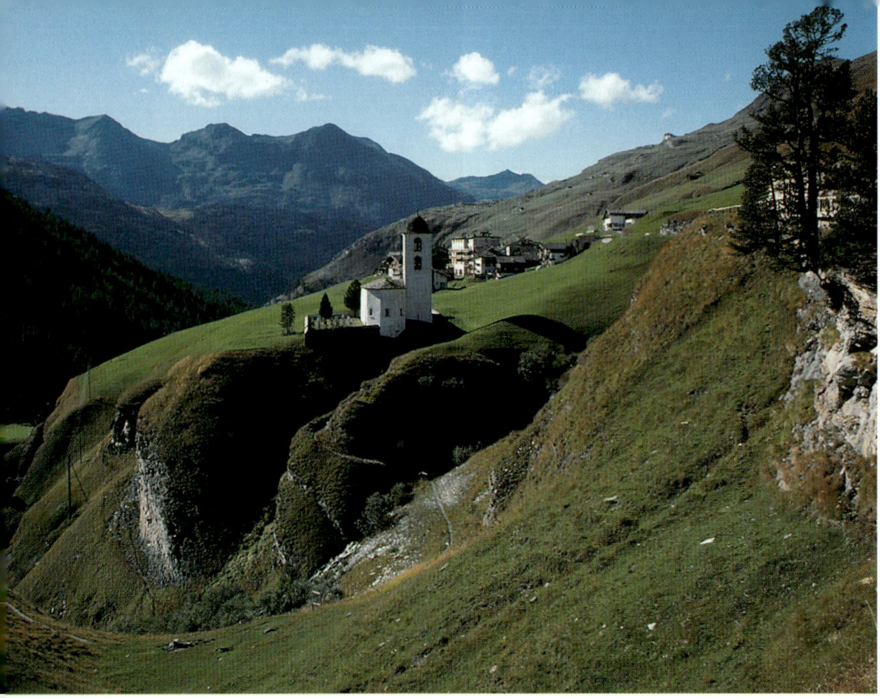

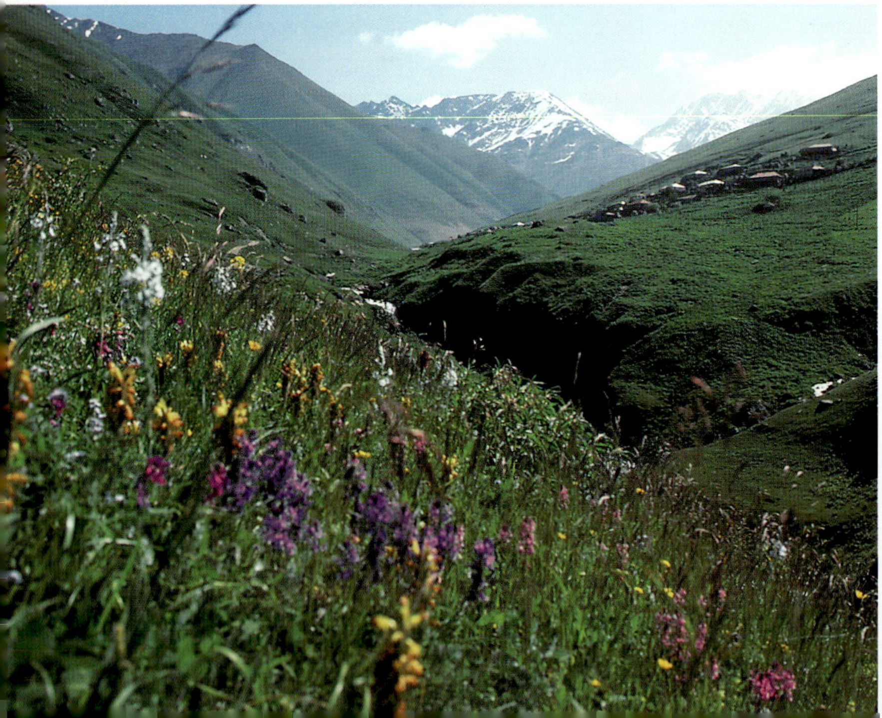

lung kann der Amerikaner – aus seiner Sicht zu recht – für „Kulturlandschaftspflege" wenig Verständnis aufbringen.

Je weiter der Mensch über die klimatische Grenze des Getreideanbaus hinaus vordrang – Motiv dafür war vielfach der Bergbau – umso bedeutender wurden spezifische Nutzungsformen und Vorratswirtschaft. In den Alpen etablierten sich Dauersiedlungen noch im Bereich der Waldgrenze, speziell in Form von Schwaighöfen. Das Schwaighofprinzip war ein Produkt des mittelalterlichen Feudalsystems. Der Landesherr unterstützte den siedlungswilligen Bauern, indem er ihm Werkzeug und einige Grundnahrungsmittel zur Verfügung stellte. Der Bauer zahlte eine Steuer in Form von Käse und war verpflichtet, den Herrn samt Jagdgesellschaft zu beherbergen und zu verpflegen. Mit dem Ende des Feudalsystems und der Klimaverschlechterung im Zuge der „Kleinen Eiszeit" (Höhepunkt um 1600) brach die ökonomische Grundlage der Schwaighofwirtschaft zusammen. Viele Höfe wurden aufgegeben.

Andere Besiedlungstyen entstanden in den Südalpen mit Kastanienwirtschaft im Tal und Weidenutzung am Berg oder in den Westalpen mit ausgedehnter Transhumanz zwischen Berg- und Vorland. Katastrophale Trockenjahre und Überbevölkerung führten zu einer der interessantesten Migrationsbewegungen im ausgehenden Mittelalter, jener der Walser aus dem heutigen Wallis, Schweiz. Sie bezogen in der Ostschweiz und Westösterreich die hohen Lagen vieler bis dato unerschlossener Täler, hatten in ihrer Heimat eine intensive Milchvieh- und Schafhaltung entwickelt, rodeten da wie dort die Bergwälder und schufen wiesengeprägte Bergbauerngebiete (bis 2200 m).

Ähnliche Wiesenlandschaften, durchwegs mit atemberaubender Blumenfülle, finden sich aber auch in alpinen „Nichtwalsergebieten"

Foto 324: Walser Alphirte gibt seinen Kühen Salz, Kleinwalsertal, Vorarlberg.

(z.B. Engadin, Ötztal), den Pyrenäen und im Kaukasus (Foto 333). Die Bergwiesenökosysteme sind sehr artenreich (ca. 40 bis 60 Arten pro 25 m^2), die Produktion ist – weil nur einschürig – gering. Große Flächen sind notwendig, um den winterlichen Futtervorrat zu schaffen.

Die Nutzung der Hochlagen in Form von Alpweide und Heumahd läßt sich weit in die Vergangenheit zurück verfolgen. Die Entwicklung und Weiterentwicklung der Sense erlaubte auch das Mähen an extrem steilen Hängen, wodurch jene Grasflächen, die von Vieh nicht begehbar waren, als Heu genutzt werden konnten.

Die typische Alpnutzung bestand aus Heimgut und Alm. Auf letzterer wurde das Weidevieh im Sommer gehalten, dort wurde auch Käse produziert. Aber erst die Einführung der Hartkäserei wertete – weil Käse nun länger transportier- und lagerfähig war – die Alm-

Foto 332: Alpine Wiesenlandschaft im höchsten Dauersiedlungsgebiet der Alpen, Avers, Schweiz.
Foto 333: Kaukasische Bergwiesenlandschaft bei Sno, Georgien.

wirtschaft enorm auf. Zum genannten Schema von Heimgut und Alm gibt es zahllose Varianten. Waldalmen entstanden durch Rodung, über der Waldgrenze nutzte man das natürliche Grasland.

Der nemorale Großlebensraum ist neben den warmtemperaten Gebieten das Dichtezentrum (100 Einwohner pro km^2) der Weltbevölkerung. Fast ein Drittel der Menschheit lebt in potentiellem Laubwaldgebiet (!), obwohl dieses nicht mehr als 10% der Landoberfläche einnimmt. Heute stagnieren allerdings in diesem Raum die Bevölkerungszahlen, das Wachstum hat sich in andere Großlebensräume, insbesondere die Tropen, verlagert. Es sind die wirtschaftlich stärksten Gebiete der Erde mit hohem Lebensstandard der Bevölkerung, die großteils in Städten lebt.

Die moderne Großstadt gliedert sich in Zonen dichter und offener Bebauung (Betriebsgelände, Villensiedlungen, Schrebergärten), in offenes Gelände mit Industrien, Bahnanlagen, Entsorgungsanlagen, wüsten Plätzen, Flughäfen etc., in Übergänge zu (meist intensiv genutzten) Agrarzonen, teils auch in Übergänge zu Erholungsgebieten. Letztere ließen große Laubwälder bestehen, die paradoxerweise zu den schönsten naturnahen Laubwaldgebieten zählen (z.B. Wienerwald, Stadtforst von Zürich, Nationalpark Shenandoah, USA). Dieses Bild ist nicht auf die nemorale Zone beschränkt. Moderne Stadtökosysteme sind wenig spezifisch.

Städte schaffen ihre eigene Umwelt. Im Vergleich zur natürlichen – in Grenzen auch kulturlandschaftlich geprägten – Situation ist die Luft verunreinigt, wärmer, weniger feucht, der Boden meist verdichtet und versiegelt, grundsätzlich aber eutrophiert. Das Grundwasser ist abgesenkt, die Gewässer sind reguliert und verrohrt, Grundwasserneubildung wird durch rasche Ableitung des Oberflächenwassers stark verringert. Das Relief ist verhältnismäßig nivelliert, teils aufgetragen. Dies alles wirkt fördernd auf Neusiedler unter Pflanzen und Tieren, verringert nachhaltig das Auftreten stenöker (= spezialisierter) Arten. Dies gilt besonders für die Innenzone mit geschlossener Bebauung, aber auch für die inneren Randzonen, weniger für äußere Randzonen mit Erholungsgebieten oder Agrarlandschaften.

Städte wirken weit über ihre unmittelbare Fläche hinaus. Mit Hilfe von Flächenäquivalenten kann dies dargestellt werden (z.B. die für die Nahrungsversorgung notwendige Fläche). Die Fläche von Wien könnte nach heutigen Maßstäben nur 300 Menschen ernähren, Wiens Gesamtwirkung umfaßt ein Flächenäquivalent (inkl. Rohstoff-, Energieversorgung etc.) größer als Frankreich. Diese Wirkung in die Fläche, in die Landschaft, läßt sich bis in Details verfolgen. Im Bild (Foto 336) haben sich Arten aus dem natürlichen Bestand mit Neusiedlern in der Verkehrsinsel zu einer neuen Lebensgemeinschaft zusammengefügt. Das klare Bild, das Ökologen von den Lebensgemeinschaften der Kulturlandschaften noch vor wenigen Jahrzehnten entwerfen konnten, zerbricht. Neue Arten etablieren sich spontan, die anthropogenen Störungsregime wechseln

sehr rasch, alte verlieren ihre Verläßlichkeit – die Richtung ist unklar (Foto 336).

Im Gegensatz zur Agrarlandschaft der Gunstlagen besitzen die Berggebiete noch einen hohen Anteil natürlicher und naturbetonter Ökosysteme. Sogar auf der Schipiste gedeihen noch mehr Wildkräuter als auf einem kahlgespritzten Acker. Die umgebenden Zwergstrauchheiden, der Wald, die alpinen Rasen, Schuttfluren und Felsen übertreffen an Natürlichkeit jeden Ackerrain, jede Hecke und jeden Gartentümpel. In diesem Gebiet leben Auerwild, Hirsch, Gemse und Reh, der Luchs steht hier gewissermaßen wieder vor der Tür. Warum enstand die Meinung, die Alpen seien „kaputt"? Ein urbanes Element, die künstliche Bodenwunde, ist hier in einer Landschaft wirksam, die sehr natürlich ist, subjektiv und objektiv. Der Kontrast schafft die Dissonanz. Schipisten sind nur in Ausnahmefällen ein echtes ökologisches Problem, wohl aber sind sie ein erhebliches Erlebnisproblem für den Menschen, so er sich noch nicht an alles gewöhnt hat.

Foto 335: Szene aus Seoul, Südkorea.

Foto 336: Ruderales Ökosystem auf einer ▽
Verkehrsinsel, Weinviertel, Österreich.
Foto 337: Schipiste durch den Bergwald des ▷
Rätikon, Gargellen, Vorarlberg.

Zonobiom VII – Winterkalte Steppen, Halbwüsten und Wüsten

Klima

Das Klima der Gebiete dieses Zonobioms variiert sehr stark. Grundsätzlich kann die Grenze dort gezogen werden, wo einerseits scharfe Fröste als wesentliches „ökologisches Sieb" wirken und dies kombiniert ist mit geringen Niederschlägen, welche Wald ausschließen (Jahresniederschlag unter 400–500 mm). Eine breite Übergangszone ist typisch. Abweichungen von diesen Richtzahlen zum Temperaturklima können in Abhängigkeit von der Lage zu benachbarten Zonobiomen oder zu Gebirgen regional und lokal auftreten. Besonders bemerkenswert ist in diesem Zusammenhang die Situation der Pampa Argentiniens, deren „Graslandnatur" Gegenstand einer langen wissenschaftlichen Kontroverse war. Die Niederschläge schwanken dort zwischen 500 mm bis 1000 mm, sind also wesentlich höher als es der Zonendefinition entspräche. Im Gegensatz zur Kamplandschaft weiter nördlich (vgl. Foto 157) trafen aber schon die spanischen Eroberer im Gebiet der Pampa auf Grasland. Neben der Erklärung, daß die Pampa ein Produkt von anthropogener Feuereinwirkung bereits in prähistorischer Zeit sei (vgl. Chaco, Australien), wird von anderen Autoren der Graslandcharakter damit begründet, daß nachgewiesenermaßen Wasserdefizite im Sommer durch geringen Niederschlag, hohe Temperatur und Einstrahlung und damit hohe potentielle Evaporation auftreten. Die Häufigkeit von Salzlacken wird als indirekter Beweis angeführt.

Unterhalb des mehr oder weniger weiten Grenzbereichs sind jährliche Niederschlagsmengen bis weit unter 100 mm zu beobachten, eine Differenzierung in semiaride und vollaride (< 200 mm) Subzonobiome ist zu beachten. Mit Ausnahme von tropennahen Gebieten wie der Pampa oder von solchen mit Kontakt zu den subtropischen Wüsten und Halbwüsten (z.B. Iran), fällt der Niederschlag im Winter als Schnee. Das Ausmaß, in dem Schmelzwasser den Bodenwassergehalt bestimmt, ist wesentliches Element der lokalen Standortsituaton. Die kalten Steppengebiete der Erde sind ausgeprägte „Frühlings- und Frühsommerökosysteme".

Dies gilt nicht für Ostasien im Einzugsgebiet des Monsuns mit extrem niederschlagsarmen Wintern und Frühjahren dafür aber feuchteren Sommern. Je arider, desto unzuverlässiger fallen die Niederschläge.

Das Temperaturklima zeichnet sich durch weite Jahres- aber auch Tagesamplituden (30 °C im Sommer) aus. Die Einstrahlung im Sommer ist allgemein sehr hoch und kompensiert in gewissem Sinne die kältebedingte Winterruhe. Diese ist sehr ausgeprägt und in vielen Gebieten (z.B. in Hochasien) durch extreme Fröste markiert. Die Übergangszeiten sind kurz, die Sommer heiß. An Sommertagen kann z.B. im Death Valley die Temperatur bis über 50 °C ansteigen. Dazu kommt in manchen Gegenden starker und steter Wind (z.B. Patagonien). In welch weiten Grenzen sich die klimatischen Kenndaten (Jahresmittel von Temperatur, Niederschlag, Frost als abs. Minimum) bewegen, sei abschließend wiedergegeben: Dallas 18,6 °C, 945 mm, –19,5 °C (Langgrasprärie); Kashgar 11,6 °C, 63 mm, –20,5 °C (Vollwüste).

Verbreitung

Die winterkalten Trockengebiete der Erde haben lagemäßig ihren Schwerpunkt zwischen 40. und 50. Breitengrad, gehen aber stellenweise sowohl polwärts als auch äquatorwärts weit darüber hinaus. So liegt das gesamte Hochland von Tibet südlich des 40. Breitengrades, auf die Sonderstellung der Pampa (zwischen 32° und 38° südl. Breite) wurde schon hingewiesen. Die südhemisphärischen Biome wie Pampa, Patagonien, die südöstliche Küstenzone Neuseelands (Südinsel) bleiben flächenmäßig weit hinter den nordhemisphärischen zurück. Dort umfassen Steppen, Halbwüsten und Wüsten den kontinentalen Teil Eurasiens, im Westen beginnend mit den Steppengebieten nördlich von Schwarzem und Kaspischem Meer, über die irano-turanischen und dsungarischen Trockengebiete Mittelasiens bis zu den zentralasiatischen Wüsten (Takla Makan, Tsaidam, Gobi, Ordos u.a.) und den Hochländern Tibets und des Pamir. In Nordamerika zählen dazu der Mittlere Westen von Texas bis zu den kanadischen Prärien und die innermontanen Trockengebiete des Great Basin bis zur Mojave-Wüste.

Die einzelnen Gebiete lassen sich nach Klima, Boden und Vegetation klassifizieren, wobei besonders im Bereich der semiariden Gebiete fast die gesamte Fläche in Kultur genommen ist. Wird von Steppen oder Prärien gesprochen, so sieht man in der Realität Getreide- oder Sonnenblumenfelder (Ausnahme: Mongolei u.a. innerasiatische Gebiete). Man sollte also nicht mit falschen Vorstellungen in diese Gegenden fahren. Natürliche Verhältnisse muß man heute allgemein im wahrsten Sinn des Wortes aufsuchen.

Trotzdem sind nach wie vor die ukrainischen und südrussischen Steppen das Leitbild für die semiariden Gebiete. Durch gleiches Relief und sich nur wenig ändernde Untergrundverhältnisse läßt sich die klimazonale Ökosystemdifferenzierung von der Übergangszone einer Waldsteppe, über Wiesensteppen, trockene Federgrassteppen bis hin zur Halbwüste nördlich des Kaspischen Meeres darstellen. Die typische Steppe ist ein sehr produktives Grasland, wobei zwischen Gräsern und Kräutern ein ähnlicher Antagonismus besteht wie zwischen Gräsern und Bäumen in der Savanne. Im Gegensatz zu dieser sind in der Steppe Gehölze als Inseln auf günstige Standorte (z.B. um gut drainagierte Schmelzwasserbecken) beschränkt, keinesfalls „diffus" verteilt. In diesem Sinne ist die Steppe sowohl physiognomisch als auch von der ökosystemaren Struktur her etwas anderes. Den südrussischen Steppen entsprechen mehr oder weniger die Prärien (Hochgrasprärien) und Great Plains (Kurzgrasprärien) in Nordamerika, wobei dort allerdings verstärkt C_4-Gräser (vgl. Foto 16) aus tropischen Verwandtschaftskreisen auftreten. Neben den klimatischen Bedingungen spielten die Konsumenten in Form von riesigen Huftierherden (Wildpferde, Bison, Antilopen), aber auch die unzähligen Nagetiere da wie dort eine große Rolle. Die Reduzierung des amerikanischen Bisonbestandes von 60 Millionen Tieren auf wenige 100 hat eine vollkommen neue Situation geschaffen. Riesige Naturräume sind hingegen nach wie vor die kalten Wüsten – und werden es wohl bleiben. Die zentralasiatische Takla Makan oder die Gobi zählen zu den extremsten Wüsten der Erde. Das Death Valley besitzt seinen Namen zu recht.

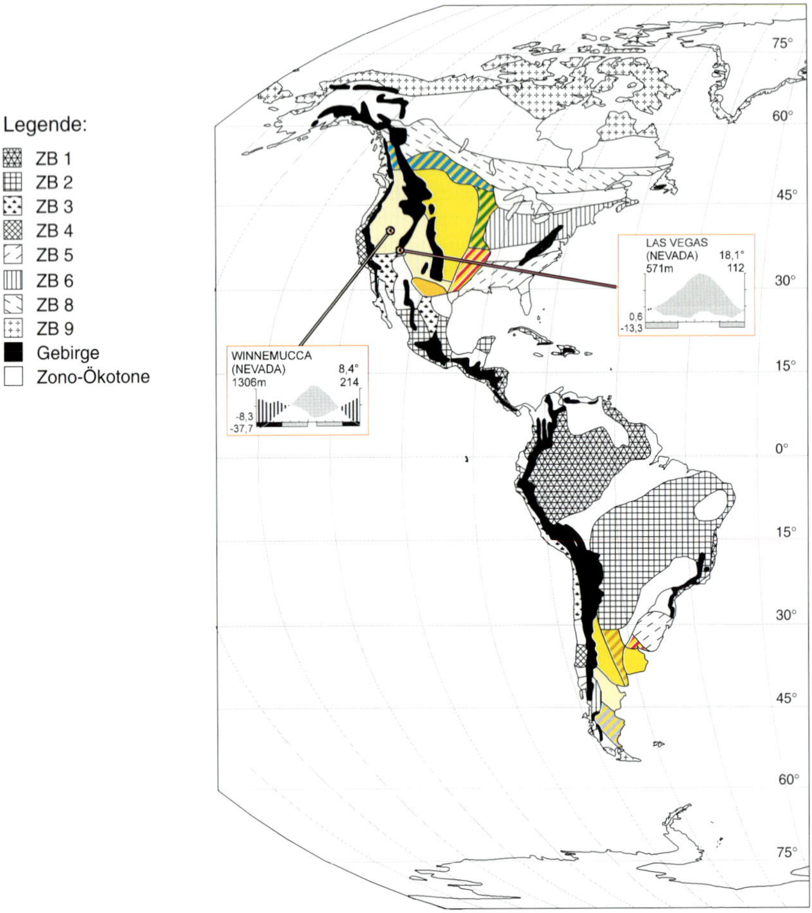

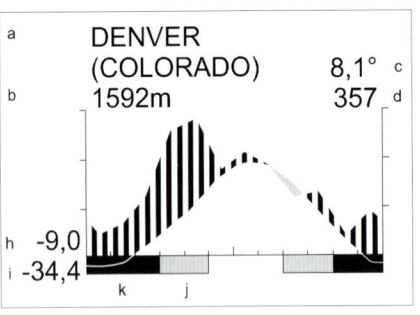

Legende:
ZB 1
ZB 2
ZB 3
ZB 4
ZB 5
ZB 6
ZB 8
ZB 9
Gebirge
Zono-Ökotone
75°
60°
45°
30°
15°
0°
15°
30°
45°
60°
75°
LAS VEGAS
(NEVADA) 18,1°
571m 112
0,6
-13,3
WINNEMUCCA
(NEVADA) 8,4°
1306m 214
-8,3
-37,7

a DENVER
(COLORADO) 8,1° c
b 1592m 357 d
h -9,0
i -34,4
k
j
typisches Steppen-Zonobiom (Zonobiom VII)
kaltes Halbwüsten-Zonobiom
kaltes Vollwüsten-Zonobiom
Übergang zum nemoralen Zonobiom
Übergang zum warmtemperaten Zonobiom
Übergang zum mediterranen Zonobiom
Übergang zum heiß-ariden Zonobiom
Übergang zum borealen Zonobiom
Übergang zum polaren Zonobiom

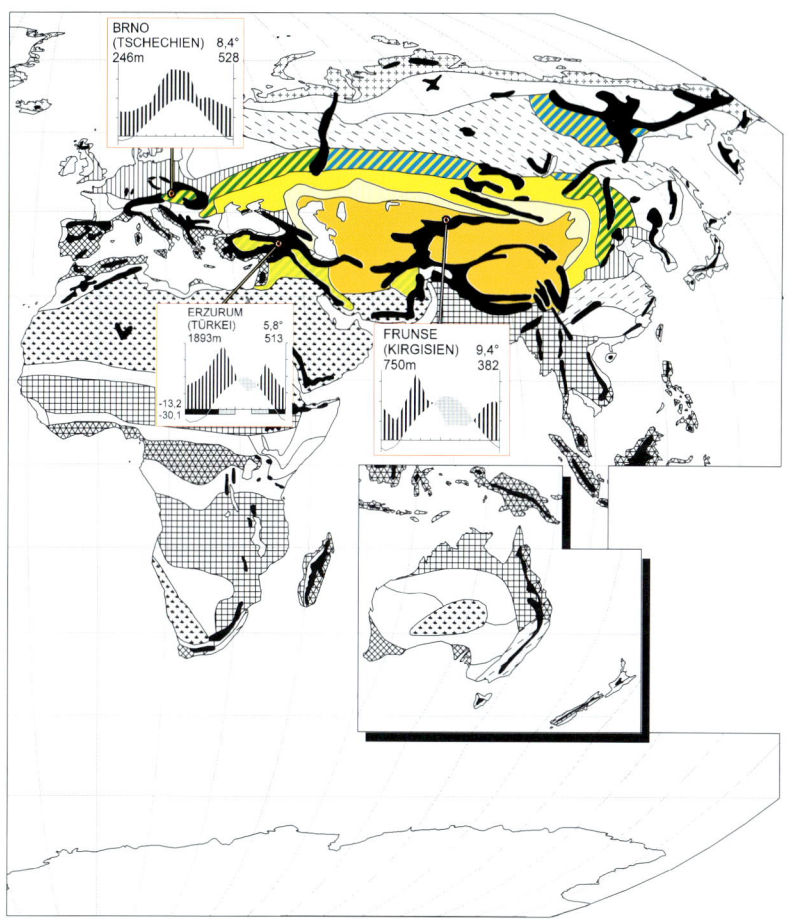

Abb. 9: Verbreitung der winterkalten Steppen, Halbwüsten und Wüsten (Zonobiom VII). Die Klimate von Regionen, aus denen das Fotomaterial stammt, sind als Klimadiagramme angegeben. Ein prototypisches Diagramm ist links unten wiedergegeben. Es bedeuten: a) Ort, b) Höhe über dem Meer, c) Jahresmittel der Lufttemperatur, d) mittlere Jahresniederschlagssumme, e) absolutes Maximum der Lufttemperatur, f) mittleres tägliches Maximum des wärmsten Monats, g) mittlere tägliche Temperaturschwankung, h) mittleres tägliches Minimum des kältesten Monats, i) absolutes Minimum des kältesten Monats; Abszisse: Monate des Jahres; linke Ordinate: Monatsmittel der Lufttemperatur (1 Skalenteil entspricht 10 °C), rechte Ordinate: mittlere Monatssumme des Niederschlags (1 Skalenteil entspricht 10 mm). j) Zeit, in der Fröste auftreten können. k) Zeit, in der Fröste obligat auftreten; Gerasterte Fläche: die Niederschlagskurve liegt unter der Temperaturkurve, was echte Dürre (=Verdunstung übertrifft Niederschlag) indiziert. „ZB"- Zonobiom. In Anlehnung an WALTER & BRECKLE (1991), Klimadiagramme nach WALTER & LIETH (1967).

Zonale Ökosysteme

Biotoptypen und Lebensformen

Die osteuropäischen Steppen können als Relikte der periglazialen Steppen während der Eiszeit gedeutet werden. Sie blieben in den semiariden Gebieten erhalten bzw. bildeten sich neu. So sind auch die westlichsten Vorposten von Trockenrasen wie jene im pannonischen Tiefland (Ungarn, Ostösterreich) und seiner Umrahmung stark durchsetzt mit submediterranen Elementen (z.B. Erdorchideen), welche den osteuropäischen Steppen fehlen. Die Lößsteppenrelikte wie jene des nördlichen Weinviertels (Foto 338) besitzen aber zweifellos noch den Grundcharakter der Wiesensteppen. Sie sind kräuterreich (40 bis 60 Arten pro 25 m^2), zeigen eine ausgeprägte Phänologie, das heißt Blühabfolge im Lauf des Jahres, cum grano salis eine enge biogeographische Verknüpfung mit den östlichen Floren (z.B. *Crambe tatarica*, *Krascheninnikovia ceratioides* u.a.) und Faunen und stocken auf Schwarzerden, also typischen Steppenböden. Schwarzerden sind gekennzeichnet durch einen mächtigen (bis 1 m) Humushorizont auf Feinsediment (meist Löß), der durch die beachtliche Primärproduktion der Steppe (vor allem durch enorme Wurzelproduktion und -verrottung) und die effiziente Aktivität von Bodentieren, allen voran Regenwürmern, entstanden ist. Wichtig ist auch die Tätigkeit von Nagern (z.B. Ziesel), die den Boden durchmischen. Humusreste in ihren Wohnröhren bis tief in den Boden sind in Aufschlüssen als schwarze Flecken (= Krotowinen) im Löß erkennbar und untrügliches Zeichen für die Existenz auch historischer Steppen.

Die enorme Biodiversität der Steppe ist einerseits durch ihre Fruchtbarkeit erklärbar, andererseits durch zeitliche und räumliche (vertikale und horizontale) Durchmischung. Die Gräser durchwurzeln die oberflächennahen Schichten, Kräuter sind oft Pfahlwurzler. Die Ressource Wasser ist vor allem als Schmelzwasser verfügbar. Dies bedingt durch Wächtenbildung und kleinste Reliefunterschiede ungleiche Wasserversorgung auf engstem Raum.

Foto 339: Küchenschellen zählen zu den Frühblühern in der Steppe (*Pulsatilla grandis*), Weinviertel, Niederösterreich.

Foto 340: Federgräser (*Stipa* div. spec.) zählen zu den wichtigsten Grasarten der Steppe.

Zeitlich ist in der Steppe eine Reihe sogenannter Aspekte zu unterscheiden: 1. Vorfrühlingsaspekt mit Küchenschellen (Foto 339), später Adonisröschen (April), 2. Vollfrühling – die Steppe ergrünt (Mai), 3. Frühsommeraspekt – Federgräser (Foto 340), viele Kräuter blühen (Juni), 4. Hochsommeraspekt – Steppe wird monotoner, aber blüht noch (Juli), 5. Spätsommer/Herbstaspekt – fruchtende, abgestorbene Gräser und Kräuter; in trockenen Jahren verdorrt (August bis Winter). Im Frühsommer und Sommer erscheinen auch jene Arten, deren Fruchtstände später als Steppenläufer über das Gelände rollen. Der Tatarenkohl zählt zu diesen (Foto 338). Der reife Fruchtstand bricht im Herbst an einer vorgeformten Stelle weg und wird wie ein Rad vom Wind über die Steppe getrieben. Dabei brechen kleine Zweigstücke mit den Früchten ab und verhaken sich im Gras.

Foto 338: Reliktische Lößsteppe im Weinviertel (Niederösterreich) mit Tatarenkohl (*Crambe tatarica*).

Im Hochsommer sind eurasische Steppen und Trockenrasen wogende weiße Felder. Die Grannen mancher Federgräser sind wollig behaart, was Windverbreitung fördert. Die Frucht selbst läuft in eine Spitze aus. Durch Strecken und Zusammenziehen – je nach Feuchte verschieden rasch und intensiv – bohrt sich die Frucht samt Granne in den Boden. Die Früchte können auch durch Tiere verbreitet werden. Die Beweidung durch große Huftierherden (Saiga, Wildpferde) war auch in den eurasischen Steppengebieten bedeutend und ist heute im wesentlichen durch Schafherden ersetzt. Nicht beweidete Wiesensteppen verfilzen, Gehölze dringen vor. Dies gilt auch für die Langgrasprärie in Nordamerika, in der die Gattung *Stipa* eine geringere Rolle spielt. Südhemisphärisch sind *Stipa*-Arten als Tussock-Gräser (mannshohe, dichte Horste) vertreten (z.B. Pampa).

Wie bei den heißen Trockenbiomen ist es weitgehend Ermessenssache, wo die Grenzen zwischen den einzelnen Biomtypen gesetzt werden. Im Bereich der winterkalten Trocken-

Foto 341: Patagonische Halbwüste bei Laguna Blanca, mit Polstern von *Azorella antarctica*, Argentinien.

gebiete bietet sich Folgendes an: Steppe oder Prärie bei mehr oder weniger geschlossener Vegetationsbedeckung, Halbwüste bei weniger als 25 % aber „diffuser" Vegetationsstruktur, Vollwüste bei ausgeprägter kontrahierter Vegetation, das heißt die Vegetation ist auf ausgesprochene Gunststandorte (z.B. Wadi) beschränkt.

Herrschen in Steppen xeromorphe Gräser mit Rollblättern (= sich bei Trockenheit einrollende Blätter; z.B. *Stipa*), Kräutern und Stauden vor, wird das Spektrum ökologischer Funktionstypen in Halbwüsten von malakophyllen Sträuchern und Zwergsträuchern, allen voran Wermutarten, bestimmt. Dies gilt ausnahmslos für die nordhemisphärischen Halbwüsten, die bei Jahresniederschlägen unter 200 mm auftreten. Die patagonische Halbwüste zeigt demgegenüber Besonderheiten, so das Auftreten von Tussockgräsern und von Polsterpflanzen. Die

Tussockgrasform ist nahezu ausschließlich südhemisphärisch verbreitet, seltsamerweise in Gattungen, die weltweit vorkommen (*Stipa, Festuca, Poa*). Das Gras bildet große Horste, die abgestorbenen Blätter sind persistent und bilden mit den lebenden einen gemischten Blattschopf, der immer braun wirkt. Tussocks sind ein hervorragendes Beispiel für einen ökologischen Funktionstyp, dessen Sinn nicht leicht erkennbar ist. Er hat sich konvergent bei verschiedenen Grasgattungen entwickelt. Leichter ist das Auftreten von Polsterpflanzen wie *Azorella* zu erklären, die in anderen Wüsten fehlen. Ein Zusammenhang mit dem windigen Patagonien erscheint plausibel. Durch den Wind sind diese Halbwüsten weniger heiß. Ansonsten brächte eine wärmesammelnde Wuchsform (vgl. Foto 319) wohl eher Nachteile. Man findet sie in allen kaltariden Hochgebirgen wieder (Foto 357).

Foto 342: Halbwüste des Great Basin mit sage brush (*Artemisia tridentata*), bei Winnemuca, USA.

Die wichtigste Wuchsform der kalten Halbwüsten ist der malakophylle Zwergstrauch (z.B. *Artemisia*; = Wermut, *Larrea*; = Kreosotbusch). Sklerophyllie tritt in den winterkalten Trockengebieten nicht auf. Die ·Wermut-Arten sind hydrostabil, das heißt sie regulieren ihren Wasserhaushalt sehr sorgfältig durch das Schließen der Spalten. Gegen Überhitzung schützt das zerteilte Blatt durch guten Wärmeaustausch mit der Umgebungsluft. Wird der Wasserverlust zu groß, welken die Blätter. Vor Tierfraß schützen die aromatischen Inhaltsstoffe. Die Wermut-Arten zeigen somit viele Eigenschaften, die in Relation zum „bevorzugten" Lebensraum stehen.

Neben den Zwergsträuchern zählen ephemere Arten, vor allem Therophyten zur Lebensformengarnitur der Halbwüste. Sie können in Lößgebieten besonders stark in Erscheinung treten und bilden dann einen auffälligen Frühjahrsaspekt, der 30 bis 45 Tage anhält. In niederschlagsreichen Jahren erscheint die Halbwüste gleichsam als Steppe. Den Rest des Jahres ist sie dann heiß und „tot". Auch hier ist Schnee die wichtigste Ressource, da er mehr oder weniger akkumuliert und sozusagen einen Feuchteschub im Frühjahr ermöglicht. Diese Frühjahrsephemeren erscheinen regelmäßig und unterscheiden sich dadurch von den Pluviotherophyten der heißen Wüsten, welche nur in einem Ausnahmejahr zur Entwicklung gelangen. In den ostasiatischen Halbwüsten mit Monsuneinfluß und damit Sommerregen aber trockenen Wintern und Frühjahren fehlt dieser Therophytenaspekt allerdings. Halbhohe Sträucher und Zwergsträucher sind dort tonangebend.

Bei Jahresniederschlägen von weniger als 200 mm treten Vollwüsten auf, als deren Grundcharakter weniger klimatische Grenzwerte dienen können als vielmehr die Art der Vege-

Foto 343: Blick in die Vollwüste des Death Valley (USA) – im Hintergrund „kontrahierte Vegetation".

Foto 344: Typischer „Kaltwüsten-Xerophyt" in der Talwüste des Death Valley.

tationsverteilung in Form eines kontrahierten Vorkommens. Vollwüsten zeigen ein ausgeprägt „fleckiges" Erscheinungsbild: Vegetation, an die auch die Tierwelt plus/minus gebunden ist, tritt nur auf Sonderstandorten auf. Dies ist in den kalten Wüsten nicht anders als in den heißen. Der Unterschied zwischen beiden Typen liegt im Auftreten von Frösten. Im Death Valley (Foto 343), das noch nicht als extrem kalte Wüste gilt, treten an 50 bis 150 Tagen im Jahr Fröste auf. Das absolute Minimum liegt mit –9,2 °C noch im oberen

Bereich kalter Wüstengebiete. Dies sind Temperaturen, die noch keine volle Frostresistenz verlangen, wohl aber viele Arten subtropischer Herkunft, wie sie etwa für die südlichere Sonora-Wüste typisch sind, ausschließen.

Diese Bedingungen ändern sich rasch mit der Höhenlage, wie dies beim gebirgsumrandeten Death Valley besonders deutlich in Erscheinung tritt. Das mittlere Januarminimum der Temperatur mit +4,9 °C am Talgrund (–53 m unter dem Meeresspiegel!) sinkt auf –29,7 °C bei 3800 m in den White Mountains an der Obergrenze von *Pinus longaeva* (vgl. Foto 34), den ältesten Bäumen der Welt. Der abnehmenden Temperatur steht ein verbessertes Verhältnis von Niederschlag zu Verdunstung gegenüber. Oberhalb von 1250 m ist dies im Death Valley-Gebiet größer als 1:6, für amerikanische Ökologen ein Grenzwert zwischen Halb- und Vollwüste. Die Vollwüste des Talbodens mit kontrahierter Vegetation wird nach oben abgelöst durch sage brush (= *Artemisia tridentata*; Foto 342), einer knie- bis hüfthohen Strauchvegetation, die neben anderen „Strauchsteppen" die kalten Trockengebiete des amerikanischen Westens generell kennzeichnen. Ähnliche Formationen prägen auch die Halbwüstengebiete Zentralasiens.

Die extremen Wüstengebiete der kalt-gemäßigten Zone sind im Grundcharakter sehr verschieden, sei dies klima- oder substratbedingt, sei dies florengeschichtlich oder durch menschlichen Einfluß begründet. Die großen Wüstengebiete Mittelasiens bieten eine Vielfalt an Typen, von Lehm-, Ton-, Löß-, Salz- bis zu Sandwüsten. Die Takla Makan ist eine endlose Düneneinöde, in der trockenste aber staubbeladene Luft die Sicht auf wenige Dutzende Meter einengt, die Wüste Gobi andererseits ist vorwiegend vom Typus einer Stein- und Kieswüste. Da viele dieser Wüstengebiete an schneereiche Gebirge angrenzen und große Flüsse langsam in den riesigen Trockenebenen versickern, steht das Grundwasser oft oberflächennah (bis unter 1 m) an. Takla Makan, an der Oberfläche die extremste Kaltwüste der Erde, ist beispielsweise eine Wüste über Wasser. Dieses Wasser ist allerdings brackisch und nicht verwendbar. Abfließendes Wasser von den Berghängen überflutet während der Schneeschmelze flache, tonreiche Schwemmböden am Fuß der Berge, es bilden sich die seltsamen Takyre mit massigen Algenblüten bzw. Flechtendecken an etwas trockeneren Stellen. Auf der anderen Seite bringt der abschmelzende Schnee beträchtliche Wassermengen, die große Dünen bis in tiefe Schichten durchfeuchten können.

Dieser Vielfalt entspricht eine Vielfalt an Lebensformen, wobei malakophylle Stauden und Zwergsträucher dominieren bzw. mikrophylle (= kleinstblättrige) oder aphylle (= blattlose) Gehölze wie die Saksauls (*Haloxylon* spec.) Mittelasiens. Auch die Tiere sind an die speziellen Lebensbedingungen angepaßt. Berühmt ist etwa die „aufgeblähte" Nase der Saiga-Antilopen, die nichts anderes als einen Staubfilter darstellen. Für Pflanzen typisch ist „Flexibilität" in Bezug zum Wasserangebot: Blätter, dann Zweige werden abgeworfen bzw. vertrocknen und regenerieren wieder, je nach Bedarf. Bei Therophyten verdorren die Blätter rasch, während der Blüten- bzw. später der Fruchtstand grün bleibt. Dieser verbraucht wesentlich weniger Wasser, die Pflanze kann sich daher zum Fruchten „Zeit lassen".

Salzwasserseen, Salzlacken, Salzböden, Salzwüsten sind in keinem Zonobiom so sehr typisches Element der Ökosystemgarnitur wie in den kalt-gemäßigten Trockengebieten. Flüsse münden in abflußlose Senken, Schmelzwasser sammelt sich in schlecht drainierten Tonmulden, Hochwasserpfützen, die Fremdlingsflüsse zurücklassen, verdunsten, kapillar aufsteigendes Wasser bleibt als Salzkruste zurück. Neben neutral reagierendem Kochsalz (NaCl) sind alkalisch wirkende Natrium-, Magnesium- und Kalziumsulfate und -karbonate in Trockengebieten von besonderer Bedeutung (= Verbrackung). Als Besonderheit zu erwähnen sind die an Borsalzen (u.a. Borax) reichen Böden in den nordamerikanischen Trockengebieten. Der Abbau von Borax im Death Valley war ehemals von kommerzieller Bedeutung.

Die „mildeste" Form sind Steppenseen und Lacken (Foto 345), seien diese permanent oder nur ephemer. Um sie herum bilden salztolerante Arten, im innersten Kern auch echte Halophyten (= Arten, die bei geringer Versalzung besser wachsen), typische Zonationen, wobei sich die einzelnen Zonen sehr fein auf den Salzgehalt des Bodens bzw. die Überflutungsdauer einstellen. Ihre Artenzusammensetzung ist in der Regel einfach, oft sind es monodominante Pflanzengesellschaften

Foto 345: Salzlacke im Seewinkel (Neusiedlerseegebiet, Österreich) mit Brackwasserröhricht.

wie das abgebildete Binsenröhricht (Foto 345), die andererseits eine beachtliche Phytomasse und Primärproduktion entwickeln können. Eine solche Differenzierung in einfach aufgebaute Spezialistengemeinschaften kann für Standorte, in denen eine Ressource im Überschuß ist und dadurch teils toxisch wirkt, allgemein als typisch gelten.

So einfach die Phytozönosen aufgebaut sind, so komplex sind oft die Konsumentengemeinschaften, die nicht nur mit den semiterrestrischen Lebensgemeinschaften (z.B. Röhrichte), sondern auch mit den limnischen (= Plankton, Planktonkonsumenten) verknüpft sind.

Der Große Salzsee in Utah steht stellvertretend für viele pleistozäne Seen, die infolge Klimawandels, aber auch geologischer Ereignisse oder durch Wasserentzug für Oasen (z.B. Lop Nor) weitgehend oder vollständig ausgetrocknet sind. Eine dicke Salzkruste bildet endlose, aber nicht vollständig leblose Flächen. Im limnischen Bereich des Großen Salzsees (87,9 % NaCl) leben Bakterien, Cyanobakterien und rote Grünalgen, der Salinenkrebs (*Artemia salina*; ein Flohkrebs) und Fliegenlarven. Die Zonation zum Land beginnt wie in allen diesen Fällen mit halophytischen Stauden und Zwergsträuchern (meist Chenopodiaceen = Gänsefußgewächse), die über eine Kombination von Vermeidungs- und Toleranzsystemen (z.B. salzanreichernde Blasenhaare; plasmaneutrale Osmotika; Sukkulenz) dem Salzstreß begegnen.

△
Foto 346: Abendstimmung am Great Salt Lake, Utah, USA.

◁ Foto 347: Die Salzkresse *Lepidium crassifolium* aus den Sodalaken des Seewinkels, Burgenland, Österreich.

293

Gebirgswüsten

Eine eigenständige Stellung innerhalb der Kaltwüsten nehmen die Gebirgswüsten Hochasiens, im Speziellen jene der ausgedehnten Hochplateaus von Tibet (ca. 2,4 Mio. km²) und des Pamir ein. Hochflächen im Altai und die Syrten (= weite Hochtäler; Foto 348) im Tienschan zählen dazu. Die Lebensbedingungen sind in höchstem Grade unwirtlich. Jahresmittel zwischen 0 und -2 °C sind kombiniert mit geringen Niederschlägen (meist Hagel oder Graupel) zwischen 100 bis 300 mm, wobei die Verdunstung entsprechend den tieferen Temperaturen geringer ist. Die mittleren Minimaltemperaturen liegen bei -20 °C, die absoluten bei -40 °C und tiefer. Starker Wind, teils heftige Stürme verstärken die Klimaungunst. Die Frostperiode dauert 6 bis 7 Monate an, nur im wärmsten Monat erreicht das Monatsmittel der Temperatur +6 °C oder etwas mehr. Trotzdem kann aufgrund der hohen Sonneneinstrahlung bis in beachtliche Höhen noch Getreide angebaut werden, die Oasen tieferer Täler sind fruchtbar. Auf die Sonderstellung der wärmebegünstigten tibetanischen Hauptstadt Lhasa wird in der Literatur berechtigterweise immer wieder hingewiesen (Temperaturjahresmittel: 9,8 °C; Jahresniederschlag: 437 mm) - ökologisch ist Lhasa nicht Tibet. Für die Ökosystemausbildung ist wesentlich, daß der wenige Schnee auf kalten und gefrorenen Boden fällt, weggeblasen wird oder das Schmelzwasser abrinnt. Kondensation aus der Luft in den kalten Boden wurde als Wasserressource schon diskutiert, ist aber umstritten. Im Sommer tauen die Böden auf, bleiben aber in der Tiefe kalt, so daß die Wasserreserven in diesen Schichten von den Wurzeln nicht genutzt werden können. Am wärmsten sind die oberen Bodenschichten, wobei aber von der Oberfläche her Nachtfrost wirkt. Die Wurzelschicht der Hochwüstenvegetation ist daher eng eingenischt, besitzt die höchste Masse nicht unmittelbar unter der Oberfläche, ein auffälliger Unterschied etwa zur nemoralen Hochgebirgsvegetation. Bodenfließen spielt eine große Rolle.

Offene Federgrassteppen und Halbstrauchwüsten (oft mit Wermut; *Artemisia rhodantha* u.a.) sind die vorherrschenden Ökosystemtypen (Foto 348) der Gebirgswüsten. Die gesamte Vegetationsbedeckung übersteigt selten mehr als 20 %. Alle Pflanzenarten sind frostresistent. Junge Blätter von *Artemisia* überleben Fröste von -20 bis -25 °C. Die Produktion ist gering, die Phytomasse durch hohes Alter der Pflanzen (100 Jahre und mehr) aber relativ groß. Streu fällt kaum ins Gewicht, durch kältebedingt schlechten Abbau bleibt sie lange unzersetzt und akkumuliert. Auffällig ist, daß zahlreiche große Herbivore in diesen Wüstensteppen und Halbwüsten leben können (z.B. Argali-Schaf), welche wiederum von Großkarnivoren wie dem Schneeleoparden bejagt werden.

Foto 348 (oben): Typische Wermut-Halbwüste in ▷ den Hochlagen des Tienschan, Kirgistan.
Foto 349 (links unten): Hochsommerlicher Reif auf einem Tragant (*Astragalus* spec.), Tienschan, Kirgistan.
Foto 350 (rechts unten): Der Autor mit einem aufgefundenen Gehörn eines Argali-Schafes (*Ovis ammon karelini*) im kirgisischen Hinterland.

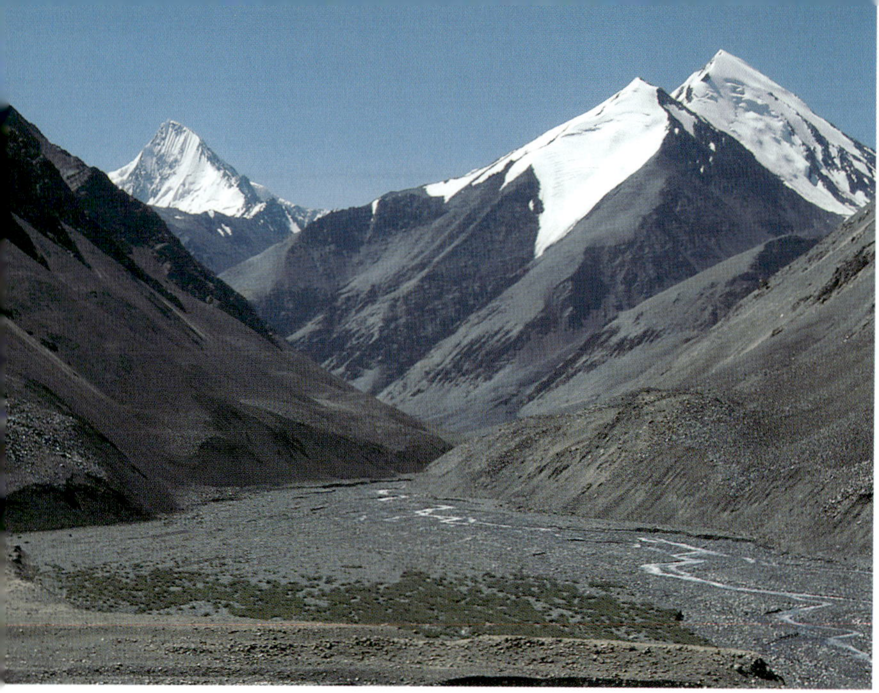

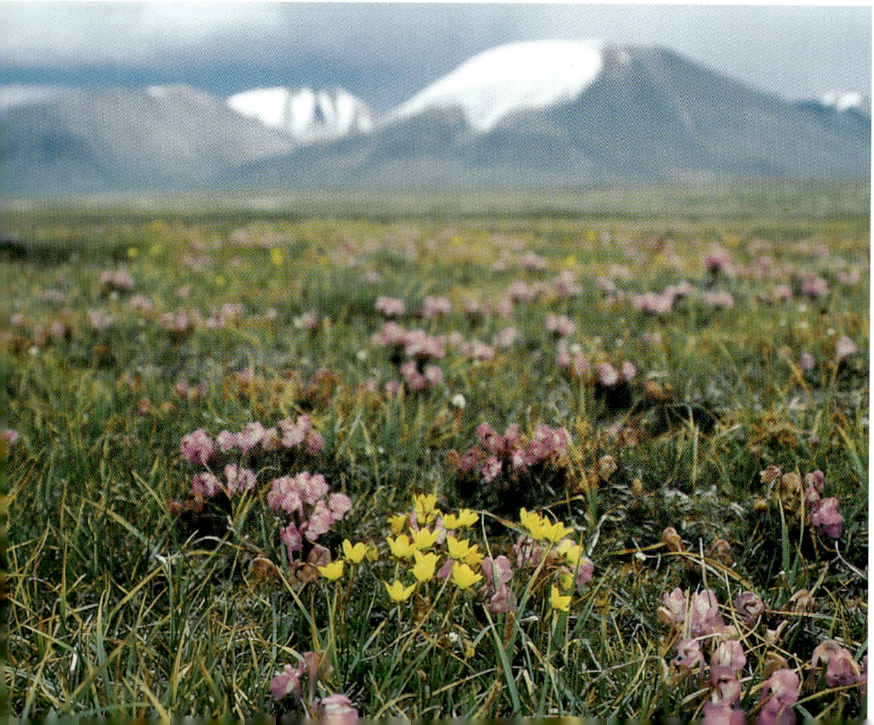

Kaltaride Hochgebirge

Mächtige Hochgebirgsregionen besetzen zentrale Teile des kalt-ariden Großlebensraumes (= intrazonal: Karakorum, Transhimalaya, Kwenlun, Nanschan, Pamir, Tienschan u.a.), durchsetzen ihn wie die Rocky Mountains, die Anden (= multizonal) oder begrenzen ihn wie Hindukusch, Himalaya oder Altai (= interzonal). Allen diesen Hochgebirgsregionen gemeinsam ist eine untere Waldgrenze, das heißt, der Wald beginnt – wenn überhaupt – erst ab einer bestimmten Höhe und ist dann häufig extrem expositionsabhängig ausgebildet (vgl. Foto 358). Auf die kältebedingte obere Waldgrenze folgen alpine Hochgebirgssteppen, alpine Rasenfluren und Polster-Halbwüsten, die sich schließlich im Nivalbereich in einzelne Vegetationsinseln auflösen. Höchste Vorposten dringen in Himalaya und Karakorum bis gegen 6000 m vor. Der oberste Fundpunkt einer Blütenpflanze im Himalaya liegt bei 6450 m. Die alpine Steppen- und Rasenstufe erstreckt sich oberhalb der Waldgrenze über einen Bereich von ca. 1000 m. Noch weitere 1000 m sind es bis zu den höchsten Vorposten. Darüber leben noch Flechten, Moose und in den höchsten Böden Mikroben.

Geologisches Alter, anstehendes Gestein, Massenerhebung, Vegetation und Tierwelt geben jedem dieser Hochgebirge ein eigenes Gepräge. Die intrazonalen Karakorum und Pamir sind wilde Bergländer mit gewaltigen relativen Höhenerstreckungen (6000 bis 7000 m) und Gipfelfluren über 7000 m. Glühende Hitze in den wüstenhaften, von schmelzwas-

serbraunen, schäumenden Flüssen durchsetzten Tälern, Waldfragmente in den Hängen, schließlich grünes Weideland in Talböden, und auf den Gipfeln ewiger Schnee – zu den Hochgebirgslandschaften am „Dach der Welt" gibt es keine Parallele an Wucht und Schönheit. Ganz anders wirken wiederum die weiten Syrten des Tienschan mit ihrer Gletscherumrahmung (Foto 352) und den grünen Steppenbergen der Außenketten, die wüstenhafte Bergwelt im Ostpamir und des Gobi-Altai oder die sanfte Endlosigkeit der Rocky Mountains.

Im Tienschan oberhalb von 3500 m, im Pamir und im tibetanischen Hochland noch höher treten teils zonal, teils an Fluß- und Bachauen gebunden, großflächig alpine Wiesen bzw. Rasen auf, in denen Nacktriedarten (*Kobresia* div. spec.) als Hauptmassebildner in Erscheinung treten. Die Rasen schließen im Gegensatz zu den Hochsteppen und Halbstrauchwüsten dicht und sind das bevorzugte Weideland der Wild- und Weidetiere. Zu den assoziierten Arten zählen Tragante (*Astragalus* spec.), einjährige Enziane (*Gentiana, Comastoma* spec.) und vor allem Edelweißarten (*Leontopodium* spec.), also jene Artengarnitur, die im Pleistozän aus Zentralasien bis Mitteleuropa vordrang und in den Alpen die kältesten Windecken besetzt.

Foto 351: Blick auf die Gipfelflur des Karakorum, Kunjerab-Pass, pakistanisch-chinesische Grenze.

Foto 352: Alpine Nacktriedsteppe in den Syrten des Tienschan mit Läusekraut (*Pedicularis* spec.) und Steinbrech (*Saxifraga* spec.), südl. Barskaunpass (3750 m).

Foto 353: Polsterförmig wachsendes Edelweiß ▷ (*Leontopodium* spec.) aus den Nacktriedrasen des Tienschan.

△
Foto 354: Nivale Landschaft im zentralen Tienschan (Inyltschek-Gletscher, Blick Richtung Pik Pobedy, 7439 m), Kirgistan.

◁ Foto 355: Sich auflösender Nacktriedpolster auf von Bodeneis bewegter Erde. Im Saum des Polsters Mannsschild (*Androsace* spec.) als Polstergast, Cuekpass (4021 m), Tienschan (Kirgistan).

Foto 356 (Seite 299, links): Eine Margarite (*Chrysanthemum pyrethroides*) aus den Nivalfluren des zentralen Tienschan.
Foto 357 (Seite 299, rechts): Der kleine Polster des Himmelsherold (*Eritrichum aretioides*) am Gipfel des Mt. Elbert (4399 m), Colorado.

Die Lebensgemeinschaften der alpinen und nivalen Stufen sind sehr stark vom Niederschlagsangebot abhängig, das in den meisten Hochgebirgen des Zonobiom VII nach oben hin zunimmt. Grundsätzlich von sehr großer Bedeutung ist die Verteilung des Schnees im Winter und sind somit Schneeboden-/Windkanteneffekte. Dieses auch in allen anderen jahreszeitengeprägten Hochgebirgen zu beobachtende Phänomen wirkt hier insofern besonders stark auf die Vegetationsverteilung ein, da Wasser für die trockene Sommerperiode oft nur, oder fast nur, als Schmelzwasser zur Verfügung steht. Die Kantenfluren mit durchwegs langlebigen Rosettenkräutern, Polsterpflanzen, kleinen Horstgräsern stehen dann im krassen Gegensatz zu den wiesenartigen, oft moorigen Schneemulden. Solch grundfeuchte Rasen können inselartig noch weit in die nivale Stufe reichen, so auch hier über den Gletscher (Foto 354, links). Im Himalaya wurden sie noch bei 5800 m beobachtet. Besonders eigenartig sind die „Kissenpolsterformationen", Fluren aus breiten, halbkugeligen Polstern, die als Schneefänger wirken. Eigene Ökosystemtypen sind Quellfluren, Flußalluvionen und Schmelzwasserwiesen.

Die Grenze zwischen alpiner und nivaler Stufe wird durch die Heftigkeit der kryoturbaten Prozesse im Boden bestimmt. Das nächtliche Kammeis im Boden schmilzt untertags, es entstehen „Brodelerden", die schwer zu durchwurzeln sind. In höchsten Lagen beginnen sie schon bei einer Neigung von 8° zu fließen, Solifluktionsformen (= Streifen, Loben) entstehen. Schuttfluren mit gemischten Korngrößen sind noch am stabilsten und bilden die Substrate für die höchsten, je beobachteten Gefäßpflanzengesellschaft bei 5960 m. Am stabilsten sind Felsspalten, in denen sich vor allem Polsterpflanzen drängen (Foto 357). In ihrem Schutz gedeihen sogenannte Polstergäste (siehe Randsaum des Graspolsters in Foto 355). Die höchststeigenden Arten schwimmen regelrecht als „Solifluktionsakrobaten" (Foto 356) in der bewegten, nassen Erde und ertragen Fragmentation durch die Frostbewegung.

Geschlossene Bergwälder treten in den Hochgebirgen des kalt-ariden Großlebensraumes entweder gar nicht, inselartig oder als breites dunkles Band an den Bergflanken auf. Nordhemisphärisch sind es durchwegs Nadelwälder, wobei Wacholder- und Kiefernarten die trockenen Außenposten, Fichten und Tannen die geschlossenen Hangwälder dominieren. Dieses Schema gilt nicht überall. In Patagonien werden Wälder von der reliktischen *Au-*

strocedrus chilensis aufgebaut, in höheren Lagen von Südbuchen. Im Gobi- und Mongolischen Altai treten Lärchen als Waldbildner in Erscheinung. Reliktisch sind auch die berühmten Wildapfelwälder der mittelasiatischen Hochgebirge im Übergangsbereich zwischen Steppe und Bergwald. Sie sind Reste der ehemaligen tertiären Mischwälder. Wilde Apfelbäume (3 Arten), Wildbirnen (2), Aprikosen (8), Sauerkirschen (4), Wildkirschen (2), Walnuß (2) und viele andere Laubgehölze bilden inselartige, selten großflächige Wälder und Gebüsche. Zahlreiche Lianen, unter ihnen Weinreben (2 Arten) charakterisieren die Wälder ebenso, besonders im Bereich von Auen. Mittelasien war die bedeutendste Ressource für die Herausbildung von Obstsorten im eurasiatischen Kulturraum.

Die Waldgrenzen dürften allgemein durch die kombinierte Wirkung kälterer Sommer und (vor allem in den schneearmen ariden Hochgebirgen) Frosttrocknis im Spätwinter bedingt sein. Meist bilden die Nadelhölzer der Bergwälder auch die Waldgrenze. Ausnahmen sind möglich wie die Grannenkiefern (*Pinus aristata, P. longaeva*) in manchen Hochregionen des Great Basin und seiner Umrahmung. Krummholzbildung (im Unterschied zur genetisch bedingten der alpinen Latsche hier nicht genetisch verankert) und inselartige Auflösung des Waldes ist häufig (Foto 358). Die Waldgrenz-Fichten neigen dazu, durch anwurzelnde, bodennahe Zweige, die vom Schnee niedergedrückt wurden, rein vegetative Kleingehölze zu bilden. In geschützten Mulden dringen sie noch weit über die Zone des geschlossenen Waldes vor. Zwischen ihnen kommen buschige Laubgehölze (Weiden, Birken) auf.

Die Verteilung des Waldes ist in den kaltariden Hochgebirgen extrem expositionsabhängig. Dies wird nicht nur durch Unterschiede in der Sonneneinstrahlung bzw. ungleiche Verteilung von Niederschlägen oder Wind hervorgerufen. Bodenfaktoren wirken verstärkend. Die strenge Bindung der Tienschan-Fichtenwälder an Nordseiten beispielsweise ist wesentlich mitbedingt durch die Frostlinsen im Boden, die sich im Laufe des Winters bilden und auf den Nordseiten wesentlich langsamer abtauen. Dadurch steht dem Wald eine ausreichende Wasserreserve zur Verfügung. Auf den Südseiten taut der Boden komplett auf und trocknet ab, da sich durch die Einstrahlung der Bodenoberfläche stark erhitzt. Frostböden treten auch in den nordamerikanischen Wäldern in Waldgrenznähe auf, etwa am Standort der Kiefer *Pinus longaeva* in den White Mountains.

Der Aufbau der Tienschan-Fichtenwälder entspricht im wesentlichen borealen Nadelwäldern bzw. den Bergwäldern der nemoralen Gebirge. Die mehr oder weniger monodominante Baumschicht dunkelt stark ab. Im Unterwuchs bilden Moose eine dichte Decke, durchsetzt von Moderorchideen (*Goodyera, Corallíorhiza*) und zahlreichen Kräutern. Unter diesen sind viele Arten, die auch in nemoralen Laubwäldern auftreten (z.B. *Adoxa, Galium boreale*) bzw. sich neophytisch in Europa ausgebreitet haben (z.B. *Impatiens parviflora*). In Lichtungen gedeihen üppige und artenreiche Hochstaudenfluren mit einer seltsamen Mischung aus Steppenformen (z.B. *Phlomis*) und typischen Hochstaudengruppen (z.B. *Trollius, Aconitum, Codonopsis* u.a.). Einen scharfen Kontrast dazu bieten die Südflanken mit Federgrassteppen.

Foto 358 (oben): Waldgrenze im zentralen Tienschan mit der endemischen Tienschan-Fichte (*Picea schrenkiana*), Kirgistan.
Foto 359 (links unten): Berg-Fichtenwald im Tienschan mit *Picea schrenkiana*, Kirgistan.
Foto 360 (rechts unten): Ein Brandkraut (*Phlomis* spec.) aus den Hochstaudenfluren in der Fichtenwaldzone des Tienschan.

Azonale Ökosysteme

Die Frage der Zonalität ist im kalt-ariden Großlebensraum nicht leicht zu beantworten. Insgesamt 6% der Erdoberfläche sind Salzböden. Von diesen entfällt ein Gutteil auf das Zonobiom VII. Salzsteppen und Salzwüsten zählen in diesem Großlebensraum zweifellos neben typischen Steppenökosystemen (z.B. eurasischen Federgrassteppen, Prärien), Halbwüsten (z.b. Halbstrauchwüsten Hochasiens, patagonische Halbwüsten) und Vollwüsten (z.B. Sanddünenkomplexe mittelasiatischer Wüsten) als Pedobiome zur zonalen Ökosystemgarnitur.

Als azonale Elemente lassen sich aber jedenfalls Wadis und Flußläufe ansprechen, die durch ihre enorme Schmelzwasser- und Sedimentführung weite Schwemmlandschaften und Auen bilden. Dies beginnt bereits hoch in den Bergen, wo Talböden vollkommen verfüllt sind mit Schotter und setzt sich weit in die Wüsten- und Steppenebenen fort, wo der Fluß als „Fremdlingsfluß" eindringt. Die typische ökosystemare Gliederung großer eurasiatischer Alluvionen ist: im Bergland Kiesbettfluren, denen Auengebüsche mit Sanddorn (*Hippophae* spec.) oder Tamarisken (*Myricaria, Tamariscus,* div. spec.) folgen. Große Flüsse wie der Amu Darja, der 4 bis 5 Monate Hochwasser führt, besitzen je nach Überflutungshöhe eine komplexe Differenzierung, wobei Weichholzauwälder mit Pappeln, Weiden, Tamarisken die Randzone zum Umland bilden. Grasfluren, Wiesen und weite Röhrichte sind weitere Elemente. Ephemere Gewässer (Foto 361), die nur bei Starkregen oder bei Schneeschmelze Wasser führen, sind meist vegetationslos, da die mitgeführte Sedimentfracht sich ablagert und starke Umlagerung erfolgt.

In hohen Lagen und bei guter Drainagierung ist die Verbrackung gering, und Süßwasserseen können entstehen, zahlreich beispielsweise im tibetanischen Hochplateau. Je nach Wasserstand und Pegelschwankung bilden sich Zonierungen aus wie sie auch die Steppenseen kennzeichnen (vgl. Foto 345). In hohen Lagen fehlen Röhrichte, dort sind Seggengürtel und Randmoore typisch. Versumpfungen an Seen entstehen auch im Mündungsbereich von Fließgewässern, so diese von Uferwällen, wie sie sich durch Wellenschlag bilden, abgelenkt werden (z.b. Nordufer des Issykkul; Kirgistan).

Eine besonders interessante Moorbildung sind die sogenannten Bugris in den höheren Lagen Mittel- und Zentralasiens. Das sind große Talvermoorungen, in denen sich während des extrem kalten Winters Eishöcker bilden. Diese schmelzen großteils im Sommer ab und versorgen das Moor mit Wasser (Foto 362). Von Talflanken fließen zusätzlich Schmelzwässer ein. Die Torfschichten sind tief, die Vegetation wechselt in einem engräumigen Mosaik zwischen seggenbesetzten Naßstellen und trockneren, ebenfalls von Seggenarten oder von Nacktriedarten bewachsenen Buckeln, in denen auch Edelweiß vorkommt. Vor allem als Spätsommerweide (Pferde, Schafe, Wildtiere) sind und waren diese „Eismoore" von enormer Bedeutung. Das Wasser ist elektrolytreich, was durch Auftreten von halophilen Arten (z.B. *Triglochin maritima*) angedeutet ist.

Einen anderen Eismoortypus findet man in den Hochlagen Osttibets unter extremen Bedingungen, die sogenannten Naka-Moore. Vorwiegend an Nordhängen positioniert, unterliegen sie der Solifluktion, was zu einer Gliederung in wassergefüllte Senken und mit dem Nacktried *Kobresia tibetica* besetzte Dämme führt.

Fels- und Schuttfluren sowie Gletschermoränen sind in den Gebirgen weitere wichtige Sonderstandorte. Quellfluren und natürliche Quellgehölze kennzeichnen Oasen. Nicht selten auch Thermalquellen mit Spezialistengemeinschaften anzutreffen.

Foto 361: Hochwasserflut nach einem Wolkenbruch im ostanatolischen Hochland, bei Dogubayazid, Türkei.

Foto 362: Hochtalmoor (bei 2800 m) im Tienschan, bei Karakol (Kirgistan).

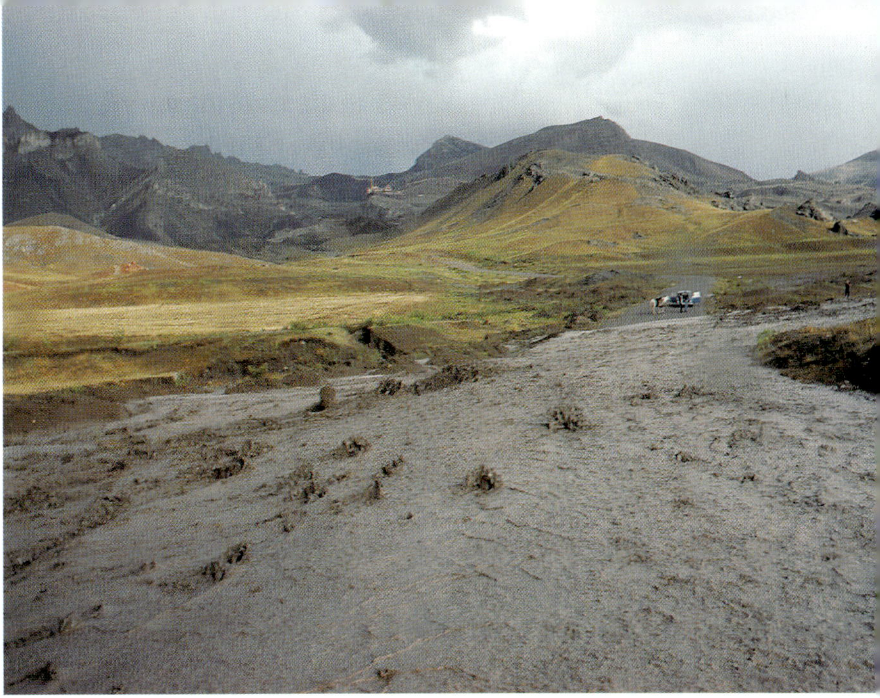

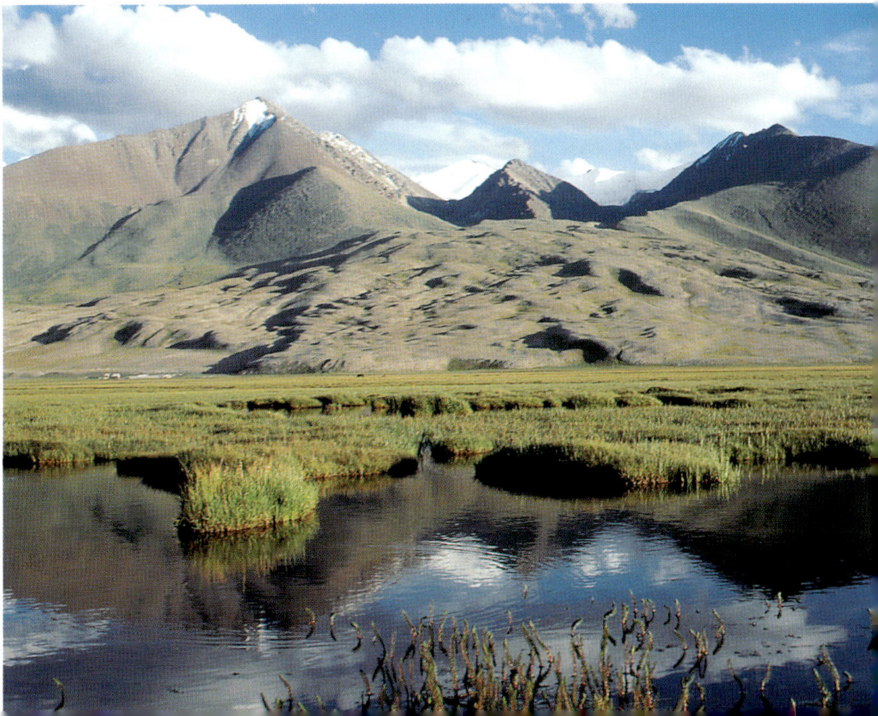

Rurale und urbane Ökosysteme

Mit der Einführung beheizbarer Zelte gelang es dem paläolithischen Menschen schon vor 30 000 Jahren, bis weit in den Norden vorzudringen und als Jäger und Sammler das reiche Tierleben der Kältesteppen und Tundren zu exploitieren. Spätere Nutzungsformen konzentrierten sich vor allem um Seen und Fließgewässer in Form von einfachen Fischer- und Ackerbaukulturen. Die eigentliche Eroberung der Steppen- und Wüstengebiete in Europa und Mittelasien erfolgte ausgehend von Gebieten nördlich des Kaukasus und Schwarzen Meeres aber erst im 3. Jahrtausend vor Christus, nachdem der Radwagen erfunden und Pferd, Esel, Kamel, Yak, Schaf und Ziege domestiziert worden waren. Nomadische Hirtenkulturen (Foto 364) entwickelten sich hier und in Zentralasien und eroberten die freien Räume. Durch sie entstanden letztlich auch die großen Handelsrouten, die das antike

Foto 363: Das Mongolische Urwildpferd (*Equus przewalskii*), ehemals in den Steppen und Wüsten Eurasiens weit verbreitet.

Foto 364: Kirgisische Reiter auf den Hochsteppen des Tienschan, Son Kul (Kirgistan).

China mit dem Westen verbanden, die Oasenkulturen – häufig wichtige Stützpunkte der Handelsrouten – gewannen enorme Bedeutung. In Nordamerika, wo Pferd und Rad vor dem Eintreffen der Europäer unbekannt waren, blieb die Besiedlung der Prärie und der Great Plains sehr dünn und konzentrierte sich auf Gunstgebiete wie Seen oder Flußgebiete. Die Prärieindianer blieben Jäger und Sammler. Mit der Einführung des Pferdes durch Europäer war es ihnen dann möglich, ihren Aktionsradius auszudehnen.

War die Weidenutzung der eurasischen Steppen- und Wüstenvölker durchaus nachhaltig und haben Übernutzungen aus verschiedenen Gründen erst in jüngerer Zeit stattgefunden, so gilt dies nicht in den Zielgebieten europäischer Expansion. Frühe Siedler wie die Mormonen nutzten die Steppen und Halbwüsten der Great Plains zwar noch primär für den Eigenbedarf, doch mit dem Bau der transkontinentalen Eisenbahnstrecke kam intensive Weidenutzung auf, die den Bestand mehrjähriger Gräser zerstörte und „Weideunkräuter" förderte. Die heutigen Wermutsteppen mit sage brush (*Artemisia tridentata*; Foto 342) sind teils Resultat dieser Raubnutzung.

Bewässerungsfeldbau entwickelte sich in den kalt-ariden Gebieten vor allem in der Umrahmung der großen eurasischen Hochgebirge und auch in diesen. Die wasserreichen Gebirgsflüsse ermöglichten auf den Schwemmfächern und -kegeln die Anlage ausgedehnter Oasen und Oasenstädte. Hohe Sonneneinstrahlung läßt auch in kurzer Zeit Getreide und Obst ausreifen. Die Nutzung von Fruchtbäumen besitzt in den mittelasiatischen und zentralasiatischen Oasen eine ähnliche Funktion wie die Dattelkultur in den heißariden Gebieten. Aprikosen werden im Hunzatal z.B. nicht nur frisch gegessen. Getrocknet sind sie Vorrat für den Winter (Foto 365), aus den Kernen preßt man Öl.

Das klassische Bild von riesigen Herden in endlosen Weiten existiert teilweise noch in den Hochgebirgssteppen und Halbwüstengebieten Mittel- und Zentralasiens und den Great Plains. Wiesensteppen und Langgrasprärien, aber auch die Pampa Argentiniens sind heute Ackerbaugebiete mit riesigen Anbauflächen, auf denen hochindustrieller Landbau betrieben wird. In den südrussischen und ukrainischen Steppengebieten mit ihren fruchtbaren Schwarzerden und Niederschlägen, bei denen Regenfeldbau noch möglich ist, wurde die Steppe bereits im 19. Jahrhundert umgebrochen. Sie entwickelte sich zur Kornkammer Europas, wobei das Getreide über Schwarzmeerhäfen verschifft wurde. Ähnliches erfolgte in Amerika in diesem Jahrhundert, wobei die Anbaufläche auch in zu trockene Gebiete ausgedehnt wurde. Katastrophale Winderosion war die Folge, sogenannte Badlands (= kahle, von tiefen Erosionsfurchen und -schluchten durchzogene Landschaften) entstanden und mußten aufgegeben werden. Von den alten Steppen und Steppenkulturen sind nur mehr Reste vorhanden, die durchwegs Gegenstand von Schutz- bzw. geförderten Pflegemaßnahmen sind. Tourismus spielt dort eine zunehmende Rolle, in wildreichen Gebieten auch Jagdtourismus. Das Bild aus dem Nationalpark Neusiedlersee zeigt einen „Touristenbrunnen", eine Rinderherde wird zur Pußtapflege eingesetzt.

In den Halb- und Vollwüstengebieten spielt Bergbau eine große Rolle, so auch in vielen Hochgebirgsregionen. Er wird in der Regel ohne Rücksicht auf Natur und Umwelt betrieben. Elektrizitätswirtschaftliche Nutzung, oft verbunden mit industriellem Bewässerungsfeldbau, gräbt den Unterliegern das Wasser ab und läßt Seen schrumpfen (z.B. Aralsee). Die großen Trockengebiete Mittel- und Zentralasiens und Nordamerikas erlebten (und erleben: China) die Atombombentests der letzten Jahrzehnte, verseuchte Gebiete zurücklassend.

Mit der ackerbaulichen Nutzung wurden Wildarten als Beikräuter bereits im Zuge der neolithischen Revolution weit verbreitet (sogenannte Paläophyten; Foto 367) und haben sich an die Ackerkultur so stark angepaßt, daß sie diese regelrecht brauchen. Die Samen der Kornrade (*Agrostemma githago*) beispielsweise fallen aus, wenn sie gedroschen werden. Jedenfalls sind typische Ackerbegleitfluren entstanden, sei dies als Segetalgesellschaft in den Äckern, oder als Ruderalgesellschaft an Ackerrainen und Wegen (Foto 368).

Foto 365: Blick ins Hunzatal, im Vordergrund
Häuser der Oasenstadt Baltit, im Hintergrund der
fast 8000 m hohe Rakaposhi, Pakistan. ◁

Foto 366: Alter Pußta-Brunnen im Seewinkel,
Burgenland, Österreich. △

Foto 367: Weizenfeld mit Klatschmohn (*Papaver*
rhoeas), Weinviertel, Österreich. ▽

Foto 368: Wildkrautflur am Ackerrand mit Som-
meradonis (*Adonis aestivalis*). ▷

Zonobiom VIII – Winterkalte Nadelwaldgebiete oder Taiga (= boreales Zonobiom)

Klima

Das Klima der borealen Nadelwaldzone ist kalt-humid. Die eher bescheidenen Niederschläge (Mittel der Jahressummen: 250 bis 500 mm) reichen für eine positive Wasserbilanz aus, da die potentielle Evaporation durch die tiefen Temperaturen gering bleibt. Nur in den kontinentalsten Gebieten (Ostsibirien) sind sommerliche Dürreperioden möglich. Für die Lebewelt entscheidend sind vor allem die extrem tiefen Wintertemperaturen. Das absolute Temperaturminimum liegt durchwegs unter –40 °C, die tiefsten, je in der Taiga gemessenen Werte liegen zwischen –66 und –68 °C (Ostsibirien). Dies verlangt Tiefabhärtbarkeit insbesondere bei den Baumarten, in etwas geringerem Ausmaß bei den Arten des Waldbodens, welche Schneeschutz genießen. Die Winterniederschläge, durchwegs Schnee, sind wesentlich geringer als die Sommerniederschläge. In den kontinentalsten Gebieten ist die Schneedecke dünn und wird zusätzlich leicht durch den Wind verfrachtet, da der Schnee meist auf schon gefrorenen Boden fällt. Dort ist auch die Bodenflora sehr tiefen Temperaturen ausgesetzt, abgesehen davon, daß der Boden obligat durchfriert. Wo die Jahresmittel der Temperatur 0 °C unterschreiten, liegt die Grenze der Permafrostböden (= Dauerfrostböden). Sie erreichen in den kontinentalen Gebieten Mächtigkeiten bis mehrere 100 m. Für die Vegetation sind sie insofern bedeutend, da auch im Sommer nur ein begrenztes aktives Bodenvolumen zur Verfügung steht. Bäume mit Pfahlwurzeln, wie die amerikanische Kiefer *Pinus banksiana*, finden so ihre Nordgrenze. Andererseits versorgt der nachtauende Boden auch in den trockensten Gebieten die Bäume der Taiga mit genügend Feuchtigkeit.

Den extrem kalten Wintern stehen vergleichsweise warme Sommer gegenüber. Die Jahresamplitude der Monatsmittel erreicht in Ostsibirien über 60 °C, die Differenz zwischen den Absolutwerten über 100 °C (!). In den ozeanischen Bereichen mit Jahresmitteltemperaturen knapp über 0 °C ist das Klima ausgeglichener, die Winterkälte aber scharf genug, um Tiefabhärtbarkeit vorauszusetzen. Tiere überstehen die harten Winter durch Winterschlaf, Winterstarre oder saisonale Migration. Ausnahmen wie der Elch, der Wolf, manche Vogelarten oder die Mäuse und Spitzmäuse unter der Schneedecke, bestätigen gleichsam nur die Regel.

Trotz Niederschlagsmaximum im Sommer und ausreichender Wasserversorgung aus den durchfeuchteten Böden kann durch hohe Einstrahlung und Tageserwärmung die Taiga trocken werden. In diesem Stadium ist sie leicht entzündbar, und tatsächlich kommt es durch Blitzschläge häufig zu Wald- und Moorbränden, die unter Umständen riesige Ausmaße (> 40 000 km² in Sibirien) annehmen können. Wälder erreichen zwischen den Bränden selten ihr natürliches Reifestadium. Brände beeinflussen nicht nur die Dynamik des Waldbestandes selbst, sondern führen über nachfolgende Bodenerwärmung durch fehlende Beschattung zu Thermokarsterscheinungen, indem der Permafrost auftaut. Hohlformen entstehen, die sich mit Wasser füllen, oder ganze Hänge rutschen als breiige Masse ab.

Verbreitung

Der boreale Großlebensraum nimmt nördlich des 50. bzw. 60. Breitengrades den Großteil der riesigen Landmassen Eurasiens und Nordamerikas ein und geht im Bereich des 70. Breitengrades in die baumlose Tundra über. Um die Hudsonbay, den „Eiskeller Amerikas", ist dies bereits beim 60. Breitengrad der Fall. Für diese Unterschiede zwischen den West- und Ostseiten der Kontinente sind kalte bzw. warme Meeresströmungen (z.B. Golfstrom) verantwortlich. Auf der Südhemisphäre fehlen in diesen Breitenlagen entsprechende Landmassen und damit auch Zonobiom VIII zuzuordnende Gebiete. Die der Breitenlage entsprechenden Inseln wie Kerguelen, Falklandinseln (= Malvinas), Südgeorgien, Macquarie-Insel und andere besitzen ein kühl-maritimes, von ständigen Winden geprägtes Klima und sind weitgehend waldlos. Tussockformationen (vgl. Foto 341) mit Großkräutern (z.B. Kerguelenkohl *Pringlea antiscorbutica*) oder offene Windformationen mit Polsterpflanzen herrschen vor. Von Sproßpflanzen bestimmte Ökosysteme dieser Art dringen aber nicht einmal bis zum südlichen Polarkreis vor. Dieser umgrenzt mehr oder weniger eng den antarktischen Kontinent. Schnee- oder eisbedeckte Flächen oder kahle Kältewüsten sind zwar vergleichsweise dicht von Vogelkolonien (z.B. Pinguinen) bevölkert, diese leben aber von der Bioproduktion des Meeres. Nordhemisphärisch hingegen verläuft der Polarkreis zumindest im westlichen Teil noch im borealen Waldgürtel. Dieser Waldgürtel ist ein mehr oder weniger reiner Nadelwaldgürtel, der am Südrand entweder an nemorale Laubwaldgebiete oder kaltaride Steppen und Halbwüsten anschließt. Sind es im ersten Fall noch Mischwälder, setzt im Nahbereich zu ariden Gegenden direkt Nadelwald an. Dieser beherrscht dann über Tausende von Kilometern nach Norden das Bild und bildet mit Ausnahme der ozeanischen Randzonen im Westen und Osten Eurasiens die Waldgrenze: in Nordamerika ausschließlich durch immergrüne Nadelwälder, in Eurasien im Osten und Westen ebenfalls durch immergrüne Wälder, in den kontinentalsten Teilen Sibiriens – vermutlich als Anpassung an die dortige extreme Frosttrocknis – durch laubwerfende Nadelwälder (Lärchen). In Skandinavien, also im ozeanischen Teil Eurasiens, ersetzen Birkenwälder die Nadelwälder, im Fernen Osten ebenfalls. Vergleichbares fehlt in Nordamerika.

In summa, und im Vergleich zu anderen Zonobiomen, ist der boreale Lebensraum sehr einheitlich. Dies beginnt bei der Geologie: uralte Gesteine der großen Kontinentaltafeln, überdeckt von glazialen (Moränen) oder periglazialen Ablagerungen (z.B. Löß; Sanderflächen), nehmen den Großteil der gesamten borealen Zone ein. Alte Rumpfgebirge mit ausgeglichenem Relief sind (bzw. waren) kaum Barrieren für floristische und faunistische Migrationsbewegungen. Eine Ausnahme sind die nördlichen Rocky Mountains. Die Eiszeiten wirkten sich unterschiedlich aus. Die kontinentalen inneren Teile waren unvergletschert. So blieb zwischen dem riesigen Eisschild um die Hudsonbay und den Rocky Mountains ein großer Korridor immer eisfrei, der über eine Landbrücke im Bereich der Beringstraße mit Eurasien verbunden war, über die auch die frühe menschliche Besiedlung des nordamerikanischen Kontinents erfolgte. Die Wälder des ausgehenden Tertiär fanden Refugien im Südosten Nordamerikas, von wo sie sich in der Nacheiszeit wieder rasch nach Norden ausbreiteten (z.B. die Fichte *Picea glauca* mit 200 m pro Jahr). Ähnliches gilt für Eurasien. Vegetation und Boden sind daher jung und einheitlich (Bodenalter maximal 12000 Jahre).

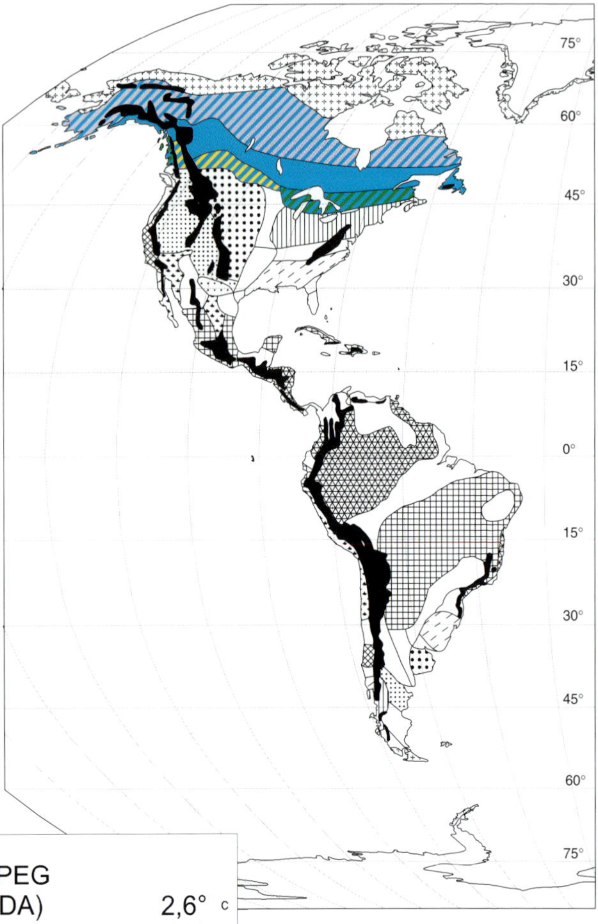

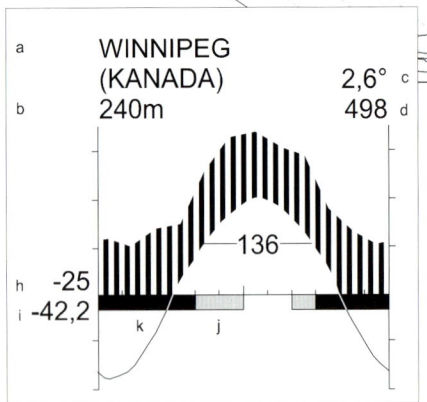

Legende:
Gebirge
ZB 1
ZB 2
ZB 3
ZB 4
ZB 5
ZB6
ZB 7 (Steppen)
ZB 7 (Halbwüsten)
ZB 7 (Wüsten)
ZB 9
Zono-Ökotone
75°
60°
45°
30°
15°
0°
15°
30°
45°
60°
75°
typische Taiga (Zonobiom VIII)
Übergang zum kalt-ariden Zonobiom
Übergang zum nemoralen Zonobiom
Übergang zum arktischen Zonobiom

a
WINNIPEG
(KANADA)
2,6° c
b
240m
498 d
136
h -25
i -42,2
k
j

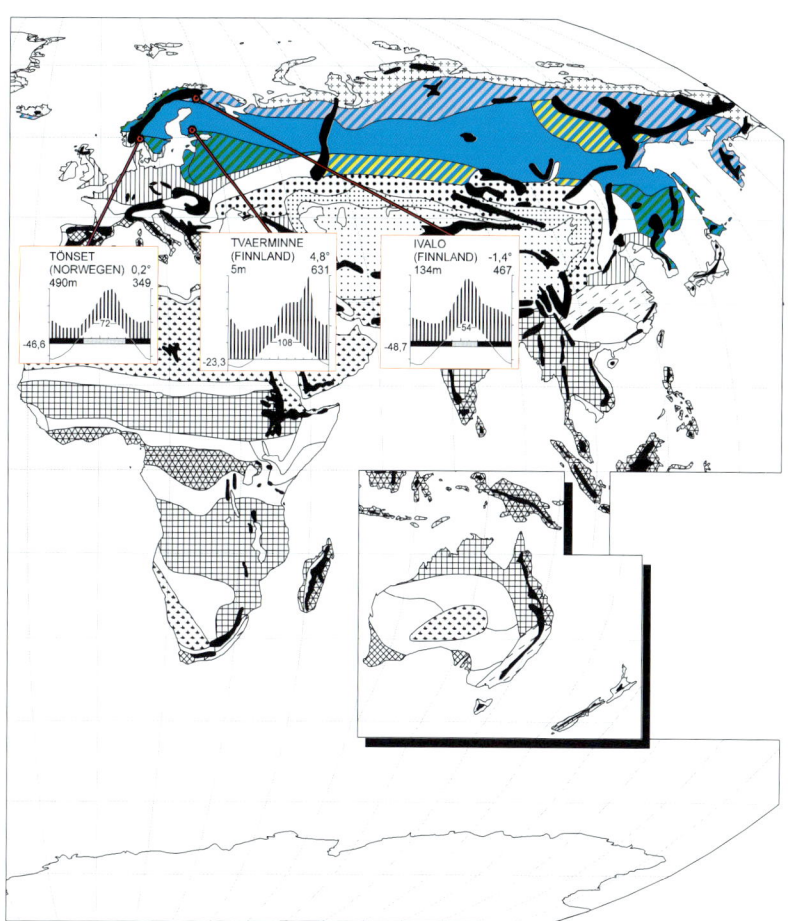

Abb. 10: Verbreitung der winterkalten Nadelwaldgebiete (Taiga). Die Klimate von Regionen, aus denen das Fotomaterial stammt, sind als Klimadiagramme angegeben. Ein prototypisches Diagramm ist links unten wiedergegeben. Es bedeuten: a) Ort, b) Höhe über dem Meer, c) Jahresmittel der Lufttemperatur, d) mittlere Jahresniederschlagssumme, e) absolutes Maximum der Lufttemperatur, f) mittleres tägliches Maximum des wärmsten Monats, g) mittlere tägliche Temperaturschwankung, h) mittleres tägliches Minimum des kältesten Monats, i) absolutes Minimum des kältesten Monats; Abs-zisse: Monate des Jahres; linke Ordinate: Monatsmittel der Lufttemperatur (1 Skalenteil entspricht 10 °C), rechte Ordinate: mittlere Monatssumme des Niederschlags (1 Skalenteil entspricht 10 mm). j) Zeit, in der Fröste auftreten können. k) Zeit, in der Fröste obligat auftreten; Gerasterte Fläche: die Niederschlagskurve liegt unter der Temperaturkurve, was echte Dürre (= Verdunstung übertrifft Niederschlag) indiziert. „ZB"- Zonobiom. In Anlehnung an WALTER & BRECKLE (1991), Klimadiagramme nach WALTER & LIETH (1967).

Foto 369: Blick vom Rissitunturi über die finnische Taiga, südlich Utsjoki, Finnland.

Zonale Ökosysteme

Die Taiga ist eine endlose Weite aus Nadelwald, Seen, mäandrierenden Flüssen und Mooren, wobei nach Häufigkeit und Ausdehnung die Moore zweifellos zum zonalen Bestand zählen. Das Relief, geprägt von glazigenen und periglazialen Formen, umgestaltet durch frostdynamische Prozesse (z. B. Thermokarsterscheinungen) spielt eine entscheidende Rolle und prägt das Landschaftsmosaik. Rükken, seien dies Felsbuckel, sogenannte Oser (Os = länglicher Schuttrücken; vgl. Foto 26), Drumlins (= tropfenförmige Schuttrücken) oder Moränenwälle mit lückigen Trockenwäldern, wechseln ab mit Moorflächen, auf denen verkrüppelte Fichten wachsen, dazwischen Mooraugen, kleine Seen. Die Exposition und die Vegetationsbedeckung bestimmen die standörtliche Situation durch ihre Wirkung auf den Permafrost in hohem Maße mit. Dadurch entsteht im Landschaftsmosaik eine beachtliche Dynamik, die durch die Taigabrände noch verstärkt wird.

Der Wald dominiert. Nadelhölzer, im wesentlichen Fichten, Kiefern, Tannen und Lärchen bilden gemischte, häufiger monodominante Bestände. Herrschen immergrüne Arten vor, sprechen russische Autoren von der „dunklen Taiga", im Fall des Vorherrschens der Sibirischen Tanne (*Abies sibirica*) sogar von „finsterer Taiga", bestimmen Lärchen (z. B. *Larix dahurica* im mittleren und östlichen Sibirien) den Bestand, von „heller Taiga". Letztere gibt es in Nordamerika nicht, die Lärche *Larix laricina* mit einem an sich weiten Areal von Labrador bis Alaska bildet nämlich keine Reinbestände. Baumarten und assoziierte Arten des Unterwuchses, ebenso die Tierartenzusammensetzung sind durchwegs dem holarktischen Element zuzurechnen und auf Gattungs- bzw. Familienniveau nahezu identisch. Die in anderen Großlebensräumen oft wesentliche biogeographische Differenzierung fehlt hier vollkommen.

Foto 370: Kiefern-Birken-Mischwald im nördlichen Finnland (bei Kevo) nahe der arktisch/borealen Waldgrenze.

Neben den Nadelbäumen treten vor allem als Pioniergehölze nach Waldbränden, Insektenkalamitäten, Windbrüchen oder auf Sonderstandorten, insbesonders Flußalluvionen, Pappeln, Birken und Erlen in Erscheinung. Sträucher gibt es in großer Zahl an ähnlichen Standorten, insbesonders Legerlen und Weiden.

Die Dominanz der immergrünen Nadelhölzer wird mit der kurzen Vegetationszeit von 3 bis 6 Monaten in Verbindung gebracht, da mit Hilfe der immergrünen Belaubung die günstigen Photosynthesebedingungen im Frühjahr sofort genutzt werden können. Der Gewinn, der dadurch erzielt werden kann, ist zwischen 5 bis 10 % der Gesamtproduktion eines Baumes anzusetzen. Durch die mehrjährigen Nadeln ist die photosynthetisch aktive Masse und damit der photosynthetische Gewinn für den Baum als Ganzes höher, auch wenn der Energieaufwand zur Bildung der Nadeln höher ist als der für ein Laubblatt. Die Kohlenstoffaufnahme, die bereits sehr früh im Jahr möglich ist, kommt dem Austrieb zugute. Bei Laubhölzern muß dafür ca. 1/3 der Reserven mobilisiert werden, bei immergrünen Arten wesentlich weniger. Im Kälteklima des borealen Nordens scheint somit der ökologische Funktionstyp des kälteresistenten immergrünen Nadelbaumes von Vorteil zu sein. Erst in den extrem kontinentalen Gebieten Sibiriens erzwingt die Frosttrocknis den Laubfall, wodurch die verdunstende Oberfläche vermindert wird. Dabei sind die immergrünen Nadelhölzer teils sehr resistent auch gegenüber Frosttrocknis. Die Zirbe (*Pinus cembra*) kann im Winter noch Temperaturen unter –60 °C ertragen und besitzt damit eine Resistenzreserve, die sie aus ihrer sibirischen Heimat mitgebracht hat.

Waldtypen und Struktur

Die standörtlich-floristische Ökosystemdifferenzierung der Taigalandschaften kann wie folgt gefaßt werden: Der „Normalwald" ist gekennzeichnet durch dichte und dicke Moosdecken mit massenhaft Heidelbeere (*Vaccinium myrtillus*; Foto 371). Sowohl die Nadeln der Bäume (auch der Lärchen!) als auch die Blätter der Heidelbeeren sind schwer zersetzbar, was in Kombination mit dem kalt-humiden Klima zur Bildung mächtiger Rohhumusdecken führt. Huminstoffe, Eisen- und Siliziumoxide werden im unteren Teil ausgewaschen und in die verwitternde Gesteinsschicht verfrachtet. Dadurch entsteht ein typisches Bodenprofil mit dunkler Humusschicht, bleicher Auswaschungsschicht und roter Anreicherungsschicht, ein sogenannter Podzol – optisch zweifellos der schönste Boden, nicht aber „chemisch" (= weil sehr sauer und damit reich an gelösten Al- und Fe-Ionen).

An trockenen Standorten (Sandböden, Felsen, pionierartig auf Moränenschutt und Alluvionen) treten Strauchflechtendecken in Erscheinung. Flechten-Kiefernwälder dieses Typs sind entsprechend dem Relief inselartig verteilt. Ähnliches gilt für die spektakulären Flechten-Fichtenwälder der kanadischen Taiga. Auffällig ist in diesen Wäldern, bei denen die Fichten wie in einer Schneedecke stehen, die lockere Verteilung der Bäume. Sie ist für alle Flechtenwälder typisch und wird allgemein als Resultat der Wurzelkonkurrenz der Bäume um Nährstoffe angesehen, die keinen wurzelnden Unterwuchs aufkommen lassen. Die Flechten wurzeln nicht und können so zur Massenentwicklung auflaufen. Die Bäume verjüngen sich durch Kadaververjüngung auf vermoderten Baumstrünken und Wurzelresten, wodurch sich das Verteilungsmuster der einzelnen Bäume über Jahrhunderte, ja Jahrtausende kaum ändert.

Foto 371: Herbstfärbung in der Zwergstrauch-Taiga, nördl. Inari, Finnland.

Foto 372: Flechten-Kiefernwald auf Moränenwall, bei Opdal, Norwegen.

Weg von den Flechtenwäldern in Richtung zunehmender Feuchte, d.h. am Fuß von bewaldeten Rücken, in Mulden oder auf wasserstauenden Substraten, zeigen sich die anderen Standortsbedingungen zuerst durch das verstärkte Auftreten von Torfmoosen (vgl. Foto 382), bis man schließlich auf einen Wald im Moor trifft. Eine Reihe von Arten ist außer den Torfmoosen typisch für diese Abfolge, so Zwergsträucher wie Sumpfporst (*Ledum palustre*) und Sauergräser, unter denen Wollgräser (z.B. *Eriophorum vaginatum*) besonders auffallen. In Eurasien geht die Kiefer (*Pinus sylvestris*) gewissermaßen bis ans Ende des Gradienten, ist allerdings dort schlechtwüchsig. Dasselbe gilt für die Fichtenart *Picea mariana* in der nordamerikanischen Taiga, die unter optimalen Bedingungen ein stattlicher Baum wird, in Mooren auffällig dünnschäftig wächst und sehr schlanke Kronen ausbildet.

Der überwältigende Artenreichtum und die Menge an Pilzen in den Taigawäldern sind Ausdruck einer intensiven Mykorrhizierung der Baumwurzeln. Ohne die Symbiose mit Pilzen könnten die Nährstoffvorräte im Rohhumus nicht erschlossen werden. Vieles an Nährstoffen ist in den Taigawäldern in der Blattmasse gebunden, ebenso in den dicken Moosdecken, den Flechten, der Streu und in den Rohhumusauflagen. Ähnlich wie in den tropischen Regenwäldern ist in der Taiga fast der gesamte Nährstoffvorrat in der organischen Masse enthalten, der Nährstoffkreislauf läuft in der Taiga aber ungemein langsam. Es dauert mehrere Jahrzehnte bis Nährstoffe, die mit der Streu abgehen, für die Wurzeln wieder verfügbar sind. Interne Verlagerungen sind möglich. An der Fichte *Picea mariana* bleiben die Nadeln bis zu 30 Jahre am Leben. Alte Nadeln dienen vorwiegend als Nährstoffdepots. Darunter sind auch säureneutralisierende Ionen (z.B. Ca-Ionen), die dem Boden fehlen.

Foto 373: Moor-Kiefernwald, bei Opdal, Norwegen.
Foto 374: Fliegenpilz (*Amanita muscaria*), ein sehr häufiger Pilz der Taigawälder.

Die mit Abstand wichtigste Lebensform unter den Sproßpflanzen des Waldbodens sind Zwergsträucher, vorwiegend Ericaceae wie die Heidelbeere (*Vaccinium myrtillus*), seltener Arten aus anderen Familien wie die Moltebeere (*Rubus chamaemorus*; Rosaceae) oder der kleine Hartriegel *Cornus suecica*. Manche sind laubwerfend wie Moltebeere und Heidelbeere, andere immergrün wie Preißelbeere (*Vaccinium vitis idaea*) und Krähenbeere (*Empetrum hermaphroditum*). Die meisten sind begehrte Beerensträucher, nicht nur für den Menschen, sondern auch für die Wildtiere (z.B. Auerhuhn). Die immergrünen Arten scheinen eher an trockene, die laubwerfenden eher an frische bis feuchte Standorte gebunden zu sein. Viele davon sind Schneeschützlinge und verlassen den Wald nicht, zumindest in den sehr kalten kontinentalen Gebieten.

Auch die Zwergsträucher erschließen mit Hilfe von Mykorrhizen den Boden, eine besonders eigenständige Pilzsymbiose besitzen die Ericaceae. Viele Arten (nicht nur Zwergsträucher) bilden langlebige klonale Systeme aus, für den Bärlapp (*Diphasium complanatum*) und das Maiglöckchen (*Convallaria ma-*

jalis) sind solche von mehreren 100 Jahren bekannt geworden. Neben den Zwergsträuchern spielen andere funktionale Typen eine untergeordnete Rolle, wenngleich sie oft eng an bestimmte Wälder gebunden sein können. Meistens handelt es sich um kleine Kräuter und rasenbildende Gräser. Geophyten kommen vor, wie etwa das Maiglöckchen oder Orchideen, unter ihnen die spektakuläre *Calypso borealis* oder Frauenschuh-Arten. Farne, vor allem Bärlapparten, sind weit verbreitete und typische Begleiter. Die Moos- und Flechtenarten sind ausgesprochen zahlreich. Ihre funktionale Bedeutung im borealen Nadelwaldökosystem darf nicht unterschätzt werden: Erstens binden sie große Nährstoffmengen, zweitens überdecken sie den Boden wie eine isolierende Matte. Daher bleiben die Böden kalt, wodurch die Zersetzung gehemmt

Foto 375: Die Moltebeere (*Rubus chamaemorus*), eine häufige Zwergstrauchart im Unterwuchs der skandinavischen Taigawälder, bei Opdal, Norwegen.
▽

△
Foto 376: Borealer Kiefernwald, einige Jahre nach einem Feuer, bei Opdal, Norwegen.

und ein tieferes Auftauen des Permafrosts verhindert wird.

Die häufigen, meist durch Blitzschlag ausgelösten Brände wirken nicht nur auf die Nadelwaldökosysteme direkt ein, sie lösen landschaftsdynamische Prozesse großen Stils aus. Im System bewirken sie die Freisetzung des Nährstoffvorrates in der Phytomasse und verkürzen so den Nährstoffkreislauf. Die Asche bleibt am Ort des Baumes liegen, wodurch das alte Raummuster bis zu einem gewissen Grad bewahrt bleibt. Durch das Fehlen des Waldes dringt die Bodenerwärmung nach dem Brand tiefer, und der Permafrost beginnt zu tauen. Große, flache, oft kilometerweite Mulden entstehen, sogenannte Alasse, die sich mit Wasser füllen und später vermooren. Die Moordecke wirkt wiederum zunehmend isolierend, Eislinsen können sich hochwölben und bewachsene Eishügel, sogenante Pingos, bilden. Diese kollabieren wiederum, wenn sie zu hoch werden.

Nach einem Brand setzt sehr rasch eine Sukzession ein, die mit kurzlebigen Kräutern beginnt wie dem „fire weed" der Nordamerikaner, das aber zirkumboreal auftritt und auch Straßen und Bahndämme schier endlos begleitet. Moose kommen auf, die die zunächst noch basischen Verhältnisse auf der Asche ertragen. Laubhölzer folgen, insbesonders Birken und Pappeln. Schon nach wenigen Jahren ist die Waldbrandfläche mit üppigem Gestrüpp überzogen, das vielen Tierarten, allen voran dem Elch, teils den Rentieren (wenn noch relativ offen) aber auch dem Schneehasen und anderen als Weide dient. Sie lichten die Laubgehölze auf und fördern so die Regeneration zum Nadelwald, der sich nach 30 bis 40 Jahren wieder einzustellen beginnt. Selten wächst dieser dann bis zu einem Altersstadium durch, wenn nicht ein neuer Brand die Sukzession wieder neu in Gang bringt. Die Taiga ist durch diese Branddynamik ein Mosaik aus verschiedenen Regenerationsstadien, das ständig wechselt.

Einen besonderen Stellenwert innerhalb der Waldtypen nehmen Wälder auf nassen Standorten mit fließendem Grundwasser ein. Es bilden sich feuchte, nährstoffreiche und relativ gut durchlüftete Böden aus, die einen krautreichen, geradezu üppigen Unterwuchs ermöglichen (Foto 378). Bei basischen oder nur schwach sauren Verhältnissen kommen Pappeln, Birken, in manchen Gebieten auch Erlen, zur Dominanz. Besonders die Erle „düngt" den Unterwuchs durch die Symbiose mit den Luftstickstoff bindenden Aktinomyzeten, wodurch Hochstaudenfluren mit beachtlicher Produktion entstehen. Diese eher schon als Sonderstandorte zu betrachtenden kleinflächigen Laubwaldinseln sind im wesentlichen auf die südliche und mittlere Taigazone beschränkt. In den ozeanischen Gebieten mit Birkenwäldern treten allerdings hochstaudenreiche, zonale Birkenwälder bis an die Waldgrenze auf.

Foto 377: Das „fire weed" *Epilobium angustifolium*, ein Pioniersiedler nach Bränden.
Foto 378: Laubwald in feuchter Mulde mit Hochstaudenfluren, bei Opdal, Norwegen.

Hochstaudenreiche Birken- oder auch Erlengebüsche stocken auch in Auen, die teils große Talflächen einnehmen können. Die Schmelzwässer des Frühjahrs werden von den nach Norden fließenden Flüssen mit vereisten Unterläufen durch Eisstaubildungen zurückgestaut und überfluten oft weite Gebiete. Neben Gebüschen und Hochstaudenfluren sind Auwiesen bezeichnend. Arten aus diesen natürlichen Wiesen zählen auch zum Bestand landwirtschaftlich genutzter Wiesengebiete. Wo Beweidung stattfindet, kommen Hochstauden der Feuchtwälder vor, vor allem dann, wenn sie wie der Nordische Eisenhut (Foto 379) außerordentlich giftig sind und daher vom Vieh verschmäht werden. Solche Hochstaudenwiesen erinnern dann durchaus an Bilder aus den traditionellen Wiesengebieten des nemoralen Mitteleuropa.

Die immergrünen Nadelwälder absorbieren die Strahlung, wenn die Bäume dicht stehen, sehr stark, nur ein relativ geringer Teil erreicht den Boden (5%). Im Gegensatz zu den Laubwäldern zeigen die Zwergsträucher und Kräuter des Waldbodens daher keine synusiale Abfolge im Lauf des Jahres. Eine Synusie von Frühjahrsephemeren fehlt. Typische boreale Waldkräuter wie Siebenstern (*Trientalis europaea*), Schattenblümchen (*Maianthemum bifolium*) bilden im Frühjahr neue Blätter und erreichen ihre höchste Photosyntheseleistung im Juni bis Anfang Juli, dann altern die Blätter. Andere Arten wie der Sauerklee (*Oxalis acetosella*) bilden in einem Sommer mehrere Blattgenerationen und danach auch noch Herbstblätter aus, welche den Winter grün überstehen und im Frühjahr photosynthetisch aktiv werden (allerdings mit geringer Effizienz). Arten, die an sich aus nemoralen Laubwäldern stammen (Foto 380), verhalten sich sehr ähnlich, eine „Apassung" an das gleichmäßige Strahlungsklima im Wald ist

Foto 379: Der Eisenhut *Aconitum septentrionale* aus den Feuchtlaubwäldern Norwegens, bei Opdal, Norwegen.
Foto 380: Das Rotfrüchtige Christophskraut *Actaea erythrocarpa* aus Fichtenwäldern Nordfinnlands, bei Oulanka, Finnland.

Foto 381: Aapamoor im Norden Finnlands.

gegeben. In den Birkenwäldern der ozeanischen Randlagen fehlt ebenfalls eine Ephemerensynusie. Die Birken (im Westen *Betula tortuosa*; im Osten *B. ermannii*) sind Lichtgehölze und erlauben grundsätzlich einen stärkeren Bewuchs. Für eine ausgeprägte zeitliche Nischendifferenzierung ist die Vegetationszeit zu kurz, ein Phänomen, das in der Tundra noch wesentlich deutlicher in Erscheinung tritt.

Die Bäume der Taiga bestimmen aber nicht nur die Lichtverhältnisse am Waldboden, sie regulieren auch das Vegetationsmuster am Boden durch Wurzelkonkurrenz. Schneidet man die Baumwurzeln ab und schaltet somit die Wurzelkonkurrenz aus, erhöht sich der Stickstoffgehalt in den Blättern der Kräuter, auch wenn der Boden nicht verändert wird. Konkurrenz um Wasser wirkt sich vor allem auf die Moosschicht aus. Experimentell konnte nachgewiesen werden, daß fehlende Wurzelkonkurrenz der Bäume durch fehlen-

den Wasserentzug zu feuchteren Böden und damit dichterem Mooswuchs führt.

Moorflächen bedecken in Finnland 40 bis 60 % des Taigagürtels, eine Zahl, die durchaus auch für andere Großräume des Zonobioms VIII repräsentativ ist. Manche Gebiete sind reicher an Mooren, andere weniger. Zentren der Moorbildung sind lokalisierbar, etwa in den mehr ozeanisch getönten Gebieten. Das größte Moorgebiet der Erde liegt aber in Westsibirien zwischen Ural und Jenissei mit einer Ausdehnung von West nach Ost von 1800 km und einer Nord-Süd-Erstreckung von 800 km. Das Gesamtgebiet ist 786 000 km² groß und hat sich seit der Eiszeit (vor 8000 Jahren: „nur" 11 000 km²) auf diese Größe entwickelt und dehnt sich weiter aus. Hauptgrund sind die frühsommerlichen Überschwemmungen durch Eisstau an den großen Flüssen (Ob, Jenissei).

Allgemein ist das kalt-humide Klima des borealen Lebensraumes für eine Moorbildung ausgesprochen günstig. Dazu kommt eine geringe Verfügbarkeit an Nährstoffen durch deren Bindung in der Phytomasse. Daran beteiligen sich auch die Moore selbst. In der inaktiven, ständig wassergesättigten Schicht (= Catotelm), die nur wenige Dezimeter unter der Oberfläche ansetzt, werden unter Luftabschluß die organischen Reste nicht zersetzt, sie akkumulieren. Dadurch wächst das Moor in die Höhe, wobei durch seitlichen Rückstau das Wasser nur gebremst abfließt. Es entsteht eine Wasserlinse, bei der in der Mitte der Wasserspiegel über jenem des Randbereiches liegt. In diesem Zustand wird das Moor nur mehr durch Regenwasser versorgt (= ombrotrophes Moor, Hochmoor). Die aktive Schicht (= Acrotelm) wird von Torfmoosen (*Sphagnum* spec.) gebildet (Foto 382), die in spezieller Weise an die extrem sauren (pH: 2,5 bis 3,5) und nährstoffarmen Lebensbedingungen im Moor angepaßt sind (vgl. Foto 321). Neben den „ökosystemschaffenden" Torfmoosen mischen sich in die schwellenden Torfmoosdecken andere Moose wie Widertonmoose (*Polytrichum* spec.), kleine bis winzige Lebermoose (Ord. Jungermanniales) und Sonderformen wie das chlorophyllfreie saprophytische Lebermoos *Cryptothallus mirabilis* (Foto 383).

Auch im Taigagürtel gelten die prinzipiellen Moortypologien (siehe Foto 286). Die Oberfläche der Moore selbst zeigt allerdings eine noch nicht erwähnte Feindifferenzierung: bei den oligotrophen Hochmooren (= nährstoffarmen Regenwassermooren) wechseln sogenannte Bulten und Schlenken einander ab. Durch „Davonwachsen" mancher Bereiche zu Mooshügeln (= Bulte) und Kollabieren, wenn der Bult zu hoch und damit zu trocken wird, entsteht ein biogenes Kleinrelief. Bei den minerotrophen, sprich grundwasserversorgten Niedermooren wirken Nährstoffgradienten differenzierend. Durch die allgemein sehr nährstoffarmen Landschaften des Taigagürtels gilt dort allerdings bereits als eutroph (= nährstoffreich), was in nemoralen Mooren noch keinesfalls als solches angesprochen würde. Erlenbruchwälder, durch Stickstoffautotrophie der Erle der Prototyp des nährstoffreichen Moores, erreichen allenfalls den Südrand der Taiga.

Die Artengarnituren der Bulte und Schlenken zeigen den gesamten Großlebensraum hindurch große Ähnlichkeit. Dies gilt vor allem für die Torfmoose, unter denen Arten wie das rote *Sphagnum magellanicum* auch an der Moorbildung auf Feuerland beteiligt ist. Sehr

Foto 382: Kollektion von insgesamt 7 Torfmoosarten aus einem mittelfinnischen Moor, bei Lammi, Finnland.

Foto 383: Das seltsame thallöse Lebermoos *Cryptothallus mirabilis*, das in den nordischen Mooren unter der obersten Moosschicht lebt.

Foto 384: Blick in das große Moor Kesonsuo, ein Kermi-Hochmoor, bei Joensu, Finnland.

ähnlich bis identisch sind auch die Zwergsträucher, deren größtes Problem es ist, von den Sphagnen nicht überwachsen zu werden. Mit flachen flexiblen Sprossen „schwimmen" sie praktisch in der Moosdecke. Mykorrhizierung ist obligat. In Niedermooren herrschen Sauergräser (Fam. Cyperaceae; vgl. Foto 287), die – typisch für Überschußstandorte (Wasser!) – eng eingenischte artenarme, oft monodominante, Gesellschaften bilden. Kriechende Formen bilden dem Wasser aufschwimmende „Schwingrasen".

Besonders die frühen skandinavischen Autoren wurden quasi nicht müde, die Besonderheiten der Taigamoore, im speziellen jener Skandinaviens, hervorzuheben. Moore und Relieformen wurden mit Begriffen aus dem lokalen Sprachgebrauch belegt. So sind Kermi-Hochmoore (aus Finnland beschrieben, aber weiter verbreitet; Foto 384) Hochmoore, bei denen sich die Bulte auf den Flanken isohypsenparallel einregeln. Es bilden sich

längliche Bulte, später Stränge (sog. „Kermi"), die mit wassergefüllten Rinnen, sog. „Rimpi" (schwedisch „Flarke") abwechseln. An der Ausbildung dieser besonders aus der Luft auffälligen Strukturen ist Eisbildung in den „Rimpi" möglicherweise beteiligt. Zwischen Kermi und Rimpi besteht eine ähnliche Dynamik wie zwischen Bult und Schlenken. Erreicht der Strang eine gewisse Höhe, trocknet er aus und sackt zusammen, füllt sich mit Wasser und geht in eine Schlenke über. Für jeden Zustand sind bestimmte Torfmoosgesellschaften (inklusive assoziierter Sproßpflanzen) typisch. Mittels Torfprofilen konnten durch das alternierende Aufeinanderfolgen solcher Vergesellschaftungen diese zyklischen Sukzessionen nachgewiesen werden. Eine ähnliche Struktur besitzen die nicht oligotrophen Aapamoore (Foto 381). Sie entstehen an schwach geneigten Hängen und werden daher von Hangwasser (von Grund- oder Schmelzwasser) beeinflußt.

Foto 385: Moor mit Palsen (= Torfhügel mit Eiskern) in Nordfinnland.

Für den nördlichsten Teil des borealen Gürtels und die Waldtundra gelten sogenannte Palsen-Moore als besonders charakteristisch. Aus einer Niedermoorvegetation erheben sich mehrere Meter hohe Torfhügel mit einem Eiskern. Manche davon sind mit Bäumen bestockt, welche durch die unsichere Unterlage kreuz und quer stehen (= Phänomen des „betrunkenen Waldes"). Die Palsen sind alte Hochmoorbildungen aus der postglazialen Wärmezeit und wachsen heute nicht mehr.

Boreale Hochgebirgs-ökosysteme

Orogenesen jüngeren Datums (z.B. alpidische Gebirgsbildung) haben im gesamten borealen Bereich nur die Rocky Mountains erfaßt. Die vielen geologisch alten bis sehr alten Gebirgssysteme Eurasiens sind, obwohl große Flächen über die Waldgrenze zwischen 500 bis 1000 m hinausragen, durch ein wenig bewegtes Relief gekennzeichnet. Oft erheben sie sich fast unmerklich aus der Niederung, wie die Tunturis Nordfinnlands. Gewaltige und stark vergletscherte Gebirgsmassive häufen sich hingegen in den nördlichsten Rocky Mountains im Einzugsgebiet des Yukon. Vergletschert sind auch die hohen Lagen Skandinaviens (Foto 386) und Kamtschatkas mit seinen Vulkanen. In diesen ozeanischen Gebieten besitzt die Höhenstufenabfolge noch Ähnlichkeiten mit nemoralen Gebirgen wie den Al-

pen. Im pazifischen Bereich sind es dichte Erlengebüsche, an steinigen Kämmen mit der latschenartigen Kiefer *Pinus pumila.* Die Waldgrenze ist unscharf ausgebildet und durch Schneereichtum auch von Lawinenzügen unterbrochen. Im südlichen Skandinavien folgt auf die Taiga nach oben ein subalpiner Birkenwald. Weiter im Norden ragen die Berge schließlich nur aus Birkenwald empor, eine Höhenzonierung unterhalb der Waldgrenze fehlt dort.

In den kontinentalen Gebirgen des borealen Eurasien (Nordural-Ostseite, Putorany-Gebirge, Werchojansk-Gebirge u.a.) bildet dunkle (Ural) bzw. lichte Taiga (Werchojansk-Gebirge) die Waldstufe, in letzterem ist eine subalpine Krummholzstufe mit *Pinus pumila* ausgebildet. Die alpinen Hochlagen dieser schneearmen Gebirge sind im Winter freigeblasen und scharfen Frösten ausgesetzt, eine extreme Gebirgstundra liegt vor. Es sind vegetationslose Felsenmeere, die höchstens mit Flechten bedeckt sind. Russische Autoren sprechen von „Golezstufe".

In den südlichen skandinavischen Gebirgen beginnt die Höhenstufenfolge mit Kiefernwäldern bzw. Kiefern-Fichtenwäldern, auf die Birkenwälder folgen, die sich über einen breiten Bereich auflösen und mit subalpiner Zwergstrauchtundra verzahnen. In den ozeanischen Teilen ist diese extrem reich an Strauchflechten (Foto 387). Dominierender Strauch ist die Zwergbirke (Foto 388), die mitunter dicht schließt. Die Grenze zur alpinen Stufe setzen skandinavische Autoren am Oberrand des Vorkommens von Ericaceen – Zwergsträuchern (z.B. Heidelbeere) an. Rasenfragmente mit Nacktried (*Elyna myosuroides*) wechseln dort mit Schnee- und Schuttböden (Fjellfeld), in denen Kriechweiden dominieren (Foto 389). Sie sind stark kryoturbaten Prozessen im Boden ausgesetzt, Frostmusterböden treten auf (Foto 389). Über 2000 m beginnt die nivale Stufe mit offenen Krautfluren und Flechtengesellschaften.

Foto 386: Alpine Stufe in den Hochgebirgen des südlichen Norwegen (im Hintergrund Snöhetta), bei Kongsvold, Norwegen.

Foto 387: Gebirgs-Flechtentundra, Knudsö, Norwegen. ▷

Foto 388 (links unten): Die Zwergbirke *Betula nana* in Herbstfärbung.
Foto 389 (rechts unten): Fjellfeld-Vegetation, Knudsö, Norwegen.
▽

Foto 390: See in Mittelfinnland mit Verlandungszone.

Azonale Ökosysteme

Seen, durchwegs Süßwasserseen, sind in ihrer Häufigkeit ein weiteres Markenzeichen der Taigazone. Meist sind es Restseen, die im Periglazialbereich der abschmelzenden Eisschilder in der Späteiszeit entstanden sind. Bestes Beispiel hierfür ist die finnische Seenplatte. Da diese Seen grundsätzlich eher nährstoffarm (oligo-/mesotroph) sind, läuft auch die biogene Verlandung langsam ab, zusätzlich behindert durch das kühle Temperaturregime. Schilf (Foto 390) als ausgesprochener Wärmekeimer beispielsweise dringt nicht sehr weit in die Taigazone vor. Es wird durch Röhrichte von Schachtelhalm (*Equisetum fluviatile*) ersetzt, und diese wiederum gegen Norden von hohen Seggenarten (z.B. *Carex rostrata*). Grenzzonen (= Zone zwischen winterlichem Nieder- und frühsommerlichem Hochwasser) oligotropher Seen nehmen sogenannte Strandlingsfluren (*Litorella uniflora*) ein, Kleinkrautökosysteme, in denen Arten mit isoetidem Wuchs vorherrschen. „Isoëtid" leitet sich von den Brachsenkräutern (Isoëtes) ab, seltsamen Sporenpflanzen mit bürstenartigem Wuchs und kleinen, pfriemenartigen Blättern. Brachsenkräuter, aber auch andere Arten wie der Strandling, sind imstande, lange Überflutungsperioden zu ertragen.

Die boreale Zone besitzt viel Meereskontakt. Besonders zu erwähnen ist die Hudsonbay mit ausgedehnten Marschwiesen, auf denen Scharen von Schneegänsen bei ihrem Zug nach Norden weiden. Sandstrände mit typischen Dünenstaffeln (Foto 391), von Embryonaldünen beginnend bis zu Braundünen mit Krähenbeerenheiden, auf die flechtenreiche Sand-Kiefernwälder folgen, fehlen ebenfalls nicht. Die Artengarnituren sind mehrheitlich die selben wie an den Dünenstränden der nemoralen Zone, z.B. Strandroggen (*Elymus arena-*

Foto 391: Strandroggen (*Elymus arenarius*) auf einer Sekundärdüne am Strand von Hailuoto, bei Oulu, Finnland.

Foto 392: Schärenküste bei Tvärminne, Finnland. △
Foto 393: Blühende Fetthenne (*Sedum maximum*) in Felsspalten, Südfinnland.   ▽

rius) und Salzmiere (*Honckenya peploides*) (Foto 391).

Durch isostatische Landhebung (Ausgleichsbewegung nach Eisentlastung) taucht die Landoberfläche Skandinaviens mit den unzähligen, vom ehemaligen Gletscher geschliffenen Granit- und Gneishöckern aus dem Meer auf. Pionierbesiedlung setzt mit Flechtenkrusten langsam ein. Typische Felsfluren mit charakteristischen Arten wie der Großen Fetthenne (*Sedum maximum*; Foto 393) oder dem Spinnenfarn (*Woodsia ilvensis*) können sich aber erst entwickeln, wenn sich in Spalten und Nischen Humus angesammelt hat. Die Felsküsten Schwedens und Finnlands im Bereich der Schären (= Inseln) sind daher fast kahl. Außer auf den Schären gibt es charakteristische Felsfluren auch im Binnenland auf Gletscherschliffen und im Gebirge mit zahlreichen arktisch-alpinen Elementen.

Foto 394: Kulturlandschaft in Südfinnland.

Rurale und urbane Ökosysteme

Lernte bereits der Neandertaler (allgemein als Kälteadaptationstyp betrachtet) durch Fellbekleidung und geheizte Unterstände die kalten Tundren und Steppen im Nahbereich des arktischen Eises zu erobern, drang der moderne Mensch (*Homo sapiens*) vor 35 000 Jahren von Europa und den Waldgürteln Ostasiens aus in die Weiten Sibiriens vor. Über die Landbrücke im Bereich der Beringstraße und den eisfreien Korridor zwischen Rocky Mountains und kanadischem Eisschild erreichte er vor ca. 12 000 Jahren Nordamerika, wo er innerhalb 1000 Jahren das reiche Tierleben der weiten Prärien (Mammut, Mastodon, Wildpferde) mit seiner verbesserten Waffentechnik (= scharfe Steinklingen) dezimierte. In Eurasien hielt sich das Mammut auf der Wrangel Insel noch bis in historische Zeit. Das Rentier, ein wichtiges Beutetier der paläolithischen Jäger, wurde später domestiziert. Mit der Ausrottung jagdbarer Tiere und dem raschen Vordringen des Waldes nach der Eiszeit verlor das Gebiet der heutigen Taiga seine Lebensraumtauglichkeit für den frühen Menschen, der neue Formen eines subsistenten Lebens entwickeln mußte. Rentierhaltung gewann im Waldtundren- und Tundrengürtel, von Nordosteuropa und Westsibirien ausgehend, an Bedeutung, Ackerbau drang über Europa bis in die südliche und mittlere Taiga vor, im ostasiatischen Raum und Nordamerika etablierten sich Jäger und Hirtenvölker. Die Besiedlung der Taiga blieb aber bis heute äußerst dünn, ihre unendlichen Weiten gelten immer noch als die „last frontier".

Auch in den alten Kulturlandschaften mit Ackerbau (z.B. südliches Skandinavien, Karelien) dominiert noch der Wald (Foto 394). Soweit es sich um Bauernwald handelt ist er meist naturnah aufgebaut und beherbergt rei-

Foto 395: Bauernhaus in Mittelfinnland mit Heuschober.

ches Tierleben. Der Anbau von Sommergerste ist noch bis zum 70. Breitengrad möglich, etwas südlicher noch der von Sommerhafer und -roggen. Alle diese Getreidearten stellen verhältnismäßig geringe Ansprüche an den Boden, was deren Anbau auf den mageren Podzolen erlaubte.

Viehhaltung wurde vielfach mit Ackerbau in Form des Feldgrasbaus kombiniert, etwa dem Egartsystem in den Alpen entsprechend. Wichtig war ausreichend Wiesland, um genügend Heu für die langen Winter gewinnen zu können. Als Wiesen wurden ursprünglich Naturwiesen genutzt, die als Auwiesen häufig waren. Später legte man sie auch gezielt in Rodungsinseln an. Urbarmachung war in Skandinavien noch bis in dieses Jahrhundert

Foto 396: Ruderalflur mit Weidenröschen (*Epilobium angustifolium*) und Rainfarn (*Tanacetum vulgare*). ▷

Foto 397: Eine botanische Exkursion hat sich von der wissenschaftlichen Arbeit ablenken lassen und pflückt Beeren in der finnischen Taiga, bei Lammi, Finnland.

verbreitet, manche rurale Kulturlandschaften des Nordens sind sehr jung. Typisch naturnahe Agrarökosysteme herrschen als Wiesen daher vor. Ackerbau wird heute allerdings sehr intensiv betrieben. Typische Kulturfolger sind Ruderalfluren entlang der Straßen (Foto 396), aber auch die Dachökosysteme, das sind beraste Dächer mit attraktiven Blumenmischungen.

Die „Früchte des Waldes" in Form herbstlicher Beerenmassen waren für die alten Bauernkulturen (wohl auch für die Jägergruppen) nicht unwesentliche Zusatzkost. Sie werden auch heute noch kommerziell genutzt (Foto 398). Die Ernte von Moosbeeren (*Vaccinium oxycoccus*) aus den Mooren Rußlands beträgt 0,1 bis 1 t pro ha. Moosbeeren werden zu Marmeladen und Likör verarbeitet. Der Beeren- und Pilzreichtum ist neben Seen, fisch-

reichen Bächen, Flüssen und Waldeinsamkeit zweifellos auch eine der Attraktionen für den zunehmenden Tourismus. Naherholung von den Städten aus spielte seit jeher eine große Rolle. Eine spezielle Form war und ist (vor allem seit der Ostöffnung in den GUS-Staaten) ein mehr oder weniger rücksichtsloser Jagdtourimus. Die früher wichtige Pelztierjagd, oft die einzige Motivation für das Eindringen in die Taigawälder (besonders Kanada und Alaska) spielt heute nur mehr eine untergeordnete Rolle.

Die genannten Nutzungen können lokal störend sein bzw. im Fall der Jagd die Tierwelt nachhaltig beeinflussen, in summa stellt sich die Taiga immer noch als gewaltiger Naturraum dar. Indirekte Wirkungen, die durch Ferntransport von Schadstoffen entstehen, sind allerdings zu beachten. Schon in den 60er Jahren wurde bekannt, daß durch die sauren Niederschläge aus den nordwesteuropäischen Ballungs- und Industriezentren die Pufferkapazität der skandinavischen Seen verloren ging und viele davon heute biologisch verödet sind, da aus der nährstoffzurückhaltenden Umgebung keine Neueinträge möglich sind. Durch Kalkung wird versucht, berühmte Forellen- und Lachsgewässer zu renaturieren. Auf den Wald selbst wirkten sich die Depositionen nicht so gravierend aus, da dort von Natur aus eine gewisse Anpassung an saure Böden gegeben ist.

Verhältnismäßig alte urbane Zentren, gleichzeitig meist wichtige Hafenstädte (z.B. Archangelsk, gegr. 1584), sind mit den Bauernkulturen oder dem Pelztierhandel (z.B. Churchill, Kanada, gegr. 1685) entstanden. Die Gründung von Siedlungen und Städten im Hinterland steht mit wenigen Ausnahmen (z.B. Jakutsk, gegr. 1632 als Militärstützpunkt) im Zusammenhang mit der Exploitation von Minerallagerstätten (z.B. Fairbanks, Alaska; gegr. 1912 im Zuge des Goldrausches), der Holzreserven in den Wäldern oder war notwendig im Zusammenhang mit dem Bau großer, vielfach aus militärischen Erwägungen heraus gebauter, Verkehrsverbindungen (z.B. Novosibirsk, Rußland; gegr. 1893 beim Bau der Transsibirischen Eisenbahn). Sie haben sich zu regionalen Zentren entwickelt, einige davon – wie Novosibirsk (1,5 Mio. Einwohner) – sind Millionenstädte.

Der Holzeinschlag in den Taigawäldern deckt heute 90 % des Papier- und Schnittholzbedarfs der Erde, die forstlichen „Flächenleistungen" gelten aber in Relation zur Gesamtfläche als gering. In jüngster Zeit mehren sich die Zeichen, daß Raubbau, der die tropischen Regenwälder in den letzten Jahren über weite Strecken zerstört hat, auch gezielt auf die Taiga übergreift. Große Holzlose werden an internationale Logging Companies verkauft bzw. sind bereits verkauft worden. Im Gegensatz zu den Tropen besitzt der einsetzende Abbau der Holzreserven im Norden aber keine soziale Komponente und vollzieht sich, da er „nur" die Natur betrifft, noch ohne größere Beachtung durch die Weltöffentlichkeit.

Ein zweiter wichtiger und auch überregionaler Wirtschaftsfaktor ist der Torfabbau in den Mooren (in Rußland jährlich 22 Mio. Tonnen) primär für Gärtnerei und Landwirtschaft, aber auch als Heizmaterial für kalorische Kraftwerke. Daneben verdienen militärische Einrichtungen und Erdölförderungsgebiete Erwähnung. In der Regel wird in der Taiga im Bereich von industriellen Anlagen wenig Rücksicht auf Natur und Umwelt genommen. Das riesige Hinterland hält scheinbar noch zuviel an ungestörter Natur parat.

Foto 398: Beerenmarkt in Helsinki, Finnland.

Zonobiom IX – Tundren und polare Wüsten (= polares Zonobiom)

Klima

Die Gebiete nördlich der borealen Waldgrenze bzw. im Bereich des eisbedeckten antarktischen Kontinents sind durch kalte bis extrem kalte Klimate gekennzeichnet. Tiefe Fröste (abs. Minima: durchwegs < –40 °C; tiefste je gemessen Minima: ca. –90 °C) verlangen hohe bis absolute Gefrierbeständigkeit bzw. effiziente Vermeidungsstrategien von Kälteschäden, zudem ist die Vegetationsperiode kurz bis sehr kurz. Das geringe Wärmeangebot für das Wachstum während der Vegetationsperiode bestimmt sämtliche ökosystemaren Eigenschaften, von der Produktion über die Zersetzung bis zur organismischen Struktur. Der sommerliche Polartag von 24 Stunden kompensiert in Grenzen das kalte Klima, wobei von der Vegetation nur Tage mit Temperaturmittel > 0 °C für effizienten Stoffgewinn genutzt werden können. Zum Zeitpunkt der Sommersonnenwende, also im Moment der höchsten Sonneneinstrahlung (und auch die Zeit davor) liegt die Tundra allerdings noch unter Schnee und erst im Juli, zum Zeitpunkt abnehmender Strahlungsintensität, beginnt die eigentliche Vegetationsperiode. Die Entwicklung der Vegetation, die Aktivität der Konsumenten und Destruenten erfolgt außerordentlich rasch und in wenigen Wochen. Sämtliche phänologischen Phasen der Pflanzenentwicklung (Austrieb, Blüte, Samenreifung) folgen eng aufeinander.

Für die standörtliche Differenzierung von enormer Bedeutung ist in den polaren Großlebensräumen der Erde Eis in jeder Form. Riesige Gletscher bedecken den antarktischen Kontinent, aber auch Grönland und die nördlichen arktischen Inseln (kanadischer Archipelag, Spitzbergen, Nowaja Semlja, Franz Josefs-Land etc.). Permafrost liegt mit Ausnahme der südlichen, meernahen Tundren (z.B. Nordskandinavien, Beringia) in mehr oder weniger mächtiger Schicht unter der Oberfläche. Kryoturbate Prozesse (= Bodenbewegung durch Eis) und Solifluktion (= Bodenfließen) schaffen ein charakteristisches Feinrelief und wirken damit in hohem Maße vegetationsdifferenzierend. Eisbuckel, Palsenmoore und Pingos (= kegelförmige, hohe Aufwölbungen mit Eiskern) stellen bedeutende Sonderstandorte dar. Die Auftautiefe des Bodens reicht in der südlichen Tundra bis 50 cm Tiefe, nimmt aber polwärts rasch ab. Unter dieser Schicht bleibt der Boden das ganze Jahr über gefroren, mit der Konsequenz, daß Schmelzwasser nicht in den Boden einsickern kann. Durch diesen Effekt, aber auch durch das Nachtauen während der Vegetationsperiode, spielt Wassermangel in der typischen Tundra keine Rolle, obwohl die jährlichen Niederschlagssummen zum Teil sehr gering sind (z.B. 95 mm am Kap Chelyuskin = nördlichster Festlandpunkt der Erde; Taimyr Halbinsel). Selten – an ozeanischen Stationen – überschreiten sie eine Jahressumme von 400 mm. Örtlich kann auch Nebel eine Rolle spielen. Das Vorherrschen von Flechten und Moosen, also „luftfeuchteabhängigen" Pflanzen im Taimyrgebiet bzw. das vergleichsweise üppige Vorkommen von Zwergsträuchern und Kräutern in der kanadischen Hocharktis wird mit Nebel erklärt. In der Antarktis können küstennah durch Föhneffekte extrem trockene Situationen auftreten, so in eisfreien Trockentälern, in denen vom Temperaturregime her Pflanzenwachstum potentiell möglich wäre.

Verbreitung

Das Zonobiom IX tritt an den beiden Polen auf, die beiden Teilbiome sind aber grundverschieden. Dort, wo die arktischen Tundren ihre größte Ausdehnung besitzen (zwischen 60. und 70. Breitengrad) befindet sich in äquivalenter Breitenlage auf der Südhalbkugel nur Meer, ausgenommen einige Inseln (z.B. Orkney Inseln), die antarktische Halbinsel Grahamland und randlich einige Küstenzonen des Kontinents. Südlich des 70. Breitengrades erstreckt sich das vergletscherte Festland der Antarktis, im Norden hingegen das Polarmeer, nördlich des 80. Breitengrades nur mehr unterbrochen von einigen Inseln und der Nordspitze von Grönland.

Das polare Zonobiom besitzt die größte Nord-Süd-Erstreckung (30 Breitengrade) aller Großlebensräume. Klima, Boden und Vegetation ändern sich entsprechend. Übereinstimmend wird die Südgrenze der Arktis bei der borealen Waldgrenze angesetzt, die allerdings vom Charakter her mehr einer Waldauflösungszone entspricht, die sich über viele Kilometer hinzieht. Ein antarktisches Äquivalent fehlt. Die Außengrenze wird dort mit der Nordgrenze des Vorkommens antarktischer Polsterpflanzenformationen definiert. Polwärts unterteilen die meisten Autoren sowohl die Arktis als auch die Antarktis in drei Zonen: im Norden in die südliche und die nördliche Tundra sowie die arktische Kältewüste, im Süden in die Subantarktis (mit Polsterpflanzenformationen) und in die nördliche und südliche südpolare Kältewüste. Wie immer auch die Gliederungsversuche aussehen, eine klare Grenzziehung ist aufgrund des Gradientencharakters schwierig. Allerdings wurde entlang eines Nord-Süd-Gradienten auf der Taimyrhalbinsel in Nordsibirien nachgewiesen, daß sich die Artenzahlen nach Norden stufenartig und im Einklang mit der Grobgliederung in Zonen ändern.

Das Zonobiom IX ist nicht nur durch eine enorme Nord-Süd-Erstreckung ausgezeichnet, es ist auch zirkumpolar. Die Arktis kann allerdings in ozeanische und kontinentale Subzonobiome aufgegliedert werden. In der Vegetation und bei den Artengarnituren wirkt sich dies aber nur bedingt aus, wobei die Unterschiede bei den Waldgrenzbildnern noch am deutlichsten sind (sommergrüne Laubgehölze im ozeanischen Bereich, dann immergrüne Nadelhölzer, sommergrüne Nadelhölzer im kontinentalsten). Dem zirkumpolaren Auftreten von Tundren und Kältewüsten entspricht im Norden eine große Einheitlichkeit von Flora und Fauna, welche zwar in hohen Individuendichten auftreten, von den Artenzahlen her aber ausgesprochen arm sind. Die gesamte arktische Flora umfaßt ca. 1500 Blütenpflanzen-, 750 Moos- und 1200 Flechtenarten. Das entspricht in etwa der Flora Vorarlbergs (2260 km^2), oder eines einzigen Hektars Regenwald. Die Eigenständigkeit ist ebenfalls gering. Die größte Zahl endemischer Arten konzentriert sich in Beringia, dem Gebiet um die Beringstraße. Sie werden als Relikte der ehemaligen Kältesteppen und Trockentundren des ausgehenden Pleistozäns gedeutet, eine fossile Vegetation, die mit den riesigen Großtierherden ausgestorben ist. Russische Autoren vermuten, daß erst mit dem – teils anthropogenen – Verschwinden von Mammut, Mastodon etc. die Tundra „vermooste" und „vermoorte", somit der Klimawandel eher sekundäre Bedeutung besäße. Die Antarktis ist ein eigenes Floren- und Faunenreich und in sich ebenfalls recht homogen.

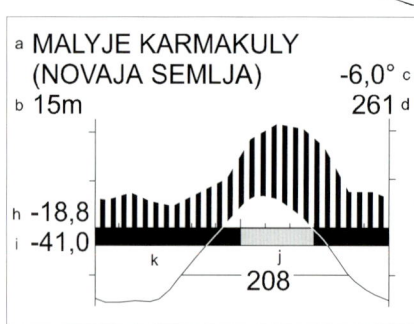

Legende:

- Gebirge
- ZB 1
- ZB 2
- ZB 3
- ZB 4
- ZB 5
- ZB6
- ZB 7 (Steppen)
- ZB 7 (Halbwüsten)
- ZB 7 (Wüsten)
- ZB 8
- Zono-Ökotone

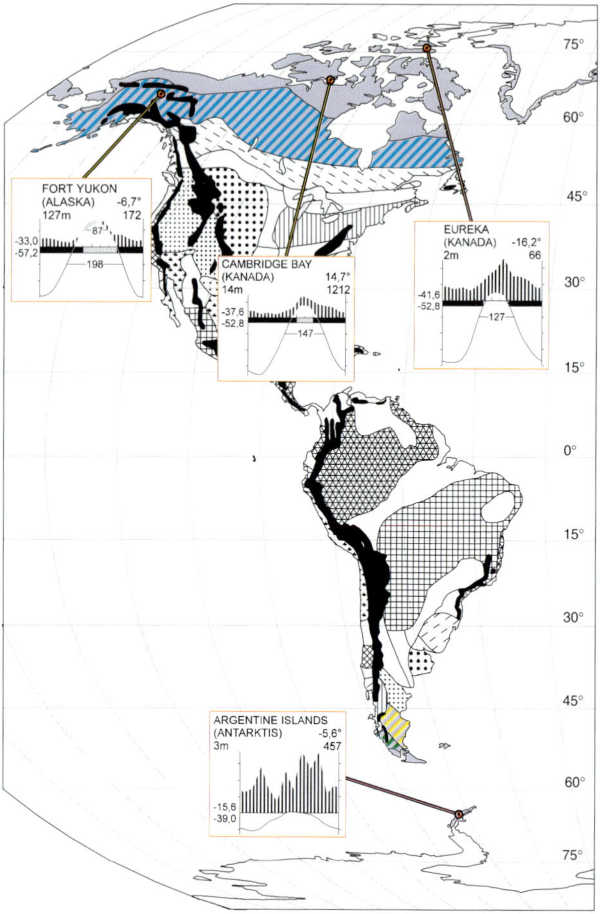

75°
60°
45°
30°
15°
0°
15°
30°
45°
60°
75°
FORT YUKON
(ALASKA) -6,7°
127m 172
87
-33,0
-57,2
198
CAMBRIDGE BAY
(KANADA) 14,7°
14m 1212
-37,6
-52,8
147
EUREKA
(KANADA) -16,2°
2m 66
-41,6
-52,8
127
ARGENTINE ISLANDS
(ANTARKTIS) -5,6°
3m 457
-15,6
-39,0

a MALYJE KARMAKULY
(NOVAJA SEMLJA) -6,0° c
b 15m 261 d
h -18,8
i -41,0
k
j
208

- typisch polares Zonobiom (Zonobiom IX)
- Übergang zum borealen Zonobiom
- Übergang zum nemoralen Zonobiom
- Übergang zum kalt-ariden Zonobiom

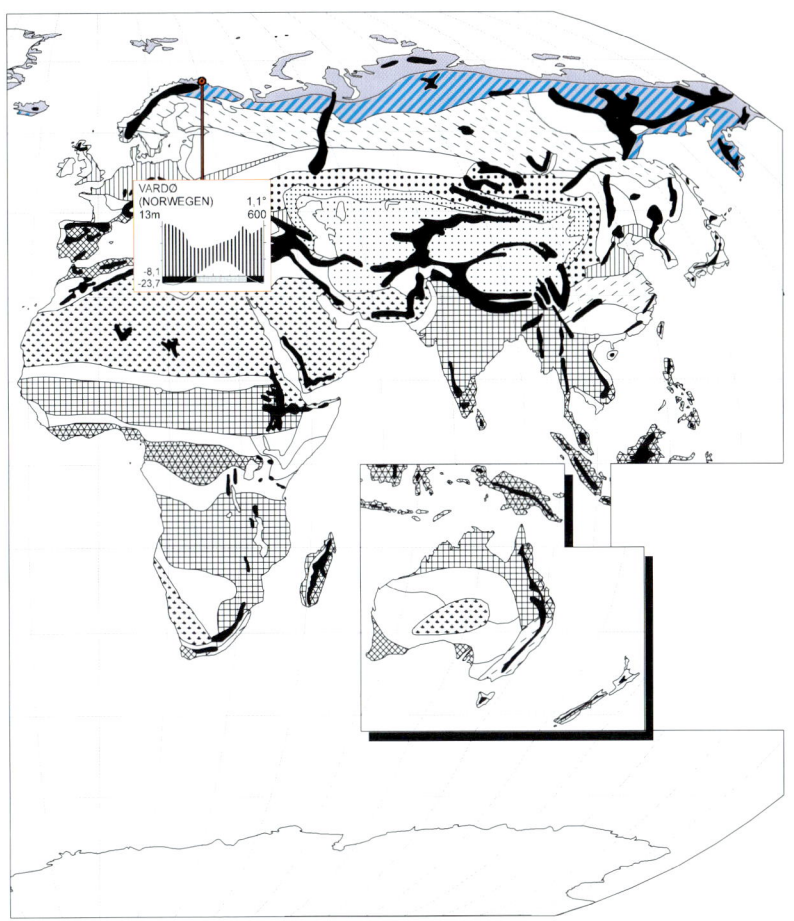

Abb. 11: Verbreitung der Tundren und polaren Kältewüsten (= polares Zonobiom). Die Klimate von Regionen, aus denen das Fotomaterial stammt, sind als Klimadiagramme angegeben. Ein prototypisches Diagramm ist links unten wiedergegeben. Es bedeuten: a) Ort, b) Höhe über dem Meer, c) Jahresmittel der Lufttemperatur, d) mittlere Jahresniederschlagssumme, e) absolutes Maximum der Lufttemperatur, f) mittleres tägliches Maximum des wärmsten Monats, g) mittlere tägliche Temperaturschwankung, h) mittleres tägliches Minimum des kältesten Monats, i) absolutes Minimum des kältesten Monats; Abszisse: Monate des Jahres; linke Ordinate: Monatsmittel der Lufttemperatur (1 Skalenteil entspricht 10 °C), rechte Ordinate: mittlere Monatssumme des Niederschlags (1 Skalenteil entspricht 10 mm). j) Zeit, in der Fröste auftreten können. k) Zeit, in der Fröste obligat auftreten; Gerasterte Fläche: die Niederschlagskurve liegt unter der Temperaturkurve, was echte Dürre (= Verdunstung übertrifft Niederschlag) indiziert. „ZB"- Zonobiom. In Anlehnung an WALTER & BRECKLE (1991), Klimadiagramme nach WALTER & LIETH (1967).

Zonale Ökosysteme

Waldtundra

Die arktische Waldgrenze entspricht einer Auflösungszone des Waldes (= Waldtundra) mit bis zu 100 km Breite. Je nach Relief ist es einfach ein Lichterwerden des Waldes auf ebenem, aber gut drainagiertem Gelände oder ein inselförmiges Auflösen bei bewegtem Relief, wobei Expositionswirkungen durch das Bodeneis verstärkt werden. Tundrengesellschaften wechseln mit Waldfragmenten. Eine große Rolle an der arktischen Waldgrenze spielt die vegetative Vermehrung bei Baumarten, die a priori nicht dazu neigen (z.B. Nadelhölzer). Niederliegende Zweige werden von Humus überdeckt, bewurzeln sich und wachsen stammartig hoch. Dadurch entstehen Baumgruppen aus einem Indivivum, ein Phänomen, das auch an Gebirgswaldgrenzen beobachtet werden kann.

Die Gründe für die Ausbildung der Waldgrenze sind komplexer Natur. Einerseits spielt zweifellos Frosttrocknis mit herein, wie dies auch für nemorale bzw. boreale Gebirgswaldgrenzen gilt. Auf der anderen Seite beschränkt der Permafrost den verfügbaren Wurzelraum, was beispielsweise Tiefwurzler ausschließt. Feuer, Nährstoffverlagerungen und allgemeine Nährstoffarmut tragen wesentlich zum Verteilungsmuster der Vegetation in der Landschaft bei, ebenso das Wechselspiel zwischen Bäumen und Buschwerk (Foto 399), das seinerseits von Großherbivoren (z.B. Elch) beeinflußt wird.

Einen nicht zu unterschätzenden Einfluß nehmen teils verheerende Insektenkalamitäten. Der Birkenspanner (*Oporinia autumnata*) beispielsweise tritt im Bereich der borealen Birkenwälder im Norden Skandinaviens immer wieder in gewaltigen Mengen auf, Wälder werden großräumig kahlgefressen (Foto 400) und regenerieren sich nur über lange Zeiträume – wenn überhaupt – wieder. Da die überwinternden Eier des Spanners bei –36 °C absterben, kommt es zu einem interessanten Effekt im Bereich von Inversionslagen: in

Mulden und Tälern, wo sich Kälteseen bilden, erfrieren die Eier quantitativ. Auf der offenen Hochfläche, wo der Wind die Ausbildung von Inversionen verhindert, können die Raupen dagegen schlüpfen. Die bewaldeten Täler im Norden Finnlands oder Schwedens sind daher nicht Ausdruck lokaler Klimagunst, sondern das genaue Gegenteil.

Foto 400: Vom Birkenspanner (*Oporinia autumnata*) zerstörter Birkenwald in Nordfinnland, bei Kevo.

Foto 401: Die Birke *Betula tortuosa*, der Hauptwaldbildner an der arktischen Waldgrenze Nordeuropas, bei Kevo, Nordfinnland. ▷

Foto 399: Arktisch/boreale Waldgrenze mit „Wetterformen" der Fichte *Picea glauca*, kanadische Arktis bei ca. 68°N.

Foto 402: Zwergstrauchtundra im nördlichen Finnland.

Tundren

Auf die Waldtundra folgt die eigentliche Tundrenzone. Die standörtliche Differenzierung in gut drainagierte Rippen und Kuppen mit Flechten- und Zwergstrauchtundren (Foto 402) einerseits und feuchte Mulden und Ebenen mit Seggen- und Moostundren (Foto 403) andererseits bestimmt die Landschaft und das Ökosystemmosaik. Die vom Grobrelief her vorgegebene Strukturierung wird im Detail auffällig überprägt von Frostmustern, die sich sowohl im feuchten als auch im trockenen Bereich durch das Auf- und Abtauen der oberen Bodenschichten über dem Permafrost bilden. Der Formenschatz frostbedingter Strukturböden ist außerordentlich groß und vielfältig. In ebener Lage, im Bereich von Küstenebenen und Talböden, herrschen z.B.

sogenannte Frost-Polygone vor (Foto 403 und 406).

Der wesentliche Entstehungsgrund für die Frostmusterböden besteht darin, daß die Eisbildungs- und Auftauprozesse in der Fläche nicht homogen ablaufen, sondern manche Stellen früher, andere später dieser Dynamik ausgesetzt sind. Die Eisbildungszentren wirken auf die Umgebung wasserabziehend, vergleichbar der Taubildung auf kalter Unterlage, dehnen sich daher aus und heben die Oberfläche empor. An der Oberfläche liegende Steine sinken beim Abtauen nicht gleich mit, bleiben quasi an den Seiten hängen, in den Hohlraum unter ihnen rieselt Erde ein. Durch

Foto 403: Frostmusterböden in der kanadischen Tundra, bei 79°N, Ellsmere Island. ▷

Foto 404: Aufgegrabener Tundrenboden mit ▷
Permafrost.

diesen Prozeß wittern Steine langsam aus dem Boden, durch das Aufwölben drängen sie zentrifugal auseinander, ein Polygon entsteht, das sich mit anderen zu weiten Netzen fügt. Wo sie aneinanderstoßen, bilden sich Spalten und darunter Eiskeile. Das Zentrum kann aufgewölbt sein, in alten Polygonen oder in solchen mit großem Schmelzwasserangebot sind die Zentren eingetieft und mit Wasser verfüllt.

Musterbildend wirkt auch die Vegetation selbst, besonders horstbildende Sauergräser (z.B. das Wollgras *Eriophorum vaginatum*, Foto 415). Bulte dieses Wollgrases werden im Frühjahr früher schneefrei, die Vegetationszeit dauert 5 bis 10% länger als in den umgebenden, schneegefüllten Nischen. Der Kreislauf von Stickstoff, Phosphor und Kalzium läuft im Zentrum des Bults 3–10mal rascher. Die Humustiefe ist unter dem Bult doppelt so groß wie daneben. Die enorme Akkumulation von Rohhumus ist aber generell und abgesehen von diesen Musterbildungen quasi das Markenzeichen der Tundra (Foto 404). In den

ebenfalls kältebetonten Hochgebirgen ist ungestörte Auflagerung von Humus durch Oberflächenerosion von den Hängen nicht möglich, die dort enge Beziehung der Vegetation zum Muttergestein wird in der Tundra durch die Rohhumusauflagen dazwischen unterbunden.

Kältewüsten

Denkbar ungüstige Lebensbedingungen kennzeichnen schließlich die polaren Kältewüsten, deren Grenze in etwa mit der 2°-Juli-Isotherme zusammenfällt. Die nördlichsten Inseln des kanadischen Archipelags, der Norden Grönlands, Spitzbergen, Nowaja Semlja, die Inselwelten von Franz Josefs-Land und Sewernaja Semlja zählen dazu. Nur an einer Stelle ragt sozusagen das Festland in diese Zone, nämlich im Bereich der Taimyr-Halbinsel am Kap Chelyuskin (77°45' N). Die Jahresdurchschnittstemperatur beträgt dort –14,1 °C, das absolute Minimum liegt bei –45,6 °C, der Jahresniederschlag knapp unter 100 mm. Noch extremer sind die antarktischen Gebiete, die im Bereich des Festlandes samt und sonders dem Typ der Kälte- und Eiswüsten zuzuordnen sind.

Diese Bedingungen lassen keine geschlossene Vegetation mehr zu. Kies- und Steinwüsten, riesige Gletscher und Firnfelder beherrschen das Bild. Solifluktion an Hängen, im Flachen Frostmusterbildung durch Bodeneis (Foto 406) verhindert zusätzlich ein Einwurzeln in den Untergrund. Die letzten Vorposten von Blütenpflanzen (Foto 407) sind auf die stabileren Polygonränder beschränkt. Auf Schneeböden und in parabolartigen Hohlformen mit Strahlungsreflektion können punktuell günstigere und bodenstabilere Standorte entwickelt sein, die oft moosreich sind oder regelrechte Blumengärten darstellen. Man spricht sogar von „polaren Oasen".

Das Innere vieler arktischer Inseln und des antarktischen Kontinents ist vollkommen vergletschert. Nicht vereiste Nunataks (Foto 405) ragen aus dem ewigen Eis inselartig heraus und sind die einzigen Stellen, an denen Leben möglich ist. Endolithische (= im Gestein lebende) Flechten dringen dort noch weit polwärts vor, da sie auch im „Sommer" absolut frosthart sind und bei Minusgraden photosynthetisch aktiv bleiben. Nunataks werden auch von Vögeln geschätzt. Sturmvögel in der Antarktis fliegen mehrere 100 km landeinwärts, um in ihren Felsnischen zu brüten.

Foto 405: Polare Eis- und Kältewüste am Nord-
ende von Grönland (ca. 83°N) mit zahlreichen Nunataks (=von Eis umflossenen Berggipfeln).
△
Foto 406: Arktische Kältewüste mit Frostmusterböden, in den steinigen Polygonrändern Polarmohn
(weiße Punkte, vgl. Foto 407).

Foto 407: Polarmohn (*Papaver polare*) in der   ▷
arktischen Kältewüste von Franz Josefs-Land
(Rußland).

Foto 408: Windharsch auf steiniger Rippe im arktischen Winter, Abisko (Nordschweden).

Lebensformen

Die Verteilung des Schnees in Abhängigkeit von Groß- und Kleinrelief schafft mikrohabituelle Differenzierungen auf kleinstem Raum. Der Wechsel von schneefrei und schneebedeckt verstärkt die Reliefmuster der Strukturbodenbildung. Chionophile (= „schneeliebende") und chionophobe (= „schneemeidende") Arten – letztere oft absolut frosthart wie der Gegenblättrige Steinbrech (vgl. Foto 28) – bilden engräumige Mosaike von Pflanzengesellschaften.

Wo viel Schnee akkumuliert, wie etwa in Flußtälern oder Mulden, überwintern die verschiedenen Lemmingarten, die unter dem Schnee ein ausgedehntes Gangsystem (bis 3 m pro m^2) anlegen. Die Lemminge bleiben über den Winter hindurch aktiv und brauchen pro Tag das $1\frac{1}{2}$–2 fache des Körpergewichtes an Futter, der Jahresverbrauch liegt pro Tier bei 40 bis 50 kg. Um diese Nahrungsmengen

zu bekommen, muß der Großteil der verfügbaren lebenden Pflanzenteile (Zwergsträucher, Achsen der Sauergräser) abgefressen werden. Die verschmähten toten Teile werden im Frühjahr durch das Schmelzwasser zusammengeschwemmt und bilden humusreiche Hügel. Abseits der Winternester graben die Lemminge Sommerwohnstätten, wobei eine durchschnittliche Kolonie bis zu 250 kg Erde pro Hektar auswirft. Der Nahrungsbedarf steigt in Lemmingjahren, die etwa alle 3 Jahre auftreten, enorm an. Die Tätigkeit der Lemminge wirkt jedenfalls nachhaltig auf die Vegetation ein, sie ist ökosystem-, ja regelrecht landschaftsgestaltend. Vergleichbare Effekte bewirken Ziesel und Murmeltiere auf der Tschuktschen-Halbinsel im äußersten Nordosten Eurasiens, sowie allgemein und verbreitet auch Gänse, welche sich aber nur im Sommer in der Tundra aufhalten.

Arten, die im Winter schneefreie Standorte besiedeln, sind nicht nur extremen Frösten

Foto 409: Lebender Zweig der Gemsheide *Loiseleuria procumbens* im Spätwinter.

Foto 410: Lebermoosboden mit dem Zwergstrauch *Loiseleuria procumbens*, Nordfinnland, bei Utsjoki.

ausgesetzt, Frosttrocknis ist in hohem Maße ebenfalls wirksam. Schädigungen treten daher fast regelmäßig auf. Reiche Verzweigung oder das Auflösen in klonale Populationen, verbunden mit Langlebigkeit, bewirkt aber, daß das Individuum weitgehend oder zumindest teilweise überlebt (Foto 409). Voraussetzung ist natürlich eine gewisse Grundangepaßtheit wie Frosthärte oder Austrocknungsresistenz, welche oft mit Frosthärte verknüpft ist. In Zweigen wie jenem der Gemsheide (Foto 409) treten in Frosttrocknissituationen (z.B. im Spätwinter) extrem niedrige Wasserpotentiale auf (-60 bar), was dem Wassersaugvermögen von Salzpflanzen entspricht. Schmelzwasser wird auch über die Blätter regelrecht „gierig" aufgenommen.

Feinerdereiche Böden, die der Kryoturbation ausgesetzt, aber nicht naß sind, werden von dunklen Moosdecken, Blatt- und Krustenflechten besiedelt, in denen sich Zwergsträucher wie die Gemsheide (*Loiseleuria procum-*

bens) halten können. Die dunkle Kruste entspricht einem dichten Filz von Lebermoosarten aus der Gattung *Gymnomitrium*. Durch diesen Filz entstehen beim Auftauen nierigwulstige Aggregate. Nur dort, wo dieses Moostuch aufreißt, kann die Gemsheide keimen. Wie das Beispiel der Lemminge für die Vegetationsdifferenzierung, so beweist auch diese Wechselbeziehung zwischen Pflanzenarten, daß auch die arktischen Ökosysteme keine „Zufallsprodukte" sind. Mannigfache Interaktionen sind wirksam, die zu ganz bestimmten Artengarnituren führen.

Vielfach überdeckt eine mächtige Rohhumusschicht das Muttergestein (vgl. Foto 404), gleicht damit Reliefunterschiede aus und koppelt den Wurzelraum vom Mineralhorizont ab. Dies führt zu sehr einheitlichen und großflächigen Ökosystemtypen, was dadurch noch verstärkt wird, daß durch die zirkumpolare Verbreitung der meisten Arten die Artenzusammensetzung mehr oder weniger gleich

Foto 411: Zwergstrauchtundra mit Gemsheide (*Loiseleuria procumbens,* blühend) und Preißelbeere (*Vaccinium vitis-idaea,* große Blätter).

bleibt. Nur 0,4 % aller Gefäßpflanzen der Erde leben in der Arktis, auf dem antarktischen Kontinent sind es gar nur 2 Arten.

Die organismische Struktur der arktischen Tundrenökosysteme ist gekennzeichnet durch einige wenige dominante Arten, welche die ökosystemaren Funktionen wie die Primärproduktion bestimmen. Dem steht eine vergleichsweise geringe Zahl an assoziierten Arten gegenüber, welche den Charakter von „ökosystemaren Gästen" besitzen (Foto 411).

Viele Arten, insbesondere artenreiche Ökosysteme, sind auf Sonderstrukturen konzentriert wie die polaren Oasen. Die sonderbarsten solcher Sonderstrukturen sind die Pingos, bewachsene kegelförmige Hügel mit Eiskern. Sie besitzen eine hohe Diversität an Habitaten (Nord-/Südhang; Ober-/Unterhang). Durch die Steilheit akkumuliert weniger Humus. Herbivore graben ihre Baue bis in den darunter liegenden Sand und Kies. Um die Höhlen und

Löcher entstehen wiederum eigene Habitate. Die Dichte an relativ großen Herbivoren (auch nistende Vögel) zieht wiederum Beutegreifer an. Vergleichbare „biodiversity hot spots" sind neben Pingos und Oasen, Flußufer bzw. Taleinhängen über Flüssen auch warme Quellen.

Nur eine kleine Zahl von Arten, geschweige denn Gattungen, ist in ihrer Verbreitung auf die Arktis bzw. Antarktis beschränkt wie der immergrüne Zwergpolster *Diapensia lapponica* (Foto 412), der ausschließlich in den Zwergstrauchtundren der Arktis auftritt. Im Wesentlichen verhält es sich so, daß die Flora der nordhemisphärischen Wälder und Gebirgsräume gegen Norden sukzessive ausklingt. Die Flora der eiszeitlichen Kältesteppen, gefolgt von jener der borealen Wälder, drang im Zuge der nacheiszeitlichen Erwärmung nach Norden und in die eisfreien Gebiete vor. Die arktische Waldgrenze lag in der

Foto 412: Der immergrüne Zwergpolster *Diapensia lapponica*, eine der wenigen ausschließlich arktischen Arten, Nordfinnland.

nacheiszeitlichen Wärmezeit sogar weiter im Norden als heute, wie im Torf versunkene Baumstümpfe und Hölzer nördlich der aktuellen Waldgrenze in Westsibirien beweisen.

Diese Zeit war zu kurz, um die Ausbildung tundrenspezifischer Eigenschaften zuzulassen. Sind die wesentlichen Eigenschaften wie hohe bis absolute Frosthärte und die Fähigkeit, den arktischen Lichtrhythmus (= Langtag) zu ertragen, vorhanden, läßt der arktische Lebensraum mit Ausnahme von Phanerogamen (= Bäume und Sträucher) eine große Zahl an ökologischen Funktionstypen zu. Auffällig ist allerdings, daß einjährige Arten selten sind und – quasi im Gegenzug –, die ausdauernden Arten oft ein sehr hohes Alter erreichen können: die Zwergbirke (Foto 388) bis zu 80 Jahre, die Gemsheide (Foto 411) über 100 Jahre, *Diapensia lapponica* (Foto 412) sogar über 500 Jahre. Sehr alt werden zweifellos auch die Sauergräser der feuchten Tundren,

die ausgedehnte klonale Populationen aufbauen. Das undurchdringliche Geflecht von Rhizomen (= Wurzelsprosse) und Wurzeln läßt eine Altersbestimmung allerdings nicht zu. Das hohe Alter läßt jedenfalls „Totalausfälle" in der Reproduktion überdauern. Die Samenproduktion der Tundrenpflanzen erfolgt zwar reichlich, die Keimungsrate bleibt aber meist nur gering und die Mortalität der Keimlinge ist hoch.

Die kühlen Sommer und die stürmischen, eisigen Winter bewirken, daß sich der Großteil der Arten auf die oberflächennahen Luftschichten zurückzieht, welche wärmer, windärmer und luftfeuchter sind. Unter den verholzten Arten findet man daher häufig Spalierwuchs, wie ihn auch die Alpen-Bärentraube repräsentiert. Polsterformen wie *Diapensia lapponica* (Foto 412) sind in der Arktis eher selten. Von den beiden Blütenpflanzen, die am antarktischen Festland noch vorkom-

Foto 413: Die laubwerfende Alpen-Bärentraube (*Arctostaphylos alpina*) in Herbstfärbung – ein Spalier-Zwergstrauch der arktischen Tundren und alpinen Zwergstrauchheiden.

men, ist die eine ein Horstgras (*Deschampsia antarctica*), die andere ein dichter Polster (*Colobanthus quitensis*). Unter den Arten der extremst windbestimmten antarktischen Inselwelten sind auch Arten, die zu Verwandtschaftskreisen mit farbigen Blüten zählen (z.B. Hahnenfuß) windblütig und haben ihre Krone reduziert. Im Gegensatz dazu spielt in den arktischen Tundren Insektenbestäubung noch eine gewisse Rolle, wobei, wie in den nemoralen Hochgebirgen, Fliegen und Fliegenartige am weitesten nach Norden vordringen.

Die kurze Vegetationsperiode bewirkt eine Synchronisierung der sogenannten phänologischen Phasen, d.h. der Ausbildung erster Blätter bis hin zur Ausreifung der Samen. Einzelne Arten können zwar etwas früher, andere etwas später in Vollblüte kommen und beherrschen dann farblich die Tundra (= Aspekte), verglichen mit den komplexen Aspektfolgen südlicher Hochgebirgswiesen drängt sich in der Tundra aber alles auf wenige Wochen zusammen. Die Blüte beginnt durchwegs möglichst früh, was durch die Anlage der Blütenknospen bereits im Vorjahr oder noch früher möglich wird. Viele Pflanzen sind selbstbefruchtend, da Insekten für die Bestäubung oft rar sind bzw. vom Wind verblasen werden. Deren Artenzahl ist gering, auch wenn die oft unerträgliche Mückenplage Gegenteiliges vermuten ließe.

Neben den genannten Grundeigenschaften, die für Tundrenarten unerläßlich sind, ist die Zahl ökofunktionaler Typen groß. Ein konkretes Beispiel aus den Bergen Schwedisch Lapplands möge dies verdeutlichen. Ein Quadratmeter eines Schneebodenrasens enthielt: fünf laubwerfende Zwergsträucher (Foto 413), einen immergrünen Zwergstrauch, zwei Polsterpflanzen, sieben Graminoide (= Süßgräser, Sauergräser), sieben Rosettenkräuter, zwei

Foto 414: Die Rosenwurz *Rhodiola rosea,* eine zirkumpolar verbreitete Art in schneebetonten Rasenökosystemen der arktischen Tundren.

Foto 415: Das Scheidige Wollgras (*Eriophorum vaginatum*), einer der wichtigsten Biomasseproduzenten feuchter Tundren.

Halbparasiten, eine insektivore Art, eine CAM-Pflanze (Foto 414, vgl. auch S. 103), zwei Schachtelhalme, einen Moosfarn, zehn Moose und elf Flechten. Diese reichhaltige Mischung ist zweifellos auch auf den „hot spot" des geschützten Schneebodenrasens zurückzuführen, zeigt aber doch deutlich, daß es „den arktischen Pflanzentyp" nicht gibt.

Ein Funktionstyp sei allerdings doch hervorgehoben: ohne Sauer- oder Riedgräser wären die endlosen Tundren der Arktis nicht denkbar. Im Gegensatz zu vielen Süßgräsern, die allerdings auch nicht vollkommen fehlen und besonders die Flachküsten der Arktis beherrschen, ertragen die Sauergräser zeitweilige Bodenvernässung und damit Sauerstoffarmut im Boden. Innere Nährstoffkreisläufe lassen sie mit der Nährstoffarmut arktischer Rohhumusböden auskommen. Ein typisches Riedgras ist das Scheidige Wollgras, die wichtigste Futterpflanze der Karibus der nordamerikani-

schen Arktis. Die früh erscheinenden, eiweißreichen Blütenstände (Foto 415) sind für die kälberführenden Kühe während des frühsommerlichen Wanderzuges aus den Winterquartieren unentbehrlich.

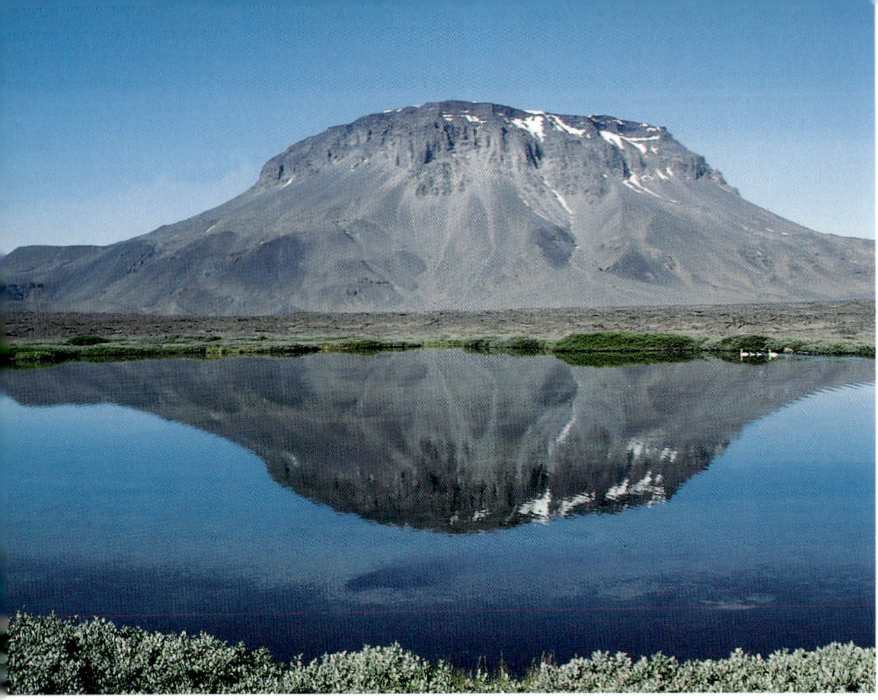

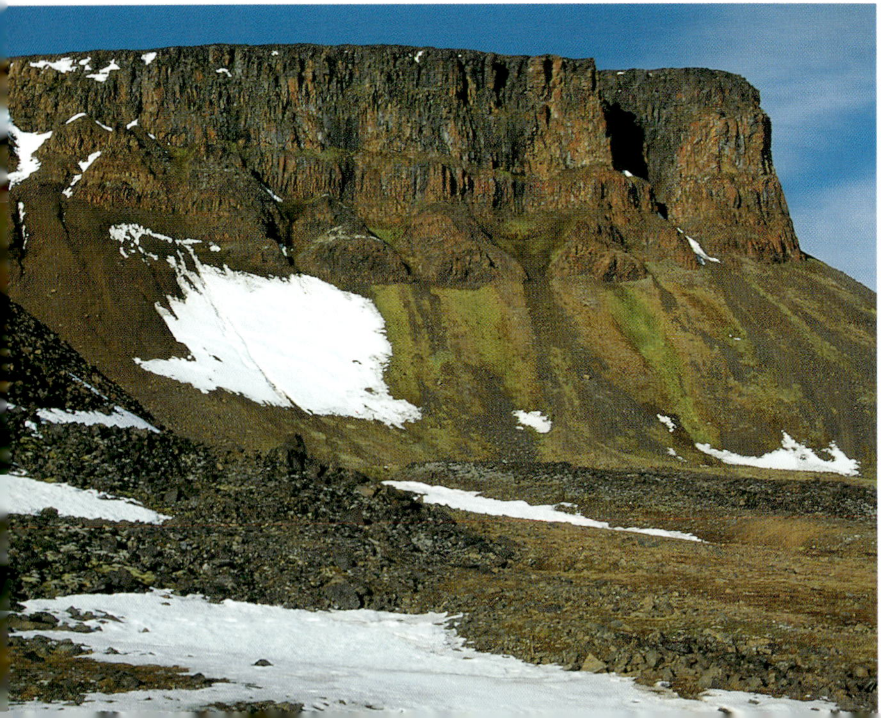

Polare Hochgebirge und azonale Ökosysteme

Hochgebirgslebensräume werden kaum als ein wesentliches Element des polaren Zonobioms angesehen, obwohl große Gebirgssysteme tief in den arktischen Lebensraum hineinreichen (Ural, Skanden), es intrazonale Gebirge wie das Byrranga-Gebirge auf der Taimyr-Halbinsel gibt und die höchsten Gipfel der Antarktis über die 5000-m-Marke emporragen (Vinson Massiv; 5140 m). H. WALTER und S. BRECKLE, die in ihrer „Ökologie der Erde" wohl den bis dato umfassendsten Überblick liefern, meinen im Kapitel „Orobiome IX im Tundra-Gebiet" lapidar: „Über diese ist nicht viel zu sagen; sie entsprechen den Orobiomen VIII im Nadelwaldgebiet, nur daß die untere Waldstufe fehlt und sie sich aus der Tundra-Stufe erheben."

Durch Vergletscherung, Winderosion, Frostsprengung und Solifluktion sind die Geländeformen meist sanft und gerundet oder wie im Falle des subglazigenen Tafelvulkans Herdubreid auf Island (Foto 416) oder den aus vulkanischer Aktivität entstandenen Bergen Franz Josefs-Lands (Foto 417) plateauartig. Skandinavische Autoren haben die blockwerk- und schuttdurchsetzten, von Solifluktion geprägten Flechten- und Moosfluren dieser endlosen Bergwelten und Einöden, in die nur spärlich Spaliersträucher und kleine Krautrosetten eingestreut sind, „Fjellfelds" genannt (vgl. Foto 389). In den kontinentalen Gebirgen Sibiriens wirken Frost und Solifluktion noch intensiver, noch ärmere Stein- und Blockfelder kennzeichnen dort die sogenannte „Golezstufe".

Die Gipfel sind oft vollkommen vergletschert. Nur vereinzelt ragen Felsköpfe und Nunataks

Foto 418: Der Pracht-Steinbrech (*Saxifraga cotyledon*) schmückt die Felsfluren der norwegischen Fjells.

aus den Schnee- und Eismassen hervor. Diese arktischen Gipfelwüsten beherbergen nur mehr eine geringe Zahl an Arten, auf dem Plateau der „Arena" auf Franz Josefs-Land (Foto 417) in zirka 200 m über dem Meer sind es neben einer größeren Zahl von Moos- und Flechtenarten noch 15 Gefäßpflanzenarten – durchwegs kleine Polsterpflanzen und krautige Rosetten wie der Polarmohn (Foto 407).

Oft setzen steile Felsen der Vegetation eine Grenze (Foto 417). In den Felsen herrscht nicht nur Raummangel (vgl. Foto 25), in der Arktis kommt intensive Frostsprengung dazu. Das Eis in den feinen Ritzen taut auf und zermürbt den Fels. Im Sommer geht ein regelrechter Steinregen auf die Schutthalden darunter nieder. Pflanzen spielen in diesen Felsökosystemen allenfalls als Flechtenüberzüge eine Rolle, wohl aber beherbergen sie lärmende Seevogelkolonien. Im Bereich der arktischen Waldgrenze sind die Verhältnisse noch stabiler. In Spalten und Ritzen wurzeln vereinzelt Blütenpflanzen wie der hochangepaßte Pracht-Steinbrech (Foto 418) in den Fjells Norwegens.

◁ Foto 416: Der subglazigene (= unter dem Gletschereis entstandene) Tafelvulkan Herdubreid im isländischen Hochland.

Foto 417: Typischer Plateauberg auf Franz Josefs-Land mit mächtigen Felsfluchten, darunter moosreiche Block- und Schutthalden; „Arena", Ziegler Insel (Rußland).

Foto 419: Domestizierte Rentiere in Finnisch Lappland.

Der menschliche Einfluß

Die arktischen Tundren, weit mehr noch die Antarktis, zählen zu den am dünnsten besiedelten Gebieten der Erde. Die Antarktis war nie besiedelt, wohl aber eroberte der Mensch noch während der letzten Eiszeit die wildreichen arktischen Kältesteppen (vgl. Foto 394). Das nacheiszeitliche Vordringen der Taiga gegen Norden (teils über die heutige polare Waldgrenze hinaus), die Vermoosung und Verbuschung der Tundren, der Rückgang leicht jagdbarer Großtierherden (Details vgl. Foto 394) zwang dann aber die Jäger- und Sammlerkulturen zur Umstellung der Nutzungskultur. Die Entwicklung derselben verlief auf den Kontinenten unterschiedlich. In Eurasien wurde das Rentier domestiziert, Nomadenkulturen entwickelten sich sowohl auf europäischem als auch auf asiatischem Boden. Gegenwärtig leben neben noch zahlreichen Wildherden in Rußland ca. 3,3 Millionen domestizierte Rentiere, in Finnland ca. 260 000. Für die Urbevölkerung dieser Gebiete sind sie die ökonomische Grundlage. In jüngster Zeit wurde der Konsum von Rentierfleisch – zumindest in Skandinavien – auch außerhalb der Arktis modern. Tragischerweise ließ die radioaktive Verseuchung der Flechtentundren Nordskandinaviens durch die Katastrophe von Tschernobyl den Markt für Rentierfleisch zusammenbrechen, der sich seither nicht wieder erholt hat.

Im Gegensatz zu Eurasien wurde das nordamerikanische Rentier, das Karibu, nie domestiziert. Versuche in jüngerer Zeit bzw. die Einführung europäischer Tiere scheiterten am Desinteresse der Inuit (= Eskimos). Neuerdings wird „game farming" diskutiert. Die Inuit verharrten bis in die jüngste Zeit im Stadium von Jägern und Sammlern, wobei zwar auch Landtiere wie Füchse gejagt wurden, der bei weitem größere Anteil des Nahrungsbedarfs aber aus dem reichen Tierleben der arktischen Küstenmeere geschöpft wurde. Die lachsreichen Flüsse boten zusätzliche Möglichkeiten, sich mit Nahrung einzudecken.

Die Jagd auf wilde Rentierherden spielte zusätzlich bis in die jüngste Zeit eine große Rolle für die Ernährung der arktischen Volksgruppen. Foto 420 zeigt alte Fallgruben, in die die Tiere bei ihrem Wanderzug zwischen Dovrefjell (Norwegen) und dem schneearmen Hinterland durch Leitzäune getrieben wurden. Die Tiere gerieten zwangsläufig in die Fallen und konnten dort leicht getötet werden.

Trotz dieser jahrtausende alten Einflußnahme auf die Landökosysteme der Arktis kam es durch das klimabedingte Fehlen seßhafter Feldbau- und Wiesenkulturen, wie sie in den südlichen Zonen der Taiga noch möglich sind, nie zur Landschaftsgestaltung in dem Sinne, daß von „Kulturlandschaften" gesprochen werden müßte. Arktis und Antarktis sind die letzten großen Wildniszonen der Erde.

Eine spezifische, allerdings nur die Küsten betreffende Form der Einflußnahme ging von der Jagd auf Wale, Robben und Walrosse aus, war aber wie die modernen Forschungsstationen in der Arktis und Antarktis für den Landlebensraum nur punktuell bedeutsam. Die moderne – und vielfach zu Recht kritisierte – industrielle Ausbeutung der Polarmeere, die etwa den Bestand mancher Walarten an den Rand der Ausrottung brachte, operiert weitgehend mit großen Fischereiflotten, die landungebunden sind.

Der Fischreichtum der Nordmeere ließ an begünstigten Stellen wie dem Varanger Fjord in Norwegen durch Zuwanderer aus dem Süden Fischersiedlungen entstehen. Norwegische Siedler waren es auch, die um 870 nach Island gelangten und noch vor der Jahrtausendwende in Grönland Siedlungen gründeten.

Foto 420: Historische Rentierfallen bei Kongsvold, Südnorwegen.
Foto 421: Stockfische auf einem Trockengestell am Varanger Fjord in Nordnorwegen.

Foto 422: Rentierstation mit Flutlicht im Gebiet des Kaunispää, Nordfinnland.

Wie auf der ganzen Welt wollen sich auch in der Arktis die „Einheimischen" nicht vom zivilisatorischen Fortschritt abgekoppelt wissen, wenn auch die Besinnung auf völkische und kulturelle Identität großgeschrieben wird. Der Rentierfarmer Lapplands sammelt heute seine Herden unter Flutlicht in großen Koppeln (Foto 422), behirtet sie im Sommer mit der Motocrossmaschine und benutzt im Winter den Motorschlitten, um damit Einkaufen zu fahren. Auch der Inuit weiß die Segnungen der Zeit zu schätzen, lebt in festen Häusern und benutzt zusehends Motor- statt Hundeschlitten. Die Ausbeutung der reichen Bodenschätze in der Arktis, militärische Interessen und moderne Fischereiflotten haben Zentren geschaffen, die den Bewohnern des hohen Nordens alternative Arbeitsmöglichkeiten bieten.

Insgesamt leben heute ca. 2 Millionen Menschen in der Arktis mit Schwerpunkt Subarktis, noch mehr in der angrenzenden Taiga-

zone. Nur eine Minorität ist der Urbevölkerung zuzurechnen. Der Besiedlung modernen Stils stehen zahlreich Probleme gegenüber. So verlangt der Permafrost spezielle, aufwendige Bauweisen. Nahrungsmittel müssen importiert werden, auch wenn Gemüseanbau in Gewächshäusern erfolgreich sein kann. Ein weiteres großes Problem ist die Trinkwasserversorgung, wobei vor allem Tiefenwasser aus Seen, die nicht vollkommen zufrieren, bzw. Wasser aus Vorkommen unter dem Permafrost genutzt wird. Last but not least ist die Abfallentsorgung ein vielfach ungelöstes Problem. Letzteres gilt auch für die vielen Forschungsstätten in der Arktis und Antarktis, die meist aus strategischen Gründen zur Sicherung von abbauhöffigen Gebieten angelegt wurden.

Geschätzte 15 % aller Erdölvorräte der Erde und ca. 50 % der Erdgasvorräte, reiche Erz- und Kohlelagerstätten, machen die Arktis zu einem begehrten Rohstofflieferant. Ähnliches

Foto 423: Thermokarst bei Barrow, Alaska.

gilt auch für die Antarktis, wo die Ausbeutung der dortigen Rohstoffreserven nach wie vor und trotz internationaler Abkommen als Damoklesschwert über dem Erhalt als „Weltnaturpark" hängt. In der Arktis hat der großtechnische Abbau längst begonnen und wird fortgesetzt, tiefe Spuren hinterlassend. Ein spezielles Problem ist der Thermokarst (Foto 423), der bei Verwundung der Vegetationsbedeckung entsteht. Der entblößte dunkle Humus erwärmt sich stärker, der Boden taut tiefer auf, Rinnen entstehen, in denen sich Schmelzwasser sammelt, unter dem es bei Erwärmung im Sommer zu noch stärkerer Eintiefung kommt. Bereits die Spur eines einzigen Schwerfahrzeuges kann genügen, um Rinnen wie jene auf Foto 423 entstehen zu lassen. Diese Erfahrungen haben aber auch bewirkt, daß nunmehr die Empfindlichkeit des arktischen und antarktischen Lebensraumes wahrgenommen wird. Bei der Planung von Pipelines etwa wird auf Wanderzüge von

Karibus Rücksicht genommen, Ideen wie die Umleitung der großen sibirischen Flüsse gegen Süden, das Vorhaben, die Beringstraße abzudämmen, um die Meeresströmung zwischen Eismeer und Nordpazifik zu kontrollieren, oder der Plan, einen Großhafen im Nordwesten Alaskas mit Hilfe nuklearer Sprengungen einzurichten, dürften heute wohl ins „Gruselkabinett technokratischen Gigantismus" zu verweisen sein.

Dies schützt vor indirekten Einflüssen nicht. So dürfte die Meeresverseuchung durch radioaktiven Abfall in manchen Gebieten der ehemaligen Sowjetunion langfristig weit darüber hinaus wirksam werden und über Nahrungsketten auch auf Festlandökosysteme übergreifen. Schadstoffimmissionen haben viele Seen Nordeuropas und Kanadas versauern lassen, südliche Tundren reagieren bereits auf die globale Erwärmung und verstrauchen, ein Effekt, der an das klimainduzierte Ausrottungsszenario am Ende der letzten Eiszeit denken läßt.

Ausblick

Forschungsgeist, aber auch handfeste materielle und militärische Interessen haben den Menschen in den lebensfeindlichsten Teil der Erde vordringen lassen. Für die Wissenschaft ist die Arktis und Antarktis aber nicht nur als solche interessant. Heute, im Zeitalter der globalen Umweltprobleme, sind Naturökosysteme wichtige Indikatoren, die erlauben, Effekte des Klimawandels oder atmosphärischer Immissionen an Systemen zu untersuchen, die weitgehend frei von direkten menschlichen Eingriffen sind. Auf der Ziegler Insel in Franz Josefs-Land (Foto 424) soll beispielsweise die Auswirkung der zu erwartenden globalen Erwärmung auf die Vegetation an den Kältegrenzen des Pflanzenlebens beobachtet werden bzw. im Vergleich mit alpinen Gipfelstudien die Lebewelt als eine Art „ökologisches Meßgerät" verwendet werden. Die berühmten Eisbohrungen in der Antarktis und der Arktis haben den Klimaverlauf von fast zwei Jahrhunderttausenden nachzeichnen lassen. Die polare Welt ist ein unerschöpfliches Thema der Erderkundung.

Durch Forschung wurde aber auch klar, daß sozusagen an allen Ecken der Erde der menschliche Zugriff auf die natürlichen Ressourcen vorsichtig und mit Rücksicht auf die Lebewelt erfolgen muß. Wie der Abfalleimer im Forschungscamp den Eisbären „verführt" (Foto 425), können bereits scheinbare Kleinigkeiten nachhaltige Wirkungen entfalten. Jede, aber auch jede Aktivität des Menschen läßt gewissermaßen „Störfelder" entstehen, die auf die Umwelt wirken. Noch empfinden es viele Menschen übertrieben und zu mühsam, über alles nachdenken zu müssen, was erreicht werden will und Nebenwirkungen zu beachten. Der rationale Zugang zum „Weltmanagement" ist hart. Dazu zählt auch der Erhalt und das Zulassen von Wildnis. Wir brauchen sie als Lehrer und Gradmesser. Das letzte Bild (Foto 426) aus der arktischen Wildnis soll daher den bewußten Abschluß dieses Buches bilden.

Foto 424: Die Forschungsstation der österreichischen Arktisexpedition 1996 auf der Ziegler Insel, Franz Josefs-Land (Rußland).

Foto 425: Eisbär, einen Abfallbehälter eines Forschungscamps untersuchend, Franz Josefs-Land (Rußland).

Literaturverzeichnis

Im Folgenden sind jene Literaturquellen genannt, die für einzelne Kapitel bzw. das Gesamtwerk (mit*markiert) als Grundlage dienten bzw. denen einzelne Sachverhalte entnommen wurden. Besonders für Studenten sei als weiterführende Literatur WALTER (1973), besonders aber WALTER (1985) empfohlen. Bitte zu beachten: Es ist hier nicht der Raum und nicht die Absicht, eine umfassende Literaturübersicht wiederzugeben.

ANONYMUS (1973): Der Große Polyglott Reiseführer Ägypten. Polyglott Verlag, München, 400 S.

*ARCHIBOLD, O.W. (1995): Ecology of World Vegetation. Chapman & Hall, London, Glasgow, Weinheim, 510 S.

ARGENT, G., LAMB, A., PHILLIPPS, A. & COLLENETTE, S. (1988): Rhododendrons of Sabah. Sabah Parks Publication 8. Sabah Parks Trustees, Kota Kinabalu, 145 S.

*BAILEY, R.G. (1996): Ecosystem Geography. Springer Verlag, New York, 204 S.

BARBOUR, M.G. & BILLINGS, W.D. (Hrsg.) (1988): North American Terrestrial Vegetation. Cambridge University Press, Cambridge, New York, New Rochelle, 434 S.

BARRACLOUGH, G. (1978): The Times Atlas of World History. Times Books Limited, London, 360 S.

BÄRTELS, A. (1993): Farbatlas Tropenpflanzen. Zier- und Nutzpflanzen. Verlag Eugen Ulmer, Stuttgart, 384 S.

BELL, C.R. & TAYLORS, B.J. (1982): Florida Wild Flowers and Roadside Plants. Laurel Hill Press, Chapel Hill, 308 S.

Foto 426: Endlose Wildnis in der Hocharktis, Ziegler Insel (81° Nord), Franz Josefs-Land (Rußland).

BONGERS, F. & POPMA, J. (1988): Trees and gaps in a Mexican tropical rain forest: species differentiation in relation to gap-associated environmental heterogeneity. Thesis Utrecht, 185 S.

BOURLIERE, F. (Hrsg.) (1983): Tropical savannas. Ecosystems of the World (Hrsg. GOODALL, D.) 13. Elsevier Scientific Publishing Company, Amsterdam, Oxford, New York, 730 S.

BOX, E.O. (1981): Macroclimate and plant forms: An introduction to predictive modeling in phytogeography. Tasks for vegetation science 1 (Hrsg. LIETH, H.). Dr. W. Junk Publishers, The Hague, Boston, London, 258 S.

BOX, E.O., PEET, R.K., MASUZAWA, T., YAMADA, I., FUJIWARA, K. & P.F. MAYCOCK (Hrsg.) (1995): Vegetation Science in Forestry. Global Perspective Based on Forest Ecosystems of East and Southeast Asia. Handbook of Vegetation Science 12/1 (Hrsg. LIETH, H.). Kluwer Academic Publishers, Dordrecht, Boston, London, 663 S.

CARLQUIST, S. (1985): Hawaii. A Natural History. Pacific Tropical Botanical Garden, Lawai, Kauai, Hawaii, 468 S.

CHAPIN, F.S. & KÖRNER, C. (Hrsg.) (1995): Arctic and Alpine Biodiversity: Patterns, Causes and Ecosystem Consequences. Ecological Studies 113 (Hrsg. LANGE, O.L. & MOONEY, H.A.). Springer-Verlag, Berlin, Heidelberg, 332 S.

CLEARY, M. & EATON, P. (1992): Borneo. Change and Development. Oxford University Press, Singapore, Oxford, New York, 271 S.

COLLINS, M. (Hrsg.) (1990): The Last Rain Forests. Mitchell Beazley, London & IUCN, 200 S.

DAVIN, A. (1983): Desert Vegetation of Israel and Sinai. Cana Publishing House, Jerusalem, 148 S.

DEVILLIERS, P. & DEVILLIERS-TERSCHUREN, J. (1996): A classification of Palaearctic habitats. Convention on the Conservation of European Wildlife and Natural Habitats, Steering Committee, Nature and Environment 78. Council of Europe, Straßb., 194 S.

DUEVER, M.J., CARLSON, J.E., MEEDER, J.F., DUEVER, L., GUNDERSON, L.H., RIOPELLE, L.A., ALEXANDER, T.R. MYERS, R.L. & D.P. SPANGLER (1986): The Big Cypress National Preserve. Research Report 8. National Audobon Society, New York, 444 S.

ESKUCHE, U. & LANDOLT, E. (Hrsg.) (1986). Beiträge zur Kenntnis der Flora und Vegetation Nordargentiniens. Ergebnisse der 17. Internationalen Pflanzengeographischen Exkursion (IPE), 1983, durch Nordargentinien. Veröffentlichungen des Geobotanischen Institutes der Eidgenössischen Technischen Hochschule, Stiftung Rübel, in Zürich 91, 332 S.

European Commission (Hrsg.) (1995): Ecosystems research report 10: Global change and Arctic terrestrial ecosystems. – Environment Programme of Directorate-General XII Science, Research, Development, Brüssel, 329 S.

EVENARI, M., NOY-MEIR, I. & GOODALL, D. (Hrsg.) (1985): Hot deserts and arid shrublands, A. Ecosystems of the World (Hrsg. GOODALL, D.) 12A. Elsevier, Amsterdam, London, New York, Tokyo, 365 S.

EVENARI, M., NOY-MEIR, I. & GOODALL, D. (Hrsg.) (1986): Hot deserts and arid shrublands, B. Ecosystems of the World (Hrsg. GOODALL, D.) 12B. Elsevier, Amsterdam, Oxford, New York, Tokyo, 451 S.

FRAHM, J.P., FREY, W., KÜRSCHNER, H. & MENZEL, M. (1990): Mosses and Liverworts of Mt. Kinabalu. Sabah Parks Publication 12. Sabah Parks Trustees, Kota Kinabalu, 91 S.

FRANZ, H. (1979): Ökologie der Hochgebirge. Verlag Eugen Ulmer, Stuttgart, 495 S.

GEISLER, G. (1991): Farbatlas Landwirtschaftliche Kulturpflanzen. Verlag Eugen Ulmer, Stuttgart, 204 S.

GRABHERR, G. & MUCINA, L. (Hrsg.) (1993): Die Pflanzengesellschaften Österreichs II: Natürliche waldfreie Vegetation. Gustav Fischer Verlag, Jena, Stuttgart, New York, 523 S.

GROVES, R.H. (Hrsg.) (1981): Australian Vegetation. Cambridge University Press, Cambridge, London, New York, 449 S.

GUISAN, A., HOLTEN, J.I., SPICHIGER, R. & L. TESSIER (Hrsg.) (1995): Potential Ecological Impacts of Climate Change in the Alps and Fennoscandian Mountains. Conservatoire et Jardin botaniques de la Ville de Geneve, Genf, 194 S.

HARRAR, E.W. & HARRAR, J.G. (1962): Guide to Southern Trees. Dover Publications, New York, 709 S.

HOLTEN, J.I., PAULSEN, G. & OECHEL, W.C. (Hrsg.) (1993): Impacts of climatic change on natural ecosystems. Norwegian Institute for Nature Research, Trondheim, 185 S.

HOUGHTON, J.T., MEIRA FILHO, L.G., CALLANDER, B.A., HARRIS, N., KATTENBERG, A. & K. MASKELL (Hrsg.) (1996): Climate Change 1996. The Science of Climate Change. Contribution of Working Group 1 to the Second Assessment Report of the Intergovernmental Panel on Climate Change. Cambridge University Press, 572 S.

HUNTLEY, B.J. & WALKER, B.H. (Hrsg.) (1982): Ecology of Tropical Savannas. Ecological Studies 42 (Hrsg. BILLINGS, W.D., GOLLEY, F., LANGE, O.L., OLSON, J.S. & H.REMMERT). Springer Verlag, Berlin, Heidelberg, New York, 669 S.

KITAYAMA, K. (1991): Vegetation of Mount Kinabalu Park, Sabah, Malaysia. Project Paper Protected Areas and Biodiversity, Environment and Policy Institute, East-West Center, University of Hawaii, Honolulu, 45 S.

KURATA, S. (1976): Nepenthes of Mount Kinabalu. Sabah National Park Publications 2. Sabah National Park Trustees, Kota Kinabalu, 80 S.

LARCHER, W. (1994): Ökophysiologie der Pflanzen. 5. Aufl., UTB f. Wiss., Verlag Eugen Ulmer, Stuttgart, 394 S.

MCDADE, L.A., BAWA, K.S., HESPENHEIDE, H.A. & G.S. HARTSHORN (1994): La Selva. Ecology and Natural History of a Neotropical Rain Forest. The University of Chicago Press, Chicago & London, 486 S

MIYAWAKI, A., IWATSUKI, K. & GRANDTNER, M. (Hrsg.) (1994): Vegetation in Eastern North America. Vegetation System and Dynamics under Human Activity in the Eastern North American Cultural Region in Comparison with Japan. University of Tokyo Press, Tokyo, 515 S.

MUCINA, L., GRABHERR, G. & ELLMAUER, T. (Hrsg.) (1993): Die Pflanzengesellschaften Österreichs I: Anthropogene Vegetation. Gustav Fischer Verlag, Jena, Stuttgart, New York, 578 S.

MUCINA, L., GRABHERR, G. & WALLNÖFER, S. (Hrsg.) (1993): Die Pflanzengesellschaften Österreichs III: Wälder und Gebüsche. Gustav Fischer Verlag, Jena, Stuttgart, New York, 353 S.

*MÜLLER, P. (1981): Arealsysteme und Biogeographie. Verlag Eugen Ulmer, Stuttgart, 704 S.

OVINGTON, J. (Hrsg.) (1983): Temperate broadleaved evergreen forests. Ecosystems of the World (Hrsg. GOODALL, D.) 10. Elsevier, Amsterdam, Oxford, New York, 241 S.

PETERSON, R.T. & MCKENNA, M. (1968): A Field Guide to Wildflowers Northeastern and Northcentral North America. The Peterson Field Guide Series. Houghton Mifflin Company, Boston, 420 S.

POTT, R. (1995): Farbatlas Nordseeküste und Nordseeinseln. Verlag Eugen Ulmer, Stuttgart, 288 S.

PRICE, M.F. (1995): Mountain Research in Europe. An Overview of MAB Research from the Pyrenees to Siberia. Man and the Biosphere Series 14. Unesco, Paris & The Parthenon Publishing Group Carnforth, New York, 230 S.

RICHARDS, P.W. (1975): The Tropical Rain Forest. An ecological study. Cambridge University Press, Cambridge, London, New York, 450 S.

RÖHRIG, E. & ULRICH, B. (Hrsg.) (1991): Temperate deciduous forests. Ecosystems of the World (Hrsg. GOODALL, D.) 7. Elsevier, Amsterdam, London, New York, Tokyo, 635 S.

RUNDEL, P.W., SMITH, A.P. & MEINZER, F.C. (Hrsg.) (1994). Tropical Alpine Environments. Plant form and function. Cambridge University Press, Cambridge, 376 S.

SCHULZE, E.D. & MOONEY, H.A. (Hrsg.) (1994): Biodiversity and Ecosystem Function. Springer Verlag, Berlin, Heidelberg, 525 S.

*Schultz, J. (1988): Die Ökozonen der Erde. UTB für Wissenschaft, Verlag Eugen Ulmer, Stuttgart, 488 S.

Sohmer, S.H. & Gustafson, R. (1987): Plants and Flowers of Hawaii. University of Hawaii Press, Honolulu, 160 S.

Solomon, A.M. & Shugart, H.H. (Hrsg.) (1993): Vegetation Dynamics and Global Change. Chapman & Hall, New York, London, IIASA, 338 S.

Specht, R. (Hrsg.) (1979): Heathlands and related shrublands. Ecosystems of the World (Hrsg. Goodall, D.) 9A. Elsevier Scientific Publishing Company, Amsterdam, Oxford, New York, 497 S.

Stanley, D. (1988): Südsee-Handbuch. Verlag Gisela Walther, Bremen, 666 S.

Stone, P.B. (Hrsg.) (1992): The State of the World's Mountains. A global report. Zed Books Ltd., London, New Jersey, 391 S.

Sukopp, H. (Hrsg.) (1990): Stadtökologie. Das Beispiel Berlin. Dietrich Reimer Verlag, Berlin, 455 S.

Trense, W. (1989): The Big Game of the World. Verlag Paul Parey, Hamburg, Berlin, 413 S.

Vankat, J. (Hrsg.) (1988): Vegetation of the Southwestern United States. A Handbook for the 1988 Excursion of the International Association for Vegetation Science. 175 S.

Vareschi, V. (1980): Vegetationsökologie der Tropen. Verlag Eugen Ulmer, Stuttgart, 294 S.

*Walter, H. (1973): Vegetation und Klimazonen. UTB für Wissenschaft, Verlag Eugen Ulmer, Stuttgart, 253 S.

*Walter, H. (1985): Vegetation of the Earth and Ecological Systems of the Geo-biosphere. 3rd ed., Springer-Verlag, Berlin, Heidelberg, New York, Tokyo, 318 S.

*Walter, H. & Breckle, S.-W. (1991): Ökologie der Erde. Bd. 1: Ökologische Grundlagen in globaler Sicht. – 2. Aufl., 238 S., Bd. 2: Spezielle Ökologie der Tropischen und Subtropischen Zonen. 461 S. Bd. 3: Spezielle Ökologie der Gemäßigten und Arktischen Zonen Euro-Nordasiens., 586 S., Bd. 4: Gemäßigte und Arktische Zonen außerhalb Euro-Nordasiens. 586 S. UTB für Wiss., Große Reihe, Verlag Gustav Fischer, Stuttgart, 238 S.

Walter, H. & Lieth, H. (1967): Klimadiagramm-Weltatlas. Fischer. Jena.

Whitmore, T.C. (1990): Tropische Regenwälder. Spektrum Akademischer Verlag, Heidelberg, Berlin, New York, 275 S.

Wittig, R. (1991): Ökologie der Großstadtflora. UTB für Wissenschaft, Gustav Fischer Verlag, Stuttgart, 261 S.

*Woodward, F.I. (1987): Climate and plant distribution. Cambridge University Press, Cambridge, London, New York, 174 S.

World Conservation Monitoring Centre (Hrsg.) (1992): Global Biodiversity. Status of the Earth's Living Resources. Chapman & Hall, London, Glasgow, New York, Tokyo, Melbourne, Madras, 585 S.

Bildquellen

Mit Ausnahme der folgenden sind sämtliche Fotos vom Autor selbst vor Ort entstanden. Von den Ausnahmen stammt der Großteil von Mitarbeitern der Abteilung für Vegetationsökologie und Naturschutzforschung am Institut für Pflanzenphysiologie der Universität Wien (markiert mit *). G.M. Steiner sei bedankt für die Vermittlung der Tundrenbilder von J. Zoltai.

Dr. Walter Dietl: Foto 7
Prof. Werner Fend: Foto 47
Univ. Doz. Dr. Gerd Michael Steiner: Foto 124*
Mag. Andreas Traxler: Foto 153, 154, 155*
Mag. Katharina Pascher: Foto 164, 169*
Dipl. Ing. Gerfried Koch: Foto 286*
Hans Grabherr: Foto 337
Dr. Janos Zoltai: Foto 399, 403
Mag. Harald Pauli: Foto 406, 417, 424*
Mag. Michael Gottfried: Foto 407, 425, 426*
Silvia Bartl: Foto 415*
Mag. Dr. Karl Reiter: Foto 416*
Prof. Dr. Dwight Billings: Foto 423

Register

Ackerbau 133 ff., 136, 206, 213, 215, 218, 249, 272 ff., 304 ff., 328 ff.
allochthon 12, 159, 243
Alluvionen 195, 205, 208, 240, 270, 299, 302, 313
Alm 133, 279 ff.
alpine Stufe 120, 324 ff., 207
Annuelle 134, 150
Antarktis 238, 309, 333, 340, 344 ff., 349 ff.
äolische Stufe 122
Apomixis 60
arid 140 ff., 148, 150, 158 ff., 163, 165 ff., 173, 177, 182, 184, 186, 203, 251, 282 ff., 288, 297, 299, 301 ff., 305, 309
Arillus 63 ff.
Arktis 333, 337, 344, 347, 349 ff.
Auen 77 ff., 208, 210, 301 ff., 319
autochthon 12, 159, 192, 213, 229
azonal 13, 46, 77, 128, 163, 167, 197, 205, 210, 240, 263, 269 ff., 302, 326, 349

Bambus 18, 72, 228, 232 ff.
Baumfarn 66, 69 ff., 229
Bergregenwald 28, 72 ff.
Bewässerung 133, 169, 173 ff., 177, 245, 305
Biom 13, 15, 119, 191, 213, 223, 232, 239, 256, 283
Blattflächenindex 20 ff., 184, 255, 258
Blütenbiologie 60, 104
boreal 262, 301, 308 ff., 313, 317 ff., 320, 323 ff., 326, 332 ff., 336 ff., 344

Brandrodung 81 ff., 137, 272
Brettwurzeln 52, 60, 72

CAM-Stoffwechsel 103, 347
carnivor 21, 162, 294
Chaparral 184, 186, 190, 193, 196, 205
Choresh 184
C4-Pflanzen 24 ff., 32, 110, 283

Destruenten 159, 162, 196, 332
Diözie 60
Disturbation 34
Domestikation/domestiziert 197, 214, 304, 328, 350
Dornpolster 201, 203, 212, 215
Dreifelderwirtschaft 273 ff.
Düne 147 ff., 152, 164, 183, 210, 243, 269 ff., 291, 326 ff.

El Nino 22, 250
Emergent 52
endemisch/Endemit 73, 77, 141, 167, 182, 191, 201 ff., 205, 208, 210, 227, 233, 239
ephemer 21, 27 ff., 114, 144, 150, 159, 169, 179, 191 ff., 233, 258, 260, 289, 291, 302, 319
epiphyll/Epiphyllie 56, 60, 100, 231
Epiphyt/epiphytisch 47, 51, 55 ff., 58, 66, 94, 102, 104, 107, 122, 165, 191, 228, 231, 255, 261
erkältungsempfindlich 32, 46, 94
Erosion 147, 195, 215 ff., 241, 305, 339, 349

eutroph 280, 321
Evapotranspiration 20, 179, 217, 222

Felsökosysteme 30, 205, 349
Feuer 34 ff., 74, 83, 92, 108, 113 ff., 182, 184, 193 ff., 196, 198, 206 ff., 213, 235, 273, 282, 317, 336
Flaschenbaum 102
Flechten 22, 56, 72, 74, 100, 122, 147, 157, 166, 237, 267, 291, 297, 315 ff., 324 ff., 332, 338, 340, 343, 347, 349 ff.
Fledermausblume 62, 64, 260
fossil/Fossil 92, 145, 151, 173, 178, 185, 195 ff., 223, 231, 251, 259, 333
Fröste 34, 40, 70, 89, 94, 122, 130, 133, 139, 140, 144, 165 ff., 173, 179 ff., 190, 222 ff., 233, 236, 250 ff., 257, 268, 282 ff., 290, 294, 308 ff., 324, 332 ff., 342
Frostmuster 324, 338 ff., 341
Frosttrocknis 255, 257, 263, 301, 309, 313, 336, 343
Fruchtbiologie 63, 106
Fynbos 184, 186, 190, 194

Garrigue 192, 214 ff., 217
Gebirgssteppe 166, 297, 305
Gebirgswüste 294
gefrierbeständig 32, 40, 236, 250, 332
Geophyt/geophytisch 151 ff., 166, 191 ff., 203, 233, 258, 317
Gilde 17, 63, 106
Golezstufe 324, 349
Grasland 92, 110 ff., 113, 137, 235, 238, 280, 282 ff.

Wenn Sie das Thema vertiefen wollen...

Farbatlas Kräuter und Gräser in Feld und Wald. *Dr. agr. G. Briemle. 1996. 288 Seiten, 255 Farbf., 11 Tab. ISBN 3-8001-4125-6.*
Dieser Farbatlas ist nicht nur ein Bestimmungsbuch im üblichen Sinne, denn er behandelt im Gegensatz zu anderen Feldführern zwar auch die äußeren Merkmale der wichtigsten und häufigsten Wildkräuter und Gräser, zusätzlich aber vieles, was an Wissenswertem über die jeweilige Pflanze bekannt ist. Hier wird eine exakte Ansprache und Bewertung aus ökologischer und praktischer Sicht ermöglicht.

Farbatlas Nordseeküste und Nordseeinseln. *Ausgewählte Beispiele aus der südlichen Nordsee in geobotanischer Sicht. Prof. Dr. R. Pott. 1995. 288 Seiten, 320 Farbf., 35 Zeichn. ISBN 3-8001-3350-4.*

Farbatlas Waldlandschaften. *Ausgewählte Waldtypen und Waldgesellschaften unter dem Einfluß des Menschen. 1993. Prof. Dr. R. Pott. 224 S., 243 Farbf. ISBN 3-8001-3469-1.*

Farbatlas Mediterrane Pflanzen. *Andreas Bärtels. 1997. 400 Seiten, 600 Farbfotos. ISBN 3-8001-3488-8.*
Von den rund 20.000 Arten des Mittelmeerraumes stellt dieser Farbatlas einen repräsentativen Teil vor. Es wurden bevorzugt Arten aufgenommen, die eine größere Verbreitung haben oder für bestimmte Gebiete charakteristisch sind. Von wenigen Ausnahmen abgesehen, sind nur die im Mittelmeergebiet heimischen Pflanzen berücksichtigt. Neben den Wildpflanzen, die nicht selten auch als Zierpflanzen in Gärten zu finden sind, werden auch die im Mittelmeerraum traditionell angebauten Obst- und Gemüsearten sowie die Heil- und Gewürzpflanzen (mit Inhaltsstoffen und Verwendung) ausführlich beschrieben.

Farbatlas Tropenpflanzen. *Zier- und Nutzpflanzen. A. Bärtels. 4., überarb. Aufl. 1996. 384 Seiten, 388 Farbf. ISBN 3-8001-3480-2.*
Hier finden Sie etwa 300 der wichtigsten tropischen und subtropischen Pflanzen.

...finden Sie hier die richtige Literatur.

Biotoptypen. *Schützenswerte Lebensräume Deutschlands und angrenzender Regionen. Prof. Dr. R. Pott. 1996. 448 S., 872 Farbf., 14 Ktn. u. Graphiken. ISBN 3-8001-3484-5.*
Das vorliegende Werk wurde auf der Basis der Roten Liste sowie der Fauna-Flora-Habitat-Richtlinie der Europäischen Union entwickelt. Es stellt erstmalig in 870 Farbfotos die gefährdeten, seltenen und schützenswerten Biotoptypen Deutschlands und angrenzender Regionen aktuell und umfassend dar. Die Schutzwürdigkeit der einzelnen Lebensräume wird bei jedem Biotoptyp nach dem derzeitigen Wissensstand diskutiert.

Exkursionsflora für die Kanarischen Inseln.
Mit Ausblicken auf ganz Makaronesien. 1993. Prof. Dr. A. Hohenester, Dr. W. Welß. 374 Seiten, 96 Farbfotos, 438 Zeichnungen. ISBN 3-8001-3466-7.
Hier sind sämtliche heute bekannten wildwachsenden höheren Pflanzen aller Kanarischen Inseln versammelt.

Die Roten Listen. *Gefährdete Pflanzen, Tiere, Pflanzengesellschaften und Biotoptypen in Bund u. Ländern. E. Jedicke. 1997. 581 S., 33 Artenlisten, incl. CD-ROM. ISBN 3-8001-3353-9.*
Diese Synopse sämtlicher verfügbarer Roter Listen der gefährdeten Pflanzen, Tiere, Pflanzengesellschaften und Biotoptypen Deutschlands und der Bundesländer ermöglicht es, mit einem Blick die Gefährdungssituation zu vergleichen. Zu jeder Artengruppe werden ausführliche Hinweise auf Bearbeitungsstand und Ausmaß der Gefährdung, auf Lebensräume, Gefährdungsursachen und Handlungsbedarf gegeben. Die auf CD-ROM beiliegende Datenbank erlaubt eine komfortable und effiziente Nutzung und Weiterverarbeitung der Informationen.

Exkursionsflora für Kreta. *R. Jahn, Prof. Dr. P. Schönfelder. 1995. 446 Seiten, 101 Farbabb., 7 sw-Abbildungen. ISBN 3-8001-3478-0.*
Diese Flora ermöglicht die sichere Ansprache aller auf Kreta und der Karpathos-Gruppe wildwachsenden Farn- und Blütenpflanzen.